Liebe Leserin, lieber Leser,

wir freuen uns, dass Sie sich für ein Galileo Business-Buch entschieden haben.

Jedes unserer Bücher will Sie überzeugen. Damit uns das immer wieder neu gelingt, sind wir auf Ihre Rückmeldung angewiesen. Bitte teilen Sie uns Ihre Meinung zu diesem Buch mit, z.B. indem Sie mir oder dem Autor eine E-Mail schicken oder indem Sie unser Feedback-Formular auf unserer Website benutzen. Oder indem Sie einen Beitrag in das Galileo Business-Forum posten.

Ihre kritischen und freundlichen Anregungen, Ihre Wünsche und Ideen werden uns weiterhelfen. Vielen Dank!

Wie alle Galileo-Bücher endet auch dieses nicht mit der letzten Buchseite: Melden Sie sich mit Ihrer Registriernummer, die Sie ganz hinten im Buch finden, auf unserer Website an. Dort erhalten Sie unsere kostenlosen Zusatzangebote zum Themengebiet dieses Buches.

Eine gewinnbringende Lektüre wünscht Ihnen

Ihr Oliver Gorus
Lektorat Galileo Business

oliver.gorus@galileo-press.de
www.galileobusiness.de

Galileo Press
Gartenstraße 24
53229 Bonn

Florian Zwerger · Sachar Paulus

E-Business Projekte

Warum sie scheitern und wie man sie zum Erfolg führt

Galileo Business

Die Deutsche Bibliothek – CIP-Einheitsaufnahme
Ein Titeldatensatz für diese Publikation
ist bei der Deutschen Bibliothek erhältlich

ISBN 3-89842-195-3

© Galileo Press GmbH, Bonn 2002
1. Auflage 2002

Der Name Galileo Press geht auf den italieni-schen Mathematiker und Philosophen Galileo Galilei (1564–1642) zurück. Er gilt als Grün-dungsfigur der neuzeitlichen Wissenschaft und wurde berühmt als Verfechter des moder-nen, heliozentrischen Weltbilds. Legendär ist sein Ausspruch **Eppur se muove** (Und sie be-wegt sich doch). Das Emblem von Galileo Press ist der Jupiter, umkreist von den vier Galileischen Monden. Galilei entdeckte die nach ihm benannten Monde 1610.

Lektorat Oliver Gorus **Korrektorat** Christel Metke, Köln **Einbandgestaltung** department, Köln **Herstellung** Iris Warkus **Satz** Typographie & Computer, Krefeld – gesetzt aus der Linotype Syntax mit FrameMaker **Druck und Bindung** Bercker Grafischer Betrieb, Kevelaer

Für Mika. Ich wünsche ihm, dass Glück und Erfolg ihm so leicht fallen werden wie meiner Frau Diana.

S.P.

Für meine Eltern und für Leonie

F.Z.

Inhalt

Vorwort

Keine Frage: Die vergangenen Jahre waren von zu viel Optimismus bei der Einschätzung der Entwicklung des Internets und vor allem der Entwicklung von im Internet tätigen Unternehmen geprägt. »Dotcom« und »New Economy« hießen die Schlagworte und alles Traditionelle, nicht originär im Internet Verwurzelte, war nicht mehr viel wert. Ein Kalenderjahr bestand aus mindestens vier Internetjahren und es galt die Devise »Speed, Speed, Speed«. Und nun liegt der Scherbenhaufen des Kapitalmarkts vor uns: Insolvenzen und an 100 % grenzende Kursverluste. Die ganze Party ist vorüber, Schluss, aus und vorbei. Zurück zur Tagesordnung, oder?

Nun, so einfach ist das wohl nicht. Zunächst sollte erst einmal klar sein, dass sich fast alle geirrt haben. Nicht nur die Gründer und die euphorischen Mitarbeiter, sondern auch die vermeintlichen Experten und der Kapitalmarkt. Dort haben natürlich nicht alle, sondern nur einige die leider vorliegenden unklaren Regelungen an den deutschen Aktienmärkten und vor allem am Neuen Markt mit zumindest hart am Rande der Legalität liegenden Transaktionen zur persönlichen Bereicherung genutzt. Von ethischen Maßstäben ganz zu schweigen. Über die geplatzte Fusion der Londoner und der Frankfurter Börse sind wohl alle froh. Zur Erinnerung: Die neue iX sollte ihren Sitz in London haben und dort den Handel mit den traditionellen Aktien aus Deutschland und Großbritannien betreiben, in Frankfurt sollte der Handel mit den Aktien des deutschen Neuen Marktes und des Londoner Pendants, des »techMark«, stattfinden. Und diejenigen, die dies durchführen wollten, sind ja nun weiß Gott keine Berufsanfänger gewesen. Also: Grund zur Häme haben sicher nicht viele. Fehlerhafte Einschätzungen sind den meisten unterlaufen.

Was bleibt also außer Fehlern? Ich denke, eine ganze Menge. Es gibt laut der neuesten Schätzung von Jupiter MMXI (August 2001) mittlerweile 34,2 Millionen Deutsche im Internet, das sind etwa 48,7 % der relevanten Bevölkerung. Ohne E-Mail geht fast gar nichts mehr und die meisten Unternehmen haben nicht nur eine Website, sondern denken immer mehr darüber nach, wie sinnvoll Daten mit anderen Unternehmen und Kunden ausgetauscht werden können. Das Internet ist heute eine Selbstverständlichkeit geworden. Das ist sehr gut so, sah aber vor zwei bis drei Jahren noch ganz anders aus. Und das ist auch das Ergebnis der ganzen Diskussion um das Internet. Die auch damit verbundene Einführung der Greencard hat zwar nicht so viele ausländische Experten wie erhofft nach

Deutschland gebracht. Es ist aber klar geworden, wo die Arbeitsplätze der Zukunft sehr wahrscheinlich liegen. Dies kann weder von den Studien- und Berufsanfängern überhört worden sein, noch von denjenigen, die Bildungspolitik betreiben. Nahezu alle Informationen sind über das Netz abrufbar, sei es von Unternehmen, Behörden, Parteien, Politikern oder einzelnen Personen. Heute fast völlig selbstverständlich. So schnell ging das. Und das ist doch durchaus ein Erfolg!

Die USA, noch vor kurzem allen scheinbar meilenweit im Internet enteilt, werden heute schon viel leiser, wenn es um ihren Vorsprung oder die Möglichkeiten des mobilen Internets geht. Dort sind sicherlich die Japaner weiter, die aber im stationären Internet im Vergleich zu Europa eher bescheiden dastehen. Und die durch das Internet angetriebene technische Entwicklung wird zweifellos weiter rasant voranschreiten und große Auswirkungen auf das unternehmerische Handeln haben. Vielleicht wird dabei nicht mehr so laut geschrien. Die Möglichkeiten sind aber dennoch enorm, für Sie wie auch für Ihre Wettbewerber. Letzteres darf nicht vergessen werden, genauso wenig wie die Tatsache, dass neue Technologien meistens schneller entwickelt werden, als sich die Menschen darauf einstellen können. Dies betrifft auch Ihre Mitarbeiter, aber auch die der Wettbewerber. Früh dabei sein hilft zweifelsohne, die notwendigen Anpassungsprozesse im Unternehmen rechtzeitig einzuleiten. Aber auch eine sinnvolle Analyse der Fehler ist wichtig.

Genau dies ist das Ziel dieses Buchs. Es wurde initiiert von Mitarbeitern der SAP, dem Unternehmen, das von vielen vor kurzem noch totgesagt wurde. Heute ist die SAP wieder da, denn die Kritiker von damals sind mittlerweile überzeugt, dass ohne die Integration der im Internet angesiedelten Front-End-Systeme an die im Back-End eingesetzten ERP-Systeme zur Abbildung der betriebswirtschaftlichen Vorgänge nur wenige Geschäftsprozesse tatsächlich verbessert werden können. Mal schauen, wie diese Kritiker die Situation morgen einschätzen werden. Sie werden sicherlich wieder in visionärer Voraussicht die Möglichkeiten neuer technologischer Entwicklungen beurteilen. Einige richtig, andere falsch. So ist das nun mal mit Prognosen. Möge Ihnen dieses Buch helfen, die Spreu vom Weizen zu trennen.

Frankfurt, im Mai 2002

Prof. Dr. Bernd Skiera

Einleitung

E-Business ist bis heute eine Ansammlung von Pleiten, Pech und Pannen. Viele Goldgräber haben das Internet einfach als Spielwiese verstanden, wo nicht nur Raum und Zeit, sondern scheinbar auch die Gesetze der Betriebswirtschaft nicht gelten. Jetzt, wo sich die Großen darum kümmern, wird zwar alles langsamer, aber vielleicht endlich erfolgreich. Die wissen, worauf es ankommt.
(Analyst, der nicht genannt werden will, im Herbst 2001)

Sie halten ihn in Ihren Händen, den ultimativen Ratgeber für erfolgreiche E-Business-Projekte! Wenn Sie dieses Buch gelesen haben, dann werden Sie alle Internet-, Onlineshop-, B2B-, Marktplatz- oder Portalprojekte zum Erfolg führen und diese werden Ihnen als Projektleiterin oder Verantwortlicher den seltenen Ruhm eines erfolgreichen E-Business-Profis zuteil werden lassen! Wie? Sie glauben's nicht?

Spaß beiseite – ein E-Business-Projekt erfolgreich abzuschließen ist nicht einfach, es stellt im Gegenteil ein Projektfeld dar, das sich gerade durch eine hohe Misserfolgswahrscheinlichkeit auszeichnet. Hier gilt es mit einem ausgefeilten Gesamtkonzept, mit einer Erfolgsstrategie, den Markt zu erobern. Und wie das nun einmal mit schwierigen Bereichen ist: Es gibt kein Geheimrezept und damit auch keinen ultimativen Ratgeber, keine »goldene Bibel«, keinen perfekten Leitfaden, der erklärt, wie man E-Business-Projekte zum Erfolg führt.

Wie sind wir aber nun trotzdem auf den Gedanken gekommen, dieses Buch zu schreiben? Eigentlich wollten wir ursprünglich ein Buch über Sicherheit und Recht im Internet schreiben. Denn wir sind der Meinung, dass gerade diese beiden Aspekte bei E-Business-Projekten häufig nicht mit der ausreichenden Sorgfalt und der nötigen Gewichtung versehen werden und deshalb E-Business-Projekte scheitern. Diese Erfahrung durften wir aus zahlreichen Veröffentlichungen, Leseranregungen, Vorträgen sowie Teilnahme an Projekten gewinnen.

Doch beim Nachdenken über das Buchprojekt wurde uns bewusst, dass Recht und Sicherheit zwar fundamentale Rahmenbedingungen für jedes E-Business-Projekt darstellen, aber dennoch nur ein Segment des Gesamtkonzeptes ausmachen. Das Anliegen dieses Buches ist es nun, mit Unterstützung namhafter Gastautoren einen Rundumschlag zu machen, um einerseits die so oft vernachlässigten fundamentalen Gebiete Recht und Sicherheit und andererseits auch alle weiteren, für den Erfolg von E-Business-Projekten relevanten Aspekte, kondensiert zusammenzubringen.

Erfolg im E-Business: Was ist das? Ist das etwas anderes als »normaler« Erfolg? Was macht es so schwierig, im E-Business ein Projekt zum Erfolg zu führen? Diese und viele weitere Fragen werden im Laufe dieses Buches näher untersucht und beantwortet. Unser Buch soll Ihnen bei der Realisierung erfolgreicher E-Business-Projekte mit kompetentem Rat zur Seite stehen und Ihnen helfen, auftretende Hindernisse schon im Vorfeld zu erkennen und erfolgreich zu meistern.

Bevor wir über Erfolg und Misserfolg von E-Business-Projekten reden, muss zunächst definiert werden, was unter E-Business zu verstehen ist bzw. wie wir E-Business verstehen:

E-Business ist die Abbildung von unternehmens- und organisationsübergreifenden Geschäftsprozessen zur Minimierung von manuellen Arbeitsschritten unter Verwendung von automatisierten Datenverarbeitungsanlagen.

Wenn uns an dieser Stelle ein wenig Sarkasmus erlaubt ist: Damit hat E-Business zum Ziel, die Menschen wegzurationalisieren, genau wie ERP (Enterprise Resource Planning Software wie beispielsweise die Standardsoftware SAP R/3) – aber ERP hat bisher global deutlich mehr Arbeitsplätze geschaffen als eingespart und dabei trotzdem die Gesamtkosten erheblich reduziert und die Produktivität gesteigert.

Wenn man Erfolg durch das Erreichen von Zielen definiert, stellt sich die Frage, welche Ziele das im E-Business-Umfeld sind? Es gibt persönliche, gruppen- und unternehmensorientierte Ziele. Die persönlichen Ziele sind meist so profan wie beispielsweise Macht, Geld, Ruhm, vielleicht auch mehr Freizeit. Diese unterscheiden sich nicht sehr von denen, die mit einem »generischen« Projekt verbunden sind. Mit dem einzigen Unterschied, dass man sich bei Erfolg vielleicht selbst wegrationalisiert.

Gruppenziele sind, auf unser Thema bezogen, weitaus schwieriger zu definieren. Denn die Tatsache, dass E-Business-Projekte von Natur aus »Querschnittprojekte« sind, bedeutet, dass es kein E-Business-Projekt gibt, das nur von einer Fachabteilung, nur vom IT-Service oder nur von der Geschäftsführung durchgeführt wird. Schließlich geht es um das Verändern von Prozessen mithilfe von IT, und da sind die genannten Parteien immer betroffen.

Gibt es bei E-Business-Projekten also gar keine Zielkongruenz für das gesamte Team? Zumindest ist es deutlich schwieriger, eine Kongruenz der unterschiedlichen Mitglieder des bunt zusammengewürfelten Teams zu erreichen. Insbesondere gilt dies, wenn z. B. Mitarbeiter der Einkaufsabteilung mithelfen sollen, die Einkaufprozesse über einen Gütermarktplatz zu automatisieren – wodurch sie sich letztendlich selbst eliminieren. Aber wer kennt die Prozesse gut genug? Nur die Fachabteilung!

E-Business-Projekte sind aber nicht nur abteilungsübergreifend, sondern nicht selten auch unternehmensübergreifend. Damit ist es meist noch schwieriger, die betroffenen Teams zusammenzubringen und produktiv zusammenarbeiten zu lassen – obwohl es für den einzelnen ab einer gewissen Firmengröße keinen Unterschied mehr zu machen scheint, ob man in der gleichen oder in unterschiedlichen Firmen arbeitet. Im Gegenteil, man ist versucht zu sagen, es sei firmenübergreifend sogar eher leichter.

Kann das sein? Etliche Firmen sind gewöhnlich in ein Integrationsprojekt miteingebunden, in der Regel sind Zulieferer von Integrationskomponenten und Business-Consultants involviert. Nicht selten stammt das Design von Web-Consulting-Firma P., die Prozessanalyse von A., die Web-Tools von M., die betriebswirtschaftliche Standardsoftware von S., das Portal von T., die Middleware von Q. usw. Und das Ganze unternehmensübergreifend, nun in doppelter Ausfertigung, mit entsprechenden Projektmitgliedern bei Lieferant und Kunde! Da ist das Koordinationschaos fast vorprogrammiert; wieso sollte Anbieter A Anbieter B bei der Integration von Produkt Y helfen, wo doch A selbst X im Programm hat, das das gleiche Ergebnis liefert wie Y?

Jedes Projekt ist auf Wertsteigerung des Unternehmens ausgerichtet. Es gibt zwei grundsätzlich verschiedene »Werteklassen«: materielle und immaterielle. Unter materiellen Werten verstehen wir die Werte, die in die klassische Bilanz eingehen, also alle Werte, die messbar sind: Umsatz-, Gewinnsteigerung und Kosteneinsparung. Diese Werte stehen bei den meisten Projekten im Vordergrund – zumindest sind es die für die meisten Leute verständlichsten Argumente, die das Ziel eines jeden Projektes zu sein scheinen und es für die meisten auch sind.

Daneben gibt es die immateriellen Werte, die, wie jeder eingestehen muss, sehr wichtig sind, weil sie das »Potenzial« eines jeden Unternehmens darstellen: Ausbildungsstand der Mitarbeiter, innere Kommunikationsstrukturen, Sichtbarkeit des Unternehmens, Einschätzung des Innovationspotenzials des Unternehmens usw. Hier sind allerdings auch die oft zitierten »Visionen« zu nennen. Auf eben diesen basierte die New Economy: Es ging nicht darum, Umsatz zu erzielen oder Gewinnmargen hochzuschrauben, es ging allein darum, die Vision eines Unternehmens derart zu vermarkten, dass Investoren bereit waren, in diese zu investieren. Es liegt in der Natur der Dinge, dass die immateriellen Werte schwer quantifizierbar und objektivierbar sind. Gerade Visionen stellen einen entscheidenden Grundstein für den Erfolg dar, aber eben nur einen Grundstein. Die Bewertung dieser Visionen in der Hochphase der New Economy war in vielen Fällen zu naiv, aber dennoch ist ihr Verdammen nicht angebracht, geben uns die immateriellen Werte doch die Möglichkeit, bei kritischer Betrachtung einen Blick in die Zukunft eines Unternehmens zu werfen:

> *In der Vision eines Unternehmens liegt*
> *die Zukunft – des Unternehmens.*

So liegt die eigentliche Besonderheit von erfolgreichen E-Business-Projekten gerade darin, materielle Ziele und immaterielle Werte im richtigen Verhältnis anzustreben. D.h., weder auf Teufel komm raus in das »Intellectual Capital« zu investieren, noch mit spitzem Bleistift nur die Bilanz nachzurechnen. Es geht bei E-Business-Projekten um beides:

Erstens geht es darum, die Prozesse zu optimieren, und zwar sowohl im Hinblick auf Kostensenkung, als auch hinsichtlich der Flexibilitätserhöhung. Zweitens geht es darum, manuelle Arbeitsschritte zu rationalisieren, um einerseits Personal einzusparen und um andererseits Mitarbeitern qualifiziertere Entscheidungen und neue Entwicklungsfelder zu ermöglichen (»People Empowerment«). Das ist vielleicht die beste Definition von erfolgreichem E-Business:

> *Erfolgreiches E-Business ist die Steigerung sowohl des materiellen, bilanzierbaren, als auch des immateriellen, intellektuellen Kapitals eines Unternehmens oder einer Organisation mithilfe von Informationstechnologie.*

Diese Definition enthält einen klaren Gegensatz, ein Spannungsfeld: Während man bei der Steigerung des bilanzierbaren Kapitals klar auf Gegenwart (und Vergangenheit) ausgerichtet ist, muss man beim intellektuellen Kapital auf die Zukunft schauen, hier zählen Visionen, Potenziale. Alleine die für mein Unternehmen richtige Bewertung und Gewichtung der Aktivitäten, die häufig in entgegengesetzte Richtungen zeigen, ist schon eine Kunst. In der jüngeren Vergangenheit glaubte man häufig, mit intellektuellem Kapital alleine könne man Geschäfte machen. Getrieben vom Enthusiasmus von Millionen von Kleinanlegern vernachlässigte man den klassischen Teil. Nun, in der Phase der Ernüchterung ist es eher umgekehrt: Man schaut nicht mehr auf die immateriellen Werte oder traut sich erst gar nicht, diese, ob der vielen Fehleinschätzungen der Vergangenheit, zu beurteilen. Es gilt also, die Werte der klassischen Unternehmensstrukturen mit denen der neuen, visionären Gedankenwelt zu verknüpfen. Die Quantifizierung von intellektuellem Kapital steht erst ganz am Anfang. Es müssen sich erst qualifizierte Maßnahmen und Methodologien entwickeln, damit eine gewisse Reife und damit Zuverlässigkeit in diesem Prozess greifen kann.

Wir meinen also: Die immateriellen Werte existieren bereits, nur deren Beurteilung muss noch reifen. Damit werden in Zukunft auch die Kriterien für den Erfolg eines E-Business-Projekts einfacher werden. Dieses Wissen muss sich aber erst entwickeln und wir wollen mit diesem Buch unseren Beitrag dazu leisten.

Wir versuchen das, indem wir nun die Perspektive um 180 Grad drehen und fragen, welche Gründe es dafür gibt, dass E-Business-Projekte nicht erfolgreich sind. Wir untersuchen also die Gründe, warum die Ziele »Steigerung von Gewinn« und »Steigerung von Intellectual Capital« oft nicht erreicht werden können oder nicht erreicht wurden.

Unserer Ansicht nach kann man die Ursachen für das Scheitern von E-Business-Projekten in drei Gruppen einteilen:

▶ Ignorieren grundsätzlicher Anforderungen

▶ Einschlagen falscher Wege

▶ Vergessen des Kunden

Das mit den grundsätzlichen Anforderungen ist so eine Sache. Sie kennen sicherlich die Einteilung von Verkaufsargumenten in »Benefits« und »Requirements«. Dabei werden verschiedene Eigenschaften eines Produkts, einer Lösung etc. grafisch nach Benefits, also nach zu erzielenden Vorteilen, und nach Requirements, also nach unbedingt erforderlichen Voraussetzungen eingeteilt. Den meisten Menschen scheint es schwer zu fallen, sich nicht nur mit den Benefits zu befassen. Vertriebsmitarbeiter beispielsweise werden meistens darin geschult, nur mit den Benefits zu arbeiten. Bei einer Lebensversicherung ist das ziemlich einleuchtend, aber natürlich trifft das auch auf E-Business-Lösungen zu. Und genau wie beim Abschluss einer Lebensversicherung beschäftigt man sich auch hier hauptsächlich mit dem Preis und der Leistung, die zusammenhängen, aber nicht – oder zumindest nur selten – mit den Voraussetzungen. In den meisten Fällen wird man erst nach Vertragsabschluss mit ihnen Bekanntschaft machen und dann ungläubig den Kopf schütteln, wenn die Kosten plötzlich stark steigen oder im Extremfall die Leistungserbringung gar nicht mehr möglich ist. Wir sind davon überzeugt, dass Ihnen das auch schon passiert ist.

Aus diesem Grund beschäftigt sich der erste Teil unseres Buches, »Grundsätzliches«, mit den ungeliebten Voraussetzungen für E-Business-Projekte. Das Wichtigste, was Sie aus diesem Teil mitnehmen sollten, ist: Zuerst gilt es, die Voraussetzungen zu erfüllen, um dann im nächsten Schritt über die Vorteile nachzudenken!

Dies erfordert Umdenken, erstickt aber viele Probleme bereits im Keim. Glauben Sie uns! Wir werden in diesem Teil des Buches auf die folgenden Rahmenbedingungen eingehen, die den Grundstein für Erfolg im E-Business bilden:

▶ grundsätzliche Wettbewerbsvorteile im E-Business

▶ rechtliche und steuerliche Anforderungen

▶ Anforderungen an die Sicherheit

In Kapitel 1, »Wettbewerbsvorteile – das Terrain nutzen«, geht es um die Business Cases, das Fleisch, die eigentliche Substanz. Es geht um die Prozesse, die wir nun verbessern und beschleunigen wollen. Es geht um Einsparungen durch neue Bestell-, Produktions- oder Logistikkonzepte. Es geht auch um die Verbindung von neuen Konzepten und existierenden Technologien, um tatsächlich mehr Wert zu erzeugen – mit weniger Aufwand.

Die rechtlichen Anforderungen an geschäftliche Aktivitäten in der »neuen Medienlandschaft« erfordern Fingerspitzengefühl und Verständnis für die neuen Techniken und Medien. Das Zusammenspiel von juristischem Fachverstand und technischer Umsetzung ist einer der Kernbereiche für die rechtliche Absicherung von Internetprojekten. Die veränderten Kommunikationsstrukturen implizieren auch Sachverhalte und Situationen, die nur mit neuen Lösungsansätzen zu realisieren sind. Gerade die Bestrebungen in Europa zur Vereinheitlichung der Regelungen für den gemeinsamen Binnenmarkt, verändern die rechtliche Landschaft erheblich. Für den Geschäftsmann im E-Business ist es schwierig, den Überblick über die verschiedensten gesetzlichen Bestimmungen zu behalten. Erschwerend kommt die Problematik der Internationalität (»Internet ist international«) hinzu, die das Ganze unübersichtlicher und unklarer macht. Die steuerlichen Anforderungen und Hürden, die es bei einer sich immer weiter vernetzenden Gesellschaft zu beachten gilt, und deren internationale Auswirkungen werden im Kapitel 2, »Der rechtliche Rahmen – solides Fundament«, näher betrachtet.

Unsere Definition von erfolgreichem E-Business bezieht insbesondere die Steigerung des Intellectual Capitals mit ein, also die Verbesserung des Erfolgspotenzials. Nun sind viele Erfolgsfaktoren schon heute in die Informationstechnologie gegossen. Das wertvolle, erforschte Wissen über neuartige Zusammensetzungen von chemischen Produkten lässt sich – ganz einfach – aus den Bestellungen für Rohmaterialien ermitteln. Für den Konkurrenten ein sehr bequemer Weg, gewissermaßen eine Abkürzung, um zu den begehrten Verbesserungen zu kommen, statt sich selbst mühsam einen Weg durch Dornenhecken zu schlagen. Wird E-Business ohne Sicherheit betrieben, serviert man der ganzen Welt seine Geheimnisse, einen Großteil seines Potenzials, seines Vorsprungs, auf dem Präsentierteller. Dies wird in Kapitel 3, »Sicherheit – nur ein ›gutes Gefühl?‹«, behandelt.

Der zweite Teil des Buches, »Auf dem Weg zum Ziel«, geht auf die schwierigen Bereiche bei der Realisierung von E-Business-Projekten ein. Dazu gehören unserer Meinung nach vorrangig:

▶ Risikomanagement
▶ Verändern von Prozessen
▶ Kommunikation mit den Mitarbeitern

Risikomanagement selbst ist noch keine der »alten« Disziplinen, aber die neuen Rahmenbedingungen für das E-Business haben innerhalb sehr kurzer Zeit ganz spezielle Anforderungen an Risikomanagementstrategien gestellt. Hinzu kommt, dass nicht immer klar ist, welche Werte vor spezifischen Risiken geschützt werden müssen. Mehr dazu erfahren Sie in Kapitel 4, »Risiken managen – Chancen wahrnehmen«.

Mit E-Business-Projekten verbunden sind immer Prozessveränderungen bzw. Prozessverbesserungen. Das ist für die Beteiligten nicht immer einfach. Und häufig ist auch nicht klar, welche Prozesse man wie optimieren soll, um die neuen Möglichkeiten optimal auszunutzen. Kapitel 5, »Prozesse – auf der Jagd nach dem Optimum«, diskutiert diese Frage.

Irgendwie entsteht der Eindruck, als drehe es sich bei E-Business-Projekten nur um Technologien und Prozesse, um Automatisierung und Rationalisierung, und es scheint, als wäre der Mensch unwichtig geworden. Doch gerade die vielen aufgrund von zwischenmenschlichen Problemen gescheiterten Projekte zeigen, dass der Mensch sogar noch wichtiger wird als vorher; sein Einfluss wird größer und findet schneller Umsetzung. Demzufolge ist auch die Kommunikation in Projektteams und nach außen ein wesentlicher Bestandteil erfolgreicher E-Business-Projekte. Wie lassen sich die Mitarbeiter motivieren? Wie kann man sie ans Unternehmen binden? Mehr dazu erfahren Sie in Kapitel 6, »Die Mitarbeiter – Generalschlüssel zum Erfolg«.

Im dritten Teil dieses Buches beschäftigen wir uns mit den offensichtlichen Schwerpunkten, dem »eigentlichen« E-Business, so wie es viele ausschließlich verstehen. Wir haben diesen Teil »Der Kunde im Fokus« genannt und in die, nach unserer Einschätzung, drei wichtigsten Bereiche aufgeteilt:

▶ Medienpsychologie
▶ Marketing
▶ Usability

Die veränderte Wahrnehmung der Kunden verdient ein eigenes Kapitel. Durch die neuen Kommunikationsstrukturen werden andere Dimensionen von Erreichbarkeit und Zeit wirksam. Bestimmte Gesetze des Geschäftslebens werden über den Haufen geworfen, andere jedoch treten auf den Plan. Wer diese Veränderungen nicht beachtet und weiterhin nach den »klassischen« Regeln Geschäftsszenarien entwirft und Entscheidungen trifft, wird manch böse Überraschung erleben müssen. Dieses Thema wird in Kapitel 7, »Medienpsychologie – wie Kaufen funktioniert«, behandelt.

Marketing im E-Business: Was ist das überhaupt? Glaubt man der Boulevardpresse, so sind E-Business und Marketing das Gleiche. Tatsächlich ist Marketing im E-Business viel komplizierter, aufwändiger, mühseliger als vor dem Internet-Zeitalter. Die Produktzyklen sind kürzer, die Zielgruppen sind diffuser und die Ansprache ist, wenn auch scheinbar technikorientiert, emotionaler. Neue Rahmenbedingungen und Marketingkonzepte im E-Business sowie Handlungswisssen zur Eroberung des Marktes finden Sie in Kapitel 8, »Marketing – halten Sie den Kontakt!«.

Usability – eine wichtige Komponente für den Erfolg im E-Business. Früher war es »nur« eine Verpackung, nun ist es Teil des Gesamtkonzepts. Ohne ansprechendes Design, übersichtliche Navigation und nützliche Funktionalitäten kann man heute keinen Hund mehr hinter dem Ofen vorlocken. Assoziationen wecken, Image pflegen, Konsum anregen oder einfach für notwendige Aufmerksamkeit oder Annehmlichkeit sorgen.

Mehr darüber erfahren Sie in Kapitel 9, »Usability – wenn Kunden sich wohl fühlen«.

Wir können schon vorwegnehmen: Bei allen Überlegungen bleibt der Mensch im Mittelpunkt. Er bildet die größte Schwachstelle und das größte Potenzial zugleich. Genau das ist eines der Erfolgsgeheimnisse im E-Business – so widersprüchlich es auch klingen mag, der Mensch ist die Lösung. Der Mensch steht im Mittelpunkt des Erfolgs. Nicht nur im E-Business.

Je mehr Prozesse automatisiert werden, desto größer ist der Einfluss des einzelnen Menschen. Je größer der Einfluss des einzelnen Menschen, desto wichtiger ist sein persönlicher Erfolg für den Erfolg des Unternehmens.

Viel Spaß bei der Lektüre!

Danksagung

Dieses Buch ist eine Gemeinschaftsproduktion. Viele Fachleute haben uns dabei geholfen. Sie standen uns nicht nur mit Rat und Tat zur Seite, sondern unterstützten uns auch mit handfesten Vorlagen und Überarbeitungen bis kurz vor der Manuskriptabgabe. Nur durch die Mitwirkung dieser sehr engagierten Kolleginnen und Kollegen aus dem E-Business hat dieses Buch in der vorliegenden Qualität entstehen können.

Wir möchten uns ausdrücklich bedanken bei:

▶ Bernd Skiera, Lehrstuhl für E-Commerce, Universität Frankfurt am Main, für seine Unterstützung zum Kapitel »Wettbewerbsvorteile – das Terrain nutzen«

▶ Jürgen Gottschalck, Lehrstuhl für logistisches Prozessmanagement, Fachhochschule Pforzheim, für seine Unterstützung zum Kapitel »Risiken managen – Chancen wahrnehmen«

▶ Michael Anders, Geschäftsführer der Innoventure Consulting, Aachen, für seine Unterstützung zum Kapitel »Prozesse – auf der Jagd nach dem Optimum«

▶ Sven Fritsche, Rechtsanwalt und Steuerberater bei Peters, Schönberger und Partner, München, für seine Unterstützung zum Kapitel »Die Mitarbeiter – Generalschlüssel zum Erfolg«

▶ Roland Mangold, Lehrstuhl für Informations- und Kommunikationspsychologie, Hochschule der Medien in Stuttgart, für seine Unterstützung zum Kapitel »Medienpsychologie – wie Kaufen funktioniert«

- Stefan Gross, Dipl.-Kaufmann und Steuerberater bei Peters, Schönberger und Partner, München, für seine Unterstützung zum Kapitel »Der rechtliche Rahmen – solides Fundament«
- Reinhard Ematinger, Presales Consultant, SAP AG, für seine Unterstützung zum Kapitel »Marketing – halten Sie den Kontakt!«
- Martina Manhartsberger, Geschäftsführerin der Interface Consult, Wien, für ihre Unterstützung zum Kapitel »Usability – wenn Kunden sich wohlfühlen«

Ausführliche Profile zu den Gastautoren finden Sie am Schluss des Buches. Darüber hinaus möchten wir uns bei allen bedanken, die den oben genannten Gastautoren bei der Realisierung geholfen haben. Wir möchten stellvertretend für alle fleißigen Bienchen die nennen, deren Namen wir kennen: Leonie Kaiser, Donovan Pfaff, Martin Spann, Stefan Neuenhahn. Ferner möchten wir Oliver Gorus von Galileo Business für die tatkräftige Unterstützung bei der Realisierung dieses Mammutprojektes danken.

Natürlich gebührt unser letzter Dank unseren Nächsten. Sie haben in den letzten Wochen und Monaten erheblich unter Liebesentzug leiden müssen, damit wir dieses Werk fertig stellen konnten. Wir versprechen, dass wir uns dafür revanchieren werden, und zwar bei Diana, der entzückenden Frau von Sachar, seinem kleinen, süßen Sohn Mika sowie bei Leonie Kaiser, der Lebensgefährtin von Florian. Ehrenwort!

Im Mai 2002

Sachar Paulus (sachar.paulus@ebusinessprojekte.de)

Florian Zwerger (florian.zwerger@ebusinessprojekte.de)

Teil 1
Grundsätzliches

Viele Projektleiter missachten bei E-Business-Projekten die einfachsten Grundregeln. Dieselben Projektleiter denken bei klassischen Projekten, die nichts mit Internet zu tun haben, als erstes daran, den Business Case zu evaluieren, die rechtlichen Rahmenbedingungen abzuklopfen und die Sicherheit der eingesetzten Lösung zu prüfen.

Es stellt sich die Frage, warum sie diese Basics bei E-Business-Projekten meistens nicht beachten. Keine Frage hingegen ist, dass solche Projekte im E-Business oft genug zum Scheitern verurteilt sind.

In den folgenden drei Kapiteln werden wir den Gründen dafür auf die Spur gehen und ein paar elementare Grundsätze beschreiben, die einfach beachtet werden müssen – auch und gerade im E-Business.

1 Wettbewerbsvorteile – das Terrain nutzen

Webseiten und Webshop alleine sind noch kein E-Business! Erst ein vernünftiger Business Case, der die Besonderheiten des Mediums zielführend einsetzt, macht die Sache interessant ...

Dieses Kapitel erklärt, wie das Medium Internet zu Wettbewerbsvorteilen genutzt werden kann und wie man sich insbesondere auch von den klassischen Medien abheben kann. Wir besprechen Produkt- und Vertriebsstrategien, Preisgestaltung und Logistikfragen.

1.1 Wie man es nicht machen sollte

Nehmen wir an, Sie wären ein junger Student, der eine »geniale« Geschäftsidee hat. Sie sprechen mit ein paar Business Angels, die Sie in einer Verbindung kennen gelernt haben. Die empfehlen Ihnen, Ihre Idee an einen großen Konzern zu verkaufen. Doch Sie gehen zu einer Bank und stellen dort Ihre Idee selbst vor.

Einfach genial!

»Ich möchte Obst übers Internet verkaufen. Ich will einen Webshop, nennen wir ihn Gemüse23.de, aufbauen, der sich auf verderbliches Obst und Gemüse spezialisiert. Wir garantieren dem Kunden, dass er die bestellte Ware noch am selben Tag frisch geliefert bekommt. Und wir sind wegen der unglaublich großen Liefermenge natürlich noch billiger als Tante-Emma-Läden und erst recht billiger als Supermärkte. Bezahlen: natürlich mit Kreditkarte und Micropayment. Das wird ein Knaller!«

Die Investmentbanker lachen sich ins Fäustchen und geben Ihnen den notwendigen Kredit. Nach entsprechender Vorbereitung durch Ihre Bank gehen Sie an den Neuen Markt, wo der Wert Ihrer Aktie sich schnell verzehnfacht. Sie schließen Verträge mit den großen Gemüselieferanten über Mindestabnahmemengen und lassen den bisher provisorischen Webshop auf die beste, aber auch teuerste Shopsoftware umrüsten.

Drei Monate später (sagen wir im April 2000) haben gerade einmal 13 Kunden auf Ihrer Webseite bestellt, davon haben zehn die Ware zurückgehen lassen, weil Sie die Ware erst – natürlich verdorben – zwei Tage später liefern konnten. Bank, Shophersteller und Lieferanten erdrücken Sie mit ihren Forderungen, der Kurs ist im Keller und nur noch ein Zehntel des Emissionspreises wert – Sie melden Konkurs an.

Alles beim Alten?

What's new? Machen wir uns nichts vor. Die noch vor kurzem als neu und innovativ gepriesene New Economy sieht heute ganz schön alt aus. Die Zahl der Insolvenzen hat drastisch zugenommen und dem Wettbewerb mit der unlängst so gescholtenen Old Economy kann nicht viel entgegengesetzt werden. Warum nur? Im Kern liegt es daran, dass es keine New Economy gibt. Die schon immer geltenden ökonomischen Gesetzmäßigkeiten sind nicht außer Kraft gesetzt und auch an den Finanzmärkten zeigt sich, dass langfristig mit Visionen und roten Zahlen allein kein Geld verdient werden kann. Hinzu kommt, dass das Internet zwar ein reizvolles neues Medium ist, aber dennoch in Konkurrenz zu bestehenden Medien wie Telefon oder Printunterlagen und stationären Geschäften steht. Im Klartext: Ein Onlinebuchhändler wie Amazon steht natürlich nicht nur in Konkurrenz zu Onlineanbietern wie Booxtra oder BOL, sondern auch zu dem traditionellen bzw. stationären Buchhändler um die Ecke. Und auch dem traditionellen Buchhändler steht selbstverständlich die Möglichkeit offen, das Internet zur Verbesserung seines Angebots für den Kunden einzusetzen.

Dennoch: Wer meint, dass damit das Kapitel Internet zu den Akten gelegt werden kann und Unternehmen die gleichen Strategien wie vor zehn Jahren einsetzen können, der irrt. Das Internet begründet zwar keine New Economy, aber es weist Besonderheiten auf, die neue Geschäftsmodelle erst ökonomisch sinnvoll machen und damit Wettbewerbsvorteile ermöglichen.

Sinnvollerweise gehen wir in diesem Kapitel so vor, dass wir zunächst die wesentlichen besonderen Eigenschaften des Internets herausarbeiten. Auf der Basis dieser Eigenschaften werden dann die durch den Einsatz des Internets möglichen Wettbewerbsvorteile analysiert. Dabei unterscheiden wir danach, wie durch den Einsatz des Internets Produkte anders und besser angeboten werden können, wie deren Preisgestaltung verändert werden kann, wie diese Produkte anders kommuniziert und damit dem Kunden besser nähergebracht werden können und wie schließlich diese Produkte dem Kunden auch (logistisch) zugestellt werden können.

1.2   Eigenschaften des Internets

Dem Internet können viele besondere Eigenschaften zugeschrieben werden. So wird beispielsweise darauf hingewiesen [Rayport], dass das Internet zu technologieorientierten Entscheidungen führt: Die Onlineshops sind sieben Tage in der Woche, 24 Stunden täglich geöffnet und der

Kunde kann die Kommunikation mit dem Anbieter wesentlich stärker kontrollieren. Andere Autoren heben als Besonderheit des Internets neben der Multimedialität und der zeit- und ortunabhängigen Verfügbarkeit in Echtzeit noch die Personalisierungsmöglichkeit, die größere Autonomie der Nutzer und die erhöhte Markttransparenz hervor. Wir wollen uns hier nicht an einer umfassenden Aufzählung aller möglichen Besonderheiten beteiligen. Stattdessen wollen wir uns auf die wichtigsten Besonderheiten des Internets gegenüber der Offlinewelt konzentrieren und auf Basis dieser Besonderheiten die durch das Internet möglichen Wettbewerbsvorteile herausarbeiten. Dabei zeigt unsere Erfahrung, dass für eine derartige Analyse die Konzentration auf die in Abbildung 1.1 dargestellten Besonderheiten in vielen Fällen ausreichend ist.

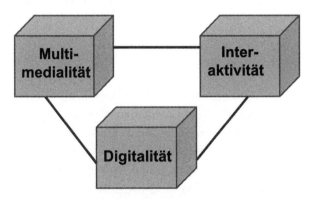

Abbildung 1.1 Eigenschaften des Internets

Digitalität: Das Internet ist ein Medium, mit dem eine vollständig digitalisierte Welt abgebildet werden kann. Dies bietet zunächst einmal den Vorteil, dass Medienbrüche, also die Umwandlung von digitalisierten Informationen in nicht-digitalisierte Informationen, vermieden werden können. Bestellungen von Kunden über das Internet werden beispielsweise direkt digital erfasst und können unmittelbar und ohne nennenswerte Kosten in ein ERP-System übernommen werden. Dies ist in dieser Form in der Offlinewelt nicht möglich gewesen. Dort musste beispielsweise bei Versandhändlern die per Brief, Telefon oder Fax eingegangene Bestellung noch manuell in das ERP-System eingefügt werden, was vielfach nicht unerhebliche Kosten und Übertragungsfehler verursachte.

Des Weiteren ermöglicht eine digitalisierte Welt, das Verhalten der in dieser Welt agierenden Kunden sehr genau zu erfassen und mithilfe von entsprechender Software auszuwerten. So wird der ursprüngliche Traum des Marketingmanagers, über sehr genaue Daten hinsichtlich des Kundenver-

Sofortiges Feedback

haltens zu verfügen, langsam wahr, wenngleich sich die daraus entstehende Datenflut bei fehlenden Auswertungsinstrumenten auch schnell zu einem Albtraum entwickeln kann. Dennoch: Das Kundenverhalten in einer Offlinewelt derart genau zu erfassen, ist in vielen Fällen schlichtweg an den damit verbundenen Kosten gescheitert.

Insbesondere bei Dienstleistungsanbietern im Internet ergibt sich zudem durch diese Digitalisierung eine interessante Entwicklung bei den Kostenstrukturen, da viele dieser Dienste komplett softwaregestützt abgewickelt werden können. So benötigt beispielsweise der Zugriff auf Informationsdatenbanken oder das Einrichten von E-Mail-Accounts sowie das Verschicken von E-Mails keinerlei menschliche Unterstützung mehr. Dies führt dazu, dass der Anteil der variablen Kosten an den Gesamtkosten im Vergleich immer weiter zu Lasten der Fixkosten zurückgeht.

Von überall her überall hin

Interaktivität: Das Internet ist ein globales, interaktives Medium, das Interaktivität in einer bislang unerreichten Dimension ermöglicht. So können beispielsweise in Onlineforen oder auf Auktionsplattformen und Marktplätzen problemlos Tausende von Nutzern zusammengebracht werden und auch der Versand einer E-Mail an mehrere tausend Personen ist mit sehr wenig Aufwand möglich. Zudem kann mithilfe von E-Mails viel besser eine asynchrone Kommunikation, also eine Kommunikation, bei der die Beteiligten nicht alle gleichzeitig anwesend sein müssen, realisiert werden. Hinzu kommt, dass diese Kommunikation miteinander vielfach zu erheblich niedrigeren Kosten als in einer Offlinewelt realisiert werden kann. Dies alles führt dazu, dass mithilfe des Internets deutlich besser miteinander interagiert werden kann.

Medienunabhängigkeit

Multimedialität: Mehrere Medien können gleichzeitig eingesetzt werden. So können im Internet Text, Sprache, Daten und Bilder bequem gemeinsam dargestellt werden. Dies impliziert, dass die Bedienung des Internets sehr anwenderfreundlich erfolgen kann. Darüber hinaus kann das Internet zukünftig von einer Vielzahl von Endgeräten wie z. B. Computern, Handys, Fernseher, PDAs erreicht werden (siehe Abbildung 1.2).

Dies bedingt zweierlei. Zum einen kann dadurch von immer mehr Orten aus immer leichter und bedienungsfreundlicher auf das Internet zugegriffen werden. Letztlich wird dies dazu führen, dass immer mehr Personen der Zugriff auf das Internet möglich sein wird. Zum zweiten wird dies dazu führen, dass diese Konvergenz verschiedener Medien zu neuen Wettbewerbsstrukturen führen wird.

Abbildung 1.2 Endgeräte für den Zugriff auf das Internet

Während beispielsweise Anbieter von Software, Telekommunikations-dienstleistungen oder Medien bislang kaum im Wettbewerb zueinander standen, werden diese Unternehmen zukünftig immer häufiger im Wett-bewerb aufeinander treffen (siehe Abbildung 1.3). Unternehmen wie Microsoft setzen sich schon seit längerem nicht nur mit dem Erstellen von Software, sondern auch mit der Bereitstellung von Inhalten, dem so genannten »Content« auseinander. Für Unternehmen wie beispielsweise SAP ist es aber eine neue Situation, wenn sie sich nun im Rahmen von vir-tuellen Marktplätzen oder Portalen auch mit der Schaffung von Content auseinander setzen müssen. Ganz deutlich ist dieser Trend hin zum Con-tent auch durch den Zusammenschluss von AOL und Time Warner geworden.

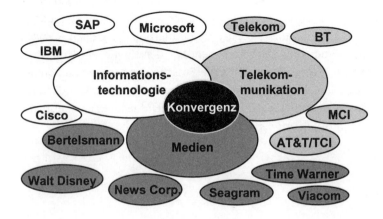

Abbildung 1.3 Medienkonvergenz und Wettbewerb zwischen Unternehmen

Im Folgenden zeigen wir die durch das Internet möglich gewordenen Wettbewerbsvorteile anhand der vier Marketinginstrumente: der Produktpolitik, der Preispolitik, der Kommunikationspolitik und der Distributionspolitik. Dabei resultieren diese neuen Möglichkeiten insbesondere aus den oben genannten Eigenschaften des Internets.

1.3   Wettbewerbsvorteile in der Produktpolitik

Die Produktpolitik im Internet beschäftigt sich mit den Optionen, die durch den Einsatz neuer Medien im Bereich der Produktgestaltung entstehen. Hersteller und Verkäufer müssen sich entscheiden, welche Produkte oder Dienste in welcher Form besonders gut über das Internet angeboten werden können.

In der Offlinewelt erscheint es schier unmöglich, für jeden Kunden ein eigenes, auf seine persönlichen Bedürfnisse zugeschnittenes Produkt herzustellen. Im Zeitalter des Internets und zunehmend digitalisierter Produkte wird nun aber eine konsequente Personalisierung möglich. Wir möchten zwischen den folgenden zwei Kategorien unterscheiden:

▶ Empfehlungssysteme (für vorgefertigte Produkte)

▶ Personalisierung (für individuelle Produkte)

Empfehlungssysteme

Bedürfnisse erfüllen durch Kundenauswahl
Bei den Empfehlungssystemen geht es in erster Linie um das Erfüllen von Bedürfnissen. Es soll eine gute Prognose über die Bedürfnisse von Kunden auf individueller Ebene ermittelt werden. Dadurch können den Kunden passende Produkte angeboten werden. Dies ist immer dann von Bedeutung, wenn die Produkte nicht bereits schon bei der Produktion auf die individuellen Bedürfnisse zugeschnitten werden können, jedoch bereits in vielfältigen Varianten existieren. Aufgrund der großen Auswahl an einzelnen Produkteigenschaften benötigt der Kunde ein Unterstützungssystem, um eine für ihn optimale Entscheidung treffen zu können [Albers 2001]. Dies ist z.B. bei Restaurants oder Musikstücken der Fall. Man erhebt die Bedürfnisse der Kunden auf individueller Ebene beispielsweise in der in Abbildung 1.4 dargestellten Form.

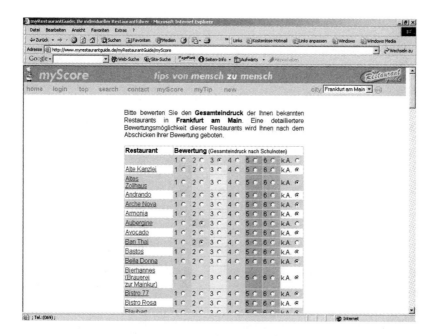

Abbildung 1.4 Bewertung einzelner Restaurants bei Myrestaurantguide.de

In dem dargestellten Beispiel aus einem Forschungsprojekt der Universität Frankfurt werden die Bedürfnisse der Kunden mithilfe von Radio-Buttons erhoben. Durch den Einsatz regelbasierter Systeme werden dann bestimmten Wenn-Dann-Regeln folgend Empfehlungen getroffen (siehe Abbildung 1.5). In unserem Beispiel heißt das: Wenn der Konsument das Restaurant »Ban Thai« mit der Note 2 bewertet, dann empfehle ich ihm das Restaurant »Bella Donna«, weil sich aus der Datenbank ergibt, dass viele Konsumenten, die das Restaurant »Ban Thai« sehr schätzen, auch gerne in das Restaurant »Bella Donna« gehen.

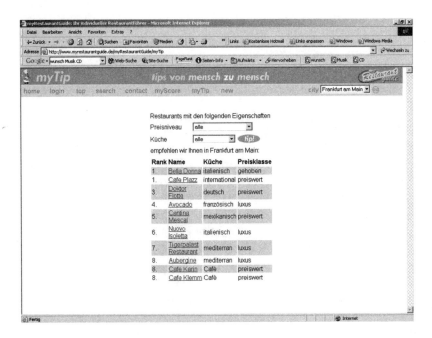

Abbildung 1.5 Empfehlungen von Myrestaurantguide.de

Personalisierte Produkte

Bedürfnisse erfüllen durch individuelle Konfektion

Während Empfehlungssysteme dem Konsumenten letztlich helfen, aus einer Vielzahl bereits vorhandener Produkte das für ihn geeignetste Produkt zu finden, werden bei der Personalisierung von Produkten für den Konsumenten individuell gefertigte Produkte vertrieben. Dabei lassen sich zwei Fälle unterscheiden: Digitalisierbare Produkte (wie z.B. MyYahoo!) und nicht digitalisierbare Produkte (beispielsweise ein T-Shirt). Die Personalisierung von digitalen Produkten ist eher einfach, da im Kern die digitalisierten Informationen aus einer Datenbank abgefragt und in einer geeigneten Form für den Konsumenten zusammengestellt werden müssen.

So kann man sich bei MyYahoo![1] sein individuelles Einstiegsportal in das Internet konfigurieren. Dort kann man sich beispielsweise auf seine Bedürfnisse zugeschnittene Nachrichten anzeigen lassen oder das Layout individuell gestalten.

---

1   http://de.my.yahoo.com/

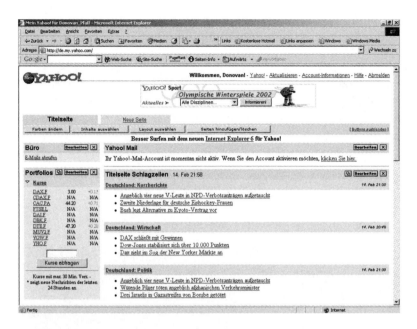

Abbildung 1.6 Personalisiertes Portal bei MyYahoo!

Die für eine personalisierte Zusammenstellung von digitalen Produkten benötigten Abfragen aus den Datenbanken verursachen kaum Zusatzkosten, sodass personalisierte digitalisierte Produkte in fast beliebig vielen Varianten angeboten werden können. Dies führt dazu, dass immer mehr digitale Produkte nun auch in entbündelter Form angeboten werden.

So wird eine Musik-CD in die einzelnen Titel entbündelt und kann dann wieder individuell auf die einzelnen Bedürfnisse der Kunden zusammenstellt werden. Ähnliches gilt für die Entbündelung bei Software und Informationsdiensten wie Zeitungen oder Zeitschriften sowie Reise- und Bankdiensten.

Personalisierte Zusammenstellung

Grundsätzlich ist die Personalisierung bei nicht-digitalen Produkten aufwändiger, da beim Fertigen von unterschiedlichen Varianten nicht-digitaler Produkte normalerweise Rüstkosten anfallen. Diese Rüstkosten standen lange einer Fertigung von individualisierten Produkten (in einer Losgröße von 1) aus Kostengründen entgegen. Erst durch den immer weiter zunehmenden Einsatz von Software in der Fertigung werden diese Rüstkosten so weit gesenkt, dass eine individuelle Fertigung auch wirtschaftlich sinnvoll wird. So bietet beispielsweise der Anbieter IdTown[2] heute die Möglichkeit an, eine Uhr individuell nach den Wün-

---

2   www.idtown.com

schen des Kunden anzufertigen, die dann auch zu einem Preis angeboten wird, der dem Preis einer qualitativ ähnlichen, in Massenfertigung erstellten Uhr vergleichbar ist.

Personalisiertes Design
Ein weiteres Beispiel ist der Schuhkonfigurator der Firma Nike[3]. Er ermöglicht seinen Kunden beispielsweise, sich auf der Website einen individuell auf die Bedürfnisse des Kunden zugeschnittenen Schuh zu konfigurieren. Der Produktkonfigurator wird hier als ein Designwerkzeug bezeichnet, das die Kundenbedürfnisse mit den Fähigkeiten eines Unternehmens in Einklang bringt [Piller].

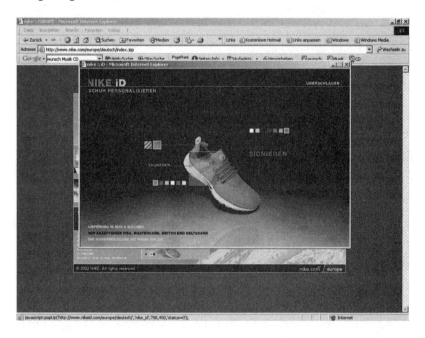

Abbildung 1.7 Schuhkonfigurator von Nike.com

Mit der Senkung der Rüstkosten wird dann auch beispielsweise eine Entbündelung bei Hardware möglich. Das Beispiel des Computerherstellers Dell[4] zeigt, dass man die einzelnen Komponenten eines Computers in viele einzelne Bestandteile zerlegen und später individuell zusammenfügen kann.

---

3 www.nike.com
4 www.dell.de

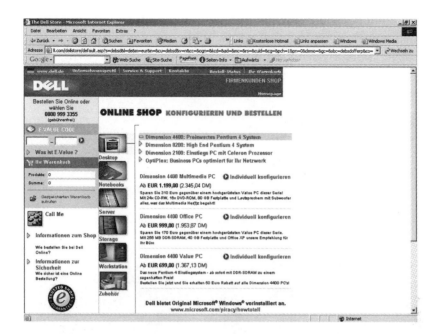

Abbildung 1.8 Produktkonfiguration bei Dell.de

Wenn Sie eine Entbündelung in Ihrem Produktsegment anbieten möch-   **Entbündelung**
ten, sollten Sie beachten, dass Sie Ihrem Kunden dabei einen Mehrwert
bieten. Ansonsten kann es passieren, dass Ihre Kunden die Komponenten
bei verschiedenen Anbietern beziehen. Auch hier möchten wir das Beispiel von Dell anführen, das durch seine Service-Marktplätze und durch
auf individuelle Kundensysteme abgestellte Dienstleistungen einen adäquaten Zusatznutzen anbietet. Es lohnt sich somit für den Kunden, alle
Komponenten bei Dell zu beziehen.

Die Interaktivität spielt eine entscheidende Rolle in der kundenindividu-   **Mass-Customi-**
ellen Massenproduktion. Speziell für die Erfüllung der unterschiedlichen   **zation**
Bedürfnisse verschiedener Abnehmer muss eine ständige Interaktion zwischen Kunde und Händler gewährleistet sein. Der Informationskreis zwischen Ihnen und Ihren Kunden wird zum Wettbewerbsvorteil. Wir möchten in diesem Kapitel nicht weiter auf die mit Mass-Customization
verbundene Learning-Relationship eingehen, da dies in Kapitel 8, »Marketing – halten Sie den Kontakt!«, näher behandelt wird.

Die stetige Fortentwicklung der Darstellungsmöglichkeiten im Internet   **Virtual Reality**
kann zu einem weiteren Wettbewerbsvorteil Ihres Onlineangebotes wer-   **verwenden!**
den. Mithilfe der neuen Medien können Sie Ihre Produkte multimedial
und ansprechend präsentieren. So können Sie beispielsweise mit der vir-

tuellen Anprobe bei Otto.de[5] beliebige Kleidungsstücke an Ihrem eigenen »virtuellen Körper« oder an dem eines vorher bestimmten Models wählen. Dem Kunden kann dadurch verdeutlicht werden, welche Kleidungsstücke zusammenpassen und welche Farbkombinationen lieber nicht zusammengestellt werden sollten.

Abbildung 1.9 Virtuelle Anprobe bei Otto.de

Des Weiteren können Sie Ihre Produkte nicht nur auf dem Computerbildschirm präsentieren, sondern Ihre Angebotspalette ebenfalls auf dem Mobiltelefon oder dem interaktiven Fernseher zur Verfügung stellen. Auf diese Weise befindet sich Ihr virtueller Katalog auch wieder dort, wo er hingehört: im Wohnzimmer des Konsumenten. Jeder Kunde kann mit diesen einfachen virtuellen Angeboten umgehen.

Die Kunden in das Produktdesign miteinbeziehen

Die Interaktivität des Internets ermöglicht Ihnen zudem, Ihre Kunden mit in die Produktentwicklung einzubinden. Sie können beispielsweise Ihre Kunden auf Ihrer Website befragen, welche Ausstattungsmerkmale die zukünftigen Produkte unbedingt enthalten sollten und welchen Preis sie hierfür zu zahlen bereit wären. Abbildung 1.10 zeigt Ihnen ein Beispiel für die Produktentwicklung bei Fahrradpumpen.

---

5   www.otto.de

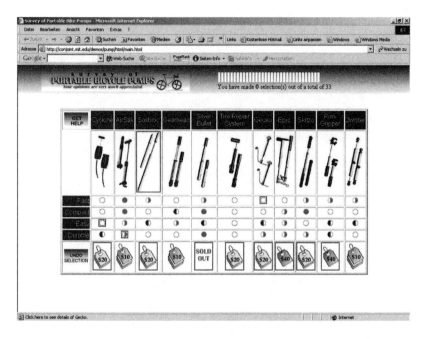

Abbildung 1.10 Unterstützung der Produktentwicklung durch Konsumenten[6]

Auch die Firma Baskin Robbins[7] hat ihre Konsumenten bei der Entwicklung neuer Eissorten auf der Webseite mitbestimmen lassen. Die Konsumenten konnten sich dort Fantasiekreationen zusammenstellen. Die Beliebtesten kamen dann kurze Zeit später auf den Markt. Die Ergebnisse belegten, dass gerade diese Produkte sehr erfolgreich waren.

Die Beispiele zeigen: Die Merkmale des Internets – Digitalität, Interaktivität und Multimedialität – bieten neue Möglichkeiten in der Produktentwicklung, bei der Produktkonzipierung und der Produktpräsentation. So können Konsumenten intensiv und relativ kostengünstig in die Produktentwicklung miteinbezogen werden und die Produkte können ihnen in neuer Art und Weise präsentiert werden. Des Weiteren kann auf die individuellen Bedürfnisse des Konsumenten eingegangen werden. So können durch das Ablegen von Wissen in Datenbanken und durch die Interaktion mit dem Konsumenten im Internet dem Konsumenten sehr einfach und kostengünstig aus einer Vielzahl von Produktvarianten die für ihn passende empfohlen werden. Darüber hinaus kann aufgrund der guten Interaktionsmöglichkeiten mit dem Konsumenten und der zunehmenden

Fazit

---

6 http://mitsloan.mit.edu/vc/
7 www.baskinrobbins.com

Digitalisierung der Fertigung auch immer häufiger die individuelle Fertigung von Produkten erfolgen.

1.4 Wettbewerbsvorteile in der Preispolitik

Lange Zeit galt bei Angeboten im Internet die Devise »Follow the Free«, d.h., nur kostenlosen Angeboten wurde eine Chance auf Erfolg eingeräumt. Erlöse sollten bei diesen Angeboten in der Regel ausschließlich über Werbung oder über zukünftige Cross-Selling-Möglichkeiten erzielt werden. Allerdings ging diese Strategie mit einem erheblichen Kapitalbedarf für die Unternehmen einher, da in der Regel hohe laufende Verluste erwirtschaftet wurden. Da die für Internetunternehmen gegenwärtig ungünstige Situation an den Kapitalmärkten die Möglichkeiten zur weiteren Kapitalaufnahme stark einschränkt, ist es für die Unternehmen nun dringend erforderlich, einen positiven Cashflow aus dem operativen Geschäft zu realisieren.

Um dies zu erreichen, werden immer öfter bisher kostenlose Angebote nur noch gegen ein Entgelt bereitgestellt oder bei bereits kostenpflichtigen Internetangeboten werden die Preise erhöht. So haben beispielsweise etliche Internet-Service-Provider (ISP) ihre Minutenpreise oder die Flatrate für den Onlinezugang erhöht. Auch Anbieter von Consumer-to-Consumer-Onlineauktionen führen nun Verkaufsprovisionen bzw. Gebühren für das Einstellen von Auktionen ein oder erhöhen diese wie z.B. bei Ricardo.de[8].

Eine einfache Erhöhung der Preise kann aber zur Abwanderung bestehender Kunden führen und die Wettbewerbsposition gegenüber Konkurrenten verschlechtern. In diesem Fall ist eine differenzierte Anhebung der Preise, beispielsweise durch das zusätzliche Angebot einer teureren Luxusversion, vorzuziehen. Preisdifferenzierung wird dabei als eine Strategie verstanden, mit der ein prinzipiell gleiches Produkt an verschiedene Nachfrager zu unterschiedlichen Preisen möglichst gewinnbringend verkauft wird [Diller] [Skiera 1999].

Mithilfe differenzierter Preise kann auf die höheren Profitabilitätsanforderungen des Kapitalmarktes reagiert werden. Das Internet bietet mehrere Vorteile für den Einsatz differenzierter Preise. So ermöglicht das digitale Umfeld den Einsatz von ausgereiften Zahlungssystemen, die selbst die Abrechnung komplizierter Preisstrukturen erlauben. Die im Internet häufig anzutreffenden Kostenstrukturen mit hohen Fixkosten und niedrigen

---

8   www.ricardo.de

variablen Kosten gestatten zudem selbst bei sehr niedrigen Preisen positive Deckungsbeiträge [Haase]. Im Folgenden zeigen wir die vielfältigen Möglichkeiten zur Preisdifferenzierung im Internet.

Der Einsatz differenzierter Preise ermöglicht eine Gewinnsteigerung im Vergleich zu einer Situation, in der nur ein einheitlicher Preis verlangt wird. Die hierbei anwendbaren Preisdifferenzierungsformen können dabei im Vergleich zur Offlinewelt im Internet besser und zum Teil sogar erstmals sinnvoll eingesetzt werden. Die Möglichkeiten bei der Preisdifferenzierung werden von Bernd Skiera dahingehend unterschieden, ob der Verkäufer selbst die Kunden in unterschiedliche Gruppen aufteilt und jeder der festgelegten Gruppen einen eigenen Preis anbietet oder ob er das prinzipiell gleiche Produkt in verschiedenen Varianten zu unterschiedlichen Preisen anbietet und sich die Kunden selbst die für sie geeignete Variante mit dem damit verbundenen Preis heraussuchen können (siehe Abbildung 1.11).

Verschiedene Formen der Preis-differenzierung

Im ersten Fall handelt es sich um eine Preisdifferenzierung *ohne* Selbstselektion, da die Kunden selbst keine Wahl bezüglich der Preisstruktur haben, sondern das Angebot lediglich annehmen oder ablehnen können. Im zweiten Fall wird von einer Preisdifferenzierung *mit* Selbstselektion gesprochen, da die Kunden aus den vorgegebenen Alternativen den für sie optimalen Preis selbst wählen können. Diese Möglichkeiten der Preisdifferenzierung stellen wir nun im Einzelnen dar und zeigen Beispiele aus erfolgreichen E-Business-Projekten.

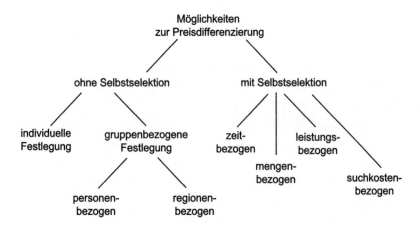

Abbildung 1.11 Möglichkeiten der Preisdifferenzierung

Ohne Selbstselektion

Eine individuelle Festlegung der Preise, auch **Preispersonalisierung** genannt, bedeutet, dass jeder Kunde einen auf ihn abgestimmten individuellen Preis erhält. Im Idealfall kann der Verkäufer damit genau die maximale Zahlungsbereitschaft des Kunden abschöpfen und, falls er dies für alle Kunden erreicht, den größtmöglichen Gewinn erzielen. Die individuelle Preisdifferenzierung stellt daher den bestmöglichen Fall für den Verkäufer dar. Da stellt sich die Frage: Warum setzen dann nicht alle Unternehmen diese Preispersonalisierung ein? Der einfache Grund liegt in den hohen Anforderungen an die Umsetzung einer solchen Preisstrategie.

Unterschiedliche
Zahlungs-
bereitschaft

Um allen Kunden den aus Anbietersicht optimalen Preis anbieten zu können, muss das Unternehmen die exakte individuelle Zahlungsbereitschaft jedes einzelnen Kunden kennen. Diesen hohen Anforderungen an die Datenbasis konnte bislang in der Unternehmenspraxis nicht entsprochen werden. Außerdem kann eine individuelle Preisdifferenzierung unter Umständen zu juristischen Problemen führen oder von den Kunden als unfair wahrgenommen werden. Lesen Sie mehr zu den rechtlichen Hürden bei der Realisierung von erfolgreichen E-Business-Projekten in Kapitel 2, »Der rechtliche Rahmen – solides Fundament«.

Dennoch wird jeder kompetente und preisbewusste Außendienstmitarbeiter versuchen, eine Differenzierung der Preise bei seinen Kunden zu erreichen, indem er diese individuell gemäß seiner Kenntnis des Kunden aushandelt. Sind in der »Offlinewelt« diese individuellen Verhandlungen noch mit hohem Zeitaufwand verbunden, so kann über das Internet teilweise auf einfacherem Wege und mit gesunkenen Transaktionskosten eine individuelle Preisdifferenzierung versucht werden. Insofern darf vermutet werden, dass beispielsweise der Computerhersteller Dell[9], der vielen seiner Kunden eine individualisierte Einstiegsseite anbietet, tendenziell eine derartige Preisgestaltung anstrebt.

Virtuelle Agenten
helfen

Eine zunehmende Verbreitung dieser Preisgestaltung ist zudem anzunehmen, wenn künftig verstärkt personalisierte Produkte angeboten und mithilfe von virtuellen Agenten vertrieben werden. Außerdem werden die Möglichkeiten der individuellen Preisdifferenzierung interessanter, da (anonyme) nutzerbezogene Daten des Surfverhaltens von Usern unter Umständen Rückschlüsse auf ihre Zahlungsbereitschaft erlauben. Die erfolgreiche Umsetzung einer individuellen Preisdifferenzierung bietet

---

9   www.dell.de

einen großen Wettbewerbsvorteil für ein Unternehmen. Durch das Internet besteht nun erstmals die Chance, diese Preisstruktur tatsächlich auch im Massengeschäft einzusetzen.

Die **gruppenbezogene Preisdifferenzierung** kann personen- oder regionenbezogen vorgenommen werden. Bei dieser Preisstruktur wird der Preis in Abhängigkeit von der Zugehörigkeit des Kunden zu einer bestimmten Gruppe oder von der Lage seines Kauf- bzw. Wohnorts in einer bestimmten Region festgelegt. Eine derartige Differenzierung ist jedoch nur sinnvoll, wenn die Charakteristika der Kunden, also ihre Gruppenzugehörigkeiten, nachgeprüft werden können. Beispielsweise könnte nach dem Verkauf von Opernkarten über das Internet beim Einlass die Identität des Konzertbesuchers bis zu einem gewissen Grade überprüft werden. Gleiches ist tendenziell bei Transportunternehmen wie der Deutschen Bahn[10] und ihrem Vertrieb über das Internet denkbar.

Einen weiteren Weg beschreitet beispielsweise die Firma Allmaxx[11]: Hier muss sich der Käufer nicht erst beim »Einlass«, sondern schon vorher als einer bestimmten Gruppe zugehörig identifizieren. So können sich Studierende registrieren lassen, die innerhalb einer bestimmten Frist ihren Status durch Einsenden der Immatrikulationsbescheinigung nachweisen müssen. Registrierten Mitgliedern können somit gruppenbezogene Sonderpreise für bestimmte Produkte angeboten werden [Skiera 2000]. Neben Studierenden ist dieser Ansatz auf weitere Gruppen übertragbar (z.B. Rentner, Familien mit Kindern etc.). Im Business-to-Business-Bereich könnte bei der Gebühr für die Nutzung eines EDI-Systems dahingehend unterschieden werden, ob der Nutzer zur Gruppe der Klein- und Mittleren Unternehmen (KMU) gehört oder ob es sich um ein Großunternehmen handelt.

Mit Selbstselektion

Die Identitätprüfung der Nachfrager kann dadurch umgangen werden, dass unterschiedliche Varianten des prinzipiell gleichen Produkts angeboten werden und den Kunden die Auswahl des für sie besten Produkts (bzw. der für sie besten Produktvariante) zu dem damit verbundenen Preis zu überlassen [Denekkere]. Somit handelt es sich um eine Preisdifferenzierung mit Selbstselektion. Dabei kann in die in Abbildung 1.11 dargestellte zeit-, mengen-, leistungs- und suchkostenbezogene Differenzierung der Preise unterschieden werden.

---

10 www.bahn.de
11 www.allmaxx.de

Die Grundidee der **zeitbezogenen Preisdifferenzierung** ist, dass für das gleiche Produkt zu unterschiedlichen Zeitpunkten verschiedene Preise verlangt werden. Dabei kann eine zeitbezogene Preisdifferenzierung insbesondere bei Dienstleistungen angewendet werden. Da diese nicht lagerfähig sind, müssen Kunden die Dienstleistung ggf. in der teureren Zeit kaufen, falls sie diese dann nutzen möchten. Grundsätzlich soll mit der zeitbezogenen Preisdifferenzierung ausgenutzt werden, dass Kunden eine unterschiedlich hohe Zahlungsbereitschaft zu verschiedenen Zeiten und für unterschiedliche Zeitverzögerungen haben [Skiera 1998/2].

Tarifsysteme Es bietet sich z. B. an, unterschiedlich hohe Preise zu unterschiedlichen Tageszeiten, an unterschiedlichen Tagen und zu unterschiedlichen Jahreszeiten zu nehmen. T-Online[12] bietet beispielsweise mit »T-Online by day« und »T-Online by night« zwei unterschiedliche Tarife an, bei denen entweder die Nacht- oder die Tagesstunden billiger als die übrige Zeit sind. Außerdem variiert die Grundgebühr der beiden Tarife. Die vom Internet-Reisebüro Travelchannel[13] über das Internet angebotenen Urlaubsreisen unterscheiden sich danach, ob während oder außerhalb der Schulferien verreist werden soll.

Insbesondere im Finanzbereich werden Preise danach differenziert, mit welcher Verzögerung Informationen ausgeliefert werden. Beispielsweise bietet die Comdirect Bank[14] mit ihrer Tradermatrix einen Zugriff auf ständig aktualisierte Kursinformationen (Realtime-Push) der deutschen Börsenplätze an. Mit einer derartigen Preisgestaltung soll letztlich die unterschiedlich hohe Zahlungsbereitschaft der verschiedenen Kunden optimal abgeschöpft werden. Professionelle Investoren sind aufgrund des von ihnen verwalteten hohen Anlagevolumens normalerweise bereit, einen höheren Preis zu zahlen, als private Investoren. Die von der Comdirect Bank vorgenommene Unterscheidung der Preise nach dem Zeitpunkt der Auslieferung soll nun dazu führen, dass die professionellen Investoren auch die höheren Preise bezahlen [Skiera 2000]. Eine weitere Möglichkeit besteht in der kostenpflichtigen Nutzung von Application-Service-Providing-Modellen (ASP) je nach dem entsprechenden Zeitpunkt.

Das Grundprinzip der **mengenbezogenen Preisdifferenzierung** funktioniert so, dass der Preis pro Mengeneinheit von der Anzahl der gekauften Mengeneinheiten abhängt. Wird beispielsweise für Mobilfunkgespräche ein zweiteiliger Tarif mit einer monatlichen Grundgebühr von 10 € und

---

12 www.t-online.de
13 www.travelchannel.de
14 www.comdirect.de

einem variablen Preis von 1 € pro Telefonminute verlangt, so beträgt der Gesamtpreis pro Telefonminute 2 €, wenn insgesamt 10 Minuten in diesem Monat telefoniert wurden (10*1 € + 10 € = 20 € /10 = 2 €). Wurden 100 Minuten telefoniert, so reduziert sich der Gesamtpreis pro Minute auf 1,1 € (100*1 € + 10 € = 110 € /100 = 1,1 €). Diese mengenbezogene Differenzierung ihrer Preise nehmen insbesondere Internet-Service-Provider wie AOL[15] durch die Erhebung eines (nutzungsunabhängigen) Grundpreises pro Monat und eines (nutzungsabhängigen) Nutzungspreises pro Stunde Internetnutzung vor.

Ein weiteres Beispiel der mengenbezogenen Preisdifferenzierung ist die Flatrate. Bei ihr ist der Gesamtpreis unabhängig von der Anzahl der Mengeneinheiten. Bei einer Flatrate von 100 € pro Monat kostet eine Minute Internetzugang 1 €, wenn der Kunde 100 Minuten online war. Bei 1 000 Minuten Onlinezeit in diesem Monat würden sich dagegen die Kosten pro Minute auf 10 Eurocent reduzieren. Der Durchschnittspreis für eine Stunde Internetnutzung variiert in all diesen Fällen mit der Gesamtnutzung, sodass jeder Nutzer seinen eigenen durchschnittlichen Preis wählen kann.

Flatrate

Der sich für den Anbieter ergebende Vorteil besteht vor allem darin, dass durch einen niedrigen Nutzungspreis der Kunde zu einer hohen Nutzung animiert wird und gleichzeitig der Grundpreis eine Abschöpfung der vorhandenen Zahlungsbereitschaft ermöglicht [Skiera 1999]. Da bei einer solchen Preisgestaltung in der Regel der durchschnittliche Preis mit der Höhe der abgenommenen Menge fällt, wird normalerweise auch vermieden, dass der Kunde seine Nachfrage zwischen verschiedenen Anbietern aufteilt, sodass dadurch auch die Kundenbindung erhöht wird [Haase]. Eine mengenbezogene Preisdifferenzierung erfordert folglich die genaue Erfassung der konsumierten Einheiten eines Kunden und bietet sich daher für das digitale Umfeld des Internets an.

Die **leistungsbezogene Preisdifferenzierung**, mitunter auch als qualitative Preisdifferenzierung oder »Versioning« bezeichnet, steht in enger Beziehung zur Produktdifferenzierung. Sie liegt vor, wenn ein Anbieter ähnliche Produktvarianten zu unterschiedlichen Preisen anbietet. Dabei unterscheiden sich die angebotenen Varianten einer solchen leistungsbezogenen Preisdifferenzierung insbesondere hinsichtlich des Leistungsumfangs, der Leistungsfähigkeit und der Zusatzleistungen.

---

15 www.aol.de

Digitale Produkte sind zur Anwendung einer leistungsbezogenen Preisdifferenzierung besonders geeignet, da diese aufgrund des digitalen Charakters leichter in einzelne Komponenten zerlegt bzw. in unterschiedlichen Varianten gestaltet werden können. Das Unternehmen Puretec[16] unterscheidet seinen angebotenen Leistungsumfang und natürlich die damit verbundenen Preise für das Einrichten von Websites beispielsweise danach, ob Zugriffsstatistiken und CGI-Bibliotheken zur Verfügung gestellt werden oder nicht, oder aber entsprechende Software im Paket enthalten ist.

Der Anbieter von Spracherkennungssoftware Lernout & Hauspie[17], der von der Firma ScanSoft[18] übernommen wurde, führt eine Vielzahl von Produktvarianten in seinem Angebotskatalog. Die Standardversion kostet 49 \$, für die Advanced- bzw. Professional-Version werden 79 \$ bzw. 149 \$ verlangt. Die Versionen unterscheiden sich hinsichtlich Zusatzfunktionen wie sprachgesteuerter Kalender oder Interaktionsmöglichkeit mit Microsoft Excel. Zusatzpakete für die spezielle Erkennung von juristischen oder medizinischen Begriffen können für jeweils 179 \$ ebenfalls erworben werden. Weiterhin können beispielsweise unterschiedliche Versionen einer ERP-Software dahingehend differenziert und entsprechend bepreist werden, wie viele Transaktionen in einem bestimmten Zeitraum damit durchführbar sind.

Bei der **suchkostenbezogenen Preisdifferenzierung** werden die Preise für Produkte danach unterschieden, über welchen Vertriebskanal oder unter welchem Markennamen und im Rahmen welcher Verkaufsförderungsaktion sie angeboten werden. Bei einer solchen Differenzierungsstrategie wird somit primär ausgenutzt, dass die Kunden unterschiedlich hohe Suchkosten haben und vor allem Kunden mit hohen Suchkosten eine höhere Zahlungsbereitschaft aufweisen [Tellis].

Promotions Beispielsweise werden von AOL immer wieder Promotionsaktionen für Neueinsteiger ins Internet gestartet, die mit einer unterschiedlich hohen Anzahl an Freistunden ausgestattet sind. Es besteht daher die Möglichkeit, durch intensives Suchen besonders viele Freistunden zu erhalten. Naheliegend ist natürlich, dass eine derartige Differenzierungsstrategie von den Unternehmen nicht offen an die Kunden kommuniziert werden kann.

---

16 www.puretec.de
17 www.lhsl.com
18 www.scansoft.com

Eine weitere Möglichkeit ist das Angebot unterschiedlicher Websites mit unterschiedlicher Bedienungsfreundlichkeit. So kann ein Onlinereisebüro unter verschiedenen Domains Front-Ends mit unterschiedlichem Nutzerkomfort anbieten. Die bedienungsfreundliche Seite erreicht dabei Nutzer mit niedrigeren Suchkosten und kann höhere Preise verlangen [Clemons]. Eine weitere Möglichkeit stellt die Versteigerung von Produkten bei gleichzeitigem Verkauf der gleichen Produkte über einen Onlineshop dar. Dabei können die Preise bei den Versteigerungen unter denen des Onlineshops liegen, da Kunden mit höheren Suchkosten nicht auf das Ende einer Auktion warten möchten, sondern das Produkt sofort im Shop erwerben.

Mehrdimensionale Preisdifferenzierung

Bislang wurden lediglich Fälle betrachtet, bei denen die Preise nur auf Basis der Ausprägung einer Dimension, z. B. der Menge oder der Leistung, differenziert wurden. Allerdings finden sich in der Praxis viele Anwendungsfälle, in denen die Preise auf der Basis mehrerer Dimensionen differenziert werden. So werden in der Offlinewelt vor allem Mobilfunktarife nicht nur nach Menge, sondern auch nach Zeit, Taktung und weiteren Merkmalen differenziert. Ähnliches gilt beispielsweise auch für die Tarife der Deutschen Bahn.

Mit der mehrdimensionalen Preisdifferenzierung wird eine feinere Segmentierung der Kunden angestrebt, um die vorhandene Zahlungsbereitschaft noch besser abschöpfen zu können. Problematisch ist dabei jedoch, dass zum einen die Kunden die angebotene Preisstruktur auch noch durchschauen müssen und zum anderen der Anbieter auch die korrekte Abrechnung dieser immer komplexer werdenden Preise gewährleisten muss. Da im Internet jedoch die Prozesse in digitalisierter Form abgebildet werden, stellt zumindest die Abrechnung seitens des Anbieters im Internet kein großes Problem mehr dar. Das erklärt sicherlich auch, dass beispielsweise T-Online[19] bei seinen Onlinegebühren eine mengenbezogene (Grundgebühr und Onlineentgelt) und eine leistungsbezogene Preisdifferenzierung (Nutzung von Speicherkapazitäten) den Nutzern in Rechnung stellt.

Feinere Segmentierung vs. Undurchschaubarkeit

Inwieweit die Kunden solche mehrdimensionalen Preisdifferenzierungen noch durchschauen und damit ihr Verhalten den gesetzten Anreizen entsprechend anpassen können, bleibt jedoch unklar. Im B2B-Bereich kann beispielsweise die Nutzung einer ASP-Lösung nach der Intensität der

---

19 www.t-online.de

Nutzung (z.B. Pay-per-use und damit verbundene mengenbezogene Preisdifferenzierung), nach dem Zeitpunkt der Nutzung und nach Leistungskriterien wie Schnelligkeit von Berechnungen, abgerechnet werden.

Differenzierte Preise werden im Internet bzw. mit Unterstützung des Internets bereits vielfach eingesetzt. Die im Rahmen der Digitalisierbarkeit mögliche bessere Erfassung des Nutzerverhaltens und bessere Implementierbarkeit dieser Preisstrukturen wird zu einem zunehmenden Einsatz differenzierter Preise führen.

Dynamische Preisbildung

Einbeziehung der Kunden in die Preisgestaltung

Die Interaktivität des Internets ermöglicht eine verstärkt dynamische Preisgestaltung: Kunden können vermehrt selbst in die Preisgestaltung miteinbezogen werden, bis hin zu einem kompletten Wechsel der Rolle des Preisgestalters vom Verkäufer zum Käufer. In der Offlinewelt ist es aufgrund der letztlich sehr hohen Transaktionskosten undenkbar, dass z.B. jeder Käufer in einem Supermarkt mit dem Verkaufspersonal über die Preise verhandelt. Gleiches gilt weitestgehend bei der Buchung von Reisen im Reisebüro, sodass gegenwärtig die aktive Beeinflussung des Preises in der Offlinewelt nur bei sehr hochwertigen Produkten zumindest teilweise stattfinden kann (z.B. bei Autos oder bei Häusern).

Im Internet dagegen fallen wesentlich niedrigere Transaktionskosten an, sodass dort der Nachfrager wesentlich häufiger die Rolle des Preisgestalters übernimmt. Durch den Zusammenschluss einzelner Nachfrager zu Einkaufsgemeinschaften können diese eine ausreichende Marktmacht erreichen und auf diesem Wege (unter Umständen bestimmenden) Einfluss auf die Preisgestaltung ausüben. Nachfolgend werden Beispiele für den Wechsel des Preisgestalters vom Verkäufer zum Käufer dargelegt und die Implikationen hieraus diskutiert.

»Name-your-Price«-Angebote

Eine Möglichkeit der Preisgestaltung durch den Käufer besteht darin, dass die Käufer ihren gewünschten Preis für ein Produkt im Internet bei einem darauf spezialisierten Dienstleister angeben können. Ist ein Verkäufer zu einem entsprechenden Verkaufspreis bereit, kommt ein Verkauf zustande. Ein Anwendungsfall für diese Preisgestaltungsform ist der Abverkauf von Restposten verderblicher Produkte (z.B. Flugtickets oder Hotelzimmer). Beispielsweise muss bei Priceline[20] ein Käufer von Flugtickets

---

20 www.priceline.com

neben dem gewünschten Abflug- und Zielort auch seinen gewünschten Preis angeben (siehe Abbildung 1.12). Außerdem wird die Flexibilität des Käufers erfasst, z.B. die Anzahl der Zwischenlandungen oder Verschiebungen der gewünschten Abflugzeit (siehe Abbildung 1.13).

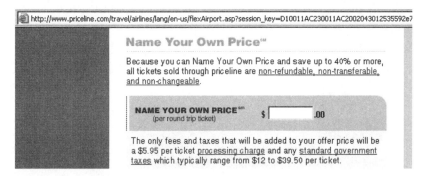

Abbildung 1.12 Angabe des gewünschten Preises bei Priceline.com

Durch erhöhte Flexibilität verbessert ein Käufer seine Chancen, ein Flugticket zu seinem gewünschten Preis zu bekommen – und ermöglicht Priceline (bzw. den Fluglinien) die Segmentierung der Käufer, z.B. in Geschäftsreisende und Privatreisende. Priceline verlangt eine verbindliche Kaufabsicht durch Nennung der Kreditkartendaten. Ein rechtsgültiger Kauf kommt dann automatisch zustande, wenn Priceline einen Verkäufer zu den vom Käufer genannten Bedingungen findet. Auf diese Weise kann Priceline einen »Missbrauch« als Instrument zum Preisvergleich verhindern. Außerdem muss der Verkäufer durch die (verbindliche) Nennung des gewünschten Preises durch die Käufer keine Preise für seine Restkapazitäten veröffentlichen. Eine gewisse Preisintransparenz kann dadurch gewahrt bleiben, Kannibalisierungseffekte mit den traditionellen Vertriebskanälen werden verhindert und einem langfristigen Preisverfall wird entgegengewirkt [Schwartz].

Weniger Ware als Kunden

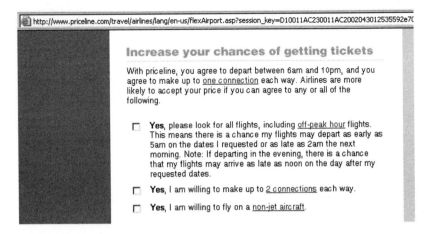

Abbildung 1.13 Angabe der Flexibilität bei Priceline.com

Mengenbezogene Preisdifferen- zierung Einen ersten Ansatz zur Durchführung einer mengenbezogenen Preisdifferenzierung von Käuferseite stellt das so genannte Powershopping oder Co-Shopping dar. Diese Einkaufsgemeinschaften werden von speziellen Vermittlern organisiert, z. B. von Letsbuyit.com[21] oder Powershopping.de[22].

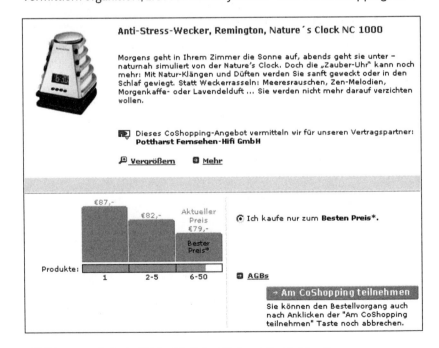

Abbildung 1.14 Preise in Abhängigkeit der Käuferzahl bei Letsbuyit.com

---

21 www.letsbuyit.com
22 www.powershopping.de

Der käuferseitig realisierte Mengenrabatt erfolgt dabei in mehreren Rabattstufen, die von der Anzahl der Käufer für das jeweilige Produkt abhängen. Ein Käufer kann einerseits das Produkt auf jeden Fall kaufen, d.h. unabhängig von der letztendlich erreichten Rabattstufe. Andererseits kann sich der Käufer entscheiden, das Produkt nur zu kaufen, wenn eine bestimmte Rabattstufe erreicht wird (z.B. Stufe 3 in Abbildung 1.14 bzw. Abbildung 1.15). Für jedes einzelne Produkt ist eine bestimmte Zeitspanne (z.B. eine Woche) vorgegeben, innerhalb der sich die Käufer dafür finden müssen. Die Anzahl der verbindlichen Käufer bestimmt dann letztendlich den zu zahlenden Preis.

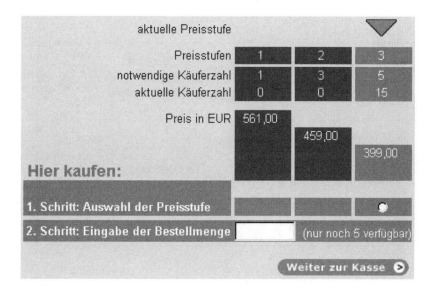

Abbildung 1.15 Preisstufen bei Powershopping.de

Auktionen

Den bekanntesten Fall interaktiv und käuferseitig festgelegter Preise stellen Auktionen dar. Abbildung 1.16 gibt einen Überblick über die wesentlichen Auktionsformen. Dabei bieten Käufer offen wie bei der Englischen Auktion und der Holländischen Auktion oder verdeckt wie bei der Höchstpreisauktion und der Vickrey-Auktion (siehe Abbildungen 1.17 und 1.18).

Verschiedene Auktionsformen

Der Preis als Gebotsvariable kann dabei, wie im Fall der Englischen Auktion, ansteigen, bei der Holländischen Auktion fallen oder es ist nur eine einmalige Gebotsabgabe möglich (Höchstpreis- und Vickrey-Auktion). Je nach Ziel des Unternehmens kann eine passende Auktionsformen gewählt werden. Dabei kann der Einsatz einer Englischen Auktion zu einem offenen Wettbewerb zwischen den Bietern führen, während bei einer Holländischen Auktion derjenige Bieter den Zuschlag erhält, der zu dem aktuellen Preis als erster seinen Kaufwunsch äußert.

Eine verdeckte Auktion (z. B. Höchstpreisauktion) ist für die Käufer in höherem Maße intransparent, solange am Auktionsende lediglich der Preis des erfolgreichen Gebots und nicht auch die Preise der anderen Gebote veröffentlicht werden. Im Gegensatz zu den in Abbildung 1.16 dargestellten Auktionsformen stellt die so genannte Reverse-Auction oder Verkäuferauktion eine Preisfestlegung von der Verkäuferseite dar: Die Verkäufer unterbieten sich gegenseitig.

Auktionsart	Gebot-abgabe	Art der Gebote	Zuschlag	Zeit-aspekt
Englisch	Offen	Ansteigend	Höchstes Gebot	Zeitpunkt
Holländisch	Offen	Fallend	Erstes Gebot	Zeitpunkt
Höchstpreis	Verdeckt	Einmalig	Höchstes Gebot	Zeitraum
Vickrey	Verdeckt	Einmalig	Zweit-höchstes Gebot	Zeitraum

Abbildung 1.16 Auktionsformen

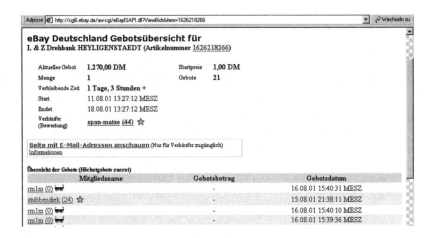

Abbildung 1.17 Beispiel für Englische Auktion im Business-to-Business: eBay pro

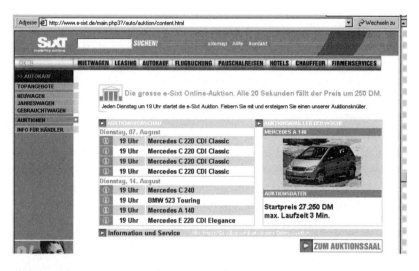

Abbildung 1.18 Beispiel für Holländische Auktion bei Sixt[23]

Beim Realtime-Pricing, mitunter auch Spot-Pricing genannt, werden zeit-   **Realtime-Pricing**
lich differenzierte Preise nicht von vornherein festgelegt, sondern passen
sich dynamisch der jeweiligen Nachfrage zu einem Zeitpunkt bzw. -inter-
vall an [Bohn]. Daher muss gewährleistet sein, dass die Käufer auch rechtzeitig über die jeweiligen Preisänderungen informiert werden. Über das
Internet ist eine solche zeitgleiche Information einfach zu implementieren, sodass beispielsweise Internet-Service-Provider (ISP) geänderte
Preise für Datenübertragungsleistungen ihren Kunden über das Internet
übermitteln können.

1.5   Wettbewerbsvorteile in der Kommu-
nikationspolitik

Das Internet ermöglicht neben dem Einsatz neuer Werbeformen auch   **Personalisierte**
eine Anpassung und Personalisierung der Werbung auf den einzelnen   **Werbung**
Kunden. Außerdem eröffnet das Internet völlig neue Möglichkeiten zur
Kontrolle der Werbewirkung, da eine unmittelbare Reaktion des Kunden
auf die Werbung möglich und zugleich messbar wird. Die Handlungen
der Kunden im Internet können in bislang nicht gekannter Form auf die
Durchführung von Werbemaßnahmen zurückgeführt werden. Dadurch
wird ein wesentlich besserer Nachweis des Erfolgs von Werbemaßnahmen ermöglicht.

---

23 www.e-sixt.de

Bannerwerbung

Neben dem Banner werden im Internet Buttons, Sponsoring, Interstitials, interaktive Schaltflächen sowie Pop-up-Interstitials eingesetzt. Insbesondere Bannerwerbung bietet die Möglichkeit zu einer Personalisierung der Werbebotschaft. Im einfachsten Fall kann durch ein Cookie erfasst werden, ob ein Nutzer ein bestimmtes Werbebanner schon gesehen hat und daher ein anderes Werbebanner eingespielt werden soll. Darüber hinaus können, zumindest aus theoretischer Sicht, auch personalisierte Kundenprofile angelegt und die Werbebotschaft dementsprechend angepasst werden. Auch eine Verknüpfung des Nutzungsverhaltens im Internet mit demografischen Daten wäre möglich.

Momentan stoßen derartige Bestrebungen auf großen Widerstand der Datenschützer, sodass die meisten Werbetreibenden eher zurückhaltend mit dem Erheben und Zusammenspielen derartiger Daten sind. Neuere technische Entwicklungen wie das IP-Targeting von Anbietern wie beispielsweise der Firma Adtech[24] gestatten aber mittlerweile eine sehr gute Zuordnung der Kunden (über deren IP-Nummern) zu regionalen Gebieten, sodass auch schon heute Werbung im Internet lokal ausgerichtet werden kann.

E-Mail-Marketing

Eine weitere sehr wichtige Werbeform stellen E-Mails dar. Mit ihnen können Kunden direkt angesprochen werden, sodass E-Mail-Aktionen mit Direktmarketingaktionen in der Offlinewelt vergleichbar sind. Dabei zeichnet sich das E-Mail-Marketing durch einige Vorteile gegenüber dem Direktmarketing in der Offlinewelt aus. Insbesondere sind hierbei die wesentlich geringeren Kosten (ca. 0,05 € pro E-Mail im Vergleich zu ca. 1,50 € pro Direct-Mail), die Zustellung innerhalb von Sekunden, die Fähigkeit der Darstellung multimedialer Inhalte sowie die Möglichkeit zur direkten Kundeninteraktion (d.h. beispielsweise Klick auf Link für Webshop) zu nennen. Abbildung 1.19 stellt ein Beispiel für eine multimedial gestaltete Werbe-E-Mail dar. Solche E-Mails können im Corporate Design (CD) des entsprechenden Unternehmens gestaltet sein und ermöglichen die Einbindung von Grafiken und Links.

---

24 www.adtech.de

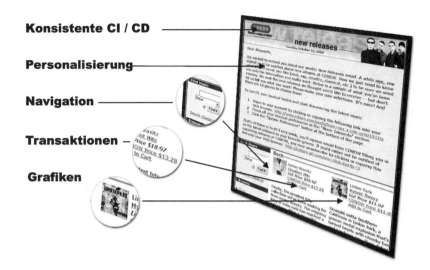

Konsistente CI / CD

Personalisierung

Navigation

Transaktionen

Grafiken

Abbildung 1.19 Beispiel für E-Mail-Marketing

Allerdings hat das E-Mail Marketing zum Teil mit Akzeptanzproblemen zu kämpfen, und zwar aufgrund des unkontrollierten, massenhaften Versendens von E-Mails durch manche Anbieter, ohne vorher die Einwilligung der Adressaten eingeholt zu haben. Dieses unkontrollierte Zusenden, auch Spam genannt, ist in den meisten Ländern verboten und wird von Nutzern in der Regel als sehr störend wahrgenommen.

Spam

Aufgrund dieser Probleme sollte sich effektives E-Mail-Marketing von der Idee des so genannten Permission-Marketings leiten lassen. Dieser Begriff stammt von Seth Godin, Vice President Direct Marketing bei Yahoo!, und folgt dem Grundgedanken, dass Kunden dem Werbetreibendem die Erlaubnis geben, ihnen Informationen (Werbung) zu bestimmten, d.h. vom Kunden festgelegten Themen zusenden zu dürfen [Godin]. Auf diese Weise wird eine höhere Akzeptanz beim Kunden erreicht. Außerdem erreicht die Spezifizierung der Themengebiete durch den Kunden eine höhere Relevanz, sodass eine entsprechende E-Mail-Werbung höhere Click-Raten erzielen kann. Gleichzeitig kann durch die Spezifizierung der Themengebiete und der Erfassung des Kundenverhaltens die E-Mail-Werbung personalisiert werden.

Permission-Marketing

Mithilfe personalisierter und auf der Einwilligung der Empfänger basierender E-Mail-Werbung können Unternehmen eine hohe Aufmerksamkeit für ihre Kommunikationsmaßnahmen erreichen und den Aufbau von Wettbewerbsvorteilen bewerkstelligen.

Closed-Loop-Marketing

Die Effizienz von Werbemaßnahmen im Internet kann sehr genau und unmittelbar kontrolliert werden. Unterschiedliche Gestaltungsoptionen lassen sich einfach und direkt testen und auswechseln. Dadurch können geschlossene Marketingkreisläufe (engl. Closed-Loop-Marketing) geschaffen werden. Im Vordergrund steht nachfolgend die Banner- und E-Mail-Werbung, wobei die zugrunde liegenden Konzepte auch auf andere Werbeformen im Internet übertragen werden können. Die Wirkung eines Banners oder einer E-Mail kann anhand der Ereignisse »Kontakt«, »Reaktion« und »Ergebnis« gemessen werden (siehe Abbildung 1.20).

Die Einblendung eines Banners oder das Erhalten einer E-Mail und damit der **Kontakt** zwischen dem Kunden und der Werbung kann sehr leicht gemessen werden. Diese Art der Werbeerfolgskontrolle ist den aus traditionellen Medien ermittelten Reichweiten sehr ähnlich.

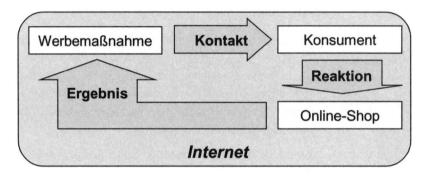

Abbildung 1.20 Ansatzpunkte zur Werbeerfolgskontrolle im Internet

Im Gegensatz zu traditionellen Medien bieten digitale Werbeformate wie Banner dem Kunden die Möglichkeit, durch Anklicken auf die Werbebotschaft unmittelbar zu reagieren. Da hierbei kein Medienbruch notwendig ist, kann auch die **Reaktion** leicht gemessen werden.

Der Klick führt den Kunden beispielsweise zu einem Onlineshop, wo der Kunde das beworbene Produkt online – und damit wiederum ohne Medienbruch – erwerben kann. Der Kauf des Produkts kann als das **Ergebnis** der Werbemaßnahme betrachtet und gemessen werden.

Im Rahmen des E-Mail-Marketings können in einem geschlossenen Kreislauf personalisierte E-Mails verschickt sowie die Reaktionen darauf gemessen und verarbeitet werden (siehe Abbildung 1.21). Die E-Mail-Empfänger können eine Antwort-E-Mail verschicken, auf einen Link klicken oder den E-Mail-Service abbestellen. Auch die Fehlermeldung, dass die E-Mail-Adresse des Empfängers nicht erreichbar war, ist eine Form des Response.

Ein gutes E-Mail-Marketingsystem kann diese Reaktionen automatisch verarbeiten, d.h. nicht erreichbare E-Mail-Adressen aus dem System löschen, die Anzahl der geöffneten E-Mails und der Clicks in entsprechenden Reporting-Tools darstellen sowie ggf. eine automatische Optimierung durchführen. Dabei erfordert eine Optimierung in der Regel mehrere Durchläufe durch das Versenden unterschiedlich gestalteter E-Mails an verschiedene Zielgruppen, um auf diese Weise beispielsweise die E-Mail-Gestaltung und Zielgruppe mit der höchsten Click-Rate zu ermitteln.

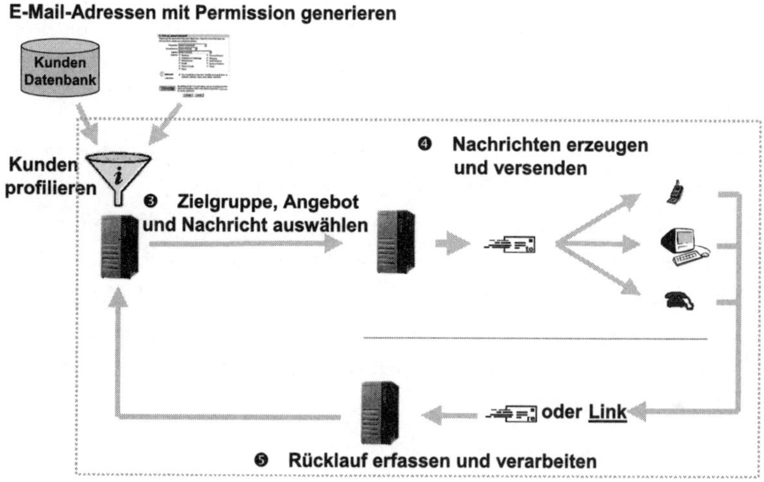

E-Mail-Adressen mit Permission generieren

Abbildung 1.21 Hauptschritte des E-Mail-Prozesses

Erfolgsmessung im Internet

In den Anfängen der Onlinewerbung wurden die Kontakte durch die **Hits**, die Anzahl der Abrufe gemessen. Dabei wurden einfach die Zeilen des Logfiles gezählt. Allerdings kam es dabei zu einer Überschätzung der Zugriffszahlen, da jeweils auch die Abrufe von den in der Seite eingebundenen Multimediaelementen mitgezählt wurden. Dieser Fehler wird bei der Messgröße **PageImpressions** vermieden. Sie erfasst die Anzahl der Sichtkontakte mit einer einzelnen potenziell werbeführenden Webseite. Die Anzahl der Sichtkontakte mit einem Banner wird mit **AdImpressions** angegeben.

Kontakte messen

Neben der Anzahl der Impressions ist häufig interessant, wie viele Kunden sich die Website überhaupt angeschaut haben. Dies wird mit der Messgröße **Visits** erfasst, die eine Anzahl zeitlich zusammenhängender Pageimpressions auf ein und derselben Website als einen Besuch interpretiert. Innerhalb dieses Visits werden mehrere PageImpressions und AdImpressions beim Lesen unterschiedlicher Artikel generiert.

Eine in den USA gebräuchliche Größe sind die **Unique Users** (bzw. Unique Visitors). Damit wird die Anzahl unterschiedlicher Besucher einer Website innerhalb eines Monats gemessen, d.h., mehrere Besuche ein und desselben Kunden innerhalb dieses Zeitraumes werden nur einmalig verbucht. Hier wird also zwischen Brutto- und Nettoreichweite unterschieden. Für Websitebetreiber und Werbetreibende macht es einen Unterschied, ob beispielsweise 100 Kunden zehnmal im Monat oder 1000 Kunden nur jeweils einmal im Monat die Website besuchen, da bei beiden Situationen insgesamt 1000 Visits, aber entweder 100 oder 1000 Unique Users gemessen werden.

Auf Basis dieser Unique Users kann dann beispielsweise auch der **Reach** ermittelt werden: die Anzahl der Kunden, die mindestens einmal mit einer bestimmten Website oder Werbemaßnahme in Kontakt gekommen sind. Analog dazu kann mit der **Average Frequency** gemessen werden, wie oft ein Kunde durchschnittlich Sichtkontakt mit einer Website bzw. Werbemaßnahme hatte. Bei Werbe-E-Mails sind die Anzahl der geöffneten E-Mails oder die Zeitdauer zwischen Versenden und Öffnen der E-Mail mögliche Kontaktmaße.

Reaktion messen Mit dem **AdClick** wird angegeben, wie oft auf ein Werbebanner oder eine E-Mail reagiert wurde. Normalerweise wird der Kunde durch das Anklikken der Werbung auf eine Landing-Page weitergeleitet: eine Informationsseite über das beworbene Produkt oder gleich eine Transaktionsseite, auf der das Produkt gekauft werden kann. Die AdClick-Rate misst das Verhältnis zwischen der Anzahl der AdClicks und der Anzahl der Adimpressions. Die typische AdClick-Rate für Banner betrug Anfang 2002 etwa 0,5 Prozent, Tendenz fallend.

Ergebnis messen Die Größe für die Ergebnismessung einer Werbemaßnahme hängt von dem jeweiligen Werbeziel ab. Zielt die Werbemaßnahme auf den Verkauf eines Produkts, so sind z.B. die hierdurch erzeugten Erlöse oder Deckungsbeiträge adäquate Maße. Alternativ kann z.B. im Fall einer Personal-Recruiting-Aktion die relevante Ergebnisgröße die Anzahl der Onlinebewerbungen sein, oder bei einer Werbemaßnahme für eine virtuelle Community die Anzahl neu registrierter Teilnehmer.

Das kurzfristige Ergebnis einer Werbemaßnahme misst die Zahl der abgeschlossenen Transaktionen in direkter Folge eines AdClicks. Dabei wird die direkte Wirkungskette zwischen Schaltung der Werbemaßnahme, Kontakt, Reaktion (Adclick) und Ergebnis (Transaktion) innerhalb einer zusammenhängenden Onlinesitzung (Session) des Kunden genau gemessen. Ereignisse außerhalb dieser Wirkungskette oder unvollständige Wirkungsketten werden genauso wenig erfasst wie aus der Transaktion resultierende Folgekäufe mit direktem Einstieg über die Website des Anbieters.

Die Messung des langfristigen Ergebnisses einer Werbemaßnahme erfordert den Einschluss aller Folgekäufe eines Kunden und damit die Erfassung des gesamten Customer-Lifetime-Value (CLV). Dafür ist eine Käuferidentifikation über den Erstkauf hinaus erforderlich, beispielsweise über die Erfassung weiterer Bestellungen mithilfe einer eindeutigen Kundennummer.

Eine Gegenüberstellung aller hier betrachteten Werbeerfolgsmaße bringt Tabelle 1.1. Dabei werden die erweiterten Möglichkeiten für die Messung der Werbewirksamkeit im Internet gegenüber den traditionellen Medien deutlich.

	Werbeerfolgsmaß	Kurzbeschreibung
Traditionelle Mediamaße	Recall	Wiedererkennung einer Anzeige
	Recognition	Erinnerung an eine Anzeige
Kontaktmaße	Hits	Anzahl der Zeilen des Logfiles
	Pageimpressions	Anzahl Sichtkontakte mit Internetseite
	Adimpressions	Anzahl Sichtkontakte mit Werbemaßnahme
	Visits	Anzahl Besuche auf einer Internetseite
	Unique Users	Anzahl unterschiedlicher Konsumenten auf einer Internetseite
	Banner-Reach	Anzahl Konsumenten mit mindestens einem Sichtkontakt
	Banner-Frequency	Anzahl Sichtkontakte pro Konsument
	Betrachtungszeit	Dauer des Kontakts mit Banner
Interaktivitätsmaße	Adclick	Anzahl der Clicks auf Werbebanner
	Adclick-Zeitpunkt	Zeitpunkt des Clicks auf Werbebanner

Tabelle 1.1 Mögliche Werbewirkungsmaße im Internet

	Werbeerfolgsmaß	Kurzbeschreibung
Ergebnis-orientierte Maße	Transaktionen	Anzahl an abgeschlossenen Transaktionen
	Umsatz	Durch Werbemaßnahme erzielter Umsatz
	Deckungsbeitrag	Durch Werbemaßnahme erzielter Deckungsbeitrag
	Neuanmeldungen	Durch Werbemaßnahme erzielte Anzahl Neuanmeldungen

Tabelle 1.1 Mögliche Werbewirkungsmaße im Internet

Auf Basis dieser Werbeerfolgsmaße kann eine Vielzahl weiterer Kennzahlen entwickelt werden, die insbesondere dadurch entstehen, dass Kontaktmaße mit reaktions- oder ergebnisorientierten Maßen in Verbindung gesetzt werden. So werden beispielsweise bei der bereits erwähnten AdClick-Rate die AdClicks mit den AdImpressions ins Verhältnis gesetzt. In ähnlicher Form können die getätigten Transaktionen im Verhältnis zu den AdClicks oder den AdImpressions betrachtet werden. Des Weiteren kann über die zusätzliche Erfassung der Zeit die Kontaktzeit mit einer Werbemaßnahme oder der genaue Zeitpunkt, zu dem auf animierte Banner geklickt wurde, bestimmt werden.

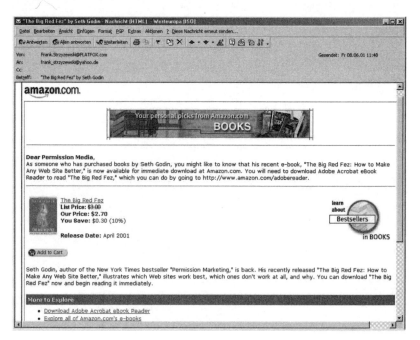

Abbildung 1.22 Beispiel für HTML-E-Mail von Amazon[25]

Mit Zunahme der Übertragungsraten können auch kleinere Filme, mit Fernsehspots vergleichbar, im Internet eingesetzt werden. Auch der Einsatz von vertonten Bannern oder reinen Tonbannern, etwa mit Radiowerbung vergleichbar, ist absehbar. Außerdem werden statt der ursprünglich verwendeten reinen Text-E-Mails nun verstärkt multimediale HTML-Mails eingesetzt. HTML-Mails erlauben die Darstellung anspruchsvoller Designs und das Einfügen von Bildern, Werbebannern und Links (siehe Abbildung 1.22). Aus diesem Grund erzielen HTML-Mails auch in der Regel zwei- bis dreimal höhere Response-Raten als Text-E-Mails. Zumindest zurzeit.

Der Einsatz von E-Mails kann auch mit anderen Marketinginstrumenten verknüpft werden. Ein Beispiel hierfür ist der Versand von Rabatt-Coupons per E-Mail. Diese Coupons können dann vom Kunden für den nächsten Onlineeinkauf (per Eingabe eines Coupon-Codes) oder für eine Beschaffung in der Offlinewelt (druckbarer Coupon: siehe Abbildung 1.23) eingesetzt werden.

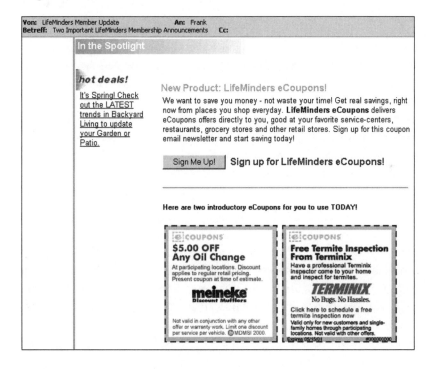

Abbildung 1.23 Beispiel für E-Mail-Coupons

---

25 www.amazon.com

1.6 Wettbewerbsvorteile in der Distributionspolitik

Die zeitnahe Distribution von digitalisierten Produkten über das Internet ist aufgrund der zunehmenden Bandbreiten immer weniger problematisch. Ganz anders sieht es bei den physischen Gütern (z. B. Lebensmitteln) aus. Die Logistik wurde von fast allen Internet-Unternehmen vernachlässigt. Zahlreiche Beispiele zeigen, dass Unternehmen davon ausgegangen sind, mit einer schönen und bunten Website sofort und ohne Probleme ihre Produkte weltweit zu vertreiben. Das wohl bekannteste Beispiel hierfür ist das Unternehmen Boo.com[26], das im Jahre 2000 als eines der ersten Internetunternehmen Konkurs anmelden musste.

Laut Forrester Research möchten die Kunden im Web schnell und bequem einkaufen. Zahlreiche Anbieter von Internetshops haben dies mit ihrer Webseite zwar umgesetzt, dabei allerdings vergessen, dass zu einem Einkauf auch die Abwicklung des Geschäftsfalls zählt. Die Ware muss schließlich auch an den Kunden ausgeliefert und bezahlt werden.

Auslieferung ist kritischer Erfolgsfaktor

Studien, die den Zusammenhang zwischen Lieferung und Rückgabe der Waren untersucht haben, zeigen, dass bei einer Auslieferung am dritten Tag bereits 30 % der Waren wieder zurückgesandt werden. Wenn die Ware erst am fünften Tag den Kunden erreicht, werden rund 70 % der Bestellungen storniert. Es verwundert nicht, dass mehr als die Hälfte der Onlinekäufer sich aufgrund einer Webbestellung bereits ein oder mehrmals zum Postamt aufmachen mussten[27]. Decken sich die eigenen Arbeitszeiten in etwa mit dem Öffnungszeiten der Postagentur, so kann daraus leicht ein nervenaufreibendes Geduldsspiel werden. Wer will das seinen Kunden schon zumuten?

Kundenfreundliche Zahlungsmodelle

Auch das scheinbar kleinste logistische Problem, der Zahlungsvorgang bleibt von vielen Unternehmen im Onlinezeitalter unbeantwortet. Während die Kunden sehr deutlich die Rechnung als *das* Zahlungsmittel im Netz präferieren, bieten zahlreiche Unternehmen noch immer nur die Kreditkarte an. Aussagen von Kunden und Shopbetreibern belegen, dass mit dem Angebot einer Bezahlung per Rechnung (oder Lastschrift) oder anderer innovativer Zahlungsmethoden die Abbruchrate bei Bestellvorgängen reduziert werden kann.

Wenn die Pakete erfolgreich entgegengenommen wurden, die Inhalte anprobiert, verschenkt oder anderweitig verwendet wurden und der

---

26 www.boo.com
27 www.firstsurf.de: »Internetshoppingreport 2001«

Kunde bemerkt, dass er die Hose lieber passend zu seinen Schuhen gehabt hätte, oder sein Freund den vierten Harry-Potter-Band nun bereits zum dritten Mal geschenkt bekommen hat, erfolgt eine Rücksendung. Lesen Sie mehr über die Rechte der Verbraucher im zweiten Kapitel, »Der rechtliche Rahmen – solides Fundament«. Uns allen sind noch die Zustände aus dem Weihnachtsgeschäft im Jahre 2000 bekannt, als es bei UPS und den anderen Lieferdiensten ziemlich chaotisch zuging, besonders in der Zeit nach Weihnachten. Tausende zurückgegebene Geschenke sorgten für ein logistisches Chaos bei Händlern wie bei Paketdiensten.

Die oben beschriebenen Problemfelder wurden in der Vergangenheit am besten von den Unternehmen mit großem Erfahrungsschatz gelöst. So verwundert es nicht, dass Michael Otto für sein erfolgreiches Internet-Engagement vom Manager Magazin zum Manager des Jahres 2001 gewählt wurde. Aktuellen Prognosen zufolge wird Otto[28] im laufenden Geschäftsjahr bis zu 1,5 Mrd. € im E-Commerce umsetzen. Experten führten den Erfolg Ottos im Netz auf eine ausgefeilte Logistik zurück. Bei der Abwicklung des Internethandels schlug das Unternehmen bewusst keine Sonderwege ein, sondern nutzte die Logistik des klassischen Versandgeschäfts.

Die Stärke der Old Economy

Nun müssen Sie für Ihr Internetgeschäft nicht gleich ein riesiges Logistiksystem wie das von Otto nachbilden. Wir möchten Ihnen im folgenden Abschnitt anhand ein paar beispielhafter, neuer Entwicklungen zeigen, wie Sie auch die Auslieferung der Waren, eventuelle Rücklieferungen und den Zahlungsvorgang in den Griff bekommen.

Digitale Produkte

Das Downloaden von Produkten (z. B. Sicherheitssoftware von Norton[29]) oder das Streaming von Daten (z. B. Internetradio mit dem Spinner[30]) stellen die häufigste Form der Onlinedistribution dar. Dem gleichzusetzen ist eine Versendung von Produkten als Attachments in E-Mails.

Download und Streaming

Die Onlinedistribution hat zahlreiche Vor- und Nachteile. Die geringeren Vertriebskosten für den Anbieter und die schnelle Verfügbarkeit seitens der Konsumenten spielen eine wesentliche Rolle. Auf Anbieterseite fallen bei der digitalen Distribution nur Kosten für die Bereitstellung der Server an, ein weiterer Teil der Kosten, z. B. die Onlinegebühren, wird auf den Konsumenten verlagert. Die Konsumenten sind daher häufig nur bei Preisnachlässen zum Download bereit.

---

28 www.otto.de
29 www.norton.com
30 www.spinner.com

Digitale Produkte sind in der Regel 24 Stunden, sieben Tage die Woche für die Käufer verfügbar. Dies kann ein großer Vorteil für die Konsumenten sein. Stellen Sie sich einmal vor, Sie erhalten eine neue Virenwarnung und möchten Ihr System sehr schnell wieder sicher machen. Sie können sofort, auch am Wochenende, die aktuelle Software downloaden und so Ihr System schützen.

Es stellt sich allerdings zurecht die Frage, inwieweit die Konsumenten diese Form der Distribution nutzen. Bei kleinen und zeitkritischen Dateien erscheint der Download durchaus sinnvoll, bei größeren Dateien wie beispielsweise komplexer Software (z.B. ein Office-Paket) oder Videofilmen kann man mit Downloadzeiten von bis zu zehn Stunden rechnen, je nach Verbindung. Ob dann die Zahlungsbereitschaft der Kunden mit den Preisvorstellungen der Anbieter gleichzusetzen ist?

Nachteile Neben der Übertragung der Kosten auf den Konsumenten treten noch weitere Nachteile auf, die hier nicht unerwähnt bleiben sollen. So muss beispielsweise der Konsument über ein entsprechendes Wiedergabemedium verfügen (z.B. CD-ROM-Laufwerk). Aber auch Qualitätseinbußen durch die Komprimierung der Daten sind ein häufiger Grund für den Nichtkauf. So kann man sich heute bereits Cover von Musik-CDs im Internet downloaden (z.B. bei Darktown[31]), jedoch kann der Konsument diese in der Regel nicht in der gewünschten Qualität ausdrucken. Die Zahlungsbereitschaft der Konsumenten, im Vergleich zum Kauf einer traditionellen CD, sinkt.

Digital-Rights-Management Das größte Problem bei der Distribution digitaler Produkte stellt jedoch die illegale Verbreitung dar. Eine digitales Produkt kann sehr schnell und günstig kopiert und an andere Personen weitergeleitet werden. Sicherlich gibt es einige Möglichkeiten, digitale Produkte mit einem Kopierschutz zu versehen. Lesen Sie zu diesem Thema mehr in Kapitel 3, »Sicherheit – nur ein ›gutes Gefühl‹?«.

Allerdings führt dies nur zu erhöhten Kosten auf Anbieter- und Käuferseite, zumal alle bisher eingeführten Systeme in kurzer Zeit geknackt wurden. Man sollte vielmehr die Möglichkeiten digitaler Produkte zum Anbieten von Zusatzdiensten nutzen, die nur mit einem regulär gekauften Produkt einsetzbar sind. Eine andere Möglichkeit wäre, die Produkte stark auf einzelne Kunden zu personalisieren und so für Dritte relativ uninteressant zu machen.

---

31 www.darktown.com

Digitalisierbare Produkte

Bei physischen Produkten ist die Nutzung der neuen Medien als neuer Vertriebskanal sehr schwierig bzw. unmöglich. Aber es bieten sich durchaus Ansätze, bisherige physische Güter mithilfe neuer Ausgabegeräte auch digital zu vertreiben. Dies gilt beispielweise für Bücher, die bereits heute in bestimmten Dateiformaten digital versandt und mit speziellen Ausgabegeräten gelesen werden können (siehe Abbildung 1.24). Spezielle neue Ausgabegeräte ermöglichen den Download und das Lesen von Büchern.

Abbildung 1.24 ebook[32]

Neben der Digitalisierung von Büchern wird derzeit auch versucht, andere Produkte zu digitalisieren. So bietet beispielsweise die Firma Ruetz[33] mit ihrem Produkt »Sniffman« die Möglichkeit an, audio-visuelle Erlebnisse beim Surfen im Internet oder vor dem Fernseher durch eine Geruchskomponente zu erweitern. Mit dem »Sniffman«, einem Gerät mit mehreren Duftkammern und einer Heizkammer, werden Düfte erzeugt, die mit der Wärme in die Nase des Anwenders steigen. So kann man sich beispielsweise vorstellen, dass man bei der Ausstrahlung eines Waschmittel-Werbespots im Fernsehen auch die Blumenfrische in der Nase spürt (siehe Abbildung 1.25). Dieses Beispiel soll Ihnen zeigen, dass die Digitali-

Digitaler Transport von Gerüchen

---

32 www.rocket-ebook.com
33 www.ruetz.de

sierbarkeit weniger von dem Produkt selbst, sondern vielmehr von einem geeigneten Ausgabegerät abhängt.

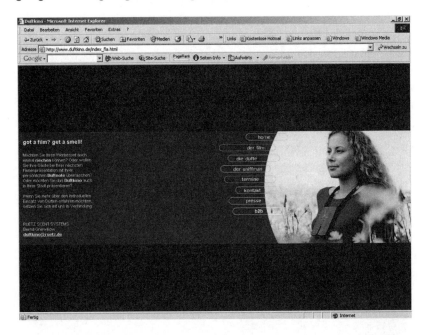

Abbildung 1.25 Beispiel für den »Sniffman«[34]

Distribution physischer Produkte

Track'n Trace
Bei Gütern, die einfach nicht digitalisiert werden können, bieten sich durch den Einsatz der neuen Medien Zusatzdienste an, die den Zustellprozess einfacher und komfortabler gestalten können. So kann man mit einem Track'n-Trace-System, das heute bereits fast alle Lieferdienste anbieten, die Ware und den Versand sehr gut am Bildschirm verfolgen. Die Informationen, wo sich die Ware gerade befindet, können, da sie digital vorliegen, sehr gut mit weiteren Daten (z. B. dem Routenverlauf) kombiniert werden. Dadurch können dem Kunden Zeitfenster für die Anlieferung oder Termine für die Abholung der Retouren genannt werden. Denkbar ist auch die automatisierte Benachrichtigung über Lieferverspätungen oder mögliche Zustellzeiten per SMS auf das Mobiltelefon des Empfängers.

Diese unterstützenden Servicedienstleistungen reichen aber häufig nicht aus. Internetkäufer möchten ihre Ware bequem, unkompliziert und möglichst schnell nach Hause geliefert bekommen. Zu Recht stellt sich hier

---

34 www.duftkino.de

die Frage: Wie bekommen sie rechtzeitig ihre heiß ersehnten Internet-bestellungen, wenn diese sich nicht digital vertreiben lassen?

Auf diese Frage müssen Sie bei E-Business-Projekten häufig eine gute Antwort parat haben, denn schließlich wollen Ihre Kunden die bestellten Waren in der richtigen Menge, in einwandfreiem Zustand, zur vereinbarten Zeit, am richtigen Ort zu minimalen Kosten erhalten. Natürlich ist das nicht um jeden Preis möglich.

Wer macht den Versand?

eBay[35], die größte Auktionsplattform der Welt, bietet seit einiger Zeit einen Versandservice an. Der Verkäufer hat hierbei bereits die Möglichkeit zwischen einer Abholung von zu Hause oder der Arbeit zu wählen (siehe Abbildung 1.26). Dieser Service wird zu geringen Kosten, schnell, sicher und mit einer Onlineverfolgung der Lieferung angeboten. eBay bietet diesen Service nicht selbst an, da es nicht ihre Kernkompetenz ist, sondern in Zusammenarbeit mit den Partnern Hermes Versand[36] und iloxx[37]. Dadurch kann eBay ohne wesentlichen Kapitaleinsatz einen weiteren Kundennutzen anbieten. Kooperationen mit erfahrenen Logistik-dienstleistern können ein entscheidender Wettbewerbsfaktor sein.

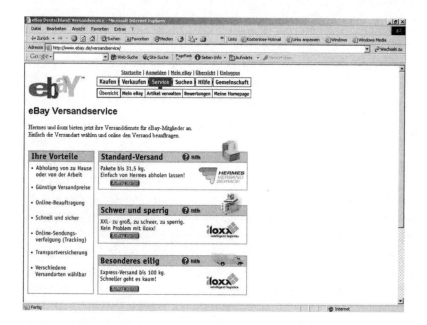

Abbildung 1.26 Liefermöglichkeiten bei eBay.de

---

35 www.ebay.com
36 www.hermes-vs.de
37 www.iloxx.de

Empfang der Ware

Beim Empfang der Ware bieten sich zahlreiche neue Servicedienstleistungen an, die sowohl im Sinne des Käufers als auch des Verkäufers sind. Der Kreativität der neuen Dienstleister sind, speziell im B2C-Segment, keine Grenzen gesetzt. Neben der Idee, das Konzept der Briefzustellung auch auf Warenlieferungen auszudehnen (Streamline), werden Postkästen für Straßenzüge, Pick-Point-Konzepte oder Tower24 derzeit auf dem Markt eingeführt. Wir wollen Ihnen im Folgenden die neuen Zustellkonzepte vorstellen. Grundsätzlich kann man diese Zustellkonzepte in die folgenden drei Kategorien einordnen:

▶ Lieferung der Produkte vom Anbieter zum Kunden
▶ Lieferung der Produkte über Dienstleister zum Kunden
▶ Lieferung der Produkte an Servicestellen

Streamline

Beim Streamline erfolgt die Lieferung des Anbieters direkt zum Kunden. Der Shopbetreiber installiert in den Empfängerhaushalten so genannte Outdoor-Kühlschränke[38]. Die Boxen können, zumindest vorläufig, auch nur von ihren Anbietern beliefert werden. Hierbei besitzt der Haushalt, im Extremfall, für jeden Lieferanten eine eigene Box. Der Kunde muss bei der Anlieferung seiner Waren nicht vor Ort sein.

Das Konzept, mehrere Anbieter zu bündeln und sich eine Box zu teilen wird derzeit in England praktiziert[39]. Die Initiative geht hierbei von dem Kunden aus, der sich eine Box gegen Gebühr am Haus installieren lässt. Fortan kann er aus einer Anzahl von Lieferanten auswählen und sich die Produkte in seinen »Briefkasten« liefern lassen.

Shopping-Box

Die Konzepte der Anlieferung an Service-Stellen werden derzeit am intensivsten vorangetrieben. Die so genannten Shopping-Boxes[40], streben eine starke räumliche Konzentration der Boxenanlagen an. Vorreiter bei diesen Systemen ist Japan. Hier werden die tagsüber bestellten Waren (z. B. Kinokarten, Lebensmittel) an den so genannten »Kondini« (Nachbarschaftsladen) in der Umgebung geliefert und können dort abends abgeholt werden. 30000 dieser Nachbarschaftsläden, die rund um die Uhr geöffnet haben, ermöglichen eine flächendeckende Verteilung der Interneteinkäufe. Bereits seit März 1999 gibt es in Frankfurt die Shopping-Box. Kunden können sich eine Box mieten und Waren per Telefon, E-Mail oder Fax bestellen. Die Box (siehe Abbildung 1.27) umfasst auch ein Tiefkühlangebot, sodass auch verderbliche bzw. Tiefkühlware geliefert werden kann.

---

38 www.condelsys.de
39 www.homeporthome.com
40 www.shopping-box.de

Abbildung 1.27 Shopping-Box

Eine ähnliche Idee verfolgen die Anbieter von PickPoint[41]. Dort können **PickPoint**
Kunden bereits seit Ende 2000 ihre Ware rund um die Uhr, auch am
Wochenende, von zentralen Stationen in Empfang nehmen. Sobald die
Ware in dem »Briefkasten« eingegangen ist, wird der Kunde per E-Mail
oder SMS benachrichtigt. Er hat dann anschließend zehn Tage Zeit, seine
Ware abzuholen. Die Bezahlung der Ware erfolgt per EC- oder Kredit-
karte.

---

41 www.pickpoint.de

Tower24   Die ersten Überlegungen zu einer zentralen Anlaufstelle für Waren hat auch das Fraunhofer Institut für Materialfluss und Logistik aufgegriffen und ihr Warenübergabesystem Tower24[42] entwickelt. Dieses System soll den Bedürfnissen von Händlern, Logistikdienstleistern und vor allem Kunden Rechnung tragen und in den nächsten Jahren zum deutschen Stadtbild gehören. Die Funktionen dieses Paket-Terminals mit einem Durchmesser von 4,5 Metern und einer Gesamthöhe von 10 Metern, lassen sich in die in Abbildung 1.28 dargestellten drei Ablaufschritte einordnen.

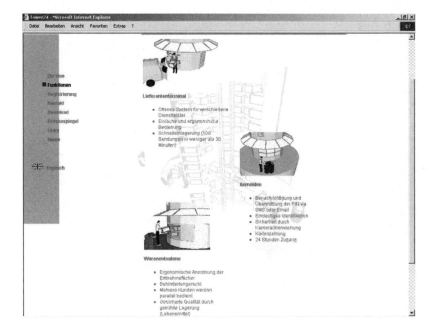

Abbildung 1.28 Ablauf beim Tower24

Das Lieferantenterminal besteht aus einem offenen System für verschiedene Dienstleister, es beinhaltet eine einfache und ergonomische Bedienung sowie eine Schnelleinlagerung (hundert Sendungen in weniger als 30 Minuten). Der Kunde erhält nach Einlieferung eine Benachrichtigung und eine PIN per SMS oder E-Mail. Dadurch erfolgt eine eindeutige Identifikation. Die Systeme werden ebenfalls durch Kameraüberwachung gesichert. Der Kunde besitzt 24 Stunden Zugang und zahlt seine Ware mit seiner EC- oder Kreditkarte. Die Entnahmefächer sind ergonomisch angeordnet und können mehrere Kunden parallel bedienen. Durch die

---

42 www.tower24.de

gekühlte Lagerung kann zudem eine gesicherte Qualität von gelieferten Waren gewährleistet werden.

Der Vorteil bei der Konzentration auf so genannte »Servicestationen« liegt bei der Reduktion der so genannten Stoppfaktoren bei der Anlieferung durch die Logistikdienstleister. Das einzelne Anhalten, Aussteigen, Heraussuchen der Pakete, zur Box gehen etc. ist bei Anlieferungen an die jeweilige Haustür mit einen enormen Zeitaufwand verbunden. Durch die Vereinigung in einer Shopping-Box für mehrere Kunden können diese Kosten reduziert werden. Außerdem werden die zahlreichen erfolglosen Zustellversuche eliminiert. Dadurch wird ein enormer Vorteil gegenüber dem traditionellen Home Delivery Service geschaffen.

Reduktion der Stoppfaktoren

Mit den Servicestationen wird ein Kompromiss gefunden: Dem Besteller wird die Möglichkeit eingeräumt, seine Ware an einem günstig gelegenen Abholpunkt zu erhalten und bei dem Shopbetreiber können die Logistikkosten gesenkt werden. Als Abholpunkte eignen sich im Besonderen Tankstellen, Kioske oder andere zentralen Anlaufstellen, an denen der Kunde auf seinem Weg nach Hause vorbeikommt. Bei seiner Bestellung kann der Kunde idealerweise wählen, welche Station er zum Abholen seiner Ware nutzen möchte. Derzeit wird von zahlreichen Unternehmen versucht, ein möglichst flächendeckendes System aufzubauen.

Die oben dargestellten unterschiedlichen Konzepte machen deutlich, dass keines der neuen Geschäftsmodelle eindeutig überlegen ist. Die dargestellten Vor- und Nachteile halten sich in etwa die Waage. Es ist davon auszugehen, dass die Besteller ihr Zustellungsmix nach individuellen Präferenzen bestimmen, sodass sich Webshops, Versandhändler und Zulieferdienstleister auf duale Strukturen einrichten müssen.

Idealer Zustellungsmix

Auch das Problem der Retouren ist heute ein enormer Kostentreiber und häufig auf Konsumentenseite ein Ärgernis. Lesen Sie zu dieser Problematik mehr im Kapitel 2, »Der rechtliche Rahmen – solides Fundament«. Zum einen bieten sich Maßnahmen zur Retourenbereinigung an, wie beispielsweise eine Sortimentsbereinigung (Markenartikel statt Billigprodukte), eine hohe Verfügbarkeit von Produktinformationen, kurze Durchlaufzeiten und hohe Kommissionsqualität, eine sichere Verpackung, eine intelligente und vor allem flexible Anlieferung und einfache Kaufrücktrittsmöglichkeiten.

Retourenabwicklung

Bei Amazon kann man beispielsweise bis zum Zeitpunkt der Verpackung der Ware vom Kauf mit einem Klick zurücktreten. Dies spart auf der einen Seite (Amazon) den leidigen Prozess der Retourenabwicklung und auf der anderen Seite (Kunde) den Gang zum Postamt. Mit solchen einfachen Angeboten kann man sich von der Konkurrenz abheben und Wettbewerbsvorteile aufbauen. Sollte die Ware Ihr Lager bereits verlassen haben, bieten mittlerweile zahlreiche Dienstleister eine effiziente Abwicklung des Retourenprozesses an. Dies sind die etablierten Logistikdienstleister wie UPS[43] oder neue Player am Markt wie Returnvalet[44]. Bei einer durchschnittlichen Rücksendequote von 5 bis 25 % ist eine effektive Organisation der Retouren besonders wichtig. Speziell bei der Logistik kommen die multimedialen Eigenschaften des Internets zum Tragen. Durch die Konvergenz der neuen Medien können beispielsweise Mitteilungen per SMS gleich an die entsprechenden Systeme weitergeleitet und dort verarbeitet werden. Jedes Fahrzeug kann dadurch optimal und zeitnah seine Auslieferungen durchführen.

Zahlungsabwicklung

Ein weiterer Aspekt der Logistik, die Zahlungsabwicklung, bietet sich aufgrund ihrer Digitalität förmlich zur Umsetzung über das Internet an. Im Folgenden wollen wir Ihnen kurz die einzelnen Zahlungsmethoden vorstellen und dann genauer auf neue Möglichkeit zum Bezahlen per Rechnung im Internet eingehen.

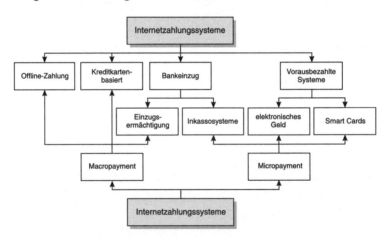

Abbildung 1.29 Kategorisierung der Internetzahlungssysteme (Universität Karlsruhe)

Der richtige Mix   Wie in Abbildung 1.29 dargestellt, wird bei Zahlungssystemen im Internet unterschieden zwischen vorausbezahlten, d.h. guthabenbasierten Zahlungsmitteln (elektronisches Geld oder Geldkarte), und jenen, die kredit-

---

43 www.ups.de
44 www.returnvalet.com

kartenbasiert oder traditionell (Lastschrift, Rechnung) ablaufen. Im Internet hat sich speziell bei Erstkäufern gezeigt, dass die Rechnung (55,5 %), die Lastschrift (15,3 %) und die Nachnahme (29,2 %) als beliebteste Zahlungsmittel genutzt werden. Wenn Sie nur Zahlungen mit der Kreditkarte anbieten, erreichen Sie nur knapp 15 % der Erstkäufer im Netz. BOL[45], bietet beispielsweise die Zahlungsmöglichkeiten Kreditkarte, Bankeinzug und Rechnung an (siehe Abbildung 1.30).

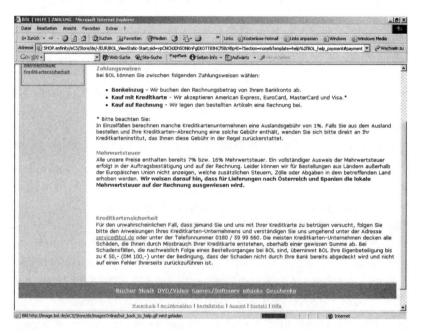

Abbildung 1.30 Zahlungsmittel bei BOL

Wir möchten Ihnen im Folgenden die Zahlung per Rechnung mithilfe der neuen Medien näher erläutern. Stellen Sie sich einmal vor, Sie müssten, wenn Sie Internetbanking oder eine spezielle Zahlungssoftware benutzen (z. B. Quicken[46]), Ihre Daten (Rechnungsempfänger, Bankverbindung, Betrag und Verwendungszweck) nicht mehr manuell eingeben, sondern könnten Zahlungen direkt freigeben. Durch den Einsatz einer elektronischen Rechnungsstellung, dem so genannten Electronic Bill Presentment and Payment (EBPP) ist dies möglich.

EBPP vereinfacht den Rechnungsprozess. Der elektronische Versand von Rechnungen und die Zahlung über das Internet ermöglicht es, seitens der

Electronic Bill Presentment and Payment

---

45 www.bol.de
46 www.quicken.com

Rechnungssteller Prozesskosten bis zu 70 % einzusparen und neue Potenziale des Cross-Sellings freizusetzen. Auch bei den Rechnungsempfängern sind Einsparungen möglich, z. B. durch effizientes Cashmanagement oder die direkte Übernahme der Daten in die eigenen ERP-Systeme. Hinzu kommen Arbeitserleichterungen und Bequemlichkeit.

Der papierbasierte Rechnungsprozess weist zahlreiche Ineffizienzen auf, die hauptsächlich aus Medienbrüchen resultieren (siehe Abbildung 1.31). Oft genug werden die in elektronischer Form vorliegenden Rechnungsdaten auf Papier gedruckt, kuvertiert, frankiert (mit den entsprechenden Kosten) und an den Zahlungspflichtigen versandt. Beim Rechnungsempfänger werden dann, wenn es sich um ein Unternehmen handelt, die Rechnungsdaten dann unter Umständen wiederum in ein hauseigenes ERP-System (Enterprise Resource Planning) eingegeben. Die Auslösung der Zahlung erfolgt oft noch papierbasiert. Dies kann je nach Land variieren. In den USA wird in erster Linie per Scheck, in Europa dagegen meist per Überweisung gezahlt [Committee].

Bei Privatpersonen müssen die Daten zur elektronischen Zahlungsabwicklung entweder von der Person selbst (z. B. beim Homebanking) oder durch das Kreditinstitut als Überweisungsauftrag in ein entsprechendes System eingestellt werden. Ineffizienzen können außerdem durch die physische Kontrolle und Ablage der Rechnungsdaten entstehen. Bei unklaren Rechnungen muss bei den Rechnungsstellern nachgefragt werden, wodurch ebenfalls Kosten entstehen, z. B. für ein Callcenter.

Das Ende der Prozesskette bildet die Abstimmung von Zahlungseingang und Rechnungsdaten auf Seiten des Rechnungsstellers. Interessant ist hierbei, dass sowohl am Ausgangspunkt als auch am Endpunkt des Rechnungsprozesses die Daten in digitaler Form vorliegen, eine durchgängige elektronische Abwicklung also prinzipiell möglich wäre. Diese Idee greift das EBPP auf. Mithilfe des Internets wird die elektronische Abwicklung möglich.

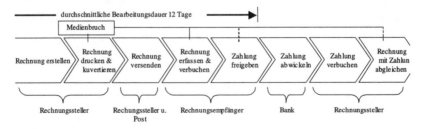

Abbildung 1.31 Papierbasierter Rechnungsprozess

Die elektronische Abwicklung des Rechnungsprozesses durch EBPP beinhaltet zwei Teilprozesse. Zum einen ist dies das Zahlen (Electronic Bill Payment) und zum anderen das Präsentieren und Versenden von Rechnungen (Electronic Bill Presentment). Rechnungsdaten werden auf elektronischem Weg an den Zahlungspflichtigen versandt. Dieser kann die Zahlung nach Kontrolle z.B. auf einem PC oder Handy auslösen und an seine gewählte Zahlstelle weiterleiten. Durch den Einsatz von EBPP kann von der Generierung der Rechnungen bis zum Zahlungsabgleich beim Rechnungssteller der gesamte Prozess digital abgebildet werden [Weiner]. Dadurch werden Medienbrüche und Doppelarbeiten vermieden, die Daten können direkt in die einzelnen Systeme der Beteiligten übernommen und weiterverarbeitet werden. Die Fehlerquote durch individuelle Eingriffe sinkt. Die Prozessdauer reduziert sich durch die elektronische Datenübertragung auf bis zu einen Tag.

EBPP existiert im zwischenbetrieblichen, elektronischen Austausch von Geschäftsdokumenten mithilfe der Anwendung des so genannten EDI (Electronic Data Interchange) schon seit über 20 Jahren. Allerdings kommt aufgrund der hohen Anfangsinvestitionen und Betriebskosten EDI hauptsächlich in großen Unternehmen zum Einsatz. Durch die kostengünstige Anbindung aller Unternehmen und privaten Haushalte an das Internet sowie der Entwicklung neuer Standards zur Datenübertragung (z.B. XML, Extensible Markup Language) sind die technologischen und wirtschaftlichen Voraussetzungen für eine hohe Verbreitung des EBPP entstanden.

EDI nutzt EBPP seit Jahren

Die Ausgestaltungsformen des EBPP lassen sich dahingehend unterscheiden, ob der Rechnungsempfänger seine Rechungen direkt vom Rechnungssteller erhält oder ob eine Bündelung bzw. Aggregation der Rechnungen durch einen Intermediär stattfindet (siehe Abbildung 1.32). Im Falle der Bündelung unterscheiden sich die Ausgestaltungsformen dahingehend, welchen Teil seiner Rechnungen ein Rechnungsempfänger elektronisch präsentiert bekommt und bezahlen kann. Dies kann auf jene Rechnungen beschränkt sein, die Rechnungssteller bereits elektronisch über den Intermediär zur Verfügung stellen. Des Weiteren besteht die Möglichkeit, dass der Intermediär papierbasierte Rechnungen z.B. durch Einscannen in digitale Rechnungen transformiert, sodass ein Rechnungsempfänger seine gesamten Rechnungen zentral auf einer Seite elektronisch einsehen kann [Pfaff].

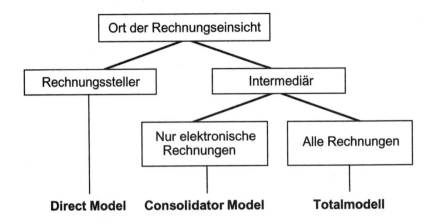

Abbildung 1.32 EBPP aus Sicht des Rechnungsempfängers

Direct Model
Beim so genannten Direct Model können Rechnungsempfänger die Rechnungen eines Rechnungsstellers (z. B. Deutsche Telekom) elektronisch prüfen und bezahlen. In diesem Fall muss sich der Rechnungsempfänger, falls er von 7 Rechnungsstellern elektronische Rechnungen empfängt, auf 7 verschiedenen Websites einloggen.

Consolidator Model
Dieses Problem wird durch die so genannten Consolidator Models verringert. Bei den Consolidator Models werden alle elektronisch verfügbaren Rechnungen für den Rechnungsempfänger auf einer Webseite bereitgestellt (z. B. Checkfree[47] in den USA). Der Consolidator ist ein Intermediär und präsentiert die Rechnungsübersicht von mehreren Rechnungsstellern [Council], sodass Rechnungsempfänger dort ihre Rechnungen an einem »Single-Point-of-Contact« abrufen können. Durch die Übermittlung aller relevanten Daten vom Rechnungssteller an den Consolidator verliert der Rechnungssteller in diesem Modell den direkten Kontakt und damit einen Kommunikationskanal zu seinen Rechnungsempfängern (Kunden). Dies ist bedeutsam, da die Rechnung ein beliebtes Kommunikationsmedium darstellt. So legt beispielsweise die Deutsche Telekom ihren Rechnungen Produktinformationen bei.

Total Model
Beim Totalmodell kann ein Rechnungsempfänger alle seine Rechnungen auf einer zentralen Seite im Internet prüfen und bezahlen (z. B. Paytrust[48] in den USA). Dabei werden papierbasierte Rechnungen vom Intermediär durch einscannen in die elektronische Form transferiert. Der Vorteil für den Rechnungsempfänger liegt bei diesem Modell auf der zentralen Ver-

47 www.checkfree.com
48 www.paytrust.com

fügbarkeit aller Rechnungen, sodass keine Trennung mehr zwischen elektronischen und papierbasierten Rechnungen vorliegt.

Abbildung 1.33 zeigt noch einmal die Beziehung zwischen Rechnungssteller und Rechnungsempfänger. Ein Rechnungssteller versendet Rechnungen an *n* Rechnungsempfänger (1:n-Beziehung). Ein Rechnungsempfänger erhält dagegen von *m* Rechnungsstellern Rechnungen (m:1 Beziehung). Ein Intermediär reduziert durch Bündelung die Anzahl dieser Interaktionen sowohl für den Rechnungssteller als auch für den Rechnungsempfänger.

Abbildung 1.33 Intermediär zwischen Rechnungssteller und -empfänger

Speziell beim elektronischen Rechnungsversand spielt die Interaktion zwischen Rechnungssteller und -empfänger eine Rolle. Der Rechnungsempfänger kann sich auf einer Webseite seine Rechnungen anzeigen lassen. Falls er mit der Rechnung nicht einverstanden ist und eine Rückfrage zu einer bestimmten Position hat, kann er dies direkt über das Internet tun. Als Beispiel sei hier die Telefonrechnung angeführt. Durch die Kombinationen mehrerer Detailinformationen (z.B. Rufnummer und Name des Anschlussinhabers) kann eine mögliche Rückfrage vermieden werden. Dadurch können zahlreiche Rückfragen im Callcenter oder unnötige Zahlungsverzögerungen bereits sehr früh vermieden werden.

Die Multimedialität hat auch auf die Bezahlsysteme Auswirkungen, denn nun können von jedem beliebigen Ort Rechnungen angeschaut und freigegeben werden (z.B. bei Paybox[49]).

Auch hier stellt sich die Frage des Datenschutzes, da in diesen zentralisierten Systemen ein exaktes Profil des Käuferverhaltens erstellt werden kann. Während dies in den USA z.B. als relativ unkritisch angesehen wird (und das Vertrauen in die Zahlungsfähigkeit einer Person sowieso auf der so genannten Credit History beruht), ist dies in Deutschland ohne Beachtung der unterschiedlichen Datenschutzgesetze undenkbar.

---

49 www.paybox.de

Kompakt

Das Internet führt zu dramatischen Änderungen im elektronischen Handel bei allen Prozessen, die mithilfe digitaler Technologie effizienter oder zum größeren Nutzen durch den Kunden gestaltet werden können. Hierzu gehören vor allem Marketing, Preisfindung und Zahlung. Aber gerade die Prozesse, die nicht digitalisierbar sind, bilden den entscheidenden Unterschied.

Im Internet können Preise auch von der Käuferseite festgelegt werden. Hier haben Unternehmen wie Priceline.com und Letsbuyit.com Pionierarbeit geleistet. Insofern darf vermutet werden, dass diese aus ökonomischer Sicht naheliegende Idee auf weitere Anwendungsfälle übertragen wird. Es ist beispielsweise denkbar, dass Käufer den Verkäufern von Produkten zukünftig vorschlagen, ihre Produkte in Off-Peak-Zeiten (z. B. bei Kinos) oder mit einem etwas geringerem Funktionsumfang (z. B. Software) günstiger abzunehmen. Bedenkt man darüber hinaus die Einsatzmöglichkeiten von Agenten zur individuellen Preisgestaltung, so wird deutlich, dass damit sehr flexible Formen zur käuferseitigen Preisfestlegung möglich werden.

Dieser verstärkte Einfluss der Käufer auf die Preisgestaltung wird zunehmen. Da hierdurch Käufer tendenziell niedrigere Preise erzielen können, führt diese Entwicklung zu einer Deckungsbeitragsreduktion für die Unternehmen. Folglich müssen sich Unternehmen im Internet auf diese veränderten Rahmenbedingungen für die Preisgestaltung einstellen, um keine Wettbewerbsnachteile zu erleiden.

Die Eigenschaften des Internets ermöglichen neue Strategien für die Preisfestlegung. Dabei können aufgrund der Digitalität komplexe Preisstrategien, die beispielsweise das Käuferverhalten als Abrechnungsgrundlage erfassen müssen, einfach umgesetzt werden. Die Kostenstruktur digitaler Produkte im Internet schafft eine große Flexibilität bei der Preisgestaltung, da auf diese Weise selbst bei niedrigen Preisen noch positive Deckungsbeiträge erzielbar sind, und somit auch Käufersegmente mit niedriger Zahlungsbereitschaft mitunter noch erreicht werden können.

Die Interaktivität erlaubt eine zunehmende Dynamisierung der Preisfestlegung. Dies bedeutet allerdings auch, dass auch die Käuferseite zunehmend die Rolle der preisfestlegenden Partei in einer Transaktion übernehmen kann. Hierauf müssen sich Unternehmen, die ihre Wettbewerbsvorteile auch im Internet wahren möchten, entsprechend einstellen.

Die Multimedialität des Internets ermöglicht, dass auch im Rahmen der Preisgestaltung dem Kunden ein Einkaufserlebnis geboten werden kann. So ist bei Englischen Auktionen im Internet der Spaßfaktor nicht zu unterschätzen. Die Teilnahme an einer Auktion selbst scheint schon einen Nutzen für den Kunden zu bewirken, sodass er eventuell sogar höhere Preise als die vergleichbaren Festpreise in einem Onlineshop in Kauf nimmt.

Des Weiteren ermöglicht der Zugang zum Internet über mobile Endgeräte, dass auch beim Einkaufsbummel in der Offlinewelt die Preise mit den im Internet verfügbaren Angeboten verglichen und bei der Kaufentscheidung berücksichtigt werden können. Außerdem werden auch neue Bezahlmöglichkeiten durch die Verschmelzung der Medien möglich, wie das Beispiel Paybox zeigt. Bei Paybox können Kunden die Zahlung einer Rechnung oder eines Produktes über ihr Handy freigeben, sodass dies eine echte Alternative zur Bargeldzahlung bzw. Kreditkartenzahlung darstellt.

Eine weitere Möglichkeit stellt der Versand eines personalisierten Coupons per SMS an Kunden dar. Diesen Coupon, der mit einer speziellen Identifikationsnummer versehen ist, kann der Kunde dann bei seinem nächsten Einkauf im Internet oder in der Offlinewelt einlösen und einen entsprechenden Rabatt erhalten[51].

Die faszinierenden Eigenschaften des Internets haben zweifelsohne dazu geführt, dass der grafischen Gestaltung der neuen Werbeformen wie Bannern, Interstitials oder Flash- bzw. HTML-Mails eine große Aufmerksamkeit zuteil wurde. Dies ist auch durchaus richtig, da mit den neuen Werbeformen die Markenbildung mit unterstützt werden kann. Es darf aber dennoch nicht übersehen werden, dass gerade durch die Digitalisierung der Interaktion mit dem Konsumenten insbesondere das so genannte Closed-Loop-Marketing möglich wird. Das heißt, dass gerade im Internet die Reaktion des Konsumenten auf kommunikative Maßnahmen besonders gut und kostengünstig gemessen werden kann und die Kampagnen entsprechend schneller angepasst werden können.

---

50 siehe beispielsweise www.smsrabatt.net oder www.wapme-systems.de

Durch die Eigenschaften des Internets lassen sich neue Wettbewerbsvorteile in der Logistik schaffen. Speziell durch die Digitalität des Internets wurde ein neuer Distributionskanal ermöglicht. Die Interaktionseigenschaften spielen vor allem bei Rückfragen oder Terminabstimmungen eine entscheidende Rolle und sind in der digitalen Welt sehr viel schneller abzuwickeln. Die Konvergenz der zahlreichen Medien und Endgeräte ermöglicht es, von überall auf die relevanten Daten zuzugreifen und so sehr schnell auf Veränderungen der Umwelt zu reagieren. Dadurch kann auch der Endkonsument viel leichter in den Logistikprozess integriert werden.

2 Der rechtliche Rahmen – solides Fundament

Die Klärung der rechtlichen Rahmenbedingungen ist ein fundamentaler Baustein für die erfolgreiche Realisierung von E-Business-Projekten. Wo genau liegen die Hürden? Und wie können diese gemeistert werden?

Sie befinden sich in der Planung oder Vorbereitungsphase eines E-Business-Projekts. Sie wollen das Internet als zusätzlichen Vertriebskanal nutzen und einen Teil Ihrer Geschäfte online abwickeln. Gut. Dann ist es für Sie unabdingbar, sich auch mit den hierbei maßgeblichen rechtlichen Rahmenbedingungen auseinander zu setzen.

Die Frage nach der rechtlichen Absicherung von E-Business-Projekten wird gegenwärtig noch häufig unterschätzt. Mit der Konsolidierung des Marktes der Anbieter wird sich dies jedoch grundlegend ändern. Die Verantwortlichen für E-Business-Projekte müssen zunehmend erkennen, dass der »Bau« einer E-Business-Lösung mit dem Bau eines Hauses vergleichbar ist: Nur ein solides Fundament schafft langfristig Kundentreue und Erfolg und ermöglicht ein dauerhaft haltbares Gebäude. Wir denken, dass die erfolgreiche Realisierung von E-Business-Projekten ein umfassendes Gesamtkonzept erfordert, das auch die rechtlichen Hürden miteinbezieht, um die Risiken, insbesondere die finanziellen, zu minimieren.

Mit den nachfolgenden Ausführungen möchten wir Ihnen einen Überblick über die zu beachtenden juristischen Aspekte verschaffen. Sie erfahren zuerst etwas über grundlegende Sachverhalte des Internetrechts wie z. B., wann welches Recht zur Anwendung kommt, welche Konsequenzen aus der Umsetzung der E-Commerce-Richtlinie resultieren usw.

In einem weiteren Schritt werden Sie umfassend über potenzielle Risiken informiert, die bei der Realisierung Ihres E-Business-Projekts von rechtlicher Seite auf Sie zukommen können. Schließlich werden Sie über die steuerlichen Besonderheiten und Gestaltungsmöglichkeiten bei E-Business-Projekten informiert.

2.1 Mehr schlecht als Recht

Stellen Sie sich vor, Sie registrieren eine Domain, bezahlen gutes Geld für den Aufbau Ihrer Website, bekommen schon in Kürze zahllose Bestellungen aus dem In- und Ausland, und Ihre Geschäfte blühen! – Ist das nicht traumhaft?

Doch plötzlich tritt ein Unternehmen an Sie heran, dessen Namen Sie bei der Auswahl Ihrer Domain aus Versehen registriert haben. Es verlangt die Herausgabe Ihrer Domain. Ein anderes Unternehmen ist der Meinung, Sie hätten fremden Content auf Ihrer Webseite, den Sie von seiner Webseite kopiert haben sollen. Kunden aus dem Ausland begleichen Ihre Rechnungen nicht. Die meisten Bestellungen werden nach Monaten an Sie zurückgeschickt, weil Sie Ihre Kunden nicht ausreichend über Widerrufsrechte und -fristen belehrt haben. Ein Albtraum!

Die Zahl der Fallstricke lässt sich aus juristischer Perspektive beliebig erweitern. Wir möchten Ihnen nun einige dieser Probleme aufzeigen, die in der täglichen Praxis auftreten können. Und wir bieten Ihnen die dazugehörigen Lösungen an.

2.2 Internet ist international – welches Recht gilt?

Die Möglichkeiten und Risiken des Internets werden wegen seines internationalen Charakters häufig noch unterschätzt. Das Internet ist nicht an Raum oder Zeit gebunden, kennt keinen Ladenschluss, keine Ländergrenzen oder unterschiedliche Nationalitäten. Fragen, die hier häufig auftreten, sind beispielsweise: Welches Recht gilt bei grenzüberschreitendem Rechtsverkehr? Wie kann man den Zugang auf bestimmte Länder begrenzen? Wie nutze ich auf rechtssichere Weise die internationalen Vertriebsmöglichkeiten? Wo sind hier die Fallen?

Exportstaat Deutschland Die deutsche Wirtschaft ist vergleichsweise exportorientiert. Daher kommt den Fragen, die aus der Internationalität des Internets resultieren, besonders im deutschen Raum eine gewichtige Rolle zu. Aber nicht nur der Export von Waren, sondern auch das Importgeschäft ist mit Fragen dieser Art verknüpft. Haben sowohl Anbieter als auch Kunde ihren Sitz in der Bundesrepublik Deutschland und liegen auch sonst keine grenzüberschreitenden Merkmale vor, nur dann kommt zweifelsfrei deutsches Vertragsrecht zur Anwendung.

Ein wesentliches Charakteristikum von Vertragsabschlüssen über das Internet, zumindest für Geschäftsbeziehungen im B2B-Bereich, sind aber Verträge, die zwischen Vertragspartnern aus unterschiedlichen Ländern geschlossen werden. Aus rechtlicher Sicht bereitet dieser grenzüberschreitende Charakter häufig Schwierigkeiten. So darf auf Verträge mit internationalem Bezug, bei denen zumindest ein Vertragspartner eine enge Verbindung zur Bundesrepublik Deutschland hat, nicht einfach deutsches Vertragsrecht angewendet werden. Es ist hier grundsätzlich im Einzelfall zu überprüfen, welche Rechtsordnung Anwendung findet. Hierbei ist zu beachten, dass nach den Regelungen des internationalen Privatrechts (IPR) zunächst das Vertragsstatut zu bestimmen ist, also das auf den Vertrag konkret anwendbare Recht.

Grundsätzlich gilt, dass internationale Abkommen oder Verträge vorrangig auf ihre Anwendbarkeit hin zu prüfen sind. Deutschem internationalem Privatrecht gehen völkerrechtliche Regelungen vor, sofern diese unmittelbar anwendbares innerstaatliches Recht geworden sind. Häufig gelangt man in diesem Fall zu dem Ergebnis, dass das UN-Kaufrecht beachtet werden muss. Das UN-Kaufrecht ist, entgegen seinem Namen, deutsches nationales Recht und verdrängt für seinen Anwendungsbereich zahlreiche deutsche Rechtsnormen. Gegenständlich umfasst das UN-Kaufrecht alle Kaufverträge über Waren, wenn diese Waren im gewerblichen Kontext verkauft werden. Waren sind hierbei alle beweglichen Sachen, wobei es nicht darauf ankommt, ob die Ware schon existiert oder noch produziert werden muss, es sei denn, der Käufer stellt für die Produktion einen wesentlichen Teil zur Verfügung. **UN-Kaufrecht**

Die grundsätzliche Anwendbarkeit des UN-Kaufrechts ist immer dann anzunehmen, wenn die Vertragsparteien ihre jeweilige Niederlassung in verschiedenen Staaten haben oder wenn die Regelungen des IPR zur Anwendbarkeit des Rechts eines Vertragsstaates führen. Hierbei muss unterschieden werden, ob ein erkennbar grenzüberschreitender Sachverhalt vorliegt oder ob es sich vielmehr um ein reines Inlandsgeschäft handelt. Für die Anwendbarkeit des UN-Kaufrechts ist es ohne Bedeutung, ob die beteiligten Parteien Kaufleute oder Privatpersonen sind, welche Staatsangehörigkeit sie besitzen oder ob die abgeschlossenen Verträge zivil- oder handelsrechtlich geprägt sind. Die Staaten, in denen Käufer und Verkäufer ihre Niederlassung haben, müssen für die Anwendbarkeit im Regelfall beide Vertragsstaaten des UN-Kaufrechts sein.

Auf Warenkäufe zu persönlichen, familiären oder haushaltlichen Zwecken findet UN-Kaufrecht keine Anwendung, es sei denn, dass der Verkäufer vor oder bei Vertragsabschluss weder wusste noch wissen musste, dass die Ware für einen derartigen Gebrauch gekauft wurde. Damit steht fest, dass der gesamte B2C-Bereich aus dem Anwendungsbereich des UN-Kaufrechts herausfällt. Sie erinnern sich: Es ist grundsätzlich zwischen E-Business-Projekten, die sich vornehmlich im B2C-Bereich abspielen, **Kein B2C** und solchen, die auf den B2B-Bereich fokussieren, zu unterscheiden. Natürlich gibt es Mischformen, aber sowohl die rechtlichen Rahmenbedingungen als auch die Anforderungen an die Rechtssicherheit differieren hier sehr stark.

Doch wieder zurück zur Internationalität des Internets und der daraus resultierenden rechtlichen Konsequenzen. Im Zweifelsfall – wenn nicht klar erkennbar ist, welche Rechtsordnung auf den Vertrag anwendbar ist – ist davon auszugehen, dass zumindest für Kaufverträge das Recht des Verkäufers gilt. Für deutsche Exportgeschäfte ist daher zu beachten, dass im Regelfall UN-Kaufrecht gilt, auch wenn in Nicht-Vertragsstaaten exportiert wird.

Abdingbarkeit von UN-Kaufrecht

Aus dem Gedanken der Rechtssicherheit heraus ist jedoch anzuraten – und dies wird auch sehr häufig getan –, die Anwendbarkeit des UN-Kaufrechts ausdrücklich auszuschließen. Dies kann beispielsweise ausdrücklich in den Allgemeinen Geschäftsbedingungen (AGB) erfolgen, ist aber auch stillschweigend, durch schlüssiges Handeln bzw. konkludent denkbar. Hierbei kann eine Klausel, die die Anwendbarkeit deutschen Rechts vorsieht, im Regelfall bereits als Ausschluss der Anwendung des UN-Kaufrechts betrachtet werden.

Internationales Privatrecht

Sehr häufig jedoch kommt es von vornherein nicht zur Anwendbarkeit des UN-Kaufrechts, sondern das anwendbare Recht bestimmt sich nach internationalem Privatrecht. Grundsätzlich empfiehlt sich, wenn Sie Verträge mit internationalem Charakter abschließen, dass vorab eine so genannte Rechtswahl eindeutig getroffen wird. Dies kann individuell oder in den AGB durch eine Rechtswahlklausel erfolgen. Bei der Rechtswahl haben Sie beispielsweise auch die Möglichkeit, den Vertrag einer (für Sie günstigeren) Rechtsordnung zu unterstellen, zu der sonst keine Beziehungen bestehen.

Diese Überlegungen sollten Sie generell in Ihre Risikoanalyse bei E-Business-Projekten miteinfließen lassen. Analysieren Sie das Geschäftspotenzial, fixieren Sie das Risikopotenzial und schaffen Sie damit das Fundament für den Projekterfolg!

Gewähltes Recht

Nach deutschem internationalen Privatrecht ist vorrangig das von den Parteien *gewählte Recht* anzuwenden. Solche Rechtswahlklauseln werden bei der Mehrzahl der Rechtsordnungen als rechtlich bindend angesehen. Für das deutsche internationale Privatrecht wird auch eine Rechtswahlregelung in den AGB akzeptiert. Daher nehmen Sie in jedem Fall eine Rechtswahlklausel in Ihre AGB mit auf, die die ausschließliche Anwendung deutschen Rechts vorsieht. Ferner ist anzuraten auch eine Gerichtsstandsklausel mitaufzunehmen, um sicherzustellen, dass beispielsweise deutsche Gerichte im Streitfall entscheiden. Auch hier lauern potenzielle Risiken.

Nun stellt sich jedoch auch häufig die Frage: Was passiert, wenn UN-Kaufrecht keine Anwendung findet, aber auch keine Rechtswahl getroffen wurde?

Die gesetzliche Regelung sieht hierfür vor, dass in diesem Fall das Recht des Staates gilt, mit dem der Vertrag die engsten Verbindungen hat. Danach greift das Recht, das die engste Verbindung mit dem Staat aufweist, in dem der Vertragspartner, der die vertragscharakteristische Leistung zu erbringen hat, seinen gewöhnlichen Aufenthaltsort hat. Dabei wird im Wesentlichen darauf abgestellt, welche Leistung den Vertrag rechtlich und wirtschaftlich entscheidend prägt.

Bei Kaufverträgen beispielsweise erbringt regelmäßig der Verkäufer die *vertragscharakteristische Leistung*, sodass sein Sitz über das unmittelbar anwendbare Recht entscheidet. Ausschlaggebend ist hierbei der gewöhnliche Aufenthaltsort bzw. die Niederlassung des Anbieters. Ist der Anbieter ausschließlich im Internet präsent, so kommt es auf den gewöhnlichen Aufenthalt des Unternehmers an.[1] Als Folge dürfte damit im Regelfall das Recht der Niederlassung des Anbieters einschlägig sein.

Kaufverträge

Eine Rechtswahl ist jedoch auch stillschweigend möglich. Hierzu sind jedoch weitere Anhaltspunkte zu beachten, wie beispielsweise die Vertragsprache, die Vereinbarung eines speziellen Gerichtsstandes oder eine wiederholt fortgesetzte Vertragspraxis zwischen den jeweiligen Parteien.

Bei Verbraucherverträgen sind jedoch auch einige Besonderheiten zu beachten. Die Schutzrechte der Verbraucher im Internet sind nicht zu unterschätzen. Dies ist unserer Auffassung nach auch ein wesentlicher Hinderungsgrund für erfolgreiche B2C-Szenarien. Hier gilt es noch mehr als im B2B-Bereich, die eigenen und die Rechte Ihres Vertragspartners genau zu kennen.

Besonderheit Verbraucherverträge

Vor dem 1. Januar 2002 galt, dass die Verbraucherrechte online wesentlich stärker waren als offline. Dieses auf den ersten Blick groteske Ergebnis wurde durch die Schuldrechtsmodernisierung zumindest abgeschwächt,

---

1 Der allgemeine Trend im E-Business geht jedoch weg von reinen Internet-Vertriebslösungen, hin zur verkaufsunterstützenden Sichtweise des Internets. Das Internet wird zu 97 % als zusätzlicher Vertriebskanal angesehen. Reinen internetbasierten Verkaufslösungen fehlt meist ein solides Geschäftskonzept.

indem die Verbraucherschutzrechte auch offline wesentlich gestärkt wurden. Die neuen Regelungen zum Schuldrecht greifen aber selbstverständlich auch im Onlinebereich.

Dennoch hat der Kunde bei Bestellungen im Internet nach wie vor mehr Rechte als im stationären Handel. Sicher fragen Sie sich, warum das so ist. Die Antwort ist relativ simpel: Durch das »Mehr« an Rechten versucht der Gesetzgeber die Risiken, die mit online getätigten Rechtsgeschäften verknüpft sind, zu minimieren und letztendlich das E-Business anzukurbeln.

Auch für die Wahl der Rechtsordnung bei grenzüberschreitenden Verträgen mit Endverbrauchern ist grundsätzlich davon auszugehen, dass diese Wahl zulässig ist. Unabhängig von dieser getroffenen Rechtswahl kann sich der Verbraucher jedoch immer auf die zwingenden Bestimmungen des Rechtes des Staates berufen, in dem er seinen gewöhnlichen Aufenthalt hat. Durch die Wahl einer bestimmten Rechtsordnung dürfen einem Verbraucher die ihm zugesprochenen Rechte nicht abgesprochen oder beschnitten werden. Letztendlich steckt natürlich auch hinter dieser Regelung der Verbraucherschutz.

Der Verbraucher ist König! Ausländische Unternehmen, die auf den deutschen Markt drängen, sollen durch eine Rechtswahlklausel nicht die strengen deutschen Verbraucherschutzregelungen aushebeln können. Dies würde sonst den Verbraucherschutz ad absurdum führen. Wenn Sie aus dem Ausland Verträge mit deutschen Endverbrauchern abschließen möchten, so sollten Sie sich unbedingt mit den deutschen Verbraucherschutzregeln vertraut machen.

Wird bei diesen grenzüberschreitenden Vertragsabschlüssen mit Verbrauchern keine Rechtswahl getroffen, müssen erhebliche Besonderheiten beachtet werden. Die den Verbraucher schützenden Vorschriften des deutschen Rechts sind vollumfänglich anwendbar und auch im Übrigen gilt für diese Verträge deutsches Recht. Dies greift sogar dann, wenn nach objektiver Betrachtung ausländisches Recht gelten würde (s.o.). Diese verbraucherfreundliche Sichtweise hat jedoch nicht zur Folge, dass jede Bestellung eines deutschen Staatsbürgers bei einem im Ausland ansässigen Anbieter zur Anwendung der strengen deutschen Verbraucherschutzvorschriften führt, wenn keine Rechtswahl getroffen wurde.

Hierzu ein kurzes Beispiel: Kauft ein Deutscher auf einer amerikanischen Website Waren und fehlt es an einer Rechtswahlklausel, so gilt nicht automatisch deutsches Vertragsrecht. Vielmehr ist zusätzlich erforderlich, dass die amerikanische Webseite im Beispielsfall auch auf den europäischen bzw. deutschen Markt abzielt. Voraussetzung für eine stark verbraucherorientierte Interpretation der gesetzlichen Regelungen ist folglich, dass Internetangebote auf den Verbraucher zugeschnitten sind.

Hieraus lässt sich der Grundsatz ableiten, dass Sie ihr Internetangebot an vordefinierte Länder richten sollten. Überlegen Sie sich, ob Sie Bestellungen aus der ganzen Welt akzeptieren möchten, oder ob das finanzielle Risiko nicht größer als der zu erwartende Gewinn ist. Fraglich ist in diesen Fällen nicht allein, welche Rechtsordnung im Streitfall Geltung beansprucht. Vielmehr ist auch entscheidend, ob eine Rechtsverfolgung im Konfliktfall überhaupt Erfolg versprechend erscheinen würde. Dies sollte auch bei der Wahl des Zahlungsmittels beachtet werden. Dazu gleich mehr. **Grundsatz**

Zusammenfassend lässt sich festhalten, dass, wenn Sie grenzüberschreitend tätig sind, eine Rechtswahl aus rechtlicher und wirtschaftlicher Sicht unumgänglich ist. **Fazit**

2.3 Die E-Commerce-Richtlinie – Europa setzt Zeichen

Die E-Commerce-Richtlinie verändert die Art und Weise des Handels über das Internet in Europa grundlegend. Endlich hat man erkannt, dass wirkungsvolle Regelungen für das E-Business von morgen nur länderübergreifend getroffen werden können. Zumindest für den Raum des europäischen Binnenmarktes werden damit weitgehend gleiche Rahmenbedingungen für den elektronischen Geschäftsverkehr gebildet. Nachfolgend sollen diese erläutert werden.

Europa verfolgt mit der Richtlinie des Europäischen Parlaments und des Rats der Europäischen Union über bestimmte rechtliche Aspekte der Dienste der Informationsgesellschaft, kurz E-Commerce-Richtlinie (ECRL) genannt, eine Vereinheitlichung der rechtlichen Rahmenbedingungen für Distanzgeschäfte in Europa wie beispielsweise Vertragsabschlüsse über das Internet. Grundverpflichtung für den nationalen Gesetzgeber war es, rechtliche und wirtschaftliche Rahmenbedingungen für den elektronischen Geschäftsverkehr zu schaffen. **ECRL**

Die ECRL umfasst fünf grundsätzliche Regelungsbereiche:

▶ die Niederlassung der Anbieter von Onlinediensten – Stichwort »Zulassungsfreiheit«

▶ die kommerzielle Kommunikation von Dienstleistern

▶ den Abschluss von Verträgen auf elektronischem Wege

► die Verantwortlichkeit der Vermittler

► die Rechtsdurchsetzung in den Mitgliedstaaten

Anwendungs-bereich Erfasst werden gegenständlich alle »Dienste der Informationsgesellschaft«. Zielgruppe ist der Bereich des B2B-E-Business im Gegensatz zu den Regelungen zum Fernabsatz, die vornehmlich für den B2C-Bereich Geltung beanspruchen. Durch die Einführung des Begriffs der »Dienste der Informationsgesellschaft«, über den eine Brücke zwischen Teledienstegesetz und Mediendienstestaatsvertrag geschlagen wurde, soll der Offenheit des elektronischen Geschäftsverkehrs Rechnung getragen werden. So hat der europäische Gesetzgeber erkannt, dass einzelstaatliche Regelungen im Hinblick auf die Internationalität des Internets wenig Sinn machen und das weitere Wachstum der E-Business-Aktivitäten nur behindern würden.

Mit dem Elektronischen Geschäftsverkehrsgesetz (EGG) sowie zahlreichen weiteren Regelungen und Anpassungen, hat die Bundesrepublik Deutschland die ECRL weitgehend umgesetzt. Wesentlicher Kernbereich hierbei war die Einführung des so genannten Herkunftslandprinzips.

Herkunfts-landprinzip Dieses besagt, dass Anbieter von Waren und Dienstleistungen, die über das Internet Geschäfte anbahnen und abschließen, grundsätzlich nur noch die Vorschriften zu beachten haben, die in ihrem jeweiligen Herkunftsland gelten.

Ein Beispiel: Verkaufte ein französischer Weinhändler vor Inkrafttreten des EGG mit überhöhten Rabatten Wein nach Deutschland, musste er dabei die deutschen Vorschriften beachten. Vor der Abschaffung des Rabattgesetzes und der Zugabeverordnung hätte er in den meisten Fällen gegen diese Vorschriften verstoßen. Ein deutscher Weinhändler z. B. hätte gegen diesen französischen Händler vorgehen können, obwohl ein Handel mit übertriebenen Rabatten in Frankreich durchaus zulässig war.

Am Rande sei angemerkt: Inzwischen sind die Regelwerke des Rabattgesetzes und der Zugabeverordnung durch den Gesetzgeber gestrichen worden. Damit wurde ein weiterer wichtiger Schritt in Richtung freie Marktwirtschaft und europaweite Harmonisierung vollzogen.

Eine weitere Zielsetzung des Herkunftslandprinzips ist es auch, die Mitgliedstaaten stärker zur Überwachung ihrer nationalen Anbieter zu verpflichten.

Niederlassung Seit der Einführung dieses Prinzips trägt jeder Mitgliedstaat Sorge dafür, dass die in seinem Hoheitsgebiet niedergelassenen Anbieter von Diensten der Informationstechnologie die jeweiligen national geltenden Vorschriften beachten. Niedergelassen ist ein Dienstanbieter in dem Mitgliedstaat, in dem der Schwerpunkt seiner tatsächlich ausgeübten wirtschaftlichen Aktivitäten liegt. Auch wenn man dies häufig liest, kommt es also nicht auf den Standort der technischen Einrichtungen an, denn laut EGG begründen diese allein noch keine Niederlassung des Anbieters. Der Serverstandort ist hier nicht von Bedeutung.[2] Durch die Verlagerung der technischen Einrichtungen, z.B. in einen Mitgliedstaat mit niedrigeren Anforderungen an bestimmte Szenarien und E-Business-Projekte, kann sich ein Anbieter folglich nicht den hier angesprochenen nationalen Bestimmungen entziehen.

Des Weiteren geht aus dem EGG hervor, dass Diensteanbieter im Rahmen des elektronischen Geschäftsverkehrs eine Vielzahl von Informationspflichten erfüllen müssen. Die Nichtbeachtung dieser Informationspflichten kann mit einem Bußgeld bis zu 50 000 € geahndet werden. Als besondere Informationspflichten und -inhalte gelten:

Informationspflichten

▶ Angabe des Namens und der Anschrift der Niederlassung, bei juristischen Personen zusätzlich die Angabe des Vertretungsberechtigten

▶ Angaben, die eine schnelle elektronische Kontaktaufnahme und unmittelbare Kommunikation mit Ihnen ermöglichen, einschließlich der E-Mail-Adresse

▶ Angaben zur zuständigen Aufsichtsbehörde, sofern die Dienste im Rahmen einer behördlich zulassungsbedürftigen Tätigkeit angeboten oder erbracht werden

▶ Angabe von Registereinträgen mit entsprechender Registernummer

▶ Angabe der Umsatzsteuernummer

Zusätzlich gelten die nachfolgend aufgeführten besonderen Informationspflichten bei kommerzieller Kommunikation. Kommerzielle Kommunikation wird vonseiten des Gesetzgebers definiert als jede Form der Kommunikation, die der unmittelbaren oder mittelbaren Förderung des Absatzes von Waren, Dienstleistungen oder des Erscheinungsbildes eines Unternehmens, einer sonstigen Organisation oder einer natürlichen Person dient, die eine Tätigkeit im Handel, Gewerbe oder Handwerk oder einem freien Beruf ausübt. Diese zusätzlichen Informationspflichten sind folgende:

Kommerzielle Kommunikation

---

2 Am Ende dieses Kapitels werden wir noch auf die steuerliche Bedeutung des Serverstandortes und auf die Voraussetzungen zur Begründung einer Betriebsstätte hierdurch eingehen.

- Die Tatsache, dass es sich um kommerzielle Kommunikation handelt, muss angegeben werden.
- Die Identifizierbarkeit der natürlichen oder juristischen Person, in deren Auftrag kommerzielle Kommunikation erfolgt, ist sicherzustellen.
- Angebote zur Verkaufsförderung wie Preisnachlässe, Zugaben und Geschenke müssen klar als solche erkennbar sein und die Bedingungen für ihre Inanspruchnahme müssen leicht zugänglich sein sowie klar und eindeutig angegeben werden.
- Preisausschreiben oder Gewinnspiele mit Werbecharakter müssen klar als solche erkennbar und die Teilnahmebedingungen leicht zugänglich sein sowie klar und eindeutig angegeben werden.

Ferner verweist der Gesetzgeber ausdrücklich darauf, dass die weitergehenden Informationspflichten, beispielsweise aus den Regelungen zum Fernabsatz, der Preisangabenverordnung oder anderen handelsrechtlichen Bestimmungen von den Regelungen des EGG unberührt bleiben.

Für die Praxis bedeutet dies, dass Sie bei E-Business-Projekten, die sich sowohl im B2B- als auch im B2C-Bereich abspielen, sowohl die Informationspflichten aus den Regelungen zum Fernabsatz als auch die aus dem EGG und der Preisangabenverordnung einhalten müssen. Somit erhält der Kunde also umfassende Information, sei er nun geschäftlich oder privat aktiv.

Nunmehr bleibt abzuwarten, wie sich diese Pflichten in der Praxis auswirken. Auf jeden Fall führt das In-Kraft-Treten des EGG zu mehr Rechtssicherheit. Ob dadurch tatsächlich auch das Vertrauen in E-Commerce gestärkt wird, wird sich jedoch erst noch herausstellen müssen.

Ausnahmen Abschließend sollen hier noch die wichtigsten der zahlreichen Ausnahmen vom Herkunftslandprinzip erwähnt werden, die das EGG vorsieht. So findet es z. B. keine Anwendung bei Verbrauchern. Gemäß den Regelungen des Internationalen Privatrechts gilt hier das jeweilige Recht des Landes, in dem der Verbraucher sich gewöhnlich aufhält (s. o.).

Weitere Ausnahmen beziehen sich auf die Zulässigkeit von unaufgeforderter E-Mail-Werbung sowie urheber- und kartellrechtliche Vorschriften. Die ECRL findet keine Anwendung auf private Homepages.

Diese grundlegenden Sachverhalte verinnerlicht, sollen Ihnen nun im Folgenden Hürden aufgezeigt werden, die es zu überwinden gilt, wenn Sie Ihre E-Business-Projekte zum Erfolg führen möchten.

2.4 Vertragsabschlüsse im Internet

Wie kommen Sie denn eigentlich zustande, die Verträge die über das Internet abgeschlossen werden? Muss ich jedes Angebot annehmen oder kann ich mir meine Vertragspartner aussuchen? Und woran erkenne ich, ob ein Angebot seriös ist?

Vertragsabschlüsse über das Internet lassen sich im Regelfall in Angebot und Annahme des Angebots aufteilen. Beide müssen übereinstimmend ausfallen, um zum rechtlich verbindlichen Vertragsschluss zu führen. Damit entspricht der Vertragsschluss online weitgehend dem Offlinevertragsabschluss. Die Hürden, die es hierbei zu überwinden gilt, sind jedoch sehr vielfältig. Häufig stellen sich Fragen wie z. B.: Wie kann der Kunde sich von einem getätigten Angebot wieder lösen? Wann ist der exakte Zeitpunkt des Vertragsschlusses? Wie kann ich verhindern, dass Minderjährige ohne Wissen ihrer Eltern versuchen, Verträge abzuschließen?

Der Vertragsabschluss bildet die Grundlage eines jeden Geschäfts. Die Vertragsparteien einigen sich beispielsweise bei einem Kaufvertrag über die Kaufsache sowie deren Preis und vollziehen den Austausch von Geld und Ware. Für den Bereich der E-Business-Projekte gibt es jedoch einige zusätzliche Besonderheiten.

Bedeutsam im Internet ist, von wem das rechtlich verbindliche Angebot ausgeht. Dieses geht im Regelfall nicht vom Verkäufer, wie man zunächst vermuten möchte, sondern vom Käufer aus. Internetangebote sind mit angebotener Ware in Schaufenstern oder Katalogen der »realen« Welt vergleichbar. Der Verkäufer möchte sich im Regelfall erst nach Prüfung der Bonität des Kunden und Verfügbarkeit der Ware vertraglich binden, indem er das Kaufangebot des Kunden bestätigt.

Dies gibt Ihnen als Verkäufer die Möglichkeit, genau auszuwählen, mit welchen Kunden Sie Geschäftsbeziehungen eingehen möchten. Ein Zwang zum Vertragsabschluss bzw. zur Annahme des Angebotes besteht nicht. Dies sollten Sie sich bei sämtlichen Onlineaktivitäten vor Augen halten. Bestellungen aus dem Ausland, mengenmäßig übertriebene Bestellungen oder von der Summe her sehr hohe Erstbestellungen können Sie folglich genau unter die Lupe nehmen, bevor Sie diese akzeptieren oder ablehnen. Prüfen Sie die Angebote! Andernfalls setzen Sie sich rechtlich nicht zu unterschätzenden Risiken aus.

Seien Sie wählerisch!

Einmal rechtskräftig geschlossene Verträge ziehen umfangreiche Rechte und Pflichten nach sich. Ist der Vertrag erst geschlossen, sind Sie beispielsweise verpflichtet, die Ware auch zum vereinbarten Preis zu liefern.

Haben Sie zu viele Verträge abgeschlossen und zu wenig Ware vorrätig? Das würde bedeuten, dass Sie sich gegebenenfalls sogar Ware bei der Konkurrenz beschaffen müssten, um die Erfüllungsansprüche Ihrer Käufer zu befriedigen.

Fatal ist natürlich, wenn getätigte Bestellungen automatisch bestätigt werden. Hier ist dringend ein Prüfmechanismus einzurichten bzw. es sollten nur registrierte Kunden diese Automatismen auslösen können. Der Grund hierfür ist relativ einfach: In den meisten Fällen kommt ein online geschlossener Vertrag durch die Annahme des vom Käufer ausgehenden Angebotes zustande. Wenn Sie automatisch generierte E-Mails mit der Bestellbestätigung verschicken, könnte man hierin die rechtlich bedeutsame Annahme des Angebotes und damit den Vertragsabschluss vermuten. Damit wären Sie auch verpflichtet den Vertrag zu erfüllen, also die Ware zu liefern. Mit der E-Commerce-Richtlinie und deren Umsetzung in nationales Recht geht die Verpflichtung einher, dass eingegangene Bestellungen zwingend vonseiten des Händlers zu bestätigen sind.

Verfügbarkeitsmechanismen   Sollten Sie in Ihrer Onlinepräsenz jedoch Verfügbarkeitsmechanismen wie beispielsweise »Ampelfunktionen« integriert haben, bietet sich zumindest die Aufnahme eines Vermerks an wie z.B.: »Angebot frei bleibend« oder Ähnliches. Diese Mechanismen dienen dazu, den Kunden über den »aktuellen« Lagerbestand zu informieren. Der Onlineshop von Alternate[3] enthält beispielsweise eine solche Ampelfunktion. Bestellt ein Kunde bei »grüner« Ampel eine bestimmte Ware, so ist die Wahrscheinlichkeit, dass hierdurch bereits ein rechtlich verbindlicher Vertrag geschlossen wurde, relativ groß. Daher bietet sich seitens des Verkäufers ein solcher Vorbehaltshinweis an, obgleich in einem Streitfall der Käufer nachweisen müsste, dass er eine Bestellung bei »grüner« Ampel getätigt hat, wenn dies vonseiten des Shopbetreibers bestritten werden würde. Dieser Nachweis dürfte ihm allerdings nur schwer gelingen. Die meisten Onlineshops haben jedoch den Mechanismus der automatisch generierten »Bestätigungs-E-Mail« integriert. Wie bereits erwähnt, hat eine solche E-Mail im Regelfall die Annahme des vom Besteller abgegebenen Angebotes zum Inhalt. Sie könnte allerdings auch zum Beweis eines Vertragsabschlusses dienen, obwohl der Beweiswert relativ gering und damit das Prozessrisiko entsprechend hoch wäre.

Zwischen »Recht haben« und »Recht bekommen« liegt meist die Hürde der Beweisbarkeit. Das Angebot geht, wie Sie wissen, im Regelfall vom

---

3   www.alternate.de

Käufer aus und muss vom Verkäufer noch angenommen werden, um einen Vertragsabschluss zu begründen. Grundsätzlich gilt, dass jede Vertragspartei die für sie günstigen Anspruchvoraussetzungen zu beweisen hat. Auf den Beweiswert elektronischer Dokumente werden wir später noch detaillierter eingehen, da Rechtssicherheit eng verknüpft mit Beweisbarkeit gesehen werden kann.

Gerade die umfassenden Verbraucherschutzrechte, die unter anderem auch durch das Fernabsatzgesetz eingeführt worden sind, zwingen einen erfolgreichen Online-Geschäftsbetrieb dazu, Kunden zu kategorisieren. Wenn bestimmte Kunden z. B. häufig von ihrem Widerrufsrecht nach den mittlerweile in das BGB integrierten Regeln zum Fernabsatz Gebrauch machen, sollten diese auf einer so genannten »schwarzen Liste« vermerkt werden. Dies hat den Vorteil, dass »schwarze Schafe«, die die Verbraucherschutzrechte zu ihren Gunsten missbrauchen und damit letztendlich finanziellen Schaden anrichten, herausgefiltert werden können.

Kundenkategorisierung

Die Befürchtungen der Onlinebuchhändler im Vorfeld der Verabschiedung des Fernabsatzgesetzes und der Einführung der 40-Euro-Regel (siehe Abschnitt 2.11), bewahrheiten sich jetzt: Viele Kunden nutzen die Verbraucherschutzrechte, um zumindest für einen kurzen Zeitraum (zweiwöchige Widerrufsfrist) kostenlos an CDs, Bücher etc. zu gelangen. Die Dunkelziffer solcher Missbrauchsfälle ist enorm hoch.

Missbrauchsrisiko einschätzen

Doch nun zurück zu den Willenserklärungen. Trotz der hohen Übermittlungsgeschwindigkeit des Internets ist nach überwiegender Meinung bei der Abgabe von Willenserklärungen per E-Mail oder Web-Formular von einer Abgabe unter Abwesenden auszugehen. Elektronisch erzeugte Erklärungen unter Abwesenden werden wirksam, wenn sie dem Empfänger zugehen. Die Erklärungen müssen derart in den Machtbereich des Empfängers gelangen, dass nach dem gewöhnlichen Lauf der Dinge mit ihrer Kenntnisnahme zu rechnen ist. Hierbei unterscheidet man grundsätzlich Privat- von Geschäftskunden.

Durch die Einrichtung eines elektronischen Briefkastens zum Zwecke der geschäftsmäßigen Kontaktaufnahme, muss der gewerblich Tätige sicherstellen, dass der Posteingang zu Geschäftszeiten in regelmäßigen Abständen kontrolliert wird. Für Privatkunden hingegen wird von einer täglichen Kontrolle des Posteingangs ausgegangen. Für diese Differenzierung wurde auf die Rechtsprechung zum Wirksamwerden von Erklärungen per Telefax zurückgegriffen.

Um Ihre Geschäftsrisiken zu minimieren, sollten Sie Ihre elektronische Post also sorgfältig überprüfen. Wer beispielsweise von der Möglichkeit Gebrauch macht, Filter in E-Mail-Programmen einzusetzen, die dann versehentlich rechtlich bedeutsame Erklärungen ausfiltern, muss sich nach Treu und Glauben so behandeln lassen, als ob er die Erklärung »rechtzeitig« erhalten habe. Daher sollten Sie, wenn Sie online nicht persönlich per E-Mail erreichbar sind, einen Vertreter bestimmen. In gängigen E-Mail-Programmen (z.B. Microsoft Outlook) ist dies durch den so genannten Abwesenheitsassistenten relativ einfach möglich, indem Sie einen Vermerk aufnehmen, wer für rechtlich relevante Erklärungen während Ihrer Abwesenheit zuständig ist. Oder Sie bestimmen einen Vertreter mit Berechtigung für Ihren E-Mail-Account.

Ebenso risikoreich ist es, wenn Sie gar nicht antworten. Auch im Internet gelten die Regeln des so genannten »Schweigens auf ein kaufmännisches Bestätigungsschreiben«. Daher ist insbesondere Geschäftsleuten dringend anzuraten, ihren E-Mail-Verkehr sorgsam zu pflegen.

Sie sehen wie komplex das Feld ist und wie exakt sie Ihre Rechte kennen müssen um E-Business-Projekte erfolgreich realisieren zu können. Eine weitere, nicht zu unterschätzende Problematik besteht in der Frage, ob und wie AGB wirksam in online geschlossene Verträge einbezogen werden können.

Rechtssicherheit beim Abschluss von Verträgen

In der anonymisierten, nur wenig greifbaren Welt des Internets verbergen sich zahlreiche Sicherheitsrisiken bei Vertragsabschlüssen. Je bedeutsamer Verträge sind, umso stärker ist das Interesse der Vertragspartner diese auch zu fixieren. In der physischen Welt wird dann sehr häufig die Schriftform gewählt. Teilweise schreibt das Gesetz diese Form vor, teilweise unterziehen sich die Vertragspartner, meist aus Gründen der besseren Beweisbarkeit, diesen Vorschriften freiwillig.

Dieses Interesse an verlässlicher elektronischer Kommunikation ist mit der steigenden Nutzung des Internets ebenfalls gestiegen. Der Gesetzgeber hat dies schon sehr früh erahnt und hat Regelwerke zur elektronischen Unterschrift eingeführt. Mit der Richtlinie der Europäischen Union über Rahmenbedingungen für elektronische Unterschriften wurde für den Bereich des europäischen Binnenmarktes eine Regelung geschaffen, deren Ziel es ist, die elektronische Unterschrift der herkömmlichen Unterschrift im elektronischen Geschäftsverkehr gleich zu stellen.

Die Signaturrichtlinie bedarf in vielen Mitgliedstaaten noch der Umsetzung in nationales Recht. Die Bundesrepublik Deutschland ist ihrer Umsetzungspflicht zumindest für den Bereich des Privatrechts schon nachgekommen. Mit In-Kraft-Treten der Vorschriften des Gesetzes zur Anpassung der Formvorschriften des Privatrechts und anderer Vorschriften an den modernen Rechtsgeschäftsverkehr und dem »neuen« Signaturgesetz hat der Gesetzgeber an die so genannten »qualifizierten elektronischen Unterschriften« die gleiche Rechtswirkung geknüpft wie an eine handschriftliche Unterschrift. Nach Art. 5 Abs. 1 der Signaturrichtlinie werden die Rechtsfolgen elektronischer Unterschriften wie folgt definiert: Qualifizierte elektronische Unterschriften sind der handschriftlichen Unterschrift gleichgestellt und als Beweismittel zulässig.

Einbeziehung der Allgemeinen Geschäftsbedingungen

Wird ein Rechtsgeschäft über das Internet abgeschlossen, ist oftmals unklar – sowohl aus Sicht des Verkäufers als auch aus Sicht des Käufers –, ob die angebotenen Allgemeinen Geschäftsbedingungen (AGB) wirksamer Bestandteil des geschlossenen Vertrages geworden sind. Aus Sicht des Kunden ist die Nicht-Einbeziehung der AGB nämlich meist günstiger, da die dann greifenden gesetzlichen Regelungen meist verbraucherfreundlicher gestaltet sind. Zwar sind auch im AGB-Gesetz zahlreiche verbraucherschutzfördernde Regelungen enthalten, diese begrenzen jedoch nur die Möglichkeiten des Veräußernden, die Rechte des Käufers einzuschränken. Sie geben dem Verbraucher keine stärkeren Schutzrechte als die allgemeinen gesetzlichen Regelungen. Im Streitfall muss regelmäßig der Verkäufer nachweisen, dass seine AGB wirksamer Vertragsbestandteil geworden sind. Dazu ist es erforderlich, die Voraussetzungen der Einbeziehung genau zu kennen.

Allgemeine Geschäftsbedingungen werden nur dann wirksam in Verträge einbezogen, wenn der Verwender seinem jeweiligen Vertragspartner vor oder bei Vertragsabschluss in zumutbarer Weise die Möglichkeit zur Kenntnisnahme einräumt und ausdrücklich auf sie hinweist. So will es das Gesetz. Da stellt sich für den Verwender sehr rasch die Frage, was dies im Einzelnen für so genannte Distanzgeschäfte bedeutet, also z. B. auch für Geschäfte, die über das Internet abgeschlossen werden. Der Gesetzgeber hat schon früh erkannt, dass zahlreiche Rechtsprobleme und Hindernisse genau aus dieser Distanz resultieren, zu der auch noch häufig die im Internet vorherrschende Anonymität hinzukommt. Aber auch in geschlossenen Benutzergruppen, in der die Identität der Teilnehmer bekannt ist, kann diese Anonymität zu gewissen Hemmnissen für die erfolgreiche Umsetzung von E-Business-Projekten führen.

Möglichkeit der Kenntnisnahme Vorauszuschicken ist, dass der Kunde die AGB nicht wirklich zur Kenntnis nehmen muss; die bloße Möglichkeit hierzu ist ausreichend. Betrachtet man jedoch die umfangreichen Informationspflichten aus dem mittlerweile in das Bürgerliche Gesetzbuch integrierten Fernabsatzgesetz, aus der Informationspflichtenverordnung und zahlreichen anderen Reglementierungen, dann wird klar, dass es durchaus sinnvoll ist, die Pflichtinformationen mit in die AGB zu integrieren oder separat darzustellen und vom Kunden aktiv »anklicken« zu lassen. Bei Verstößen gegen diese Bestimmungen wird es künftig Abmahnungen von Interessenvertretern geben. Da solche Abmahnungen meist mit hohen Kosten verbunden sind, sollten Sie die Informationspflichten schon in der Planungsphase Ihrer E-Business-Projekte miteinbeziehen; doch dazu später mehr.

Die Frage, wie man die AGB wirksam in online geschlossene Verträge miteinbeziehen kann, sollte immer mit der Überlegung einhergehen, wie man die Rechte des Kunden im Fernabsatz in den Griff bekommen kann. Wenn der Kunde die verpflichtend anzugebenden Informationen ohnehin aktiv zur Kenntnis nehmen sollte, dann macht es Sinn, die AGB auch gleich in diesen Vorgang miteinzubeziehen, ihn diese also ebenfalls als »zur Kenntnis genommen« anklicken zu lassen. Zu unterscheiden sind hier allerdings die Bereiche B2B und B2C. Gegenüber Kaufleuten bestehen beispielsweise wesentlich geringere Anforderungen an die wirksame Einbeziehung der AGB. Hier genügt im Regelfall ein erkennbarer Hinweis auf der Startseite, dass die AGB des Verwenders gelten sollen.

Inhaltliche Ausgestaltung An die inhaltliche Ausgestaltung der AGB sind die gleichen Voraussetzungen geknüpft wie im privaten Rechtsverkehr. Maßstab hierfür ist, dass die AGB transparent, d.h. klar und verständlich formuliert sein müssen. Dies hat Auswirkungen auf die inhaltliche Gestaltung, die Schriftgröße, den Umfang, die Sprache usw. In jedem Fall müssen die Regelungen des neu in Kraft getretenen Gesetzes über rechtliche Rahmenbedingungen für den elektronischen Geschäftsverkehr (EGG) beachtet werden. Diese Regelungen gehen, wie bereits gesagt, auf die E-Commerce-Richtlinie zurück und betreffen vornehmlich den B2B-Bereich, wohingegen die Regeln des Fernabsatzes ausschließlich für den Bereich B2C Anwendung finden. Somit empfiehlt sich eine Trennung ihrer Internetangebote zwischen Geschäfts- und Privatkunden.

Kommt man zu dem Ergebnis, dass die AGB nicht wirksamer Vertragsbestandteil wurden, so ist der Vertrag im Übrigen aber dennoch wirksam

und es ist von der Geltung der allgemeinen gesetzlichen Vorschriften auszugehen. Dies gilt insbesondere auch dann, wenn nur einzelne Klauseln
nicht mit dem nun im BGB verankerten AGBG konform sind. Das so
genannte »Verbot der geltungserhaltenden Reduktion« sollten Sie bei der
Gestaltung Ihrer AGB unbedingt beachten. Es bringt wenig, einzelne
Klauseln nicht gesetzeskonform zu formulieren. Folge ist nicht die Reduzierung auf das gesetzlich gerade noch zulässige Maß – andernfalls würde
dem Missbrauch Tür und Tor geöffnet –, sondern die Unwirksamkeit der
gesamten Klausel. Also, Vorsicht bei der Formulierung!

Interessant ist auch die Frage, wer die wirksame Einbeziehung der AGB in
das jeweilige Rechtsgeschäft zu beweisen hat. Die Frage nach der Beweisbarkeit elektronischer Transaktionen und rechtlicher Vorgänge spielt im
E-Business eine nicht zu unterschätzende Rolle. Die Beweislast trägt in
der Regel die Vertragspartei, die sich auf die Geltung der AGB beruft
(Beweislastverteilung). Das wird im Regelfall der Anbieter sein, manchmal
aber auch der Kunde. Die Vertragspartei, die die Beweislast für die Einbeziehung der AGB trägt, muss demnach den ausdrücklichen Hinweis auf
die AGB bei Vertragsschluss, die zumutbare Möglichkeit der Kenntnisnahme und das Einverständnis der anderen Vertragspartei nachweisen.
Nutzen Sie die Möglichkeiten, die sich aus dem AGBG ergeben!

Formerfordernisse

Für den Bereich des Privatrechts gilt der Grundsatz der Formfreiheit. Das
heißt, dass Formerfordernisse hier nur ausnahmsweise bestehen und
Rechtsgeschäfte grundsätzlich formlos abgeschlossen werden können.
Verträge beispielsweise unterliegen im Regelfall keinerlei Formvorschriften, es sei denn, die Einhaltung einer bestimmten Form ist gesetzlich nor-
miert oder durch die Vertragsparteien festgelegt.

Grundsatz der Formfreiheit

Für einige Rechtsgeschäfte schreiben die Gesetze allerdings die Einhaltung der Schriftform vor. Hier stellen sich häufig Fragen wie: Kann die
gesetzliche Schriftform elektronisch gewahrt werden? Wo macht es überhaupt Sinn, die Schriftform elektronisch zu wahren? Welche elektronische Signaturart kann die Schriftform ersetzen? Diese Fragen gehen oft
mit der Frage nach dem Beweiswert elektronischer Dokumente im
Geschäftsverkehr einher, auf die im nachfolgenden Abschnitt näher eingegangen wird.

Formerfordernisse lassen sich grundsätzlich in zwei unterschiedliche
Gruppierungen einteilen: zum einen in gesetzliche Formerfordernisse
und zum anderen in vertraglich vereinbarte Formerfordernisse. Beide

Gruppierungen haben verschiedene Intentionen. Sieht das Gesetz die Einhaltung der Schriftform vor, handelt es sich meist um Rechtsgeschäfte, die relativ selten vorkommen, jedoch sehr tiefgreifende Veränderungen für den Unterzeichnenden mit sich bringen können. Vereinbaren hingegen die Vertragsparteien beispielsweise in ihren AGB die Einhaltung der Schriftform als Voraussetzung für die Wirksamkeit von Verträgen und Abreden, besteht die Intention hierbei meist im erhöhten Beweiswert solcher Dokumente.

Gesetzliche Schriftform Ist die gesetzliche Schriftform vorgeschrieben, so bedeutet dies, dass die Urkunde eigenhändig unterschrieben werden muss. Diese gesetzlichen Schriftformerfordernisse erfüllen im Wesentlichen die folgenden vier Funktionen:

▶ **Warnfunktion:** Die Schriftform soll die Partei, die die Unterschrift leistet, an die Tragweite ihres Handelns erinnern.

▶ **Echtheitsfunktion:** Die Unterschrift dokumentiert, dass diese Erklärung auch vom Unterzeichner stammt.

▶ **Identifikationsfunktion:** Die Unterschrift stellt eine untrennbare Verknüpfung zwischen Dokument und Person her.

▶ **Beweisfunktion:** Die Schriftform ermöglicht es, im Geschäftsverkehr Tatsachen rechtlich zu beweisen.

Gewillkürte Schriftform Den Geschäftspartnern steht es allerdings bei nicht formgebundenen Vertragsabschlüssen frei, die Schriftform auch dann zu wählen, wenn es das Gesetz nicht vorschreibt (gewillkürte Schriftform).

Der Hauptgrund für die Wahl der gewillkürten Schriftform ist der erhöhte Beweiswert der einem schriftlichen Dokument zukommt, das dem so genannten Urkundenbeweis unterliegt. Sie haben mit schriftlichen Dokumenten (Urkunden) die vom Aussteller eigenhändig unterzeichnet sind, vor Gericht einfach bessere Aussichten als mit anderen Beweismitteln. Im elektronischen Geschäftsverkehr gilt, wie im traditionellen Handel auch: Wer sich auf anspruchsbegründende Tatsachen beruft, der muss diese im Regelfall auch beweisen. Bestreitet der Käufer einer Ware beispielsweise den Vertragsabschluss oder den Inhalt des geschlossenen Vertrages, so hat der Verkäufer diesbezüglich die Beweislast, wenn es ihm um die Durchführung des Vertrages geht.

Urkunden Die Zivilprozessordnung (ZPO) knüpft an die Vorlage einer traditionellen Urkunde einen sehr hohen Beweiswert. Urkunden in diesem Sinne setzen allerdings die eigenhändige Unterschrift voraus. Eine ausgedruckte E-Mail erfüllt somit den Urkundenbegriff der ZPO nicht. Lediglich durch den Einsatz so genannter »qualifizierter elektronischer Unterschriften« wird ein erhöhter Beweiswert auch für E-Mails und andere elektronische Dokumente geschaffen. Bislang existieren kaum Entscheidungen zur Beweiskraft elektronischer Dokumente. Dies deutet darauf hin, dass der Markt kein Bedürfnis nach der elektronischen Herstellung gesetzeskonformer Urkunden hat, sondern dass der Einsatz digitaler Unterschriften primär der Authentisierung, also der Identifizierung der Vertragsparteien dient.

Beweiskraft elektronischer »Urkunden«

Bisher galt, dass elektronische Dokumente wie beispielsweise ausgedruckte E-Mails oder elektronische Dateien im Falle gerichtlicher Streitigkeiten, lediglich der »freien richterlichen Beweiswürdigung« unterlagen.

Freie richterliche Beweiswürdigung

Elektronische Nachrichten und Dateien können jedoch verfälscht werden, ohne dass man es ihnen im Nachhinein ansehen kann. E-Mails beispielsweise können mit relativ wenig technischem Aufwand in fremdem Namen erstellt werden. Dies gilt auch für nicht elektronisch signierte Dokumente. Einzige Ausnahme, bei der eine erhöhte rechtliche Beweiskraft eintritt, sind Dokumente, die mit einer qualifizierten elektronischen Unterschrift unterzeichnet wurden.

Digital signierte Dokumente tragen erheblich dazu bei, die Rechtssicherheit im elektronischen Geschäftsverkehr zu erhöhen, da sie die Beweiskraft stärken. An die strengen Sicherheitsregeln signaturgesetzkonformer Public-Key-Infrastrukturen (PKI), also Institutionen, die sich um die Registrierung der Teilnehmenden und die Verteilung elektronischer Unterschriften kümmern, knüpft das Gesetz einen erhöhten Beweiswert. Die weitaus größere Zahl der über das Internet geschlossenen Verträge erfordert jedoch grundsätzlich nicht die Einhaltung einer besonderen Form.

Die meisten Verträge können daher auch konkludent, also durch schlüssiges Handeln, rechtlich verbindlich geschlossen werden. Vertragsabschlüsse per Handschlag sind in der »realen« Welt mit dem Vertragsabschluss per Mausklick in der virtuellen Datenwelt vergleichbar. Dies ist die Folge der bereits angesprochenen grundsätzlichen Formfreiheit. Nur in wenigen, für Onlineszenarien überhaupt interessanten Umsetzungen, wird vom Gesetz die Schriftform gefordert. Ebenso ist nur in wenigen für E-Business-Projekte interessanten Szenarien der Ersatz der handschriftlichen Unterschrift von Bedeutung. Oder denken Sie, dass in Zukunft ein bedeutender Anteil der Internetgemeinde beispielsweise Grundstücksverträge, private Bürgschaften oder Testamentserklärungen über das Internet tätigen wird?

Quintessenz Ein hingegen durchaus interessantes Szenario für E-Business-Projekte besteht in der für den B2B-Bereich geltenden Möglichkeit der elektronischen Rechnungsstellung mit voller umsatzsteuerlicher Abzugsfähigkeit. Auch im öffentlichen Bereich sind Szenarien denkbar, bei denen eine signaturgesetzkonforme Lösung Erfolg versprechend erscheint. Doch auch hier gilt der Grundsatz, dass die meisten Behördengänge nicht einer handschriftlichen Unterschrift bedürfen und Behördengänge mit gesetzlich normiertem Unterschriftserfordernis nicht 100 %ig geeignet sind für eine 1:1-Abbildung in E-Business-Projekten.

Meist geht es also nicht um den Ersatz der handschriftlichen Unterschrift – Signaturgesetz hin oder her –, sondern meistens um die bestmögliche Authentifizierung der Teilnehmer. Bei E-Government-Projekten möchte man z. B. wissen, ob der Antragsteller auch wirklich derjenige ist, der er vorgibt zu sein, wenn er seine Biotonne, seinen Parkausweis usw. per Internet beantragt. Sie sollten also schon bei der Planung Ihrer E-Business-Projekte ein besonderes Augenmerk darauf legen: Wie wichtig ist es Ihnen zu wissen, wer Ihr Gegenüber ist?

Um hingegen die gesetzliche Schriftform einhalten zu können, ist der Einsatz signaturgesetzkonformer PKI-Lösungen unumgänglich, wenn man keinen Medienbruch hinnehmen möchte. Die gesetzliche Schriftform ist jedoch meistens, wie schon erwähnt, nur bei elementaren Verträgen gefordert, die im Regelfall nicht über das grundsätzlich anonyme Medium Internet abgeschlossen werden. Dies ist unter anderem ein Grund für die fehlende flächendeckende Verbreitung signaturgesetzkonformer PKI-Lösungen. Hier ist vor allem seitens der Regierung ein Schritt in Richtung »digitaler Personalausweis« gefordert, um die Verbreitung voranzutreiben. Dabei stellt sich aber immer noch die Frage, ob die Internetnutzer bereit sind, sich einer solchen Lösung freiwillig zu unterziehen.

Einen Zwang zur Nutzung signaturgesetzkonformer elektronischer Unterschriften für jede online getätigte Transaktion wird es auch in absehbarer Zukunft nicht geben. Dies würde das Wachstum des E-Business auch eher hemmen als fördern. Es bleibt abzuwarten, wie sich der Markt um den Einsatz elektronischer Signaturlösungen in E-Business-Projekten in Zukunft entwickeln wird.

Nun aber zurück zur Beweislast. Dokumente die mittels qualifizierter elektronischer Unterschrift unterzeichnet wurden, haben alleine dadurch eine erhöhte rechtliche Beweiskraft. Diese wird lediglich geschmälert, wenn der jeweilige Inhaber des Signaturschlüssels ernsthafte Zweifel an der Echtheit der elektronischen Unterschrift begründen kann.

Hierdurch wird der Anscheinsbeweis bei qualifizierten elektronischen Unterschriften geregelt. Durch qualifizierte elektronische Unterschriften ist für einen Empfänger der Anschein der Echtheit einer vorliegenden Erklärung gegeben. Das Manipulationsrisiko liegt beim Signaturinhaber, es sei denn, er kann beweisen, dass es einem anderen möglich war, die Signatur zu fälschen. Wer aber ist freiwillig bereit, sich diese Manipulationsrisiken aufzubürden und eine mit Kosten verbundene signaturgesetzkonforme Lösung zu suchen?

Anscheinsbeweis

Der Gesetzgeber ist nicht so weit gegangen, mit einer qualifizierten elektronischen Signatur versehene Dokumente als Urkunden im Sinne der Zivilprozessordnung (ZPO) anzuerkennen. Dies hätte die Möglichkeit des Urkundenprozesses eröffnet, der gegenüber dem Regelverfahren einfacher und schneller ist. Der Gesetzgeber hielt dies zusätzlich zur Wirkung des Anscheinsbeweises nicht für angebracht.

Welcher Beweiswert der einfachen und der fortgeschrittenen elektronischen Signatur künftig zukommt, beantwortet der Gesetzgeber nicht. Die fortgeschrittene elektronische Signatur weist prinzipiell dieselben Funktionsmerkmale wie die qualifizierte elektronische Signatur auf. Allerdings bewegt sie sich außerhalb der vom Signaturgesetz geschaffenen Infrastruktur von Zertifizierungsdienstanbietern, sicheren Signaturerstellungseinheiten und den hierfür geltenden gesetzlichen Anforderungen.

Die einfache elektronische Signatur ist ein Oberbegriff für alle Arten von Daten (etwa der Name des Erklärenden), die anderen Daten (etwa einer E-Mail) zum Zweck der Authentifizierung beigefügt sind, ohne dass hiermit bestimmte Sicherheitsanforderungen verbunden sind.

Einfache elektronische Signaturen

Der Gesetzgeber lässt zurzeit nur der qualifizierten elektronischen Signatur ausdrücklich einen erhöhten Beweiswert zukommen. Die Rechtsprechung kann nunmehr zumindest für eine fortgeschrittene elektronische Signatur ähnliche Anscheinsbeweisregeln entwickeln, wie sie derzeit für die qualifizierte elektronische Signatur im Gesetz verankert sind. Für die einfache elektronische Signatur ist dies nicht zu erwarten, da die Unverfälschtheit der Erklärung und die tatsächliche Urheberschaft des angeblichen Absenders technisch nicht sichergestellt werden.

Den Vorteilen im Hinblick auf die Beweisbarkeit, die mit der qualifizierten elektronischen Signatur verbunden sind, stehen nach wie vor hohe technische Anforderungen an die verwendeten Systeme gegenüber. Bei der praktischen Umsetzung des neuen Signaturgesetzes deuten sich schon jetzt erhebliche bürokratische Hürden an. Mit Einsatz einer qualifizierten elektronischen Signatur wird unter Umständen die internationale Kompatibilität geopfert. Einer der weltweit führenden Anbieter in Sicherheitsfragen, VeriSign[4], hat zwischenzeitlich die Übereinstimmung seiner Produkte mit den Anforderungen der europäischen Signaturrichtlinie bekannt gegeben. In Kürze wird der Markt über die Zukunft der digitalen, elektronischen Signatur entscheiden.

Fazit Zusammenfassend lässt sich festhalten, dass es für die meisten E-Business-Projekte vornehmlich um die Authentifizierung der Teilnehmer und nicht um die Einhaltung von Formvorschriften in elektronischer Art und Weise geht. Lesen Sie in Kapitel 3, »Sicherheit – nur ein ›gutes Gefühl‹?«, mehr über die Sicherheitsfragen von E-Business-Projekten.

2.5 Bezahlung – Missbrauchsrisiko für den Zahlenden?

Ist ein online geschlossener Vertrag rechtswirksam zustande gekommen, ist der nächste Schritt die Vertragserfüllung durch die Vertragspartner, bei der die eine Partei die jeweilige Ware oder Dienstleistung liefert bzw. erbringt und die andere den entsprechenden Betrag dafür zu entrichten hat. Hierbei gibt es die verschiedensten Zahlungsmöglichkeiten, wie beispielsweise der Einsatz von Kreditkarten, Lastschriftverfahren, elektronischem Geld, Geldkarten usw. Viele Zahlungsmöglichkeiten eröffnen viele Möglichkeiten des Missbrauchs. Letztendlich lassen sich alle Zahlungsmechanismen juristisch auf die Frage reduzieren: Wer haftet im Missbrauchsfall? Um dies zu beantworten, muss zwischen den einzelnen Zahlungsmechanismen unterschieden werden.

Kreditkarten Für die Bezahlung von Waren per Kreditkarte gilt, dass der Kunde grundsätzlich nicht haftet. Geht beispielsweise beim Zahlungsvorgang etwas schief oder bestreitet der Kunde den Erhalt der Ware und storniert die Abbuchung von seinem Kreditkartenkonto, so liegt es beim Verkäufer nachzuweisen, dass der Kunde die Ware tatsächlich erhalten und zuvor auch bestellt hat. Dies ist meist nicht möglich. Zwischen dem Kunden und der Bank besteht ein so genannter Geschäftsbesorgungsvertrag. Das bedeutet, dass die Bank sich verpflichtet hat, Geschäfte ihrer Kunden nach deren Weisung zu besorgen. Weist ein Kunde demnach seine Bank

---

4 www.verisign.com

an, an einen bestimmten Händler eine Zahlung vorzunehmen, entsteht für die Bank ein so genannter Aufwendungsersatzanspruch gegenüber dem Kunden. Voraussetzung ist allerdings, dass der Kunde eine solche Weisung getätigt hat. Beweispflichtig ist hierbei der Händler, nicht der Kunde. Ohne Weisung des Kunden bekommt der Händler kein Geld. Die Problematik im Internet ist, dass ohne den Einsatz elektronischer Unterschriften, die dem »neuen« Signaturgesetz entsprechen, eine Unterschrift, die der handschriftlichen Unterschrift entspricht, nicht geleistet werden kann. Der Nachweis einer getätigten Weisung durch den einzelnen Kunden ist realistisch betrachtet somit fast nicht zu führen.

Versuche wie beispielsweise die Einführung der SET-Technologie, die die Zahlung mit Kreditkarte im Internet sicherer machen sollten, sind an Akzeptanzschwierigkeiten gescheitert.[5] **SET**

Das Missbrauchsrisiko beim Einsatz von Kreditkarten kann auch nicht durch AGB auf den Kunden verlagert werden. Eine solche Regelung würde gegen das AGBG verstoßen. Auch ein möglicher Schadensersatzanspruch des kartenausstellenden Kreditinstitutes, mit der Begründung, der Kunde habe die Kreditkartendaten fahrlässig unverschlüsselt über das Internet übertragen und somit den Missbrauchsfall erst ermöglicht, wird scheitern. Hierin kann kein Sorgfaltspflichtenverstoß vonseiten des Kunden gesehen werden. Das Risiko, das der Karteninhaber einer Kreditkarte beim Einsatz im Internet trägt, ist folglich sehr gering. Dementsprechend hoch ist die prozentuale Ausfallquote bei Transaktionen im Internet.

Teilweise hat sich die Zahlung mit Geldkarten durchgesetzt. Dies ist für den Händler aus rechtlicher Sicht wesentlich günstiger, setzt allerdings aufseiten des Kunden ein Lesegerät voraus, das die Beträge auf der Karte ausweisen kann. Günstiger, aber weniger praktikabel, ist diese Lösung deshalb, weil die Banken im Regelfall das Missbrauchs- und Verlustrisiko auf den Kunden verlagern. Die Geldkarten entsprechen in ihrer Funktion Bargeld. Sie sind im Regelfall nicht durch Passwörter gegen Missbrauch geschützt und daher wie Bargeld zu behandeln. **Geldkarten**

Bislang konnte sich kein Zahlungsverfahren mit so genanntem elektronischem Geld auf dem Markt durchsetzen. Die Bedenken, die die Kunden gegenüber der Sicherheit dieser Technologien haben, stehen wohl einer breiteren Akzeptanz entgegen. Häufig ist die zur Annahme von elektronischem Geld benötigte Hard- und Software teuer in der Anschaffung. **Elektronisches Geld**

---

5 Weitere Informationen zu sicheren Zahlungssystemen finden Sie beispielsweise unter www.epayments.de.

Rechtlich betrachtet, sind die Hürden hierbei allerdings vergleichbar mit denen beim Einsatz von Kreditkarten. Nur wenn der Kunde selbst über den abgebuchten Betrag verfügt hat, besteht auch eine Verpflichtung zur Zahlung. Bezahlt ein Fremder mit dem elektronischen Geld, geht der Kunde kein Risiko ein, es sei denn, ihm kann Fahrlässigkeit im Umgang mit den Sicherheitsmechanismen des elektronischen Zahlungssystems vorgeworfen werden. Hier stellt sich aus Kundensicht die Frage, wann diese Fahrlässigkeit gegeben ist. Reicht es aus, wenn elektronisch bezahlt wird, obwohl die Verbindung nicht verschlüsselt ist? Muss der Arbeitsplatzrechner besonders geschützt sein, wenn er beispielsweise über eine Standleitung mit dem Internet verfügt? Dies sind Fragen, die in Zukunft beantwortet werden müssen, sollte sich die Zahlung mit elektronischem Geld weiter verbreiten.

Paybox Die paybox Deutschland AG beispielsweise nutzt die Möglichkeiten der Mobilfunktechnologie, um Zahlungstransaktionen rechtssicher zu gestalten. Obwohl sich der Zahlungsvorgang als Medienbruch darstellt, ist diese Möglichkeit der Bezahlung aus unserer Sicht eine der Interessantesten, die der Markt derzeit bietet. Gerade in B2C-E-Business-Projekten sollten Sie an diese Möglichkeit denken. Der folgende Auszug aus den AGB der paybox Deutschland AG zeigt, wie das Missbrauchsrisiko für den Kunden relativ gering gehalten werden kann, er also fast risikolos diese Technologie nutzen kann:

> *Bei missbräuchlicher Benutzung der paybox durch Dritte entfällt die Haftung des Kunden für Schäden, die nach der Benachrichtigung der paybox Deutschland AG entstehen. In diesem Fall wird das Konto des Kunden nicht belastet. Für Schäden, die vor der Benachrichtigung der paybox Deutschland AG entstehen, haftet der Kunde nur in Höhe von 50 €. Die Haftung entfällt, sofern der Kunde nachweist, die ihm obliegenden und insbesondere hier genannten Sorgfaltspflichten nicht grob fahrlässig oder vorsätzlich verletzt zu haben.*

Es bleibt nunmehr abzuwarten, welche Lösung sich am Markt durchsetzten wird. Unserer Meinung nach hat die Paybox-Lösung sehr gute Chancen.

2.6 Wettbewerbsrecht und Internet

Wettbewerbsrechtlich sind alle Fragen bezüglich Preisangaben von Interesse. Auch im Internet gilt es die Grundsätze der Preiswahrheit und der Preisklarheit zu beachten, um nicht irreführend zu werben und damit gegen rechtliche Normen zu verstoßen. Das Preisangaben- und Preisklauselgesetz sowie die Preisangabenverordnung regeln detailliert, was erlaubt ist und was nicht. Hierbei wird immer von dem Szenario des Verkaufs von Waren oder Dienstleistungen durch gewerbsmäßige Anbieter an die Endverbraucher ausgegangen. Dies betrifft also beispielsweise auch die Regelungen zum Fernabsatz.

Endverbraucher im Sinne dieser Vorschriften sind in erster Linie private Kunden. Gewerblich tätige Kunden werden als weniger schutzbedürftig angesehen als private. Für diese gelten andere, abgeschwächte Regelungen zu Preisangaben im Internet. Jedoch sind gewerbliche Kunden dann wie private zu behandeln, wenn Sie zum privaten Verbrauch einkaufen. Der Anwendungsbereich für das Internet ist folglich relativ groß. **Endverbraucher**

Jetzt stellt sich natürlich die Frage, woran der Anbieter erkennen kann, ob der jeweilige Kunde gewerblich oder privat einkauft? Dies lässt sich manchmal an der feilgebotenen Ware fixieren, meist ist dies jedoch nicht möglich.

Es bietet sich daher an, mit so genannten geschlossenen Benutzergruppen zu arbeiten oder auf der Einstiegsseite des Internetangebots einen ausdrücklichen Hinweis anzubringen, dass nur an gewerbliche Kunden verkauft werden soll. Eine Möglichkeit wäre hier, spezielle Passwörter an Ihre Kunden auszugeben, mit denen sie sich dann in einen »Kundenbereich« einloggen können und andere Preise zu sehen bekommen, als beispielsweise der Endkunde. Hiervon wird schon verbreitet Gebrauch gemacht, ebenso wie von der Möglichkeit, Kunden in A-, B-, und C-Kunden zu differenzieren und ihnen entsprechend unterschiedliche Preisangebote zu unterbreiten. **Benutzergruppen**

Werden nun Waren an Endkunden veräußert, ist der Preis anzugeben, den der Endverbraucher zu bezahlen hat, der so genannte Endpreis. Hierbei ist es auch erforderlich, dass die Preisangabe in der Nähe der abgebildeten Ware erfolgt und ihr eindeutig zugeordnet werden kann.

2.7 Anonymität versus Vertrauen – und wie es trotzdem entsteht

Die im Internet vorherrschende Anonymität ist das Haupthindernis für den Aufbau von Vertrauensbeziehungen. Vertrauen ist jedoch die Grundvoraussetzung für das Zustandekommen nahezu jeden Geschäftes. Wie entsteht aber Vertrauen und wie kann eine Vertrauensbeziehung erfolgreich aufgebaut werden?

Vertrauen ist ein Gefühl, das entstehen kann, wenn die Voraussetzungen dazu gegeben sind. In der realen Welt entsteht es z. B. durch persönliches Kennenlernen, durch Gespräche von Angesicht zu Angesicht, durch kontinuierlichen Kontakt, beständige Verhaltensweisen, etc. Sie bauen dann zu einer Person Vertrauen auf, wenn Sie in der Lage sind, sich ein Bild von ihr zu machen, sie in einer für Sie adäquaten Art identifizieren und einordnen zu können. Und genau das ist das Problem in der virtuellen Welt. Wie bauen Sie hier Vertrauen zu Ihren Kunden auf? Woran erkennen Sie, welchen Kunden Sie vertrauen können? Und umgekehrt? Sie lernen Ihr Gegenüber in der Regel nicht persönlich kennen, Sie sehen und hören Ihren potenziellen Geschäftspartner nicht etc. Anonymität des Internets versus Vertrauen?

Nun, die Identität Ihrer Vertragspartner jedenfalls kann, zumindest bis zu einem gewissen Grad, sichergestellt werden. Die eindeutige Identifizierung der Teilnehmer, die Sicherstellung, dass auf dem Kommunikationsweg Internet Nachrichten nicht verfälscht werden sowie die Beweisbarkeit elektronisch getätigter Transaktionen sind sehr häufig zu erfüllende Anforderungen in E-Business-Projekten. Es gibt aus rechtlicher Sicht verschiedene Betrachtungswinkel. Und deshalb ist der Einsatz moderner Technologien zur Authentifizierung oder Identifizierung der Kommunikationsteilnehmer ein Erfolgsfaktor. Die nachfolgenden Fragen zeigen deutlich, welche Bedeutung diesem Erfolgsfaktor zukommt.

1. Handelt es sich bei den auf der einen Seite abgesendeten Daten um die Daten, die auf der anderen Seite angekommen sind?

2. Ist die Person, mit der Daten ausgetauscht werden, tatsächsich die, für die sie sich ausgibt?

3. Wie sieht es mit der Beweisbarkeit von elektronischen Transaktionen aus?

4. Ist es möglich, einen vollständigen Ersatz für herkömmliche Dokumente zu schaffen, und wenn ja, welche Vorschriften gilt es hier zu beachten?

Technische Möglichkeiten, diese Fragen zu lösen, existieren zum Teil schon sehr lange. Die Akzeptanz bereitet jedoch nach wie vor Schwierigkeiten. Zu langsam, zu teuer, zu umständlich, zu komplex – um nur einige der Einwände zu nennen.

Elektronische Unterschriften

Elektronische Signaturen sollen eine Vielzahl der Probleme lösen, die aus der Anonymität des Internets resultieren. Klar ist, wenn die Vertragsparteien der »Internetgeschäfte« eindeutig zu identifizieren wären, dann würde sich das Risiko von Geschäftsausfällen, fiktiven Bestellungen etc. drastisch minimieren.

Nehmen wir die Auktionsplattform eBay[6]. Vielleicht haben Sie schon selbst bei eBay oder einem anderen Anbieter »mitgesteigert«. Um das Geschäft hier ins Rollen zu bringen ist es notwendig, möglichst viele Anbieter und Bieter zur Nutzung der Auktionsplattform zu gewinnen. eBay nutzt hier ein ausgefeiltes Bewertungssystem. Nach jeder abgeschlossenen Transaktion, können Anbieter und Höchstbietender sich gegenseitig bewerten. Je nach Anzahl an Bewertungen erhält dann der jeweilige »eBayer« Bewertungssterne in einer bestimmten Farbe, die seine Vertrauenswürdigkeit unterstützen. Klickt man auf einen dieser Sterne, erscheint die gesamte Historie der Transaktionen, die der Inhaber des Sterns durchgeführt hat. Dieses Beispiel zeigt, dass es neben elektronischen Unterschriften zahlreiche weitere Lösungen zur Überwindung der Anonymität gibt.

Noch ein Beispiel: Sicherlich kennen Sie Gütesiegel[7]. Webshops können ihre Vertrauenswürdigkeit nach einer meist umfangreichen Prüfung ihrer Zuverlässigkeit mit diesen Siegeln nachweisen. Letztendlich versuchen alle diese Lösungen dasselbe Problem zu überwinden: Anonymität versus Vertrauen.

2.8 Haftungsfragen

Bei der Frage nach der Haftung für Inhalte im Internet stößt man sehr häufig auf urheberrechtliche Probleme. Wer haftet für den Inhalt von Webseiten? Kann das Setzen von Hyperlinks eine Haftung begründen? Kann ich mich durch so genannte Disclaimer vor Schadensersatzansprüchen schützen?

Die Folgen die aus einer Haftung für Inhalte resultieren können sind vielfältig und reichen von der straf- und zivilrechtlichen bis hin zur öffentlich-rechtlichen Verantwortlichkeit. Dabei geht es nicht nur um pornografische, rassistische oder gewaltverherrlichende Inhalte, die strafrechtlich relevant sein können, sondern häufig auch um wettbewerbswidrige Inhalte. Immer wieder stellt sich hierbei die Frage nach der individuellen Verantwortlichkeit für diese Inhalte.

---

6 www.ebay.de
7 Ein Beispiel eines Anbieters von Gütesiegeln ist www.trustedshops.de.

Grundsätzlich gilt, dass Sie voll verantwortlich sind für eigene Inhalte, also für die, die Sie selbst erzeugen, und auch die, die Sie sich zu Eigen machen.

Eigene oder fremde Inhalte? Interessant ist hierbei insbesondere die Frage, wann und wodurch man sich fremde Inhalte zu Eigen macht. Dies richtet sich meistens nach den unterschiedlichen Techniken der Verlinkung. Generell gilt, dass immer dann, wenn bei einem objektiven Beobachter der Eindruck entsteht, es handle sich um eigene Inhalte des Darbietenden, die volle Verantwortlichkeit greift, egal nach welcher gesetzlichen Grundlage. Dies ist auch in den meisten Rechtsordnungen der »Internetwelt« so. Wenn Sie beispielsweise die Framing-Technologie nutzen um die Herstellerseiten eines von Ihnen angebotenen Produkts anzuzeigen, könnten Sie allein damit gegen urheberrechtliche Vorschriften verstoßen. Natürlich gilt auch hier der Satz »Wo kein Kläger, da kein Richter«. Grundsätzlich sollte jedoch auch erwähnt werden, dass das Setzen von »normalen« Hyperlinks grundsätzlich als zulässig erachtet wird. Hier wird häufig die Auffassung vertreten, dass jeder, der einen Inhalt ins Internet stellt, grundsätzlich mit der Verlinkung auf seinen Inhalt einverstanden ist.

Ein Hyperlink wird aber dann zu »eigenem Inhalt«, wenn er so in den Gesamtkontext eingefügt ist, dass deutlich wird, dass der Verweisende sich den verlinkten Inhalt zu Eigen machen möchte. Dies ist insbesondere dann der Fall, wenn der Link als Argumentationskriterium verwendet wird oder wenn es sich um so genanntes »Deep-Linking« handelt; wenn also nicht auf die Homepage (Startseite) fremder Inhalte verlinkt wird, sondern auf im meist hierarchischen Aufbau darunter liegende Inhalte und Webseiten. Eine Haftung für fremde Inhalte ist jedoch dann ausgeschlossen, wenn es sich bei den Hyperlinks lediglich um Weiterverweisungen handelt, die eher mit den Fußnoten wissenschaftlicher Arbeiten vergleichbar sind. Es ist unerheblich, ob Sie dies unter dem Blickwinkel des Teledienstegesetzes (TDG), des Mediendienste-Staatsvertrags (MDStV) oder der E-Commerce-Richtlinie bzw. des EGG betrachten.

Aus Sicht des Endkonsumenten wird eine Internetpräsenz umso interessanter, je größer der dargebotene Mehrwert für ihn ist. Daher gehen viele Anbieter dazu über, zusätzliche Produktinformationen und Ähnliches zu integrieren. Wenn Sie dies tun, seien Sie sich darüber im Klaren, dass eine Haftung für fremde Inhalte nur in Betracht kommt, wenn Sie positive Kenntnis von den eventuell rechtswidrigen Inhalten erlangen. Manche Vorschriften gehen sogar so weit, dass sie positive Kenntnis auch von der

Rechtswidrigkeit der Inhalte verlangen. Eine feine, aber vielleicht entscheidende Nuance.

Die Frage, ob Sie sich durch einen Disclaimer – also eine Haftungsfreistellungserklärung – von der Verantwortlichkeit freizeichnen können, ist eindeutig zu verneinen. Allerdings ist es sinnvoll, Disclaimer einzufügen, um potenzielle Kläger vor einem gerichtlichen Tätigwerden abzuhalten.[8]

Disclaimer

Grundsätzlich sollten bei der Frage nach der Haftung für fremde Inhalte die nachfolgenden Tipps beachtet werden:

▶ Distanzieren Sie sich soweit wie möglich von Inhalten fremder Seiten.

▶ Die URL sollte sich nach dem Aufruf eines Hyperlinks ändern.

▶ Entfernen Sie Hyperlinks zu rechtswidrigen Inhalten, sobald sie davon Kenntnis erlangen.

▶ Gestalten Sie Frames und Inline-Links nur mit fremden Inhalten, die Sie kennen bzw. deren Anbieter sie kennen.

▶ Fügen Sie einen Disclaimer in Ihr Internetangebot mit ein.

Was zur Verletzung von Markenrechten bezüglich Hyperlinks und Domains zu sagen ist, gilt natürlich auch für das Einfügen so genannter Meta-Tags. Diese kommen häufig zum Einsatz, damit bestimmte Inhalte von Suchmaschinen schneller angezeigt werden. Diese Informationen werden zwar im grundsätzlich nicht sichtbaren Header-Bereich der Webseiten eingefügt und sind deshalb für den User nicht wahrnehmbar; fremde Marken- und Namensrechte können hierdurch dennoch beeinträchtigt werden.

Meta-Tags

Hüten Sie sich also davor, Ihre Webseiten mit Begriffen in den Meta-Tags zu spicken, die fremde Rechte verletzen, um sich nicht Unterlassungs- oder Schadensersatzansprüchen auszusetzen. Die Idee, Kunden der Konkurrenz auf die eigene Internetpräsenz zu leiten, z. B. unter Zuhilfenahme fremder Markennamen, ist zwar verlockend, kann aber zu weitreichenden rechtlichen Konsequenzen führen. Dies gilt auch dann, wenn die Darstellung dieser Inhalte in einer Schriftfarbe erfolgt, die mit der Farbe des Hintergrundes identisch ist, wie z. B. weiße Schrift auf weißem Hintergrund. Natürlich sieht der Betrachter dies nicht, eine Verletzung von Urheberrechten ist jedoch auch hier denkbar, da beispielsweise Suchmaschinen nur unterscheiden können, ob bestimmte Schlagworte vorkommen, nicht aber in welcher Farbe diese geschrieben sind.

---

8 Informationen zum Inhalt von Disclaimern finden Sie beispielsweise unter www.disclaimer.de.

2.9 Domains – Grundstücke im Internet

Eine der wichtigsten Hürden auf dem Weg zu erfolgreichen E-Business-Projekten ist die Wahl des »richtigen« Domain-Namens. Die Domain bildet gewissermaßen das »Grundstück« für Ihr erfolgreiches E-Business-Projekt. Damit sie dieses Grundstück auch behalten dürfen, sollten Sie sich, wie beim Grundstückskauf im realen Leben auch, darüber informieren, ob eventuell Rechte anderer einem Erwerb entgegenstehen.

DENIC Da die für die Registrierung zuständige Stelle DENIC[9] nur prüft, ob ein beantragter Domain-Name schon vergeben ist, und nicht, ob durch die Registrierung Rechte anderer verletzt werden können, ist vor der Wahl des Domain-Namens exakt zu recherchieren, welche Rechte entgegenstehen könnten. Einzige Vorgabe für die Registrierung einer Domain bei der DENIC ist, dass Antragsteller und Inhaber der Domain ihren allgemeinen Gerichtsstand in Deutschland haben.

Damit ist bei natürlichen Personen der Wohnsitz, bei juristischen Personen der Firmensitz gemeint. Das Fehlen einer Überprüfungspflicht liegt auch dann vor, wenn Sie die Domain über einen Internet-Service-Provider (ISP) bei der DENIC registrieren lassen. Einzige Ausnahme von diesem Grundsatz ist, dass nach deutschem Recht eine Überprüfungspflicht bei offensichtlichen Rechtsverletzungen bestehen kann.

Offensichtliche Rechtsverletzungen Zwar gelangen viele Internetnutzer über Suchmaschinen und -kataloge auf die entsprechenden Zielseiten, jedoch ist die direkte Eingabe von gängigen Begriffen in die Adresszeile gängige Praxis, da diese häufig sehr viel schneller zum gewünschten Ziel führt. Genau dieser Umstand macht zahlreiche, meist markante Domain-Namen so begehrt. Daher passiert es häufig, dass Domain-Namen, die sehr leicht zu merken sind bzw. die einer Suchanfrage am ehesten direkt entsprechen, »gegrabbt« wurden; dass also eine eigentlich Ihnen zustehende Domain schon vergeben ist, weil jemand anderes einfach schneller war.

Die Ursache hierfür ist, dass bei der Domain-Vergabe der Grundsatz »First come first served« gilt und eine Prüfung entgegenstehender nicht offensichtlicher Rechte nicht stattfindet. In diesen Fällen sollten Sie sich allerdings nicht geschlagen geben, sondern, wenn sie der Meinung sind, ein bestimmter Domain-Name stehe Ihnen rechtlich zu, auch auf Ihr Recht pochen. Hierzu bietet sich an, über die Domain-Inhaberabfrage bei DENIC den Inhaber der Domain ausfindig zu machen und zu kontaktie-

---

9 www.denic.de

ren und ihn aufzufordern, Ihnen die Domain ggf. gegen Erstattung der Registrierungskosten herauszugeben. Sollte dies nicht weiterhelfen, bleibt Ihnen letztendlich nur der Rechtsweg. Die Herausgabe der begehrten Domain kann hierbei jedoch sehr lange dauern.

Jeder Domain-Name wird nur einmal vergeben. Hierbei gilt, wie gerade festgestellt, das Prinzip der Ersteintragung (Prioritätsgrundsatz). Wer zuerst kommt, der bekommt den Namen. Betrachtet man dies als Grundsatz, so kann dieser auch künftig gelten. Allerdings bahnt sich durch die Rechtsprechung eine sich entwickelnde Modifikation dieses Grundsatzes an. Es wird immer mehr versucht auch in dieser Rechtsmaterie interessengerecht zu entscheiden; der Prioritätsgrundsatz wird dabei immer mehr aufgeweicht.

Prioritäts-
grundsatz

Der Bundesgerichtshof hat in seinem »shell.de-Urteil« beispielsweise ausgeführt, dass die Interessen in dem zu entscheidenden Fall so unterschiedlich waren, dass nicht an dem Prioritätsgrundsatz festgehalten werden konnte. Ebenso wurde dem Thyssen-Krupp-Konzern im »krupp.de-Urteil« das »stärkere« Recht an der Domain zugesprochen. Das Gericht vertrat hierbei die Auffassung, dass ein Unternehmen mit überragender Verkehrsgeltung die Nutzung des Firmenschlagwortes durch einen Dritten als Domain untersagen kann. Dies gelte nach Ansicht des Gerichts auch bei Identität von Firmenschlagwort und Familiennamen des Dritten. Dieses Urteil sollte unbedingt bei der Wahl des richtigen Domain-Namens beachtet werden.

Im Fall »heidelberg.de« wurde auch der Stadt Heidelberg das stärkere Recht im Verhältnis zum schneller Registrierenden zugesprochen. Allerdings konnte sich die Stadt Heidelberg auf ihr allgemeines Namensrecht aus dem BGB berufen, der Erstregistrierende konnte dies jedoch nicht, weil er nicht den Namen »Heidelberg« trug.

Bei der Verwendung von Domains handelt es sich nicht um »neues« Recht, sondern um die Benutzung einer beispielsweise als Marke, Name oder Unternehmenskennzeichen geschützten Bezeichnung im geschäftlichen oder privaten Rechtsverkehr. Folglich ist das Domain-Recht unter das Namens-, Firmen-, Marken- und Unternehmenskennzeichenrecht zu fassen, das unter bestimmten Umständen durch das Wettbewerbsrecht ergänzt wird.

Domain-Recht

Domains haben kennzeichnende Wirkung und genießen damit auch Kennzeichenschutz. Markenrechte, gewähren beispielsweise dem Inhaber einer Marke ein ausschließliches Recht am geschützten Kennzeichen.

Der Markenschutz beginnt bereits ab Antragstellung der Eintragung der Marke beim jeweiligen Patent- und Markenamt. Darüber hinaus ist anerkannt, dass Kennzeichenschutz auch ohne Eintragung durch bloße Verwendung im geschäftlichen Verkehr entstehen kann, wenn das betroffene Kennzeichen eine gewisse Geltung erlangt hat. Nicht nur fremde Markennamen sollten für die Domain-Registrierung tabu sein, sondern auch die Verwendung ähnlicher Bezeichnungen. Vorausgesetzt wird immer die Möglichkeit der Verwechslung mit dem rechtmäßigen Markeninhaber.

Gerade weil das Prioritätsprinzip (noch) herrscht und die DENIC keine Überprüfung dahingehend durchführt, ob Rechte Dritter einer Eintragung entgegenstehen, gilt es, nachfolgende Grundsätze zu beachten:

▶ So genannte »Tippfehler-Domains« unterscheiden sich von bereits eingetragenen Domains oder Markennamen lediglich durch einzelne Buchstaben. Domains wie www.merzedes.de statt www.mercedes.de oder www.gooogle.com statt www.google.com sind Beispiele hierfür. Im Regelfall führt dies zu kostenpflichtigen Abmahnungen seitens der Betreiber der »Original-Domain«.

▶ Auch Prominente genießen namensrechtlichen Schutz. Daran ändert sich auch nichts, wenn es sich beispielsweise um Fan-Seiten handelt. Verwenden Sie auch keine Wortkombinationen wie beispielsweise www.schuhmacher-fan.de oder Ähnliches, auch wenn Sie wirklich sein größter Fan sein mögen.

▶ Auch staatliche Einrichtungen sind als Domain-Namen bei der Registrierung grundsätzlich tabu. Wegen der Gefahr der Verwechslung – ein potenzieller Besucher könnte staatlich autorisierte Informationen vermuten – besteht auch hier die Gefahr eines Interessenkonflikts. Registrieren Sie derartige Domains nicht.

▶ Registrieren Sie keine Städtenamen, ungeachtet der Top-Level-Domain. Die betroffenen Städte haben hier im Regelfall vorrangige Rechte.

▶ Registrieren Sie keine Marken- oder Unternehmensnamen oder Namen, die unverwechselbare Ähnlichkeit mit diesen Namen haben. Das gilt auch für den Fall, dass Sie persönlich denselben Namen tragen. Im Regelfall wird hier zugunsten der Markenrechteinhaber entschieden.

▶ Bei der Registrierung so genannter Gattungs-Domains sollten Sie beachten, dass deutsche Gerichte hier schon sehr häufig zu Lasten der jeweiligen Domain-Inhaber entschieden haben. Häufig mit der Argu-

mentation, es läge eine unzulässige Kanalisierung der Interessens-
ströme vor. Die wohl bekannteste Entscheidung hierzu ist das so
genannte »mitwohnzentrale.de-Urteil«. Die Gestaltung des damaligen
Webauftritts ließ aus User-Sicht den Schluss zu, es handle sich um ein
Portal, das den Zugriff auf sämtliche Mitwohnzentralen in Deutschland
bieten würde. Dies war jedoch tatsächlich nicht so, sodass im zu entscheidenden Fall Wettbewerbswidrigkeit durch unzulässige Kanalisierung angenommen wurde. Zwar gibt es bis heute noch keinen allgemeinen Grundsatz, der Gattungs-Domains als wettbewerbsrechtlich
unzulässig ansieht, dennoch sollten Sie hier bei der Registrierung
besondere Vorsicht walten lassen.

Somit lässt sich abschließend feststellen, dass die Registrierung eines **Fazit**
Domain-Namens einer sorgfältigen Recherche hinsichtlich entgegen-
stehender Rechte Dritter bedarf, um gar nicht erst in die Gefahr etwaiger
Unterlassungs- und/oder Schadensersatzansprüche Dritter zu kommen.

2.10 »Content is King« – Schutz des geistigen Eigentums

Ein weiterer maßgeblicher Erfolgsfaktor für Ihre E-Business-Projekte ist
der Inhalt Ihres Internetangebots. Da dieser so kostbar ist, möchten Sie
sicherlich nicht, dass er beispielsweise auf einer anderen Webpräsenz
ebenso zur Verfügung steht, zumindest nicht, ohne eine Entlohnung für
den von Ihnen geschaffenen Content zu bekommen.

Generell besteht die Problematik beim illegalen Kopieren von geschütz- **Die Problematik**
ten Datenträgern, wie es z. B. bei den so genannten »Musiktauschbörsen«
besonders offensichtlich der Fall ist. Das Problem besteht jedoch prinzipiell für sämtliche kopierbare Daten, da die Verbreitung des Internets die
Möglichkeiten der Vervielfältigung digitaler Datenträger grundlegend
erweitert hat. Genauer gesagt, besteht es in den »neuen« Technologien,
die eben diese Vervielfältigung erlauben, ohne dass es jedoch möglich
wäre, den jeweiligen Verantwortlichen zu finden und ihn für den durch
den Kopiervorgang entstandenen Schaden haftbar zu machen.

Unserer Meinung nach liegt die Lösung in einer Mischung von rechtlichen,
technologischen und betriebswirtschaftlichen Aspekten. Die rechtlichen
Möglichkeiten müssen ausgeschöpft, die technologischen Sicherheitsmechanismen verfeinert werden (Stichwort: Kopierschutzmechanismen),
und in wirtschaftlicher Hinsicht wäre eine Preissenkung digitaler Medien
wünschenswert. Erst wenn beispielsweise eine neu erschienene CD im
Handel für 7 bis 10 € erhältlich ist, fangen Raubkopierer an nachzudenken.

Wieso sollte man dann noch gegen Gesetze verstoßen, mühsam sämtliche Titel einer CD im Internet oder in Tauschbörsen suchen, wenn man eine schön verpackte CD, mit Booklet und Zusatzinformationen, über das Internet bestellen kann. Auch der Gesetzgeber hat die Problematik des Kopierens digitaler Informationsträger erkannt und dazu Ausnahmeregelungen (Verlust des Widerrufsrechts bei Entsiegelung von CDs und Software, s. u.) in die Regelungen zum Fernabsatz mitaufgenommen.

Geistiges Eigentum
Rechtlich betrachtet, gibt es an Informationen kein Eigentum im klassischen Sinne. Informationen sind immateriell, es handelt sich dabei um »geistiges Eigentum«. Das Urheberrecht erhält im Zeitalter des Internets eine völlig neue Bedeutung. Dabei werden vom urheberrechtlichen Schutz jedoch nicht alle, sondern in erster Linie nur künstlerische oder wissenschaftlich-technische Schöpfungen erfasst, die eine gewisse Originalität und Kreativität beinhalten. Zumindest für den europäischen Raum kann festgestellt werden, dass diese Rechte unabhängig von einer entsprechenden Kennzeichnung bestehen. Der Schutz für diese Werke beginnt mit der Schöpfung, unabhängig von einer etwaigen Registrierung und endet 70 Jahre nach dem Tod des Urhebers. Im Gegensatz hierzu entsteht patentrechtlicher Schutz erst mit der Registrierung beim jeweiligen Patentamt.

Man sollte sich bei der Verwendung fremder Inhalte, fremder Grafiken etc. genau über deren Herkunft informieren und gegebenenfalls vorab eine Erlaubnis zum Gebrauch einholen, denn die Urheberrechte schützen den Urheber in seinen geistigen und persönlichen Beziehungen zum Werk und in der Nutzung des Werkes. Hierzu gehören insbesondere auch das Veröffentlichungsrecht, das Recht auf Anerkennung der Urheberschaft und der Schutz vor Entstellung des Werkes. Erfasst werden hierdurch des Weiteren das Vervielfältigungs-, Bearbeitungs- und Verbreitungsrecht. Wie Sie sehen, sollten urheberrechtlich geschützte Inhalte nur nach vorheriger Recherche und Einholung etwaiger Nutzungsrechte verwendet werden.

Urheberrechtsrichtlinie
Auch die Europäische Union hat mit einer Richtlinie zum Urheberrecht einen Schritt in Richtung Verstärkung des Urheberschutzes getan. Die Urheberrechtsrichtlinie führt zu erheblichen Änderungen des Rechtes am geistigen Eigentum in den Mitgliedstaaten. Zielsetzung war, eine europaweite Harmonisierung des Urheberschutzes im Internet zu realisieren und so das reibungslose Funktionieren des Internets für die Personen, die urheberrechtlich geschütztes Material ins Internet stellen, und für diejenigen, die solches Material übertragen oder vorhalten, zu gewährleisten.

Der unterschiedliche urheberrechtliche Schutz in den einzelnen Mitglied-staaten sollte dabei harmonisiert und gleichzeitig gestärkt werden. Dabei wurden insbesondere das Recht zur Vervielfältigung, das Recht der öffentlichen Wiedergabe und Zugänglichmachung, das Verbreitungsrecht sowie der Schutz von Systemen zur Verhinderung unerlaubten Kopierens und Verwaltens einer umfassenden rechtlichen Regelung unterzogen. Strittiges Thema war und ist hierbei häufig, ob die Anfertigung einer pri-vaten Sicherungskopie zulässig ist.

Genau hier steckt der Kern der »Kostenloskopiergesellschaft«. Im Jahr 2001 hat die Zahl der verkauften CD-Rohlinge zur eigenständigen Erstel-lung von CD-Kopien erstmals die Zahl der bespielten Musikdatenträger überschritten. Hierbei geht es nicht um einen vernachlässigbaren Scha-den, hier geht es um einen Milliardenmarkt. Die EU-Richtlinie zum Urhe-berrecht wird den grenzüberschreitenden Handel mit urheberrechtlich geschützten Produkten und Dienstleistungen wesentlich erleichtern. Gemeint ist hier natürlich der für E-Business-Projekte interessante Teil, des Verkaufs von geschützten Produkten über das Internet und nicht die Förderung von kostenlosen Musiktauschbörsen.

Private Siche-rungskopie

Einziges Manko der Richtlinie: Die rechtliche Zulässigkeit von Kopien für den privaten Gebrauch wurde in den Verantwortungsbereich der Mit-gliedstaaten gestellt. Es ist also den Mitgliedstaaten überlassen, ob sie diese Kopien zulassen oder unterbinden. Durch die Verbreitung der Peer-to-Peer-Technologie (File-Sharing) entstand aus urheberrechtlicher Sicht das Problem, dass es nicht mehr einen zentralen Punkt bei der Verbrei-tung digitaler Musikdateien gab, sondern dass vielmehr jeder abfragende Punkt zugleich auch Anbieter dieser Produkte sein kann.

Es bleibt abzuwarten, wie zügig Kopierschutzmechanismen in digitale Daten effizient eingefügt werden, wie sie vom Verbraucher akzeptiert wird und wie die Problematik »private Sicherungskopie« von den europä-ischen Staaten umgesetzt werden wird.

2.11 Der Verbraucher ist König – im Internet mehr denn je!

Die zahlreichen Vorschriften, die zum Verbraucherschutz in den letzten Jahren in Kraft getreten sind und noch in Kraft treten werden, haben den Kunden, auch was seine Rechte anbelangt, zum König erklärt. Das Schuldrechtsmodernisierungsgesetz trägt hierzu ganz entscheidend bei, indem es die Verbraucherschutzrechte umfassend stärkt. Insbesondere sollen im Folgenden die Möglichkeiten des Käufers bzw. die Risiken des

Verkäufers erläutert werden, die sich aus den Regelungen zum Fernabsatz ergeben. Nur wer sowohl seine eigenen Rechte als Verkäufer als auch die des Verbrauchers kennt, ist in der Lage, Risiken richtig einzuschätzen.

Mit In-Kraft-Treten des Fernabsatzgesetzes Mitte des Jahres 2000 ist der Gesetzgeber seiner Umsetzungspflicht hinsichtlich der Fernabsatzrichtlinie in nationales Recht nachgekommen. Die Auswirkungen, die das FernAbsG auf so genannte »Distanzgeschäfte« – Geschäfte, bei denen sich die Vertragspartner nicht direkt gegenüber stehen – hat, sind enorm. Zwischenzeitlich, wurden diese Regelungen fast unverändert mit der Schuldrechtsreform in das Bürgerliche Gesetzbuch integriert bzw. wurden die Informationspflichten in die Informationspflichtenverordnung ausgelagert. Ziel der Regelungen war es, die Rechte der Verbraucher umfassend zu stärken und damit das Vertrauen in den elektronischen Geschäftsverkehr zu mehren. Erhofft hat man sich dadurch einen weiteren Aufschwung des Onlinehandels.

Realität für den einzelnen Händler jedoch ist, dass er sich genauestens über die Rechte der Verbraucher informieren muss, um nicht mit den strengen Verbraucherschutzvorschriften der Regelungen zum Fernabsatz in Konflikt zu geraten. Es ist revolutionär, dass ein Rechtsgeschäft, das in den Anwendungsbereich dieser Regelungen fällt, dem Käufer im Internet mehr Rechte einräumt, als er im stationären Handel hätte.

Zum Beispiel machen viele Kunden häufig von dem in den Regelungen zum Fernabsatz geregelten Widerrufsrecht in der Art Gebrauch, dass sie Ware bestellen, innerhalb der Widerrufsfrist nutzen und dann den Vertrag widerrufen, die Ware also zurückschicken.

Problematik »schwarze Schafe«

Unserer Auffassung nach kann dieser Problematik der »schwarzen Schafe« nur mit so genannter Kundenkategorisierung bzw. dem Führen entsprechender Kundenlisten wirkungsvoll begegnet werden. Es bleibt abzuwarten, ob der Gesetzgeber hier nicht zu einer Nachbesserung der Regelungen zum Verbraucherschutz tendiert. Fernabsatzverträge sind Verträge über die Lieferung von Waren oder über die Erbringung von Dienstleistungen, die zwischen einem Unternehmer und einem Verbraucher (B2C) unter ausschließlicher Verwendung von Fernkommunikationsmitteln abgeschlossen werden, es sei denn, dass der Vertragsschluss nicht im Rahmen eines für den Fernabsatz organisierten Vertriebs- oder Dienstleistungssystems erfolgt. Betroffen sind in der Konsequenz nicht nur Verträge, die über das Internet abgeschlossen werden, sondern beispielsweise auch Vertragsabschlüsse per Telefon, Telefax oder TV-Shopping. Sämtliche Arten von Verträgen also, bei denen eine Distanz während der

Phase bis zum Vertragsschluss und darüber hinaus besteht. Die nachfolgenden Punkte qualifizieren einen Vertrag als Fernabsatzvertrag:

▶ Vertrag über Warenlieferung oder Dienstleistung

▶ Vertrag mit einem Verbraucher (B2C)

▶ Vertragsabschluss unter ausschließlicher Verwendung von Fernkommunikationsmitteln

▶ keine Ausnahmetatbestände

Erfasst werden folglich weitgehend alle Verträge, bei denen die gleichzeitige körperliche Anwesenheit der Vertragspartner nicht erforderlich ist. Der Anwendungsbereich geht also weit über den des Internets hinaus.

Der fehlende physische Kontakt zwischen Anbieter und Verbraucher ist ein wesentlicher Anknüpfungspunkt für die fernabsatzrechtlichen Regelungen und die damit verknüpfte Anonymität, die bislang eines der wesentlichen Hemmnisse für die erfolgreiche Realisierung von E-Business-Projekten darstellte. Der Gesetzgeber hat hier also schon relativ früh die Risiken erkannt, die aus Distanzgeschäften resultieren. Im Falle eines solchen Geschäftes bestehen für den Anbieter/Verkäufer nachfolgende wesentliche Informationspflichten[10]:

▶ seine Identität und die genaue (ladungsfähige) Anschrift

▶ die wesentlichen Merkmale der Ware oder Dienstleistung wie Preis, Versandkosten etc. sowie der Zeitpunkt, zu dem ein Vertrag zustande kommt

▶ die Mindestlaufzeit des Vertrags, wenn dieser eine dauernde oder regelmäßig wiederkehrende Leistung zum Inhalt hat

▶ einen Vorbehalt, eine andere, in Qualität und Preis gleichwertige Leistung (Ware oder Dienstleistung) erbringen zu dürfen und einen Vorbehalt, die versprochene Leistung im Falle ihrer Nichtverfügbarkeit nicht zu erbringen

▶ den Preis der Ware oder Dienstleistung einschließlich aller Steuern und sonstiger Preisbestandteile (Endpreis)

▶ gegebenenfalls zusätzlich anfallende Liefer- und Versandkosten

▶ Einzelheiten hinsichtlich der Zahlung und Lieferungsmodalitäten oder Erfüllung

---

10 Diese Informationspflichten sind seit 2002 im Einzelnen in der Informationspflichtenverordnung geregelt.

- die Kosten, die dem Verbraucher durch die Nutzung der Fernkommunikationsmittel entstehen, sofern sie über die üblichen Grundtarife, mit denen der Verbraucher rechnen muss, hinausgehen

- das Bestehen eines Widerrufs- oder Rückgaberechts, sowie weiterführende Informationen über die Bedingungen, Einzelheiten der Ausübung und Rechtsfolgen des Widerrufs- und Rückgaberechts sowie über dessen Ausschluss

- die Gültigkeitsdauer befristeter Angebote, insbesondere hinsichtlich des Preises

Die Vorabinformationspflicht über die Identität und den geschäftlichen Zweck des Unternehmens sowie die obigen Punkte zur Informationspflicht sollten als eindeutig gekennzeichneter separater Hyperlink in das Angebot miteinfließen. Der Verbraucher muss mühelos von den Informationen Kenntnis erlangen können. Auf die tatsächliche Kenntnisnahme kommt es jedoch nicht an.

Neu hingegen ist die Einführung der Information in Textform. Damit wurde der unbestimmte Begriff »dauerhafter Datenträger« wieder gestrichen. Die Textform verlangt, dass die Erklärung in einer Weise abgegeben wird, die ihre dauerhafte Wiedergabe in Schriftzeichen zulässt, den Erklärenden nennt und den Abschluss und damit die Ernstlichkeit der Erklärung kenntlich macht. Eine eigenhändige Unterschrift ist nicht nötig. Daher genügt die Übermittlung der Erklärung in Kopie, per Fax und auch in rein elektronischer Form, wie etwa per E-Mail, da hier die Schriftzeichen auf dem Bildschirm gelesen werden können.

Sie fragen sich nun vielleicht, ob es wirklich nötig ist, diese Pflichten einzuhalten. Die Antwort ist: Ja, das ist es. Und zwar nicht nur, weil das Gesetz es so will und die Nichteinhaltung mit einem Bußgeld geahndet werden kann, sondern auch, weil die Widerrufsfrist sich sonst nicht auf zwei Wochen verkürzt, sondern auf bis zu sechs Monate (!) verlängert.

Zweiwöchige Widerrufsfrist Nur wenn die obigen Informationspflichten ausreichend beachtet wurden, reduziert sich die Widerrufsfrist des Verbrauchers z. B. bei der Lieferung von Waren auf zwei Wochen, ab dem Zeitpunkt der Lieferung. Sollte dies nicht der Fall sein, riskieren Sie eine Verlängerung der Widerrufsfrist auf bis zu sechs Monate. Der Gesetzgeber hat die ursprünglichen vier Monate nunmehr auf sechs Monate angehoben, um die Fristen hier zu vereinheitlichen. Hier sollten Sie sich ganz klar an die gesetzliche Vorgaben halten.

Es kommt mittlerweile des öfteren vor, dass die Pflichtinformationen der gelieferten Ware separat beigelegt werden. Dies hat zwar den Vorteil, dass der Kunde informiert wird. Sollte dieser aber den Erhalt dieses Informationsblattes bestreiten, so ist der Versender beweispflichtig, dass er den Kunden hinreichend belehrt hat und das Informationsblatt dem vom Kunden geöffneten Päckchen beigelegt war. In einem solchen Fall bliebe nichts anderes übrig, als detailliert darzulegen, dass nur Päckchen mit Informationsblättern das Haus verlassen, was sehr schwierig sein dürfte, zumal die damit verbundenen Kosten der Beweisaufnahme im Regelfall nicht zu rechtfertigen wären.

Daher ist dringend anzuraten, die nach dem Gesetz erforderlichen Pflichtinformationenen per ausdrücklichem Hyperlink auf den Internetseiten darzustellen, sie des Weiteren in die neuerdings verpflichtende »Bestätigungs-E-Mail« mitaufzunehmen, und sie ferner auf die Verpackung der gelieferten Ware zu drucken bzw. dem Inhalt beizulegen. Nur so verringern Sie das Risiko des Widerrufs auf das gerade noch zulässige gesetzliche Mindestmaß von zwei Wochen.

Wenn Sie sich nun fragen sollten, wieso dies ein Risiko darstellt, so lautet die Antwort: Das Widerrufsrecht berechtigt den Kunden dazu, die Ware auf Ihre Kosten zurückzusenden, ohne dass es hierzu eines rechtlich beachtlichen Grundes bedarf. Ja, er müsste eigentlich noch nicht einmal zur Post gehen, um die Ware zurückzusenden! Denn die gesetzliche Regelung sieht vor, dass ein Widerruf nicht nur durch bloße Rücksendung der Ware erfolgen kann, sondern dass ein Widerruf ebenso durch Erklärung, beispielsweise in Textform, möglich ist. Unter Textform versteht die überwiegende Meinung Briefe, Faxe und auch E-Mails.

Widerruf durch Erklärung

Da ein Widerruf eine empfangsbedürftige Willenserklärung darstellt, die dem Versender der Ware zugehen muss, müsste der Kunde den Zugang derselben beweisen. Würde der Zugang vonseiten des Verkäufers bestritten, ist eine Beweisführung seitens des Verbrauchers meist aussichtslos, sodass der Vertrag folglich nicht wirksam widerrufen worden wäre. Daher wird der Kunde im Regelfall die Rücksendung der Ware vornehmen, um dadurch den eingangs geschlossenen Vertrag zu widerrufen.

Wird die Ware an den Händler zurückgeschickt und dadurch der Vertrag widerrufen, so trägt ferner – dem gesetzgeberischen Willen nach – der Händler zudem das Risiko der Beschädigung oder Zerstörung der Ware.

Risiko Transport

Für den Kunden ist die Angelegenheit also mit einem unfreien Paket, zurück an den Absender, erledigt. Eine Formulierung, dass unfreie Rücksendungen nicht angenommen werden, ist unzulässig. Wenn ein Unternehmer unfrei zurückgesendete Ware nicht annehmen würde und diese wieder an den Kunden zurückgeschickt werden würde, müsste der Unternehmer selbst die Ware beim Kunden abholen lassen, da das Gesetz lediglich von Rücksendung spricht und diese vonseiten des Kunden in einem solchen Fall ja auch erfolgte.

Hierbei ist zusätzlich zu beachten, dass für die Zeit der »Lagerung« verminderte Sorgfaltspflichten des Kunden bezüglich der Ware gelten würden. Das einzige Risiko, das beim Kunden liegt, ist, wenn der Händler behauptet, die Ware sei nicht vollständig zurückgeschickt worden. Gibt er dies nur vor, setzt er sich allerdings einem Betrugsverdacht aus.

Sie sehen: Alles in allem sind diese Regelungen so stark verbraucherfreundlich ausgerichtet, dass es für den B2C-Bereich einer genauen Risikoanalyse bedarf.

Benutzung der Ware

▶ Da es allein in der Macht des Kunden liegt, einen an sich gültigen Vertrag durch Widerruf aufzuheben, darf er die Ware in dieser Zeit auch bestimmungsgemäß nutzen. Der gesetzgeberische Grundgedanke, der dahinter steckt, ist folgender: Der Kunde soll die Möglichkeit haben, bis zum Widerruf auf einen wirksamen Vertrag vertrauen zu dürfen. Regelungen die das Widerrufsrecht dahingehend einschränken, dass die Ware nur originalverpackt oder unbenutzt zurückgenommen wird, sind damit ohne Bedeutung, also rechtlich unwirksam.

▶ Das führt zu der Konsequenz, dass der »gewiefte« Kunde die bestellte Ware, beispielsweise Bücher, innerhalb von zwei Wochen liest und dann von seinem Widerrufsrecht Gebrauch macht. Rein theoretisch gewährt das Gesetz dem Verkäufer eine Vergütung nur für den Wert der Gebrauchsüberlassung bzw. des Benutzungswertes. Damit ist nicht die Wertminderung durch das Lesen gemeint, sondern gewissermaßen eine Gebühr für das Lesen bzw. die Möglichkeit hierzu. Tatsächlich gebrauchen muss der Kunde die Ware gar nicht, die Möglichkeit hierzu reicht aus. Da stellt sich die absurde Frage, was es kostet, ein neues Buch zu lesen. Absurd deshalb, weil realistisch betrachtet, kaum ein Kaufgegenstand in der heutigen Zeit einen Wert für die zeitweise Überlassung zum Gebrauch hat. Bei Fahrzeugen mag das wohl noch der Fall sein, bei neuen Büchern jedoch sicherlich nicht.

▶ Sollten Sie eine entsprechende Regelung in Ihre AGB mit aufnehmen wollen, die diese Risiken minimiert, so könnte sie beispielsweise folgendermaßen lauten:

»Die Gebrauchsüberlassung oder Benutzung einer Sache bis zur Ausübung Ihres Widerrufsrechtes ist kostenpflichtig. Ausgenommen hiervon ist die durch den bestimmungsgemäßen Gebrauch entstandene Wertminderung. Haben Sie eine etwaige Verschlechterung, den Untergang oder eine anderweitige Unmöglichkeit zu vertreten, so ist auch die Wertminderung oder der Wert zu ersetzen.«

Durch geschickte Formulierung der Widerrufsbelehrung nach den Regelungen zum Fernabsatz lässt sich das Risiko, dass der Endverbraucher allzu oft vom Widerrufsrecht Gebrauch macht, zumindest minimieren.

Gesetzgeberische Intention? Wir denken, dass durch die Regelungen zum Fernabsatzgesetz die Bedenken der Endverbraucher bezüglich der Vertrauenswürdigkeit von Internetanbietern ganz erheblich gesenkt werden. Der Endverbraucher hat keinerlei Risiko zu tragen; er schickt die Ware, aus welchem Grund auch immer, auf Ihre Kosten einfach an Sie zurück. Hier sei angemerkt, dass es nicht unsere Intention ist, Tipps für »Schnorrer« zu geben, sondern die Rechtslage beider Parteien (Käufer und Verkäufer) zu beleuchten. Denn für erfolgreiches E-Business sollten Sie nicht nur Ihre eigenen Rechte kennen, sondern auch und insbesondere die Rechte Ihrer Geschäftspartner und Kunden.

Jedoch unterliegen nicht alle Arten von Waren den eben aufgeführten Regelungen zum Fernabsatz. Ausgenommen sind z.B. Waren, die nach Kundenspezifikation angefertigt wurden. Wird Ware nach Kundenwünschen gesondert hergestellt, ist damit eine Individualität verbunden, die es im Falle eines Widerrufes oft unmöglich macht, die Ware anderweitig zu verkaufen oder zu nutzen. Stellen Sie sich vor, jemand bestellt beispielsweise über das Internet – also im Fernabsatz – eine grüne Couch mit gelben Punkten. Sie fertigen als Unternehmer die Couch individuell an und nachdem die Couch beim Kunden eingetroffen ist, erklärt dieser den Widerruf nach den Regeln des Fernabsatzes. Nun, diese vorhandene Kundenspezifikation mag Ihnen vielleicht auch gefallen, dürfte aber im Regelfall zur Unverkäuflichkeit der Ware führen. Dass dieses Risiko nicht beim Händler (Unternehmer) liegen darf, das zumindest hat der Gesetzgeber erkannt.

Gesetzliche Ausnahmen vom Widerrufsrecht

Des Weiteren erfassen die gesetzlichen Ausnahmen schnell verderbliche Waren, solche die für eine Rücksendung nicht geeignet sind oder deren

Verfallsdatum überschritten wurde. Nein, Ihre über das Telefon bestellte Pizza können Sie also nicht grundlos durch Widerruf des geschlossenen Vertrags zurückgeben. Der Gesetzgeber hat hier doch sehr praxisnah gehandelt.

Ein interessante Ausnahme vom Widerrufsrecht gilt für die Lieferung von Audio- oder Videoaufzeichnungen oder von Software. Diese sind dann vom Widerrufsrecht ausgenommen, wenn die gelieferten Datenträger vom Verbraucher entsiegelt worden sind. Hierbei stellen sich eine ganze Reihe von Fragen, die es künftig durch die Gerichte zu beantworten gilt. Eigentlich erwarten wir eine Anpassung der bestehenden gesetzlichen Vorschriften in diesem Bereich. So z.B.: Wann liegt eine Versiegelung im Sinne dieser Vorschrift vor? Wie grenze ich eine Versiegelung von einer bloßen Verpackung ab? Ausdrücklich wird eine Entsiegelung durch den Verbraucher genannt. Angenommen, nicht der Kunde selbst, sondern z.B. ein Familienangehöriger entsiegelt die Ware, wie wird dieses Verhalten dem Kunden zugerechnet? Wer muss beweisen, wer entsiegelt hat? Im Falle einer Entsiegelung durch den Käufer muss der jeweilige Versender beweisen, dass die Ware beim Käufer versiegelt angekommen ist, sollte dieser das bestreiten. Behauptet der Käufer, dass die Ware unversiegelt ankam, wie soll dann der Beweis angetreten werden, dass dies nicht so war? Und wer würde diese zeitaufwändigen Möglichkeiten in Betracht ziehen?

Unserer Meinung nach bedeutet das für Internetprojekte, dass es unumgänglich sein wird, bestimmte Benutzer, die häufig von Ihrem Widerrufsrecht Gebrauch machen, aus dem Kundenstamm zu nehmen. Das rechtlich verbindliche Angebot, das im Regelfall vom Kunden ausgeht, müssen Sie nicht annehmen! Damit verfügen Sie über eine weitere Möglichkeit, die Risiken, die mit dem Fernabsatzhandel verbunden sind, zu reduzieren.

40-Euro-Grenze Jedoch gibt es noch weitere Risiken, die sich durch den Fernabsatzhandel ergeben, so z.B. die »40-Euro-Grenze«. Die gesetzliche Regelung sieht vor, dass bei einem *Bestellwert* von weniger als 40 € die Kosten der Rücksendung dem Endverbraucher auferlegt werden können. Zu beachten ist hierbei, dass nur die Kosten der Rücksendung betroffen sind, die Kosten der erstmaligen Hinsendung hingegen fallen nach erfolgtem Widerruf dem Unternehmen zur Last. Diese Rücksendekosten *können* dem Endverbraucher auferlegt werden, hierzu ist jedoch eine ausdrückliche Regelung erforderlich. Eine Formulierung beispielsweise in den AGB, der Besteller habe im Falle des Widerrufes die Rücksendekosten zu tragen, dürfte genügen, vorausgesetzt natürlich, die AGB sind wirksamer Vertragsbestandteil. Aber hier zeigt sich auch schon das nächste Problem: Was geschieht mit den AGB, wenn der Vertrag widerrufen wurde? Gelten sie dann nach wie vor? Die Rechtsprechung wird hierzu noch viele Entscheidungen zu treffen haben.

Auch führt die 40-Euro-Grenze zu der absurden Konsequenz, dass »schlaue« Besteller in jedem Fall Ware im Wert von über 40 € bestellen, um keine Rücksendekosten tragen zu müssen. Gefällt einem die Ware, die ursprünglich mit einem Wert unterhalb von 40 € bestellt werden sollte, so schickt man den überschüssigen Rest kostenlos zurück; gefällt einem die Ware nicht, so schickt man eben alles kostenlos zurück. Da der Bestellwert über 40 € lag, trägt in jedem Fall der Verkäufer die Kosten der Rücksendung.

Daher ist dringend anzuraten, die Kunden, die häufig von Ihrem Widerrufsrecht nach den Regelungen zum Fernabsatz Gebrauch machen, auf einer »schwarze Liste« zu führen, um dem Risiko des Missbrauchs vorzubeugen. Unserer Meinung nach sind die umfassenden Verbraucherschutzrechte nur durch umfassendes Customer-Relationship-Management (CRM) in den Griff zu bekommen. (vgl. Kapitel 8). Unsere Intention ist es, Ihnen die Risiken ganz deutlich vor Augen zu führen, um es Ihnen leichter zu machen, diese Risiken zu minimieren. Nur wer die mit E-Business-Projekten verbundenen Risiken minimiert, wird langfristig erfolgreiches E-Business betreiben können.

»Schwarze Liste«

2.12 Steuerliche Besonderheiten

Die bislang klassischen Anknüpfungspunkte der Besteuerung sind im E-Business problematisch. Dies hat die unterschiedlichsten Gründe. Unternehmen sind in der virtuellen Welt nicht mehr an einen bestimmten Ort gebunden. Das bisherige Steuerrecht knüpft aber an die physische Präsenz eines Unternehmens an. Eine Steuerpflicht tritt immer dann ein, wenn ein Anknüpfungspunkt im Besteuerungsstaat, wie beispielsweise eine Betriebsstätte, gegeben ist. Transaktionen im Internet haben typischerweise keine greifbaren Warenbewegungen zum Inhalt. Diese Entmaterialisierung von Geschäftsvorgängen durch die Übertragung virtueller Güter lässt physische Anknüpfungspunkte der Besteuerung verschwinden. Ferner knüpft die traditionelle Besteuerung von Geschäftsvorgängen häufig auch an die beteiligten Geschäftspartner einer Transaktion an. Im Internet gelingt es nur selten, alle beteiligten Wirtschaftssubjekte zu identifizieren.

Veränderte Verhältnisse

Gefahrenquellen Neben einer steuerlichen Nichterfassung von Geschäftvorgängen resultiert für die beteiligten Unternehmen die weitaus größere Gefahr einer Doppelbesteuerung in mehreren beteiligten Staaten. Es ist also durchaus möglich, dass Sie durch Ihre Webpräsenz ungewollt der Besteuerung verschiedener Staaten unterliegen. Und zwar dann, wenn sowohl der Staat, in dem Ihr Unternehmen ansässig ist, als auch ein weiterer Staat, in dem Ihre Tätigkeit erbracht wird, ein Recht auf die Besteuerung des zugrunde liegenden Sachverhalts haben.

Aus steuerlicher Sicht ergeben sich in E-Business-Projekten aus diesen Gründen verschiedene Risiken und Chancen, die gegeneinander abzuwägen sind. Gerade in der Vergangenheit haben sich Unternehmen häufig sehr stark von dem Grundsatz »first to market« leiten lassen und dabei steuerliche Aspekte weitgehend vernachlässigt. Die Ungewissheit über eine bestehende Steuerpflicht in einem Staat und das hieraus resultierende Risiko einer Doppel- oder Mehrfachbesteuerung ist bei internetbasierten Geschäftsmodellen typisch. Unter der Zielsetzung einer steueroptimalen Gestaltung können E-Business-Projekte aber auch als Chance zur Senkung der Gesamtsteuerbelastung bzw. zur Vermeidung einer beschränkten Steuerpflicht in einem Hochsteuerland gesehen werden. Nutzen Sie die Chancen, die sich hier aus steuerlicher Sicht ergeben.

Die Systematik der Besteuerung

Das herkömmliche System der Ertragsbesteuerung fordert als Anknüpfungspunkt eine bestimmte Verbindung zwischen dem Staat, der das Besteuerungsrecht für sich in Anspruch nehmen will und den betroffenen Unternehmen.

Auf der Grundlage des Körperschaftssteuergesetzes sind Körperschaften immer dann in Deutschland unbeschränkt steuerpflichtig, wenn sie ihre Geschäftsleitung oder ihren Sitz in Deutschland haben. Damit wird eine gewisse räumliche Verbindung zum Inland vorausgesetzt.

Welteinkommens-prinzip Auf Unternehmen mit Sitz in Deutschland findet das so genannte »Welteinkommensprinzip« Anwendung, wonach zunächst unabhängig davon, an welchem Ort diese Erträge anfallen, eine Besteuerung in Deutschland stattfindet. Das bedeutet: Wenn sich der Sitz Ihres Unternehmens in Deutschland befindet, dann zahlen Sie grundsätzlich auch Steuern in Deutschland, ungeachtet dessen, wo Sie ihre Geschäfte abschließen.

Bestimmte, im Einkommensteuergesetz niedergelegte Einkunftsarten unterliegen neben der unbeschränkten Steuerpflicht immer dann auch einer beschränkten ausländischen Steuerpflicht, wenn eine Verbindung zwischen Steuerpflichtigem und einem anderen Steuerstaat durch die Art des wirtschaftlichen Handelns entsteht. Hier wird deutlich, dass bei der beschränkten Steuerpflicht nicht die räumliche Verbindung, sondern die Art der zugrunde liegenden Umsätze den maßgeblichen Anknüpfungspunkt bildet. Auf der Grundlage der Unterscheidung zwischen unbeschränkter und beschränkter Steuerpflicht kommt es aus unternehmerischer Sicht auf nachfolgende Konstellationen an:

Art der Einkünfte als Anknüpfungspunkt

▶ Ein Unternehmen mit Geschäftsleitung oder Sitz im Inland ist unbeschränkt steuerpflichtig und erzielt Einkünfte, die der deutschen Steuerpflicht unterliegen.

▶ Ein ausländisches Unternehmen, das auch im Ausland tätig wird und keine räumliche Beziehung zu Deutschland hat, unterliegt logischerweise auch nicht der deutschen Besteuerung.

▶ Problematisch sind allerdings Geschäftsvorfälle, wie sie gerade bei E-Business-Projekten typischerweise vorkommen: Ein Unternehmen mit Sitz und Geschäftsleitung im Ausland schließt via Internet mit Kunden Geschäfte ab, die in einem deutschen Wohnzimmer sitzen. Im Internet existieren nun mal keine realen Grenzen.

Unternehmen, die nicht in Deutschland ansässig sind, fallen häufig aufgrund der Art ihres wirtschaftlichen Handelns in Deutschland mit ihren inländischen Einkünften unter die beschränkte Steuerpflicht. Hier wird deutlich, dass oft mehrere Staaten, die in diese grenzüberschreitenden Aktivitäten einbezogen sind, gleichzeitig die Besteuerung für sich beanspruchen wollen. Dabei kann häufig sowohl der Staat, in dem das steuerpflichtige Unternehmen ansässig ist, als auch der Staat, in dem tatsächlich Einkünfte erzielt werden, das Besteuerungsrecht tatsächlich für sich in Anspruch nehmen.

Zur Lösung dieses Konflikts wurden zwischen einer Vielzahl von Staaten so genannte Doppelbesteuerungsabkommen (DBA) abgeschlossen. Die Problematik, welchem Staat bei einem derartigen Konfliktfall das Besteuerungsrecht zustehen soll, wird durch die DBA interessensgerecht zu lösen versucht. Sie basieren zumeist auf einem so genannten Musterabkommen, das von der OECD (Organisation for Economic Co-Operation and Development[11]) erarbeitet und regelmäßig aktualisiert wird.

Doppelbesteuerungsabkommen

---

11 www.oecd.org

In welchem Land Einkünfte aus Internetgeschäften einer Besteuerung zuzuführen sind, ist im Grunde davon abhängig, wo eine potenzielle Steuerpflicht gegeben ist. Dabei gilt es grundsätzlich zwei Fälle zu unterscheiden: den Outbound-Fall und den Inbound-Fall.

Outbound Im so genannten Outbound-Fall haben wir es mit einem deutschen Unternehmen mit geplanten Auslandaktivitäten zu tun. Dieses Unternehmen ist aufgrund des dargestellten Welteinkommensprinzips zunächst in Deutschland mit seinen gesamten Einkünften unbeschränkt steuerpflichtig, da sein Sitz bzw. seine Geschäftsleitung im deutschen Inland liegt. Bei grenzüberschreitenden Aktivitäten ist es für dieses Unternehmen entscheidend, ob zudem eine Steuerpflicht in einem ausländischen Staat gegeben ist. Dann nämlich besteht die Gefahr der Doppelbesteuerung.

Im Hinblick auf die Optimierung des Gesamtsteueraufkommens kann es vorteilhaft sein, bestimmte Aktivitäten in ein niedriger besteuertes Ausland zu verlagern, um die entsprechenden Einkünfte dort zu versteuern. Für Unternehmen, die auf der Suche nach Steuersparmodellen sind – und wer ist das nicht – wird es also von entscheidender Bedeutung sein, Einkünfte ins Ausland zu verlagern. Auslandaktivitäten können dabei grundsätzlich über eine Betriebsstätte oder durch eine Tochterkapitalgesellschaft wahrgenommen werden. Im Folgenden wird allerdings nur auf die Betriebsstätte eingegangen, die dann im DBA-Fall zu einer Steueroptimierung beitragen kann.

Inbound Im Inbound-Fall betrachten wir ausländische Unternehmen mit geplanten Inlandaktivitäten. Zunächst unterliegen diese in Deutschland nicht der unbeschränkten Steuerpflicht. Es muss jedoch geprüft werden, ob diese Unternehmen, bedingt durch ihre Inlandaktivitäten, in Deutschland unter die beschränkte Steuerpflicht fallen. Stammen diese Unternehmen nun aus einem niedriger besteuerten Auslandsstaat, werden sie versuchen, die beschränkte Steuerpflicht in Deutschland unbedingt zu vermeiden.

DBA-Besonderheiten Wie verhält es sich nun mit der beschränkten und der unbeschränkten Steuerpflicht? Zunächst ist es erforderlich, die ausländischen Staaten in zwei Gruppen zu unterteilen. Auf der einen Seite existieren Staaten, mit denen Deutschland ein DBA abgeschlossen hat. Auf der anderen Seite sind die Staaten, mit denen keine DBA bestehen. Unter die DBA-Staaten fallen z. B. alle führenden Industriestaaten. Für diese sind, ergänzend zu den jeweiligen nationalen Bestimmungen zur Steuerpflicht, die Regelungen des jeweiligen DBA zu prüfen. Nicht-DBA-Staaten sind häufig

Niedrigsteuerländer, wo fast ausschließlich innerstaatliche Regelungen Anwendung finden.

Auf nationaler Ebene ist das Kriterium der Ansässigkeit entscheidend. Ein Unternehmen ist dort ansässig, wo sich ihr Sitz befindet. Ist eine Kapitalgesellschaft im Inland ansässig, so ist sie unbeschränkt steuerpflichtig, d.h., die Einkünfte aus Internetgeschäften müssen unabhängig von ihrer Quelle stets einer Besteuerung zugeführt werden. Ist ein ausländisches Unternehmen mit Inlandsaktivitäten dagegen nicht im Inland ansässig, dann ist es höchstens beschränkt steuerpflichtig. Hier bildet der Inlandsbezug der wirtschaftlichen Aktivitäten den maßgeblichen Anknüpfungspunkt für eine Besteuerung.

Ansässigkeit

Auf Abkommensebene (DBA-Fall) wird allerdings nur in Ausnahmefällen auf den Sitz der Gesellschaft zurückgegriffen. Hier bildet grundsätzlich der Ort der Geschäftsleitung die Grundlage für die Bestimmung der abkommensrechtlichen Ansässigkeit. Die wachsende Anonymität und mangelnde Ortsanbindung im E-Business können hier jedoch einen »abkommenslosen Zustand« hervorrufen. Bi- und polyzentrische Unternehmensführungskonzepte, bei denen die Geschäftsleitung mithilfe moderner Kommunikationsmittel einmal monatlich per Videokonferenz und ansonsten via E-Mail mit den weltweit verstreuten Standorten kommuniziert, machen die Bestimmung des Sitzes der Geschäftsleitung nahezu unmöglich. Sie werden jetzt vielleicht denken: idealer Fall. Durch das Durcheinander – DBA ja oder nein – fallen letztendlich überhaupt keine Steuern an. Weit gefehlt!

Dieses Durcheinander birgt eher die Gefahr, in die Doppelbesteuerungsfalle zu laufen, da mehrere Fisken nun die unbeschränkte Steuerpflicht für sich beanspruchen können. Der Ort der Geschäftsleitung ist für internetbasierte Transaktionen in vielen Fällen kein zuverlässiger Anknüpfungspunkt mehr zur Bestimmung der Ansässigkeit.

Soweit zum Risiko. Wie so oft im E-Business, bergen aber gerade die Risikofelder auch Chancen: Gerade durch die modernen Kommunikationsstrukturen ist es den Unternehmen heute möglich, auf den Ort der Geschäftsleitung »gestalterisch« einzuwirken, um die Steuerbelastung zu optimieren. Genau hier bietet es sich an, Expertenrat einzuholen, um die Gesamtsteuerlast zu senken. Zur Vermeidung der negativen Folgen einer Doppelbesteuerung ist allerdings eine einwandfreie Dokumentation des Ortes der Geschäftsleitung, die im Bedarfsfall den jeweiligen Finanzbehörden zur Verfügung gestellt werden kann, unverzichtbar.

Ort der Geschäftsleitung

Gewerbliche Einkünfte und Betriebsstätte

Wo müssen denn nun aber die gewerblichen Einkünfte im DBA-Falle versteuert werden? Neben dem Sitz der Gesellschaft und dem Ort der Geschäftsleitung gibt es – um die Verwirrung komplett zu machen – noch das Kriterium der Betriebsstätte. Die Betriebsstätte stellt im internationalen Steuerrecht und auch auf Abkommensebene letztlich den entscheidenden Anknüpfungspunkt für eine Zuordnung gewerblicher Einkünfte zu einem Unternehmen dar. Auf der Grundlage des OECD-Musterabkommens (MA) sind Unternehmensgewinne nach dem »Betriebsstättenprinzip« in dem Staat zu versteuern, in dem diese durch eine Betriebsstätte generiert werden. Im eigentlichen Ansässigkeitsstaat sind die gewerblichen Einkünfte dann grundsätzlich von der Besteuerung freigestellt.

Bei den gewerblichen Einkünften sind aus Gestaltungssicht die größten Freiheiten, aber gleichzeitig auch die größten Risiken gegeben. Das Vorliegen der beschränkten Steuerpflicht eines im Ausland ansässigen Unternehmens im Inland fordert bei gewerblichen Einkünften explizit das Vorliegen einer Betriebsstätte bzw. das Vorhandensein eines so genannten ständigen Vertreters im Inland. Auf der anderen Seite lassen sich Einkünfte im DBA-Fall auch mitsamt einer Betriebsstätte in das niedriger besteuerte Ausland verlegen.

Server als Betriebsstätte?

Die Begründung einer Betriebsstätte wurde in den letzten Jahren sowohl in der Literatur als auch in der Praxis heftig diskutiert. Fraglich war, unter welchen Voraussetzungen ein Internetserver eine Betriebsstätte im niedriger besteuerten DBA-Ausland begründet.

Die Frage der Betriebsstätte ist zwar Anknüpfungspunkt der Steuerpflicht, allerdings haben viele Unternehmen in dieser Diskussion übersehen, dass letztlich entscheidend ist, in welcher Höhe dieser Betriebsstätte auch Einkünfte zugerechnet werden können. Denn allein durch die Begründung einer Betriebsstätte ist noch nichts erreicht. Nur weil Ihre Hardware im steuergünstigen Ausland steht, lassen sich dieser Betriebsstätte noch lange nicht erhebliche Einkünfte zuordnen, die zu einer Steuerersparnis führen. Dem Server müssen Funktionen zurechenbar sein, die eine nicht unerhebliche Gewinnzurechnung rechtfertigen. Dies ist jedoch bei reinen Verkaufseinrichtungen eher die Ausnahme. Nur wenn Sie einer Betriebsstätte im Ausland auch erhebliche Einkünfte zurechnen könnten, lohnt es sich, über ihre Begründung nachzudenken.

Zudem haben es viele Unternehmen versäumt, neben der Verlagerung von Einkünften über weitere steuerliche Konsequenzen nachzudenken. Das Ergebnis waren übereilte, teilweise steuerlich nicht gewollte Gestaltungen, die nicht oder nur sehr schwer wieder repariert werden konnten.

Zunächst gilt es, das Vorliegen einer Betriebsstätte nach nationalem Recht zu prüfen. Liegt demnach eine Betriebsstätte vor, so ist in einem zweiten Schritt nach dem einschlägigen DBA zu entscheiden, ob auch nach dessen (regelmäßig engeren) Definition, ebenfalls eine Betriebsstätte anzunehmen ist. In der Praxis wird häufig übersehen, dass wenn bereits nach nationalem Recht keine Betriebsstätte gegeben ist, es überhaupt nicht mehr zur Anwendung eines DBA kommt, da kein inländischer Steueranspruch besteht, der durch das DBA eingeschränkt werden könnte. **Praxis**

Nach nationalem Recht müssen regelmäßig folgende Voraussetzungen nebeneinander vorliegen:

▶ Zunächst muss eine so genannte feste Geschäftseinrichtung gegeben sein. Unter Geschäftseinrichtung ist im steuerrechtlichen Sinne jeder körperliche Gegenstand oder jede Zusammenfassung körperlicher Gegenstände zu verstehen, die geeignet sind, die Grundlage der Unternehmenstätigkeit zu bilden. Dabei muss eine Beziehung zu einem festen Punkt der Erdoberfläche, mithin eine örtliche Festigkeit und zeitliche Dauerhaftigkeit bestehen.

▶ Zudem ist eine Verfügungsgewalt gefordert, d.h. eine nicht nur vorübergehende, sondern auf gewisse Dauer angelegte stetige Rechtsposition, die nicht ohne weiteres entzogen werden kann. Eigentum ist nicht erforderlich. Ein Miet- oder Pachtverhältnis reicht aus.

▶ Schließlich muss die feste Geschäftseinrichtung der Unternehmenstätigkeit dienen. Wirtschaftsgüter müssen objektiv erkennbar zum unmittelbaren Einsatz im Betrieb bestimmt sein.

Betrachtet man die nationalen Voraussetzungen der Abgabenordnung, die für das Vorliegen einer Betriebsstätte zwingend erfüllt sein müssen, kann man bereits jetzt Sachverhalte ausschließen, denen keine Betriebsstätteneigenschaft zugrunde liegt.

Bei Telekommunikationseinrichtungen handelt es sich zwar um feste Geschäftseinrichtungen, die auch zweifelsfrei der Unternehmenstätigkeit dienen können, allerdings hat das Unternehmen in der Regel hier nicht die geforderte Verfügungsmacht. **Ausnahmen**

Auch die aus Daten und Software bestehende Website stellt aufgrund mangelnder Festigkeit und unkörperlicher Beschaffenheit, die für die Geschäftseinrichtung gefordert ist, keinen Anknüpfungspunkt für eine bestehende Betriebsstätteneigenschaft dar.

Der PC des Endkunden stellt zwar eine feste Geschäftseinrichtung dar und kann auch der Unternehmenstätigkeit dienen, allerdings führt auch hier die fehlende Verfügungsmacht des E-Commerce-Anbieters zur Verneinung der Betriebsstätte.

Betriebsstätte im DBA-Fall Ist nach nationalem Recht eine Betriebsstätte gegeben, muss auf Abkommensebene geprüft werden, ob das Besteuerungsrecht einer der beteiligten Staaten durch ein DBA eingeschränkt wird. Erst, wenn sowohl nach nationalem Recht als auch auf Abkommensebene eine Betriebsstätte zu bejahen ist, ist ein Anknüpfungspunkt für die Besteuerung im jeweiligen Betriebsstättenstaat gegeben.

Auf Abkommensebene sind engere Voraussetzungen für das Vorliegen einer Betriebsstätte gegeben: Während nach nationalem Recht die feste Geschäftseinrichtung der Tätigkeit des Unternehmens dienen muss, ist auf Abkommensebene gefordert, dass die Tätigkeit des Unternehmens hierüber ausgeübt wird. Besonders durch diese unterschiedlichen Formulierungen des Dienens einerseits und des Ausübens andererseits sind zwei Kernfragen entstanden. Erstens: Ist der Einsatz von Personal auf Abkommensebene erforderlich oder ist lediglich wie nach nationalem Recht, die Nutzung von Sachmitteln ausreichend? Zweitens: Inwieweit müssen über die Betriebsstätte Haupttätigkeiten, also Kernfunktionen des Unternehmens, ausgeübt werden? Diese Fragen gilt es bei der Bestimmung der Betriebstätteneigenschaft zu beantworten.

Server als Betriebsstätte Findet der Vertrieb über das Internet statt, stellt der »Betriebsstätten-Server« im DBA-Fall das entscheidende Gestaltungsinstrument dar. Abgesehen von der Einkunftszurechnung sollen im Folgenden die Voraussetzungen nach nationalem Recht und auf Abkommensebene sowie deren Anwendbarkeit auf den Server geprüft werden:

Ausgegangen wird bei der Bestimmung der Betriebsstätte vom Vorliegen einer Geschäftseinrichtung. Ein Server ist zweifelsfrei eine Geschäftseinrichtung oder eine Anlage. Nimmt man Softwaresimulationen wie Mirror-Server aus, lässt sich das Vorliegen einer Geschäftseinrichtung durchaus bejahen.

Ferner ist eine gewisse Festigkeit der Einrichtung erforderlich. Diese Voraussetzung verlangt eine räumliche und zeitliche Fixierung. Hierbei ist es unerheblich, ob der Server jederzeit an einem anderen Ort aufgestellt werden kann oder nicht. Allerdings ist bei so genannten virtuellen Servern, die im Netzwerk simuliert werden, temporären Servern oder Mirror-Servern, die zur Verbesserung der Zugriffszeiten lediglich eine gespiegelte Variante des Server-Inhalts darstellen, keine feste Geschäftseinrichtung gegeben.

Für die notwendige Verfügungsmacht am Server wird das Innehaben einer gesicherten Rechtsposition verlangt, die ohne eigenes Mitwirken nicht entzogen werden kann. Eigentum ist nicht erforderlich, Miete oder Pacht in Abhängigkeit vom Mietgegenstand sind ausreichend. Damit werden auch geleaste Computeranlagen von der Verfügungsmacht des Unternehmens erfasst. Allerdings bedarf der Miet- oder Pachtvertrag selbst einer gewissen Dauerhaftigkeit.

Gesicherte Rechtsposition

Die alleinige Verfügungsmacht ist nicht erforderlich, allerdings stellt eine bloße Nutzungsmöglichkeit keine Verfügungsmacht dar. Zur Beurteilung muss zwischen unterschiedlichen Akteuren von E-Business-Aktivitäten unterschieden werden. Auf der einen Seite gibt es den Inhaltsanbieter oder »Content-Provider«, der die Netzinhalte oder Download-Angebote zur Verfügung stellt. Auf der anderen Seite wird häufig auch ein so genannter Zugangsanbieter oder Internet-Service-Provider (ISP) in die Transaktionen einbezogen. Die Verfügungsmacht liegt immer dann beim Inhaltsanbieter, wenn dieser möglicherweise zugleich als ISP einen eigenen Server betreibt oder einen fremden Server mietet. Als Mietgegenstand wird aber eine Speicherkapazität auf einem bestimmten Server vorausgesetzt, damit das Nutzungsrecht des Inhaltsanbieters nicht ohne sein Zutun entzogen werden kann. Liegt die Verfügungsmacht beim Inhaltsanbieter, begründet dieser, bei Vorliegen der übrigen Voraussetzungen, mit dem Server bzw. mit der gemieteten Speicherkapazität wirksam eine Betriebsstätte.

Bietet der ISP dagegen dem Inhaltsanbieter ein komplettes Leistungsbündel an, das Programmierung, Abrechnung, Wartung etc. enthält, bestimmt der ISP den Speicherort in Abhängigkeit von Kapazitätsvorgaben. In diesem Fall handelt es sich um einen fremden Server für den Anbieter der Inhalte, dessen Verfügungsmacht beim ISP und nicht beim Inhaltsanbieter liegt. Die Begründung einer Betriebsstätte durch den Inhaltsanbieter scheidet insofern aus. Hier gilt es, genau auf die Details und Feinheiten zu achten.

Weitere Voraussetzung für die Anerkennung eines Servers als Betriebsstätte ist, dass nach nationalem Recht der Server der Unternehmenstätigkeit dienen muss. Der Einsatz von Personal ist hier nicht in jedem Fall erforderlich. Damit fallen auch vollautomatische Einrichtungen unter die nationalen Regelungen zum Vorliegen einer Betriebsstätte. Auf nationaler Ebene wird zudem nicht zwischen Haupt- und Hilfstätigkeiten unterschieden. Anders verhält es sich auf Abkommensebene. Hier schließen reine Hilfstätigkeiten das Vorliegen einer Betriebsstätte aus.

Fazit Aus den vorangegangenen Ausführungen wurde ersichtlich, dass steuerliche Gestaltungsmöglichkeiten einen erheblichen Einfluss auf den Erfolg Ihrer E-Business-Projekte nehmen können. Gerade die Möglichkeit der Verlagerung nicht unerheblicher Einkünfte rechtfertigt im DBA-Fall, über die Begründung einer Betriebsstätte im niedriger besteuerten Ausland nachzudenken und führt in der Praxis zu beachtlichen Steuersenkungsmodellen. Allerdings muss im Vorfeld einzelfallabhängig geprüft werden, inwieweit dieser Betriebsstätte auch steuerlich wirksam Einkünfte zurechenbar sind.

Kompakt

E-Business-Projekte rechtlich abzusichern, bedarf einer umfassenden Lösungsstrategie. Zunächst gilt es, die potenziellen Risiken auszumachen, dann die Beachtung der geltenden Rechtsvorschriften sicherzustellen und letztlich die zulässigen Gestaltungsmöglichkeiten auszuschöpfen.

Angefangen bei den Hürden, die aus der Internationalität des Internets resultieren, über die Auswirkungen der ECRL und das Zustandekommen von Verträgen bis hin zu den Haftungsfragen sowie den steuerlichen Besonderheiten haben wir Ihnen in diesem Kapitel die wichtigsten rechtlich relevanten Problemfelder aufgezeigt und Ihnen die entsprechenden Lösungswege angeboten.

Abschließend sei jedoch noch einmal darauf hingewiesen, dass gerade der noch relativ junge Rechtsbereich des Internetrechts stärker als die meisten anderen Rechtsbereiche einem ständigen Wandel unterliegt. Somit ist es jetzt schon abzusehen, dass zahlreiche Änderungen, insbesondere auf europäischer Ebene, Einfluss auf die verschiedensten rechtlichen Regelungen und Rechtsbereiche haben werden. Sicher ist allerdings, dass die Institutionen das Ziel verfolgen werden, das Vertrauen in das E-Business zu stärken und damit den Handel im Internet zu fördern.

3 Sicherheit – nur ein »gutes Gefühl«?

Sicherheit hat gerade im E-Business viel mit Psychologie zu tun. Das sagen viele. Nur seltsam, dass Unsicherheit so leicht zu beweisen ist ...

Das Thema Sicherheit ist richtiggehend »in«. Und dennoch kann keiner genau sagen, warum IT-Anwendungen bis heute nicht wirklich sicher sind. Wir versuchen, dem auf den Grund zu gehen, untersuchen, worauf es eigentlich ankommt und empfehlen eine Vorgehensweise, die den betriebswirtschaftlichen Aspekt der Sicherheit in den Vordergrund stellt.

3.1 Was ist Sicherheit?

Was ist Sicherheit? Viele von Ihnen werden sagen, ein »gutes Gefühl« zu haben. In der Tat ist der Begriff schwierig zu definieren. Er steht im Gegensatz zu Spontaneität, Risiko, Geschwindigkeit, mithin Begriffen, die den Erfolg im E-Business in gewisser Weise stark charakterisieren. Somit schieben die meisten Geschäftsleute das Thema Sicherheit in die »Hygienefaktor-Ecke«, mit der sich keiner so richtig beschäftigen will. Und handfeste Argumente werden mit dem Hinweis weggewischt, dass »Sicherheit zu 90 Prozent Psychologie« sei, und man außerdem gefälligst dafür sorgen soll, dass nichts passiert.

Sicherheit – nur ein Hygienefaktor?

Widersprüchlich, nicht? Dennoch kommt es uns Sicherheitsspezialisten häufig ambivalent entgegen: Auf der einen Seite müssen wir unsere Existenz immer wieder aufs Neue rechtfertigen, auf der anderen Seite wird von uns erwartet, dass alle Systeme wie selbstverständlich sicher laufen sollen. Nur, was heißt sicher? Die Rechtfertigung hört spätestens bei Microsoft auf; dem Vorstand gegenüber nützt es gar nichts, zu behaupten, man sei eben unsicher, weil Microsoft das ein oder andere Loch noch nicht gestopft habe. Hauptsache, der Vorstand kann gut schlafen, das scheint beim Thema Sicherheit im Vordergrund zu stehen.

Ist das Thema Sicherheit so kompliziert? Ist die theoretische Ausbildung, die man dafür braucht, wirklich mit der eines Biogenetikers zu vergleichen, sodass niemand sonst mitreden kann? Warum gibt es so viele Bücher zum Thema »Kryptographie im Internet« (der Titel ist frei gewählt und dient nur als Beispiel)? Nun, wir meinen, dass Sicherheit in der Tat ein schwieriges Thema ist.

Sicherheit ist aber nicht deshalb schwierig, weil die eingesetzten Techniken schwierig zu erlernen sind oder weil die Tools schwer zu bedienen sind. Sicherheit ist schwierig, weil das Thema voller Widersprüche steckt. Sicherheit ist nicht messbar, das Gegenteil, ein Angriff, aber sehr wohl. Sicherheit ist kein Benefit, dennoch kostet es eine Stange Geld. Sicherheit ist auf der Infrastruktur (Betriebssysteme, Datenbanken und Internet) weithin nicht vorhanden, und dennoch muss es sichere Webservices geben, damit E-Business »zum Fliegen« kommt.

Anforderungen an den Sicherheitsexperten

Wer sich mit Sicherheit im E-Business auseinandersetzt, der muss eine Reihe von Eigenschaften besitzen: Er muss detailverliebt sein, weil man die Löcher in der Firewallkonfiguration nur dadurch findet, dass man danach sucht. Er muss den Blick fürs Ganze haben, weil sonst vielleicht an der falschen Stelle angesetzt wird. Er muss Verständnis für die Projektleute aus dem Fachbereich haben, weil er sonst nicht miteinbezogen wird, aber danach wegen mangelnder Sicherheit die Schuld in die Schuhe geschoben bekommt. Er muss sich den externen Projektpartnern gegenüber durchsetzen können, weil er sonst danach wieder der Schuldige ist. Er muss sich der Geschäftsleitung gegenüber durchsetzen können, um ein ausreichendes Budget zu bekommen, weil – Sie ahnen es. Und: Er muss ein ziemlich dickes Fell haben.

Also ist Sicherheit keineswegs etwas für den Durchschnittsmanager. Wir behaupten, dass erfolgreiche IT-Sicherheitsmanager mit zu den besten Managern gehören, die es gibt. Wir möchten Ihnen ein Gefühl dafür vermitteln, was ein erfolgreicher IT-Security-Manager im E-Business-Umfeld alles bedenken muss, und gleichzeitig dafür werben, das Thema ernster zu nehmen, und zwar inhaltlich; es wird nichts bringen, noch mehr Druck auf Ihren IT-Security-Manager auszuüben.

Im nachfolgenden Abschnitt 3.2 geben wir Beispiele für gänzlich misslungene E-Business-Projekte, darunter unser Favorit: der superteure, riesige Marktplatz, der mangels Berechtigungswesen im Katalogsystem von der Revision nicht freigegeben wurde.

Abschnitt 3.3 beschäftigt sich mit den Auswirkungen der neuen Webservices-Architektur auf die Sicherheit. Mit dem Einsatz von Webservices ist eine grundlegende Veränderung des Vorgehens verbunden.

Danach gehen wir ein wenig ins Detail und beleuchten in den beiden Abschnitten 3.4 und 3.5 einige Technologien etwas näher, die für erfolgreiches E-Business erforderlich sind. Dabei stehen die Aspekte Qualitätsmanagement und zielführender Einsatz von Technologien im Vordergrund.

Abschnitt 3.6 beschäftigt sich mit der Beweisbarkeit von Sicherheit, dem Bindeglied zwischen Sicherheitstechnik und betriebswirtschaftlichen Größen.

Und schließlich stellen wir in Abschnitt 3.7 noch eine insbesondere für kleinere und mittelständische Unternehmen interessante Variante vor: Application Service Providing (ASP) aus der Perspektive der Sicherheit.

Unser Fokus gilt in diesem Kapitel, wenn wir über Sicherheit sprechen, natürlich dem E-Business. Viele der Argumente und Sichtweisen sind aber auf alle Bereiche der IT übertragbar. Die Rahmenbedingungen für E-Business und die technischen Anforderungen für Webservices stellen aber eben besonders starke Anforderungen an die Sicherheit.

Wer von diesem Kapitel erwartet , dass er lernt, wie er vermeiden kann, ständig die neuesten Patches für seinen Webserver und seine Firewall einzuspielen, der wird hier die Antwort nicht finden. Vermutlich würde unsere Antwort etwa so lauten: »Überleg' dir mal, ob du wirklich den richtigen Web Application Server ausgewählt hast; mit anderen hättest du vielleicht weniger Probleme ...«

3.2 Mit Sicherheit daneben!

Beim Thema Sicherheit werden die Leute immer ziemlich schnell nervös, insbesondere wenn es um die Außenwirkung geht. Von daher werden wir die Beispiele nur in anonymisierter Form beschreiben. Bei den Beispielen haben wir uns dazu entschieden, keine wirklichen Desaster vorzustellen, die zu einem erheblichen finanziellen Verlust geführt haben, weil die Systeme eine Zeit lang unsicher liefen. Von diesen Beispielen gibt es in der Presse genug (z. B. 1994, als GEC-Alsthom mit dem TGV dem ICE-Konsortium mit Siemens einen 2-Milliarden-Euro-Auftrag von Südkorea wegschnappte, weil die Verbindung in die Heimat nicht verschlüsselt wurde ...). Wir möchten uns lieber auf Fälle konzentrieren, wo Systeme wegen Sicherheitsmängeln erst gar nicht zum Einsatz kamen.

Zu viel Funktionalität – und an den Sicherheitsanforderungen des Kunden vorbei

Das erste Beispiel ist ein Marktplatzbeispiel. EC4EC[1] ist ein Marktplatz für die verarbeitende Metallindustrie, also für Metalllieferanten auf der einen Seite und Unternehmen der Metall verarbeitenden Industrie auf der ande-

---

1   www.ec4ec.com

ren. Zu diesen Metall verarbeitenden Unternehmen gehören in nicht kleinem Umfang natürlich auch rüstungsnahe Unternehmen wie etwa Werften, die U-Boote, Fregatten oder Kriegsschiffe aller Art bauen. Demzufolge sind die Sicherheitsanforderungen dieser Unternehmen sehr hoch. Zum Beispiel wird in der Sicherheitsrichtlinie (siehe auch Kapitel 4, »Risiken managen«) als Browser der Netscape Communicator 4.63 vorgeschrieben, alle späteren Netscape-Browser und erst recht alle Microsoft-Browser würden zu viel aktiven Inhalt ausführen, und man könne außerdem den Mitarbeitern nicht zumuten, die Sicherheitseinstellungen zu kontrollieren bzw. richtig auszuwählen. (Da war wohl durchaus auch ein wenig Misstrauen gegenüber den Mitarbeitern zu spüren – verständlicherweise).

Nun sollte eine wesentliche Funktionalität des Marktplatzes im Austausch von Designdokumenten und technischen Beschreibungen bestehen; diese Funktionalität stellen aber nur neuere Browser zur Verfügung. Da die rüstungsnahen Unternehmen auf ihrer Sicherheitsrichtlinie beharrten, und der Marktplatzbetreiber keine alternative, sichere Technologie zur Verfügung stellen konnte, konnten diese Unternehmen nicht am Marktplatz teilnehmen – und natürlich auch keine Gebühren an den Betreiber entrichten ...

Sicherheit noch und noch – doch auch nachvollziehbar?

Ein großes europäisches Chemieunternehmen ist an einem Marktplatz für chemische Stoffe beteiligt. Die Kernfunktionalität besteht in der gemeinsamen Beschaffung (sofern möglich) von Chemiegrundstoffen für die Herstellung der unterschiedlichsten Materialien, die wiederum auf dem Marktplatz für die Weiterbearbeitung angeboten werden. Auf diesem Marktplatz agieren auch andere Unternehmen mit ähnlichem Portfolio, also direkte Konkurrenten des besagten Unternehmens. Nun stellt die Zusammensetzung eines Stoffes A aus seinen Grundstoffen ein Geheimnis, zumindest eine sehr wertvolle Information dar, da man aus der Zusammensetzung wohl Rückschlüsse auf die Fertigungstechniken ziehen kann. Die Bedarfsmeldungen für Grundstoffe auf dem Marktplatz werden aber automatisch aus dem Bedarf für den Stoff A ermittelt, d.h., im Katalog des Marktplatzes ist die Zusammensetzung von Stoff A hinterlegt. Nun konnte der Marktplatzbetreiber kein Berechtigungskonzept für den Katalog nachweisen und die Revision des Unternehmens erklärte, das sei mit den Richtlinien des Unternehmens nicht vereinbar und außerdem stelle dies für das Unternehmen eine zu große Gefahr dar. Der Marktplatz wird unseres Wissens noch heute im »Spiel-Modus« betrieben, also ohne produktive Daten.

Eine Technologie für Sicherheit – gibt es das wirklich?

Die Bundesregierung hat mit ihrer E-Government-Initiative den Start-schuss für die elektronische Kommunikation zwischen Bürgern und Behörden sowie zwischen Behörden untereinander gegeben. Die Legisla-tive hat ihren Job erfüllt und qualifizierte elektronische Signaturen für bestimmte Prozesse erforderlich gemacht. Auch die Trust Center haben ihren Job gemacht und haben entsprechende Smartcards im Angebot. Warum nur kommt dann E-Government nicht in Schwung? Für die Sicherheit ist doch gesorgt worden!

Dies ist einer der seltenen Fälle, wo eine Menge Vorleistung für die Sicherheit erbracht wurde – nur leider die falsche! Der Durchschnittsbür-ger hat zweimal im Jahr mit einer Behörde zu tun. Für ihn besteht keine Motivation, sich eine signaturgesetzkonforme Smartcard zu kaufen (auch wenn diese jetzt anders heißen). Andererseits schützen die E-Commerce-Richtlinie und die Regelungen zum Fernabsatz den Konsumenten in erheblicher Form gegenüber der Industrie, warum soll gerade für E-Government, das ja für den Bürger Leistung erbringen soll, eine Beweis-lastumkehr erforderlich sein? Fazit: Der Bürger braucht gar keine Smart-card! Die Behörde braucht eine, aber der Bürger nicht ...

In allen drei Beispielen wurde die Sicherheit nicht etwa vergessen. Trotz-dem war in allen drei Fällen die Sicherheitsthematik erfolgskritisch. Beab-sichtigt war, zu demonstrieren, was passieren kann, wenn man mit dem Thema Sicherheit unangemessen umgeht. Einer der wichtigsten Punkte ist: Man muss immer den Geschäftsprozess im Auge haben, Sicherheit dadurch zu leisten, dass man eine Infrastruktur bereitstellt, reicht nicht aus. Das ist insbesondere bei Webservices der Fall.

3.3 Webservices und Sicherheit

Die neuere Entwicklung von IT-Systemen und Konzepten für die Umset-zung von elektronischen, unternehmensübergreifenden Geschäftsprozes-sen hat zwei fundamental neue Merkmale:

▶ Zerstückelung von Prozessen in einzelne modulare webfähige Services
▶ Standardisierung von Schnittstellen, um diese Services zu nutzen

Die neue IT-Technologie: Webservices

Die Zerstückelung der Prozesse in einzelne, modulare webfähige Services hat den entscheidenden Vorteil, dass man die Implementierung der Services nach dem »Best-of-Breed-Modell« vornehmen kann, statt eine monolithische Infrastruktur einzusetzen, die ein Unternehmen langfristig an einen einzigen Hersteller bindet. Das neue Modell erlaubt es, kurzfristig Implementationen von Services auszutauschen und damit eine große Flexibilität zu erzeugen und zu bewahren. Um dies zu realisieren, müssen die Schnittstellen, mit denen Services angesprochen oder aufgerufen werden, standardisiert sein. Also müssen sich die konkurrierenden Hersteller von Services auf eine gemeinsame Syntax und – da es sich um eine Business-Applikation handelt – auch auf gemeinsame Semantik einigen.

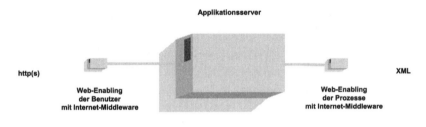

Abbildung 3.1 Integration in monolithischen Applikationssystemen

Offene Integration　Dem neuen Prinzip liegt zugrunde, dass man sich durch eine Loslösung von einer monolithischen Vorgehensweise hin zu einer »offenen Integrationsstrategie« nicht nur Einsparungen bei künftigen Software-Erweiterungen verspricht, sondern auch neue Geschäftsfelder nutzen kann, die einem bisher verschlossen waren. Durch die geographische und zeitliche Entzerrung können nun die einzelnen Services von darauf spezialisierten Unternehmen von irgendwo her erbracht werden. Und umgekehrt können bestehende Services von anderen Unternehmen durch die Bereitstellung eigener Services mit Mehrwert versehen werden. Das technische Ziel ist genau dann erreicht, wenn in der Tat Services von unterschiedlichen Unternehmen spontan miteinander verbunden werden können.

SUN ONE und Microsoft .NET　Dies haben sich zwei inzwischen ziemlich verfeindete Familien in der Software-Welt zur Aufgabe gemacht: Microsoft und Sun. Beide haben in den letzten Jahren ein Framework entwickelt, das ermöglichen soll, genau diese interoperablen Webservices leicht zu entwickeln. Microsofts Initiative oder Programm heißt .NET und verwendet als Programmiersprachen C# (ein Weiterentwicklung von C und Visual Basic, die Java nicht unähnlich ist), Visual Basic und jede weitere Programmiersprache, die in Microsofts Common Language Runtime integriert werden kann. Sun pusht das Open Network Environment (ONE) mit dem Web-Application-Server-Konzept namens J2EE, für den auch Java-Klassen für den professionellen Server-Betrieb standardisiert werden sollen.

Ein wesentlicher Unterschied zwischen Microsoft und Sun ist der, dass Microsoft mit der Software Geld verdienen muss, während Sun primär an Hardware-Verkäufen seiner auf J2EE-Einsatz getunten Server interessiert ist. Demzufolge werden gerade Intellectual-Property-Fragen ganz anders behandelt. Mit dem Effekt, dass Sun sehr viele Firmen um sich schart, während Microsoft auf ziemlich weiter Flur alleine da steht. Unsere Prognose: Auf dem harten B2B-Markt wird sich J2EE als Plattform durchsetzen, für Consumer-orientierte Services und den kleineren Mittelstand wohl eher .NET. Beide Standards sollen allerdings mit einander interoperabel sein, da sie beide vorgeben, Inter-Service-Kommunikation mit WSDL, SOAP und UDDI abzuwickeln.

Portale – Web Application Server – Exchanges

Die Integration findet auf zwei unterschiedlichen Ebenen statt: auf der Ebene der Benutzer und auf der Ebene der Prozesse. Die benutzer-orientierte Integration wird durch ein Portal bewerkstelligt, das bestehende, für Benutzerinteraktion aufbereitete Services in einem Gesamtkontext zusammenfasst. Durch objektorientierte Datenübergabetechnologien wird dem Benutzer erlaubt, sehr effizient verschiedene, logisch zusammenhängende Services hintereinander zu verwenden. Die prozessorientierte Integration wird durch so genannte »Integration Hubs« oder »Exchange Infrastrukturen« realisiert. Sie machen die automatisierte Zusammenarbeit von Services im Unternehmen und über Unternehmensgrenzen hinweg möglich, sind also eine gemeinsame, standardisierte Weiterentwicklung von Marktplatztechnologie und Enterprise-Application-Integration-Software (EAI).

Trennung von benutzer- und prozessorientierter Integration

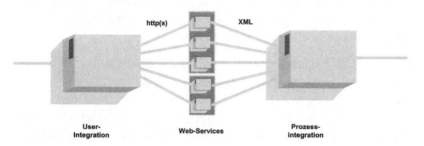

Abbildung 3.2 Offene Benutzer- und Prozessintegration

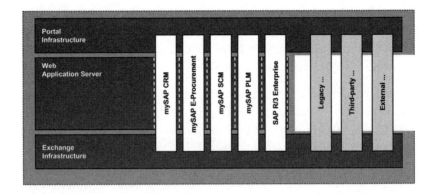

Abbildung 3.3 Beispiel für eine Webservices-Architektur: mySAP Technology

Vom Mittelalter in die Neuzeit

Burg-Modell und
Stadt-Modell

Der Schritt von monolithischen zu integrierten, servicebasierten Prozessimplementierungen ist, bildlich gesprochen, der Schritt aus dem Mittelalter in die Neuzeit: Während im Mittelalter alle wesentlichen Prozesse
(hauptsächlich Handel und Verwaltung) innerhalb einer Burg abliefen, hat
sich mit dem Beginn der Neuzeit eine neue Form von Siedlung gebildet:
die Stadt. In einer Stadt gibt es eine Menge kleiner, privater, individueller
Häuser. Der Handel und die Verwaltung findet aber auf öffentlichen Plät-
zen und in gemeinschaftlichen Gebäuden statt. Dies wurde durch die
Standardisierung von Geld und Recht möglich. (Zugegeben, der Vergleich
hinkt etwas, aber er ist im Rahmen der Sicherheitsthematik durchaus
nützlich).

In Bezug auf die Sicherheit stellt sich nun genau die Frage, wie man vom
Schutz einer Burg zum Schutz einer Stadt gelangt. Während es bei einer
Burg möglich ist, die Sicherheit größtenteils dadurch herzustellen, dass es
nur einen Eingang gibt und dieser besonders geschützt ist, ist dies bei
einer Stadt prinzipiell nicht möglich. Es müssen andere, neue, bis dahin
nicht gekannte Mechanismen greifen, um die Sicherheit zu gewährleisten. Um dies genauer zu beschreiben, muss zuerst geklärt werden, was
wir unter Sicherheit in einer Stadt verstehen.

Der Schutz einer Stadt besteht aus zwei in der Zielrichtung unterschiedli-
chen, in der Umsetzung aber ähnlichen Maßnahmen: dem Schutz der
Gemeinschaft gegen äußere Bedrohung und dem Schutz der inneren
Ordnung. Heute würde Ersteres durch eine Armee, Letzteres durch die
Polizei realisiert, wobei beide auf die Umsetzung der vorgegebenen
Regeln (Abkommen, Gesetze etc.) achten. Durch die immer größer wer-

dende – durchaus gewünschte – Durchlässigkeit der Stadtgrenzen ist eine Unterscheidung zwischen Bürgern der Stadt und Fremden immer schwieriger und so verschwimmen auch die Grenzen der Aufgaben von Militär und Polizei. Die Einhaltung der »Ordnung« steht nun im Mittelpunkt, intern wie extern.

Genauso verhält es sich bei Webservices: Da eine Unterscheidung zwischen eigenen und fremden Webservices rein technisch immer unbedeutender wird und sowohl bei internen als auch bei fremden Webservices Fragen wie »Was darf dieser Service?« und »Wer darf diesen Service nutzen?« im Vordergrund stehen, gibt es keinen Grund mehr, zwischen internen und externen Services zu unterscheiden, solange die Berechtigungsfragen beantwortet und die Ergebnisse eingefordert bzw. gewährleistet werden können.

Gleichbehandlung von eigenen und fremden Webservices

Auf den Punkt gebracht bedeutet dies, dass sich mit hochintegrierten E-Business-Prozessen die Granularität der Sicherheitsanforderungen entscheidend verändert: Statt die Unternehmen wie sichere Trutzburgen zu begreifen, müssen nun die einzelnen Personen und Services voreinander geschützt werden, um die »Ordnung« im E-Business zu wahren.

Konsequenzen

Was bedeutet diese Einsicht nun für E-Business-Projekte? Nun, da die Sicherheit nicht mehr nachträglich oder zumindest unabhängig von der Funktionalität realisiert werden kann, müssen Sicherheitsüberlegungen zu einem viel früheren Zeitpunkt Eingang in den Projektplan finden: nämlich von Anfang an! Das erfordert ein erhebliches Umdenken.

Es ist absolut verständlich, dass bei heutigen E-Business-Projekten der Schwerpunkt auf die Funktionalität gelegt wird und die Sicherheit etwas zu kurz kommt. Das liegt in Zeiten technologischen Wandels hauptsächlich daran, dass der Geschwindigkeit eine große Bedeutung zugemessen wird: Wer bestimmte Dienste nicht als Erster – oder zumindest bis zu einem gewissen Zeitpunkt – anbietet, der, so die Annahme, kommt in den angestrebten Markt gar nicht mehr hinein. (Diese Auffassung teilen wir im Übrigen nicht, da die Qualität der Prozesse und Lösungen langfristig auch im E-Business deutlich mehr Bedeutung hat als die Geschwindigkeit). Da Sicherheit heute meist nicht als selbstverständliche, notwendige Qualität verstanden wird, bleibt sie zugunsten von schnell realisierbarer Funktionalität auf der Strecke und wird, wenn überhaupt, gegen Ende des Projekts »mal eben schnell« mit dem Kauf von z. B. Firewall-Software und Virtual Private Networks erledigt – so glaubt man.

Geschwindigkeit als Feind der Sicherheit

Sicherheit als
Differenziator

Stattdessen ist es absolut notwendig, für jeden einzelnen implementierten Service eine Sicherheitsuntersuchung durchzuführen, oder noch besser, die Sicherheitsanforderungen zusammen mit den (anderen) funktionalen Anforderungen zu adressieren. Dies bedeutet eine andere
Herangehensweise an das Thema Sicherheit: Sicherheit wird vom notwendigen Übel zu einem Differenziator, einer entscheidenden Produkt-
funktionalität, einer Lösungsqualität.

Damit stellen sich neue Anforderungen an Entwickler, Projektleiter und
Manager: Sie müssen sich auf die neue Situation einstellen und das
Thema Sicherheit »ganzheitlich« betrachten. Dazu gehören die richtige
Auswahl von Komponenten durch die Aufnahme entsprechender Kriterien in den Anforderungskatalog, die richtige Auswahl, Ausbildung und
Motivation der Mitarbeiter, die richtige Beurteilung von Teilergebnissen
etc. Sicherheit erhält eine ganz andere Bedeutung: Statt Technologie
steht nun Qualität im Vordergrund: Qualität von Software, von Services,
von Prozessen.

3.4　Sicherheit als Qualität

Requirements und
Benefits

Wenn man Sicherheit als Qualität einer Lösung begreift, wird vieles einfacher. In der Vergangenheit (und in vielen Unternehmen auch heute
noch) wurde Sicherheit als eine technische Dienstleistung verstanden, die
nachträglich eingebracht werden kann und somit vom »normalen« Prozess losgelöst ist. Damit ist Sicherheit, obwohl gefordert und als wichtig
eingestuft, immer ein »Requirement« – im Gegensatz zu einem »Benefit«,
der persönliche oder unternehmerische Vorteile verspricht. Sicherheit als
reiner Kostenfaktor: Darauf wurde sie in der Vergangenheit meist reduziert. Es ist einleuchtend, dass unter dieser Annahme Sicherheit niemals
treibende Kräfte auf der Entscheiderbank initiieren konnte.

Der Markt der Sicherheit-Add-ons

Diese Situation haben manche Hersteller von Sicherheitslösungen
erkannt. Anstatt sich die Mühe zu machen, die Integration in die eigentlich
schützenswerten Anwendungen zu suchen, wurden vermehrt Sicherheitszusatzlösungen entwickelt, die man wunderbar als »Add-on« kaufen und
damit scheinbar seine Applikationen sicher machen kann. In diese Kategorie fallen so bedeutende Komponenten wie Firewalls, Virenscanner, Virtual Private Networks und Extranet-Access-Management-Software. Dabei
hätte man ja genauso gut sichere Betriebssysteme, sichere E-Mail-Sys-
teme, sichere Netzwerke und sichere Webservices entwickeln können.

Der Vorteil solcher Lösungen liegt aus Sicht der Hersteller und Berater klar auf der Hand: Man kann die Kosten für Sicherheit wunderbar quantifizieren, was im zweiten Fall unmöglich erscheint. Doch dieses Vorgehen birgt ein Problem, das lange im Verborgenen schlummert und erst sehr spät an die Oberfläche tritt: Das Maß der damit zu realisierenden Sicherheit bleibt immer und unterhalb einer bestimmten Schwelle; sichere Applikationen kann man damit nicht erreichen. Warum ist das so? Nun, hierzu drei Punkte.

Erstens: Die meisten vorhandenen Sicherheitszusatzlösungen konzentrieren sich auf das Stopfen von Löchern (im wahrsten Sinne des Wortes trifft dies auf Firewalls zu), die verwendete Systemkomponenten wie Betriebssysteme, Applikationsserver oder Datenbanken bei ihrer Implementierung hinterlassen haben. Davon stopfen die meisten wiederum Löcher von Infrastrukturkomponenten, die zum Betrieb der Applikation zwar notwendig sind, für die Applikation aber keine semantische Bedeutung haben, also vorrangig Betriebssysteme und – im Falle von Webservices – Webserver. Somit haben wir eine Menge von Komponenten im Einsatz, die Löcher stopfen, die mit der Applikation aber rein gar nichts zu tun haben, die darüber hinaus einen wesentlichen zusätzlichen Managementaufwand mit sich bringen. Somit sichert der Großteil der Sicherheitssoftware nicht die gewünschten Applikationen, sondern die Infrastruktur.

Zweitens: Die Applikation kann in den meisten Fällen gar nicht wissen, welche Mechanismen in den darunter liegenden Schichten angeboten werden. Wenn man eine wirklich sichere Lösung hat, dann gehört auch dazu, dass man sich – innerhalb der Lösung – vergewissern kann, dass die Lösung sicher ist. Beim Marktplatz-Beispiel aus dem ersten Abschnitt wurde zwar viel Security-Aufwand betrieben, es war aber nicht möglich, die sichere Konfiguration zu belegen. D.h., mit Lösungen, die die Infrastruktur sichern, und deren Beitrag nicht auf Prozess- bzw. Applikationsebene nachvollzogen werden kann, kann das Sicherheitsniveau innerhalb einer Applikation nicht erhöht werden – auch wenn dies (natürlich!) von den Herstellern der Sicherheitszusatzkomponenten behauptet wird. Ein typisches Beispiel dafür sind die Extranet-Access-Managementsysteme: Sie bieten Zugriffsschutz auf URLs, die Applikationen laufen aber unabhängig davon und bemerken meist deren Existenz gar nicht.

Drittens: Sollen Zusatzlösungen über die Sicherung der reinen Infrastruktur hinaus auch einen gewissen Schutz auf Applikationsebene liefern (z.B. Content-Screening und Virenscanner), dann sind sie darauf angewiesen, dass sie Informationen darüber bekommen, was schützenswert bzw.

schädlich ist. Herauszufinden, was schützenswert ist, ist für ein -Add-on häufig sehr komplex. Dies kann daher nur von der Applikation selbst beherrscht werden (wie z. B. der Schutz von Zugriffen auf ganz bestimmte Datenbankenfelder). Deshalb sind die meisten Zusatzsicherheitslösungen auf Schädliches fixiert: auf Angriffe.

Diese Vorgehensweise hat aber ein prinzipielles Problem: Es kann nur gegen bekannte Angriffe geschützt werden. D. h., dass diese Hersteller nur reaktiv agieren können und keinen proaktiven Schutz bieten können. Dies gilt z. B. für Antivirensoftwarehersteller, die nur sehr schwache, heuristische Verfahren gegen neuartige, noch unbekannte Viren einsetzen können und sich daher auf die nachträgliche Versorgung ihrer Komponenten mit Mustern von existierenden Viren konzentrieren.

Sicherheit auf Applikationsebene

Somit ist nun hoffentlich verständlich, dass Sicherheit sinnvoll nur von der jeweiligen Applikation selbst oder in enger Kooperation mit dieser gewährleistet werden kann. Aus unserer Erfahrung meinen wir sagen zu können, dass mit den bestehenden, heute existierenden Zusatzlösungen für Sicherheit eine Art Optimum auf niedrigem Niveau erreicht ist. D. h., selbst mit einem großen Mehraufwand wird es bei dieser Art von Technologie keinen großen Sprung im Grad der zur Verfügung gestellten Sicherheit mehr geben. Eine wesentliche Verbesserung tritt erst dann ein, wenn die Applikationen selbst die Verantwortung dafür übernehmen. Tatsache ist aber, dass dies in der Vergangenheit nur auf wenigen Gebieten (z. B. in spezialisierten ERP-Systemen) stattgefunden hat.

Warum haben die Mainstream-Applikationen in der Vergangenheit die Verantwortung dafür nicht grundsätzlich übernommen? Dafür gibt es ein simples Argument: Sicherheit ist eine lästige Pflicht, ein Hygienefaktor, ein Requirement, aber kein Benefit. Software wird hauptsächlich mit dem Argument der Optimierung von Geschäftsprozessen, also dem Erzielen von Einsparungseffekten oder dem Generieren von neuen Möglichkeiten verkauft. Die Sicherheit dieser Geschäftsprozesse ist erst nachrangig wichtig. In erster Linie geht es um mehr Geld (verdienen oder sparen).

Die Kunden erwarten natürlich, dass die Hersteller von Software mit entsprechenden Sicherheitskonzepten aufwarten. Diese wiederum wollen die Kosten dafür möglichst klein halten. Sie tun also entweder gerade das Allernötigste, damit sie ihre Produkte weiterhin verkaufen können, oder sie gehen mit den oben genannten Zusatzproduktherstellern eine Partnerschaft ein. Damit geben sie praktischerweise die Verantwortung für die Sicherheit ihrer Applikation ab.

Verantwortung in Projekten

Was bedeutet dies für Ihr E-Business-Projekt? Nun, wenn Sicherheit tatsächlich eine Kernanforderung ist, dann gibt es drei verschiedene Möglichkeiten, das Ziel zu erreichen:

▶ Es gibt tatsächlich einen Hersteller, der sichere Applikationen anbieten kann.

▶ Es gibt ein spezialisiertes Know-how bei einem dem Applikationsanbieter vorgeschalteten Projektpartner.

▶ Der Kunde selbst verfügt über entsprechendes Know-how, um aus den vorhandenen Bausteinen entsprechend sichere Anwendungen zu bauen.

Im zweiten Fall wird sowohl das Projekt-Know-how als auch das Sicherheits-Know-how von entsprechend spezialisierten Beratungsunternehmen zur Verfügung gestellt. Dies bedeutet aber, dass der Kunde sich eng an diesen Projektpartner bindet, der wiederum in Problemfällen auf Unzulänglichkeiten des Herstellers der Applikationen verweisen kann und als Lösung dieses Problems ein weiteres Projekt verkaufen kann. Damit droht eine nicht überschaubare Kostenspirale; die Beratungsfirmen begrüßen dies natürlich und der Kunde ächzt. Dies ist die heute meistverbreitete Variante; Beratungsfirmen wie PricewaterhouseCoopers, Deloitte & Touche oder Accenture haben sich auf diesen Lösungansatz spezialisiert, nicht zuletzt wegen der Erfahrung aus Revisionsaufträgen.

Spezialisierte Beratungsunternehmen

Die dritte Lösung ist – Stand heute – die erfolgreichste, wenn auch die teuerste. Der Kunde hat die Anforderungen sowie die erfolgreiche Umsetzung selbst im Griff. Er hat strenge Sicherheitsrichtlinien entworfen und setzt diese auch in Projekten konsequent um. Entsprechend hart sind die Anforderungen an die Produkthersteller, die diese notgedrungen und meist ad hoc ohne strategische Integration in Produktpläne aufnehmen. Diese Vorgehensweise ist naturgemäß auf sehr große Unternehmen oder Organisationen begrenzt. Diese kommen zudem häufig aus einigen wenigen Branchen, die auch ohne Webservices-Architektur mit der Sicherheit der Daten schon einen Wert verbinden: Banken, Pharmakonzerne, ja sogar Staaten. Beispielsweise fordert Bund Online 2005[2]: die Umsetzung von Verbindlichkeitseigenschaften flächendeckend mit digitalen Signaturen; die Hersteller haben dies einfach umzusetzen.

Kunde agiert selbst

---

2   www.bundonline2005.de

Im ersten Fall schließlich wäre das Ziel für den Kunden am schnellsten zu erreichen. Da die Anwendung selbst schon entsprechende Sicherungsmaßnahmen mitbringt, und der Applikationshersteller vermutlich auch seine Feldorganisation daraufhin trainiert hat, sollte es für den Kunden mit den wenigsten Schmerzen verbunden sein, sichere Applikationen anzubieten. Die Frage ist, ob es einen solchen Applikationsanbieter gibt. SAP bietet erste Ansätze dazu und auch Microsoft hat die Notwendigkeit erkannt, auch wenn man bis zum heutigen Tage noch nicht von einer wirklichen Durchdringung von Sicherheit in den von den beiden großen Applikationssoftware-Herstellern angebotenen Anwendungen sprechen kann.

Sicherheit ist ein Qualitätsmerkmal

Nach der vorangegangenen Schilderung bedeutet diese Anforderung für die Software-Hersteller, dass die Sicherheit eine ganzheitliche Bedeutung für den gesamten Software-Lifecycle-Prozess hat, von der Spezifikation bis hin zum Online-Support-Prozess. Gerade derartig globale Unternehmen wie IBM, SAP oder Microsoft müssen ihre bis dato auf maximale Funktionalität und Geschwindigkeit ausgelegte Produktionsstrategie vollkommen umstellen. Für Microsoft hat Bill Gates angekündigt, dass in Zukunft die Sicherheit wichtiger sein wird als neue Funktionalität. SAP hat ein neues Qualitätssicherungsprogramm, das alle Entwicklungsabteilungen in allen Tochterunternehmen einhalten müssen, und Sicherheit ist Teil dieses Programms. Allein IBM, sonst so fortschrittlich beim Design für Webservices (das WebSphere-Projekt, das die neue Java-basierte Applikationsinfrastruktur von IBM bildet, geht zurück auf das Jahr 1993), hat hier einen eher konservativen Standpunkt: Sicherheit bei IBM wird nach wie vor von der Infrastruktur gewährleistet (vorrangig Tivoli-Produkte).

Wie wird sich diese Landschaft unter dem Druck der Weiterentwicklung in Hinblick auf die neue, offene, integrationsfreudige IT-Architektur verändern? Wir prognostizieren:

1. Unternehmen, die entsprechende Sicherheitsanforderungen selbst umsetzen können, werden immer weniger, da dies mit hohen Kosten verbunden ist; umgekehrt werden Unternehmen, die weder dieses Wissen selbst vorhalten, noch sich auf entsprechende Partner verlassen können, vom Markt verschwinden, da sie sich mit unsicheren Webservices nicht werden halten können. Als Partner kommen entsprechend aufgestellte Software-Hersteller oder Application Service Provider in Frage, die das Sicherheits-Know-how für viele Kunden bündeln (siehe auch Abschnitt 3.7).

2. Beratungsunternehmen, die die Sicherheit als Projektleistung verkaufen, werden nach und nach zur Selbstverständlichkeit; die, die diese Anforderung ignorieren, werden vom Markt verschwinden. Insbesondere in der anstehenden Migrationsphase, bis es entsprechende Software-Hersteller und ASP gibt, werden diese Berater einen großen Teil vom Projektkuchen abbekommen.

3. Applikationshersteller, die Sicherheit nicht in ihre Produkte von vornherein mit einbeziehen, werden verschwinden, da die Integrationskosten zu hoch sind.

4. Der Markt für Security-Software-Unternehmen wird sich konsolidieren; spezialisierte Unternehmen werden entweder die Integration/Partnerschaft mit Applikationsherstellern suchen oder vom Markt größtenteils verschwinden.

Tipps für den Projektverantwortlichen

Somit gilt es für Unternehmen mit anstehenden E-Business-Projekten, folgende Entscheidungen zu treffen: Ist das Unternehmen gewillt, das entsprechende Know-how in Bezug auf Security selbst aufzubauen? Dabei geht es einerseits um langfristige Personalkosten, andererseits aber auch um langsamere Projekte, da die aufgebaute Sicherheitskompetenz in jedes Projekt involviert werden will und muss. Oder will man sich einer (kurzfristigen) Projektlösung anvertrauen, die von Beratungsunternehmen realisiert wird? Oder wird aufgrund der Sicherheitsproblematik eine ASP-Lösung inkl. Sicherheitsmanagement bevorzugt? Bei allen Alternativen ist für den Software-Hersteller entsprechender Druck vorhanden, die angebotenen Lösungen von Anfang an mit Sicherheitseigenschaften zu versehen.

Wie lange wird es dauern, bis der Wandel der IT-Landschaft im Hinblick auf die Sicherheit vollzogen ist? Das ist schwer vorauszusagen. Sicher ist: Je früher entsprechend aufgestellte Applikationshersteller die Veränderung durchmachen, desto besser können sie die neuen Anforderungen meistern und desto wahrscheinlicher ist, dass sie wettbewerbsfähig bleiben.

Tendenzen kann man schon heute erkennen: Microsoft hat ein Sicherheitsqualitätsprogramm gestartet, SAP adressiert dies ähnlich innerhalb des genannten »Solution Production«-Qualitätsprogramms, Oracle wirbt mit dem »unbreakable« Datenbankserver. Umgekehrt haben auch Sicherheitszusatz-Produkthersteller den Trend erkannt und nähern sich dem Applikationsmarkt; Netegrity hat unlängst einen Portal-Software-Hersteller gekauft und nähert sich dem Enterprise-Application-Integration-Markt.

Sicher ist, dass der Ansatz der integrierten Sicherheit schon gekeimt hat und unaufhaltsam wachsen und sich verbreiten wird. Die Zeiten, in denen Sicherheit bei einem E-Business-Projekt als purer Kostenfaktor angesehen wurde, sind bald vorbei. Die Sicherheit der eigenen Daten auf eigenen oder fremden, offenen Applikationen wird mehr und mehr als Benefit, ja als Qualität, als Teil der Company Assets, verstanden.

3.5   Schutzziele und Technologien

Nach der allgemeinen Beurteilung der Lage im Software-Sektor und der Einschätzung, wie sich dies auf die Sicherheit auswirkt, werden wir in diesem Kapitel etwas konkreter. Wir werden nicht den Fehler machen und Algorithmen oder Protokolle erklären, wir werden noch nicht einmal grundlegende Verfahren beschreiben, die bei der Sicherung von Systemen und Applikationen eingesetzt werden. Stattdessen werden wir auf die tatsächlichen Sicherheitsbedürfnisse der Applikationen eingehen und entsprechende Konzepte vorstellen, die diese Anforderungen erfüllen. Gemein ist diesen Konzepten, dass sie am besten in der Applikation selbst realisiert werden. Neben der Darlegung im letzten Abschnitt 3.4 werden wir hierfür im nächsten Abschnitt 3.6 noch ein weiteres schlagendes Argument kennen lernen: die Beweisbarkeit von Sicherheit.

Anforderungen an sichere Prozesse

Generell stellt sich für jeden elektronisch realisierten Prozess und somit für jedes elektronische Datum die folgende Frage: Was bedeutet dieses Datum, dieser Prozess als »Asset«, als nichtmaterielles und dennoch betriebswirtschaftliches Gut? Das ist natürlich schwer zu quantifizieren.

Konzepte für Datenhaltung, -kommunikation und -zugriff Welcher Wert wird z. B. einer Auswertung aus dem zentralen Dataware-house-System, einer Stückliste für ein neues Fahrzeug, die für die automatische Bestellung der Einzelteile auf einem Marktplatz herangezogen wird, oder dem Kundenstamm eines Direktvertriebs beigemessen? Unbestreitbar sind diese Daten wichtig und sollen, ja dürfen nicht in die Hand der Konkurrenz gelangen. Damit ergibt sich sofort eine Reihe von Anforderungen an die Daten verarbeitenden Systeme:

► Es ist ein Datenhaltungskonzept erforderlich: Wo werden Daten gespeichert? Wie werden diese gegen Veränderung, Diebstahl, Verlust gesichert?

► Es ist ein Kommunikationskonzept erforderlich: Wie werden Daten transportiert? Wie wird der Transport gesichert?

► Es ist ein Zugriffskonzept erforderlich: Wer darf auf welche Daten wie zugreifen?

Darüber hinaus gibt es rechtliche Anforderungen, die es notwendig machen, bestimmte Daten je nach Anwendungsszenario mit einer bestimmten Technologie zu schützen, wie etwa die Anforderung, im (deutschen) E-Government-Umfeld, grundsätzlich digitale Signaturen für die Sicherung von Workflow-Abläufen zu verwenden, oder die Anforderungen der Datenschutzgesetze.

Rechtliche Anforderungen

Generell kann man Sicherheit auf einer technischen Ebene als Gegenpol zur Korrektheit begreifen: Geht es bei der Korrektheit darum, dass elektronisch implementierte Prozesse so ablaufen wie entworfen, so bedeutet Sicherheit, dass die Prozesse nicht anders als entworfen ablaufen können. D.h., mit Sicherheit und Korrektheit laufen die elektronischen Prozesse *genau so* ab wie man sie sich im Geiste vorgestellt hat. Damit ergibt sich die Anforderung, bei jedem elektronischen Prozess zu untersuchen, wie der Prozess ablaufen soll und entsprechende Schutzmaßnahmen zu ergreifen. Damit ist auch klar, warum die Applikationshersteller die beste Position haben, wenn es um die Gewährleistung von Sicherheit geht: Sie implementieren die elektronischen Abläufe.

Sicherheit und Korrektheit

Schutzziele

Der zu erzielende Schutz ist natürlich für jeden Prozess unterschiedlich; generell lassen sich aber folgende Schutzziele identifizieren, die vom jeweiligen Prozess abstrahiert werden können:

Integrität, Vertraulichkeit, Verbindlichkeit und Verfügbarkeit

► Integrität: Daten können ausschließlich durch Berechtigte verändert werden.

► Vertraulichkeit: Daten sollen ausschließlich für Berechtigte sichtbar sein.

► Verbindlichkeit: Die Veränderung von Daten muss beweisbar bis zum berechtigten Urheber der Veränderung zurückverfolgt werden können, auch im Nachhinein.

► Verfügbarkeit: Der Berechtigte muss sich darauf verlassen können, dass der Zugriff auf Daten jederzeit möglich ist.

Die Aufzählung zeigt, dass gewisse Dienste wie z. B. Verfügbarkeit oder Integrität von der Infrastruktur (Datenbanken, Betriebssysteme, etc.) zwar zur Verfügung gestellt werden können, ihre betriebswirtschaftliche Bedeutung aber erst auf Applikationsebene gewährleistet werden kann. D. h., die vier genannten Eigenschaften müssen von der Applikation eingefordert, nachgehalten und nachgewiesen werden. Dies ist mit Zusatztools nur begrenzt möglich.

Zentral: die Berechtigung Im Zentrum der erforderlichen Eigenschaften steht der »Berechtigte«; unter dem »Berechtigten« verstehen wir entweder eine Person oder einen elektronischen Prozess, der auf die jeweiligen Daten zugreifen darf. Ein Berechtigungskonzept ist die Grundlage jeder Applikationssicherheit, mit dem die Schutzziele überhaupt erst Sinn machen. Wir kennen dies von fortschrittlichen Windows-Betriebssystemen, SAP-Systemen, ja sogar Mainframe-Applikationen. Extranet-Access-Managementsysteme versuchen, dies für Webservices zu übernehmen. Jedoch beschränken sich diese Systeme auf den Schutz des Zugriffs auf einen Service. Einzelne Zugriffe auf bestimmte Daten mit dem gleichen Webservice oder Datenkommunikation zwischen unterschiedlichen Webservices können von diesen Tools nicht geschützt werden.

Über das Berechtigungskonzept hinaus müssen Maßnahmen ergriffen werden, um die Schutzziele für die unterschiedlichen Daten erreichen zu können. Hierzu gehört insbesondere, dass es nur der Applikation gestattet ist, Daten, für deren Management ja auch Services auf Schichten unterhalb der Applikation notwendig sind, abzurufen, zu verändern, anzulegen, oder zu löschen. Somit sollten z. B. Applikationen für SAP R/3 immer das von SAP angebotene BAPI-Framework verwenden, um auf die Daten in der Datenbank zuzugreifen und niemals direkt Datenbankanfragen stellen. Ähnliches wird für Webservice-Frameworks (etwa J2EE Server) gelten.

Bei einer Burg viel einfacher ... In dem anfangs erwähnten Burgbild ist der umfassende Schutz dadurch möglich, dass die unter der Applikation verwendete Infrastruktur sicher administriert ist, also durch einen vertrauenswürdigen Sicherheitsadministrator so konfiguriert ist, dass die Schutzziele erreicht werden können. Im Falle eines ASP-Szenarios kann man dies auch realisieren, wenn der Provider für die entsprechende Sicherheit auf Infrastrukturebene gerade steht. Soll aber die Anwendung die Sicherheit bestimmen und kontrollieren können, so darf sie nicht von Maßnahmen auf Infrastrukturebene abhängig sein. Also müssen neue bzw. zusätzliche Technologien eingesetzt werden, um die Schutzziele von der Applikation gesteuert realisieren zu können.

Anforderungen an Webservices

Dies ist für die Webservices-Architektur noch wichtiger. Bei der Burg haben wir immerhin noch die Möglichkeit, Technologie auf der Infrastrukturebene zum Erreichen der Schutzziele einzusetzen. Bei der Stadt ist es nicht möglich, sich alleine aufgrund von Straßenbau und Stromversorgung sicher zu fühlen, die Schutzziele können also nur erreicht werden, wenn zusätzliche Technologien eingesetzt werden.

... als bei einer Stadt!

Ein prominentes Beispiel, an dem man erkennen kann, warum die Schutzziele mit Webservices anders erreicht werden müssen, ist die Sicherstellung von Verbindlichkeit. In klassischen Szenarien wird Verbindlichkeit dadurch sichergestellt, dass ein sehr detailliertes Berechtigungssystem genau nach den Bedürfnissen des Unternehmens bzw. der zu installierenden Prozesse entworfen und implementiert wird und darüber hinaus ein revisionssicheres Logging verwendet wird. So kann zu einem späteren Zeitpunkt die eindeutige Zuordnung einer Datenmanipulation zu einer Person stattfinden. Das funktioniert so bei Webservices nicht mehr, weil zum einen die Webservices verteilt sein können und die Durchsetzung eines Berechtigungskonzepts in verteilten Landschaften extrem komplex wird und zum anderen die Server, auf denen die Webservices laufen, sich nicht grundsätzlich »vertrauen« müssen. Also muss eine andere Technologie verwendet werden, um die Nicht-Abstreitbarkeit von Aktionen sicherzustellen: digitale Signaturen.

Beispiel Verbindlichkeit

Ein ähnliches Problem stellt sich bei der Sicherstellung von Vertraulichkeit. Bei dem Burgbild kann die Vertraulichkeit durch entsprechende Absicherungen auf der Infrastrukturebene sowie Verschlüsselung der Kommunikationswege realisiert werden. Bei Webservices gilt dies nicht mehr, weil man unter Umständen keinen Zugriff auf die Infrastruktur hat. So müssen die Daten auch mal dokumentenorientiert verschlüsselt werden; das lässt sich mit zur digitalen Signatur analogen Techniken umsetzen.

Beispiel Vertraulichkeit

Diese Technologien gibt es schon heute im Rahmen bestimmter Anwendungen, z. B. für sichere E-Mail- oder Homebanking-Anwendungen. Es ist also nicht so, dass die applikationsdominierte Sicherheit technisch nicht möglich wäre. Es sind eher die Gegebenheiten des Marktes, die ein Durchsetzen auf breiter Front verhindert haben (siehe auch Abschnitt 3.7). Für erfolgreiches E-Business sind aber über diese und andere existierenden Technologien hinaus weitere technologische Konzepte zu finden und auf breiter Basis zu realisieren, um den Webservices zum Durchbruch zu verhelfen.

Technologien, die helfen

Welche Sicherheitstechnologien benötigen wir für erfolgreiches E-Business? Welche gibt es schon und welche müssen erst noch erfunden werden? Welche der bisherigen Lösungen treffen nicht das eigentliche Ziel, werden also immer ein Mauerblümchendasein fristen und E-Business nicht zum Durchbruch verhelfen? Wir beschränken uns auf die Technologien, die die Anwendungssicherheit ermöglichen oder erhöhen. Aufgrund der vorangegangenen Argumentation werden wir Themen wie Virtual Private Networks, Firewalls oder Virenschutzprogramme nicht behandeln, da sie Vertreter der Perimeter-Sicherheit sind und somit – obwohl erforderlich – nicht zum Erfolg von E-Business beitragen können.

Public-Key-Infrastrukturen Nehmen wir zum Beispiel Public-Key-Infrastrukturen. PKI werden nun seit einem knappen Jahrzehnt als die Wegbereiter für sichere elektronische Geschäftsbeziehungen vorgestellt und entsprechend beworben. Doch bis heute haben sich PKI auf breiter Front nicht durchsetzen können. Woran liegt das? Wofür sind PKI tatsächlich gut?

Public-Key-Infrastrukturen funktionieren nach folgendem Prinzip: Jeder Entität (Person, Rechner, Applikation etc.) wird eine digitale Identität zugeordnet; diese Zuordnung wird von einer vertrauenswürdigen Stelle (Trust Center) mit einem Zertifikat bestätigt. Bei Missbrauch oder Verdacht auf Diebstahl der digitalen Identität wird das Zertifikat zurückgezogen. Somit kann ich fremden Menschen, Maschinen, Applikationen vertrauen, wenn ich dem Trust Center vertraue. Der Zuordnung liegt eine Überprüfung der Identität der Entität zugrunde; je nach Stärke dieser Prüfung und der Sicherheit der Umgebung der digitalen Identität (z.B. einer Speicherung auf einer Smartcard, die diese niemals herausgibt) hat das Zertifikat einen bestimmten Wert. Mögliche Anwendungen von PKI-Technologie sind: Authentifikation, digitale Signatur, Kommunikationsverschlüsselung, sichere E-Mail (mit Signatur und/oder Verschlüsselung).

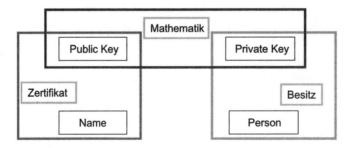

Abbildung 3.4 Bindung von Vertrauensinformation an einen Namen stellvertretend für eine Person mittels PKI-Technologie

Viele Trust Center wurden in der irrigen Annahme gegründet, mit hochwertigen Zertifikaten viel Geld machen zu können. Das Problem dabei: Es gab keine betriebswirtschaftlich relevanten Anwendungen, die mit diesen Zertifikaten etwas anfangen konnten, geschweige denn, aus den teuren, weil besonders vertrauenswürdigen Zertifikaten einen Mehrwert zu ziehen. Inzwischen gibt es eine Reihe von betriebswirtschaftlichen Anwendungen, die PKI unterstützen, allerdings vorrangig für die Authentifikation von Benutzern. Darüber hinaus wird PKI heute schon weltweit genutzt, um Verbindungen zwischen Browsern und Web-Servern abzusichern. Die in den allermeisten Fällen verwendeten Zertifikate haben aber nicht die Stärke, die die hohen Preise der Trust Center rechtfertigen würden. Schauen wir uns die verschiedenen Anwendungen an:

Trust Center: falsche Einschätzung der Businesscases

Sichere E-Mail bietet die Möglichkeit, E-Mails so zu verschlüsseln, dass sie ausschließlich für den Empfänger lesbar sind, und Nachrichten zu signieren. Es besteht ein immenser Bedarf, da häufig vertrauliche Informationen zwischen Firmen per E-Mail trotz nicht vorhandener Sicherheit ausgetauscht werden. Es ist die naheliegendste Anwendung für PKI, insbesondere deswegen, weil die gängigen E-Mail-Produkte alle bereits PKI-Technologie unterstützen. Sichere E-Mail findet aber keinen Durchbruch, trotz aller Anstrengungen, um Vertrauen zwischen Trust Centern zu etablieren und somit die Grenzen zwischen unterschiedlichen Vertrauensbereichen durchlässiger zu machen. Das, so glaubte man lange, sei der Hauptgrund für die mangelnde Verwendung dieser Sicherheitstechnologie.

Sichere E-Mail

Sichere E-Mail ist die in der Umsetzung teuerste Anwendung von PKI. Das liegt daran, dass der Hauptfokus von E-Mail die Verfügbarkeit für den Endanwender ist und damit auch sehr viel (impliziter) administrativer Aufwand an den Endanwender delegiert wird. Dies bedeutet aber, dass alle Prozesse, die zusätzliche Administration erfordern, von vornherein nicht durchsetzbar sind. Dies gilt insbesondere für das Verschlüsseln von E-Mails! Denken Sie nur daran, dass Sie in Urlaub sind, Ihre Sekretärin aber die wichtigsten Mails filtert, um Sie bei Notfällen benachrichtigen zu können, die Mails aber nur mit Ihrer persönlichen Smartcard zu entschlüsseln wären.

Somit gilt für Secure-E-Mail: Entweder es gibt eine vollautomatische Lösung, mit der der Endanwender nicht viel zu tun hat, oder diese an sich schöne Lösung, weil im Prinzip alles schon vorhanden ist, bleibt einer Minderheit vorbehalten. Hinzu kommt, dass es keinen großen Rationalisierungsdruck gibt, sichere E-Mail einzuführen. Der Grund ist einfach: E-Mail ist nicht prozessorientiert, sondern kommunikationsorientiert.

D.h., es lassen sich keine Einsparungen im Hinblick auf Prozessimplementierungen erzielen, denn die Informationen sind nicht oder nur schwer maschinell verarbeitbar. Einzige Ausnahme: E-Mail wird als Kommunikationsform zwischen Systemen verwendet (das ist heute schon in gewissen Bereichen, z.B. in der Gesundheitsbranche der Fall). Aber dann ist E-Mail auch leicht gegen http + SOAP austauschbar und der kommunikative Aspekt steht nicht mehr im Vordergrund.

Digitale Signatur   Ähnlich verhält es sich mit der digitalen Signatur: Technisch gesehen geht es bei der digitalen Signatur meist darum, die Verbindlichkeit in Bezug auf das Ausführen einer bestimmten Transaktion (z.B. eines Freigabeprozesses) zu gewährleisten. In vielen heute existierenden, geschlossenen Systemen wird dies durch ein detailliertes Berechtigungskonzept und revisionssichere Logging-Mechanismen realisiert. Digitale Signaturen erlauben dagegen, die Verbindlichkeitsinformation an die Dokumente anzuhängen und stellen damit eine Lösung dar, die auch in offenen Architekturen verwendet werden kann. Auf rein betriebswirtschaftlicher Ebene stellt sich für eine geschlossene Systemlandschaft daher die einzige Frage: Welche Variante ist günstiger? Da in den meisten uns bekannten Fällen Berechtigungskonzept und Aufzeichnungsmechanismus realisiert werden mussten, lautet die Antwort hier: Digitale Signaturen sind betriebswirtschaftlich in einem solchen Kontext uninteressant.

Interessant wird das Thema digitale Signatur in zwei Fällen:

1. Die digitale Signatur ist rechtlich vorgeschrieben.

2. Es gibt unternehmensübergreifende Prozesse, die es notwendig machen, die Verbindlichkeit einer bestimmten Transaktion an die Prozessdaten zu binden. Ein möglicher Grund dafür ist, dass die Verbindlichkeit von einer dritten Partei geprüft wird und das Ergebnis Grundlage für weitere Prozesse ist (z.B. bei der Überprüfung von elektronischen Rechnungen durch das Finanzamt für den Vorsteuerabzug).

Der erste Fall ist aus betriebswirtschaftlichen Gründen nicht wirklich interessant (auch wenn es dazu führt, dass Public-Key-Infrastrukturen aufgebaut werden müssen, so z.B. für die Kommunikation zwischen Behörden), weil er eben keine betriebswirtschaftliche Notwendigkeit darstellt. Er ist vielmehr ein Mittel des Staates, bestimmte elektronische Prozesse voranzutreiben, indem die Lösungsrichtung vorgegeben wird, wie das z.B. in Deutschland bei Kommunikation zwischen Behörden eingefordert wird.

Der zweite Fall ist der interessantere, denn genau diesen finden wir im Fall von Webservices nun häufiger vor: Immer dann, wenn drei Parteien an einem Prozess beteiligt sind, und eine Partei in Abhängigkeit des Ergebnisses des Prozesses zwischen den anderen beiden Parteien weitere Entscheidungen trifft, ist die digitale Signatur nützlich. Voraussetzung ist, dass nicht alle drei Parteien auf dem gleichen System arbeiten, dass also eine verteilte, servicebasierte Architektur verwendet wird. Ein Beispiel: die elektronisch unterschriebene, elektronische Rechnung. Die Partei, die die Verbindlichkeit tatsächlich benötigt, ist weder der Rechnungssteller noch der Rechnungsempfänger; beide haben andere Interessen und damit auch andere Prozesse, um die Echtheit und Verbindlichkeit in Bezug auf eine Rechnung zu gewähren oder zu prüfen. Das Finanzamt ist die dritte Partei, die das Rechnungsoriginal benötigt, um den Vorsteuerabzug gewähren zu können. Dieses Szenario beweist die betriebswirtschaftliche Sinnhaftigkeit digitaler Signaturen – unabhängig von der seit Anfang 2002 geltenden gesetzlichen Forderung, dass elektronische Rechnungen, wenn sie vom Finanzamt anerkannt werden sollen, qualifiziert elektronisch signiert sein müssen.

Diese Diskussion zeigt aber auch, dass auch digitale Signaturen ein relativ eingegrenztes Anwendungsgebiet haben, nämlich nur da, wo auch tatsächlich drei Parteien involviert sind (dabei kann eine der Parteien auch einfach als Vermittler dienen, z.B. bei Marktplätzen oder allgemeiner bei Exchange-Komponenten). Insbesondere scheint die benutzergesteuerte, persönliche digitale Signatur nur in Randgebieten tatsächlich Umsetzung zu finden. Somit verbleibt für eine flächendeckende PKI eigentlich nur die Anwendung »Authentifikation«, also Beweis der Identität bei der Anmeldung an einem System oder Dienst.

Dabei ist auf technischer Ebene zu unterscheiden zwischen der Authentifikation am Schlüsselmedium, also dem Element, das die digitale Identität speichert – das kann eine Chipkarte sein, oder aber auch ein zentraler Server – und der Anmeldung der digitalen Identität an der Applikation bzw. dem Service. Letzteres geschieht meist unbemerkt für den Anwender, wodurch man Mitarbeitern das Gefühl eines »Single Sign-on« vermitteln kann, auch wenn technisch bei jedem Zugriff eine Authentifikation abläuft.

Authentifikation und Biometrie

Für die Authentifikation am Schlüsselmedium kann man neben Passwörtern auch weiterführende Technologien einsetzen wie z.B. Biometrie: Fingerabdruckscanner, Spracherkennungssysteme usw. In der Praxis sind diese Systeme leider noch nicht flächendeckend einsetzbar, da eine hohe

»korrekt-Erkennungsrate« (Annehmlichkeit für den Benutzer) systemimmanent mit einer niedrigen »falsch-Erkennungsrate« (Sicherheit) einhergeht – und umgekehrt. Dennoch ist unserer Meinung nach ein erhebliches Potenzial dort gegeben, wo Bequemlichkeit vor Sicherheit geht.

Ist also nur ein relativ niedriges Sicherheitsmaß erforderlich, kann z.B. auch ein Fingerabdruckscanner direkt zur Authentifikation an einem Kassensystem verwendet werden. Für sensible Anwendungen wie etwa betriebswirtschaftliche Software oder datenschutzrelevante Anwendungen ist der Einsatz von Biometrie aufgrund des heutigen Stands der Technik eher kritisch zu sehen.

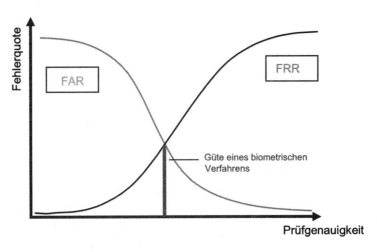

Abbildung 3.5 Die »Badewannenkurve« von False Acceptance Rate (FAR) und False Rejection Rate (FRR) bei biometrischen Verfahren

.NET Passport und
Liberty Alliance

Aber auch im Bereich Authentifikation zeichnen sich neuere Entwicklungen ab, die eine ernsthafte Gefahr für PKI darstellen: die so genannten »Federated-Identity-Initiativen«. Die prominentesten Vertreter sind .NET Passport von Microsoft und die von Sun initiierte Liberty Alliance. Diese haben zum Ziel, dem Endanwender potenziell Single Sign-on und Berechtigungsdaten für das gesamte Internet zur Verfügung zu stellen: Der Anwender meldet sich nur einmal, z.B. bei MSN, an und bei allen Sites, die der .NET-Passport-Federation angehören, ist er dann bekannt, hat Zugang zu personalisierten Seiten und hat die Berechtigung, auf bestimmte Services zuzugreifen.

Der entscheidende Unterschied zwischen Passport und Liberty besteht in der Regelung der Intellectual Property. Während Sun im Grunde am Verkauf von Hardware interessiert ist und allen Sponsoren die Möglichkeit bietet, alle eingebrachten Technologien zu nutzen, konzentriert sich Microsoft auf die Lizenzierung von Software und hat demnach kein Interesse an der Weitergabe ihres Codes. Das ist auch der Grund für das Scheitern des Beitretens von Microsoft zur Liberty Alliance im Dezember 2001.

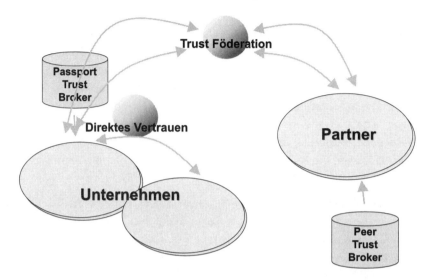

Abbildung 3.6 Föderierte Identitäten

Der Nutzen ist analog zu einem Single Sign-on mit PKI-Technologie; die Integration mit nicht-PKI-Mitteln erscheint aber vielen leichter. Darüber hinaus können mit den neuen Standards auch Berechtigungsinformationen zu Personen wie z.B. der Position im Unternehmen, weitergegeben werden. Dies wäre mit PKI teuer, da der Benutzer für jede Änderung der Berechtigung ein neues, so genanntes Attributzertifikat benötigen würde.

Eventuell wird es Mischformen geben, die eine zertifikatsbasierte Anmeldung an einem Web-Identitätsserver erlauben, um dann damit durch das Firmen-Partnernetz, mit aktuellen Informationen über die Rollen der Personen im Unternehmen, zu surfen. Sollte wiederum eine digitale Signatur für einen »Drei-Parteien-Prozess« notwendig sein, ist die PKI wieder im Vorteil.

Überhaupt stellt sich die Frage, wie die Berechtigungs- und Rollendaten verwaltet werden. Leider ist die gängige Praxis die, dass die Berechtigungs- und Rolleninformationen auf verschiedenste Applikationssysteme verteilt gehalten werden und die Administration dieser verteilten Datenhaltung an sich schon eine extreme Herausforderung darstellt. Der Schlüssel der Zentralisierung und damit der Vereinfachung der Administ-

Zentrale Rechteversorgung und Webservices

ration besteht in einer Analyse der im Unternehmen gelebten Rollen und Verantwortlichkeiten unabhängig von den verwendeten Systemen. Nur wenn die in der Praxis gelebten Prozesse auch in der digitalen Welt Anwendung finden, ist ein Berechtigungskonzept auch sinnvoll einsetzbar und muss nicht täglich neu angepasst werden.

Rollen Sind die applikationsübergreifenden Verantwortlichkeiten erfasst, kann man beginnen, diese Informationen Rollen zuzuordnen und die Rollen wiederum den Personen. Damit ist sichergestellt, dass alleine die Zuordnung von Rollen zu Personen Tagesgeschäft ist (evtl. auch über Organigramme automatisiert werden kann) und die Rollendefinition, was der eigentliche Aufwand ist, auf regelmäßige Updates (etwa bei Umorganisationen oder Fusionen) beschränkt ist. Neben Rollen gibt es noch sekundäre Variablen, die Personen direkt zugewiesen werden, um Verantwortlichkeitsbereiche zu modellieren.

Verzeichnis- Als Technologie wird hierfür der Verzeichnisdienst eingesetzt. Ein Ver**dienste** zeichnisdienst ist nichts anderes als eine hierarchische Datenablage mit einem standardisierten Zugriffsprotokoll namens LDAP (Lightweight Directory Access Protocol), das eine wesentliche Vereinfachung des X.500 DAP ist. Mit X.500 träumte man davon, die genannten strukturierten Personeninformationen in einer einzigen, weltweiten Hierarchie unterzubringen. Das hat in der Vergangenheit nicht funktioniert. Durch Fusionen und Übernahmen bei großen Organisationen zeigen sich aber technische Anforderungen, die nun in die gleiche Richtung zeigen. Auf jeden Fall werden LDAP-basierte Verzeichnisse die Personeninformationstöpfe der nahen Zukunft darstellen.

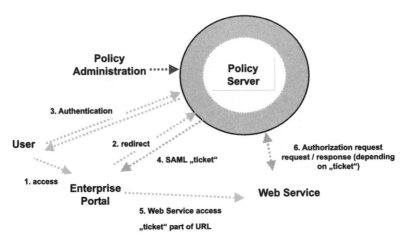

Abbildung 3.7 Zentrale Rechteversorgung

In fortgeschrittenen Unternehmen haben sich diese zentralisierten Systeme schon das Know-how der Anwendungen bezüglich der Rollen und teilweise auch der Berechtigungen angeeignet. Um nun sogar eine zentralisierte Berechtigungsprüfung für Webservices durchzuführen, was wegen der Modularisierung der Webservices sinnvoll ist, müssen die zentral vorgehaltenen Daten deutlich feiner sein als bisher. Denn die Applikationen selbst stellen nicht mehr automatisch eine Bündelung von Prozessen dar, für welche die Berechtigungen zu Rollen zusammengefasst werden können. Ganz ohne Bündelung von Berechtigungen zu administrierbaren Größen wäre das Webservices-Konzept allerdings nicht realisierbar – außer natürlich für unkritische Anwendungen ...

Somit ist es unabdingbar, dass die Berechtigungen für Webservices in einem zentralen Server zusammengefasst werden. Die einzelnen Webservices müssen an diesem zentralen Server die notwendigen Berechtigungsobjekte hinterlegen, damit sie dort zu Rollen zusammengefasst werden können. Der a priori Aufwand ist bei dieser neuen, zentralen Lösung deutlich höher, jedoch unabdingbar, um mit einer Service-basierten Architektur erfolgreich zu sein. Die Argumentation ist analog zu der Lösung der Integrationsproblematik: Genau so wie Webservices in einem zentralen Verzeichnis hinterlegen müssen, welche anderen Services sie benötigen (und es vorher nicht mussten, da sie die Integration selbst in der Programmierung vorgenommen haben), müssen sie nun die notwendigen Berechtigungen hinterlegen.

Es gibt nur ansatzweise Produkte, die die notwendige zentrale Funktionalität zur Verfügung stellen. Dies ist nicht verwunderlich, da die Applikationshersteller eng mit diesen Herstellern zusammenarbeiten müssen, um den entsprechenden Schutz zur Laufzeit zur Verfügung stellen zu können.

Schließlich gibt es einen Schutzbedarf, der von einer gesamten Industrie eingefordert wird und ebenso vehement von »Freiheitsliebenden« bekämpft wird: das Urheberrecht von digitalen Daten. Vorrangig geht es natürlich um Musikstücke und Videos; aber auch Programmcode, Briefvorlagen usw. können für ein Unternehmen Assets darstellen, deren Entwicklung enorm viel Geld gekostet hat und deren Vermarktung nur über den Verkauf der digitalen Waren möglich ist. Dabei ist ein unerlaubtes, unbemerktes Kopieren natürlich unerwünscht. Lesen Sie mehr zu den rechtlichen Anforderungen in Kapitel 2, »Der rechtliche Rahmen – solides Fundament«.

Digital Rights Management

Ob dies ob der voranschreitenden technischen Entwicklung sinnvoll ist, sei dahingestellt. Tatsache ist, dass es kein bisher entwickeltes Digital-

Rights-Management geschafft hat, die unerlaubte Verwendung, z. B. das Kopieren, tatsächlich zu vermeiden. Zu groß ist der Kreis derer, die genügend Energie haben, das DRM zu brechen. Auch digitale Wasserzeichen, die schwächere Variante, die zumindest eine Sicherung des Copyrights ermöglichen würden, haben sich bis heute nicht untrennbar an das Dokument binden lassen. Die derzeit vorhandenen Technologien scheinen keinen wirklichen Schutz vor illegalen Kopien digitaler Daten zu bieten.

Peer-to-Peer-Netzwerke Peer-to-Peer-Networks sind eine neue Art, auf verteilten Systemen Daten zu speichern. Es gibt dedizierte Server, die aber nur erfassen, wo welche Daten gerade verfügbar sind. Diese neuartige Technologie, die hauptsächlich für einen privaten Tausch von Musikstücken und Videos verwendet wird (Napster, Gnutella, Morpheus usw.), wird von den Verwertungsgesellschaften als das »Böse« schlechthin an den Pranger gestellt und es wird mit technischen, rechtlichen und öffentlichkeitswirksamen Mitteln dagegen vorgegangen. Dabei wird unserer Meinung nach völlig außer Acht gelassen, welches Potenzial in dieser neuen Technologie steckt: Da sich unsere moderne Welt zum großen Teil von der Konsum- zur Aufmerksamkeitsökonomie gewandelt hat, stellen Peer-to-Peer-Netzwerke ein ideales Mittel zur schnellen Verbreitung von Medien, Informationen und Stars dar. Wesentlich ist, dass die Verwertungsgesellschaften neue Formen der Finanzierung finden, die nicht von der Einmal-Kopie eines Datenträgers ausgehen (dies wird ja auch schon teilweise angegangen, man denke an die Kosten für PCs und CD-Brenner).

Empfehlungen

Welche Empfehlungen für das tägliche E-Business-Projektgeschäft kann man aus diesen Betrachtungen ableiten? Eine wesentliche Beobachtung ist sicherlich, dass man die unterschiedlichen Anforderungen unterschiedlicher Unternehmen nicht über einen Kamm scheren kann. Es wird niemals die »eierlegende Wollmilchsau« für IT-Sicherheit geben. Zu verschieden sind die Anforderungen von Unternehmen aus verschiedenen Sektoren, anderer Größenordnungen etc.

Ein anderer, wichtiger Punkt ist, dass die Anwender von Software, also die Kunden, ihren Softwarelieferanten mitteilen müssen, welche Bedürfnisse sie in Bezug auf Sicherheit haben. Zu oft geht dies in einer späten Projektphase unter und wird zum reinen Consulting-Thema, meist mit nicht ausreichenden finanziellen Mitteln versehen. Wenn es vom Kunden nicht frühzeitig thematisiert wird, kann es auch vom Hersteller nicht richtig adressiert werden.

Des Weiteren ist es wichtig, dass das Thema Sicherheit ganzheitlich gesehen wird. Unter ganzheitlich verstehen wir: als Teil der Gesamtaufgabe, integriert in die funktionalen Anforderungen, frühzeitig als Teil einer strategischen Grundlage verstanden, nicht auf die Infrastrukturmanager abgeschoben, sondern von den (Projekt-)Verantwortlichen in seiner tiefen Bedeutung verstanden und auch adressiert. So sollten Schutzkonzepte für Datenhaltung, Datenkommunikation und Berechtigungen in einer frühen Phase mit in den Projektplan aufgenommen werden. Wird es früh genug adressiert und dem Hersteller der Applikationen kommuniziert, ist meist der Aufwand deutlich geringer, als im Nachhinein mit Zusatzmitteln die vorhandenen Sicherheitslöcher zu stopfen.

Das ist natürlich nicht einfach zu erreichen und findet heute auch kaum statt. Die fortschrittlichen Manager werden Unterstützung durch die Gesetzgebung finden, da zumindest für Kapitalgesellschaften in Europa demnächst ein umfassendes Risikomanagement Pflicht ist – und ein Risikomanagement für elektronische Geschäftsprozesse kann ohne IT-Sicherheit nicht sinnvoll betrieben werden.

3.6 Beweis der Sicherheit

Nach den Diskussionen in den letzten Abschnitten stellt sich natürlich die Frage: Wie viel ist die installierte Sicherheit wert, wenn ich sie nicht nachvollziehen kann? Schließlich ist eine der (nachteiligen) Haupteigenschaften von Sicherheit, dass ich nur im Nicht-Erfolgsfall, also wenn etwas passiert, davon erfahre. Kann man Sicherheit überhaupt beweisen? Oder ist das überhaupt die richtige Frage? Was ich als Unternehmen möchte, ist doch einfach, »dass die Prozesse genau so ablaufen, wie sie definiert sind – und nicht anders«. Vielleicht auch noch, dass »wir keinen Schaden von außen erleiden«. Also ist Sicherheit nur ein Teilziel, das zum Gesamtziel »robuste, korrekt implementierte Prozesse« beiträgt. Sehr eng mit dem Beweis von Sicherheit ist daher auch der gesamte Themenkomplex »Risikomanagement« verbunden, wir verweisen daher an dieser Stelle auch auf das Kapitel 4, »Risiken managen – Chancen wahrnehmen«.

Zumindest ist aus den bisherigen Erläuterungen zu schließen, dass Sicherheit als intermediäres Ziel für diese eigentlichen Ziele nur dann erreicht werden kann, wenn man nachweisen kann, dass bestimmte Eigenschaften vorhanden sind, die man – mehr oder weniger gefühlsmäßig – mit Sicherheit assoziiert. Die Sicherheit selbst steht dabei (außer bei den Sicherheitsspezialisten) nicht im Mittelpunkt und deswegen ist es so schwierig, über Beweisbarkeit von Eigenschaften in Zusammenhang mit Sicherheit zu reden.

Missverstandene Sicherheit

Viele E-Business-Projekte – darunter diejenigen, die am Anfang der Kapitels beschrieben wurden – sind daran gescheitert, dass, obwohl man sich mit der Sicherheit sehr viel Mühe gegeben hat, man die erreichten Sicherheitslevel nicht nachweisen konnte und somit die Entscheider sich nicht auf diese Eigenschaften verlassen konnten. Dabei ist das Bemerkenswerte, dass die Lösung durchaus sehr sicher, vielleicht sogar viel sicherer hätte sein können als alles, was jemals in den Unternehmen der Entscheider aufgebaut wurde. Allein: Durch den fehlenden Beweis ist diese Eigenschaft nichts wert.

Open Source – sicher?

Ein anderes, in der Öffentlichkeit immer wieder stark diskutiertes Beispiel: Open Source, also Software, die als Quellcode jedermann zur Verfügung steht, wird im Allgemeinen als sicherer angesehen, als Software von großen Unternehmen, die ihre Programme aus verständlichen Gründen der Intellectual Property nicht veröffentlichen. Nun ist aber vor nicht allzu langer Zeit in einer durchaus gereiften Version von PGP eine derart riesige Sicherheitslücke aufgetreten, dass es schon verwunderlich ist, dass man sie so lange nicht gesehen hat, wo doch jeder hätte reinschauen können. Tatsache war wohl, dass sich gerade niemand die betroffene Stelle Quellcode angeschaut hat.

Wunsch: Feature-Listen zum abhaken

Ein letztes Beispiel: In vielen Pre-Sales-Situationen, also schwerpunktmäßig inhaltlich geführten Kundengesprächen stehen Schlagworte im Raum wie »können Sie OCSP?« oder »können Sie LDAP-Authentifizierung«?, die den Lieferanten auf seine Kompetenz im Bereich Sicherheit abklopfen sollen. Abgesehen davon, dass die Entscheidung für den einen oder anderen Lieferanten nicht über vorhandene Sicherheitsfeatures entschieden wird (es gibt doch kaum jemand zu, dass er etwas noch nicht implementiert hat), legen die eigentlichen Sicherheitsverantwortlichen den Schwerpunkt bei der Implementierung gerade NICHT auf neuartige Features, sondern verlassen sich lieber auf Technologien und Strategien, die sich über einige Zeit in Expertengruppen und bei Revisionen als ausreichend sicher erwiesen haben.

Diese Beispiele belegen, dass man ganz klar unterscheiden muss, wann man unter Sicherheit Features und wann man unter Sicherheit eine sichere Lösung versteht. Wieder drängt sich der Gedanke der leichten Quantifizierbarkeit auf, denn Features kann man finanziell in der Regel viel einfacher erfassen als eine revisionssichere Lösung. Dennoch findet die aktuelle Diskussion auf einer anderen Ebene statt: Hier geht es nicht um Tools für die Infrastruktur, sondern um Eigenschaften der Applikation, um Features, deren Abhaken auf einem »Request for Proposal« Sicherheit quasi per Interview leisten soll.

Die Revision wird es letztendlich richten

Die Revision ist die ultimative Prüfung für sichere Lösungen und Applikationen. Denn nur wenn die Revision bestätigt, dass die implementierten Prozesse keine Gefahr für die Finanzen des Unternehmens darstellen, ist eine Lösung aus betriebswirtschaftlicher Sicht »sicher«. Wie sieht eine revisionssichere Lösung aus? Eben gerade darin, dass man Revisoren unter anderem bestimmte Sicherheitseigenschaften nachweisen, belegen kann. Als klassisches Beispiel aus dem ERP-Umfeld kann man hier die »Segregation of Dutys«, also die Trennung von Verantwortlichkeiten nennen. Sie verlangt, dass Teilaufgaben, die – wenn sie von der gleichen Person ausgeführt werden – für das Unternehmen kritisch sein können (so z.B. Bestellung und Freigabe), nicht der gleichen Person zugewiesen werden können, oder dass zumindest nachgewiesen werden kann, dass es keine dieser kritischen Berechtigungskombinationen gibt.

Revision

Der Nachweis, dass es in einem konfigurierten und an den speziellen Kunden angepassten ERP-System keine kritischen Berechtigungskombinationen gibt, ist ein wesentlicher Bestandteil einer Revision dieses Systems. Analog (wenn Sie an das Beispiel der Spiel-Marktplätze denken) könnte man bei Marktplätzen fordern, dass nachgewiesen werden können muss, dass verschiedene Unternehmen auf keinen Fall auf die Katalogdaten eines anderen, ebenfalls am Marktplatz beteiligten Unternehmens zugreifen können.

Managen statt Vermeiden von Risiken

Die zu treffenden Maßnahmen für die Beweisbarkeit von Sicherheit sind beliebig komplex, wie die angeführten Beispiele zeigen. Viele insbesondere kleinere Unternehmen führen deswegen keine oder wenige dieser Prüfungen durch. Aber auch den großen Aktiengesellschaften ist ein gewisser Spielraum möglich, das Gesetz zur Kontrolle und Transparenz in Unternehmen (KonTraG) zu erfüllen. Ziel des KonTraG ist es, die Risiken zu kontrollieren, aber nicht, sie komplett zu vermeiden!

KonTraG

Die Risiken, auch die, die die Verwendung von neuer Informationstechnologie darstellen, setzen sich zusammen aus Schadenswahrscheinlich-

Schadenswahrscheinlichkeit und Schadenshöhe

keit und Schadenshöhe. Könnte man beides mit angemessener Genauig-
keit ermitteln, so hätte man eine klare Entscheidungshilfe, wie viel man in
den Schutz einschließlich Beweisbarkeit der elektronischen Geschäftsprozesse investieren sollte, und ab welchem Punkt dies zu aufwändig wird.
Doch gerade bei der Informationstechnologie lassen sich weder Wahrscheinlichkeit noch Höhe des Schadens leicht quantifizieren, denn es
spielen sehr viele Faktoren in eine solche Schätzung mit hinein, die das
Ergebnis schnell verfälschen können. Mehr zu diesem Thema finden Sie in
Kapitel 4, «Risiken managen – Chancen wahrnehmen«, allerdings liegt der
Schwerpunkt dort auf den Prozessrisiken.

Aktives Risikoma-
nagement
Aber auch wenn im Besonderen die Schadenswahrscheinlichkeit bei
unterlassenen Sicherheitsmaßnahmen nur sehr schwer ermittelt werden
kann, besteht natürlich für Unternehmen ein gewisser Spielraum, der sich
aus den »verpassten« Möglichkeiten ergibt. So kann es durchaus für
einen Speicherchiphersteller Sinn machen, sich an einem Marktplatz zu
beteiligen, der kein Berechtigungskonzept für Kataloge anbietet, weil der
Schaden, nicht auf dieser Einkaufsplattform mitzuarbeiten, größer eingeschätzt wird als das Risiko einer Industriespionage.

Es gibt Verfechter des Ansatzes (dem insbesondere in der Phase des E-
Business-Hypes viele zugetan waren), dass Geschwindigkeit alles ist und
das Risiko, zu langsam zu sein, deutlich größer ist als das Risiko, ausge-
späht zu werden. Denn bis die Konkurrenz analysiert und verstanden hat,
was man macht, ist das eigene Unternehmen mit ganz neuen Dingen
beschäftigt. Das gilt aber eher nicht für traditionelle Industriezweige wie
Chemie/Pharma oder Ingenieur-Metallindustrie. Dort kann dies Milliar-
denverluste bedeuten oder sogar einen nennenswerten Faktor für eine
Volkswirtschaft darstellen (Sie erinnern sich an das eingangs erwähnte
TGV/ICE-Beispiel). Dies ist vermutlich aber von Branche zu Branche,
wenn nicht sogar von Unternehmen zu Unternehmen, unterschiedlich.

Audits in der New Economy

Die Diskussion zeigt, dass das Thema ganzheitlich, aber für jedes einzelne
Unternehmen individuell angegangen werden muss. Die zu erzielende
Sicherheit muss für jeden einzelnen implementierten Business-Prozess
definiert, hinsichtlich Kosten eingeschätzt und mit dem entsprechenden
Risiko bei Nicht-Verwirklichung verglichen werden. Auf jeden Fall aber
müssen die gewählten und ergriffenen Maßnahmen zur Implementierung
eines Prozesses nachprüfbar sein.

In einem geschlossenen ERP-System ist das noch mit relativ naheliegen- **Sicherheit pro Prozess betrachten!**den Mechanismen möglich, schließlich ist ein Hauptvorteil eines ERP-Systems die Integration verschiedener Prozesse *in* einem System. So können die kritischen Übergänge von einem Prozessteil (z. B. Sales-Order anlegen) zum nächsten (z. B. Verbuchung) durch den Nachweis sauberer Logik im System und passender Berechtigungen nachgewiesen werden (Prozess-Audit). Ist dies aufgrund der Beschaffenheit des eingesetzten Systems nicht möglich, kann man einen Prozess auch stichprobenartig »von Hand« nachverfolgen, indem an bestimmten Punkten die den Prozess betreffenden Daten angezeigt werden (Stichproben-Audit).

In verteilten Landschaften ist das aber nicht mehr so einfach, denn die **Verteilte Prozesse – verteiltes Audit**Integration findet nicht mehr in den Teilsystemen statt, die sich auf bestimmte Aufgaben konzentrieren (etwa CRM und FI), sondern in speziellen Integrationskomponenten (»Application Integration«), die unterschiedliche Applikationskomponenten (»Webservices«) über standardisierte Protokolle ansprechen. In den Integrationskomponenten liegt die eigentliche Prozesslogik, sodass ein Prozess-Audit von verteilten, mit Webservices implementierten Prozessen Daten aus den jeweiligen Applikationssystemen extrahieren, die Prozesslogik aus den Integrationssystemen beachten und dies sinnvoll zusammenführen muss. Idealerweise findet eine solche Zusammenführung (»Audit Warehouse«) auf der Integrationskomponente statt, da dort die Logik schon vorhanden ist.

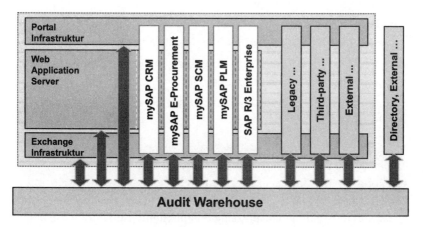

Abbildung 3.8 Collaborative Audit Framework von mySAP Technology

Der heute eher übliche Zustand ist, dass in den meisten Fällen noch nicht einmal ein Prozess-Audit durchgeführt werden kann, weil die verwendeten Systeme darauf nicht vorbereitet sind. Von daher sind wir von einem flächendeckenden Einsatz von E-Business-Software doch noch eine Weile entfernt. Die rein funktionale Technologie ist da, allerdings scheitert es oft an der mangelnden Audit-Fähigkeit, und somit müssen die Hersteller von E-Business-Software dies erst erfassen und in ihre Produkte integrieren. Denn auch wenn keine besonderen Sicherheitstechnologien eingesetzt werden, muss man zumindest die korrekte Implementierung der Prozesse nachweisen können.

Risikomanagement als Brücke zwischen Technik und Management

Beweisbarkeit von Sicherheit ist kein Selbstzweck, vielmehr schlägt die Beweisbarkeit von Sicherheit eine Brücke von der reinen Technologie zu den betriebswirtschaftlichen Größen. Da der betriebswirtschaftliche Erfolg des Unternehmens über allem steht (außer vielleicht bei E-Government, wo die individuellen Interessen des Bürgers oder die politischen Interessen eines Staates nicht in die betriebswirtschaftlichen Überlegungen einfließen), ist die Beweisbarkeit von Sicherheit nicht nur der Motor für Risikountersuchung und Audit, sondern auch für die Auswahl und den Einsatz von Sicherheitstechnologie.

Die drei goldenen Stufen ... Damit haben wir ein dreistufiges, pragmatisches Verfahren, das sich für jeden Prozess anwenden lässt, wenn es von Anfang an mit berücksichtigt wird:

1. Risikountersuchung: welche Daten sind schützenswert, wie viel Geld bin ich bereit, für den gewünschten Schutz auszugeben?

2. Umsetzung: Einfordern der notwendigen Sicherheitseigenschaften beim Hersteller/Implementierungspartner.

3. Audit: Nachweis der erfolgreichen Umsetzung und Abgleich gegen den Schutzbedarf.

... und ihre Verantwortlichkeiten im Unternehmen Mit diesen drei Schritten lässt sich so gut wie jede sicherheitskritische Anwendung implementieren. Dabei sollten Schritt 1 und 3 von der Fachabteilung als Teil des Fachkonzepts durchgeführt werden (natürlich mit der Hilfestellung der Sicherheits- und Risikomanagementabteilungen), während Teil 2 von der IT-Abteilung durchgeführt werden sollte, da technische Skalierbarkeits- und Administrationskonzepte meist dort entwickelt werden.

3.7 Der alternative Ansatz für den Mittelstand: ASP

Sichere E-Business-Prozesse erfolgreich zu implementieren erfordert einen nicht unerheblichen, nicht sofort sichtbaren Aufwand. Zuerst müssen Risikoanalysen durchgeführt werden, lange bevor auch nur die einfachsten Prozesse implementiert werden. Danach müssen Sicherheitstechniken verwendet werden, um das angestrebte, angemessene Sicherheitsniveau auch erreichen zu können und schließlich müssen Audits durchgeführt werden, um die korrekte Implementierung von Prozessen zu belegen.

Dieser Aufwand ist, insbesondere aufgrund seiner Komplexität, entweder nur von sehr spezialisierten oder sehr großen Organisationen zu bewältigen. Damit scheint eine große Anzahl der kleineren und mittleren Unternehmen nicht in der Lage zu sein, die genannten Voraussetzungen zu erfüllen und ist somit vom E-Business ausgeschlossen. Zu groß wäre die Investition, die diese Unternehmen außerhalb ihres Kerngeschäfts tätigen müssten. Die Folge wäre die Konzentration eines Großteils der zukünftigen Geschäftsprozesse auf große, internationale Unternehmen, eine neue Art der Monopolisierung. Dies wäre genau das Gegenteil von dem, was E-Business verspricht.

Doch es gibt alternative Szenarien, die es auch kleinen und mittelständischen Unternehmen erlaubt, im E-Business-Konzert der Großen mitzumischen und trotzdem gebührenden Schutz und Risikominimierung wahrnehmen zu können. Dies ist möglich mit Application Service Providing (ASP). Application Service Providing ist ein Modell, in dem das Unternehmen die Abwicklung der elektronischen Geschäftsprozesse einem Dienstleister übergibt. Dieser bietet diese Dienstleistung für eine Gruppe von Kunden an, für die die implementierten Prozesse ähnlich ablaufen, um Synergien bei der Konfiguration und Administration nutzen zu können.

Application Service Providing

ASP bietet kleinen und mittelständischen Unternehmen ein ausgereiftes System, ohne Investitionen in Verwaltung und Pflege für eine eigene Systemlandschaft tätigen zu müssen. Im Hinblick auf die zuvor geführte Diskussion kommt hinzu, dass der ASP-Provider seinen Kunden die Risikomanagementuntersuchungen, die Sicherheitskonfiguration und den Audit zu großen Teilen abnimmt und als Teil der Dienstleistung mitanbieten kann. Dies lohnt sich für den ASP-Provider, da er die sicherheitsrelevanten Aktivitäten für seine Kunden bündeln kann, und er auch bei unterschiedlicher Konfiguration viele Teile wiederverwenden kann.

Ohne die entsprechenden Audit-, Sicherheits- und Risikomanagement-services kann ASP vom betriebswirtschaftlichen Standpunkt aus ein problematisches Geschäftsmodell sein, denn dann muss sich der ASP-Provider mit einem ausgereiften, in Betrieb und Pflege relativ teuren System mit einfachen, für den KMU-Markt speziell entworfenen Programmen messen lassen – und da schneiden die »kleinen« Systeme meistens besser ab. Doch was diese Programme meist nicht können, ist gerade die Einbettung in ein Security-Konzept, ja oft ist gar kein Security-Konzept vorhanden. Und genau da ergibt sich die Chance für den ASP-Provider, ein Differenzierungsmerkmal aufzubauen. Bedingung allerdings ist, dass dieser bereit ist, entsprechendes Know-how in Security-, Audit- und Risikomanagement aufzubauen – entweder selbst oder mit entsprechenden Beratungspartnern.

Wichtig ist dabei, dass sich das Security-Konzept nicht auf die sichere Konfiguration alleine beschränkt, was auf den ersten Blick sinnvoll erscheint. Wie in den vorangegangenen Abschnitten beschrieben, kommt es vielmehr darauf an, dass der ASP die unternommenen Sicherungsschritte dem Kunden, analog zu einem Marktplatzbetreiber, nachweisen kann und eine – zugegebenermaßen nicht in allen Einzelheiten – individuelle, aber dennoch angepasste Risikountersuchung anbieten kann. Diese kann sich z. B. in der Praxis in der Auswahl von verschiedenen Sicherheitsmechanismen widerspiegeln, die mit unterschiedlichen Preis- und Garantievereinbarungen einhergehen. So kann der ASP-Provider eine bis zu einem gewissen Grad aus Risikogesichtspunkten flexible Lösung anbieten, ohne auf jeden Kunden individuell einzugehen. Der Kunde andererseits kann aus einer Reihe von Möglichkeiten auswählen, die für sein Unternehmen sinnvoll sein können und die sich in den unterschiedlichen Ausprägungen von Investition und Sicherheit widerspiegeln, aber auf jeden Fall ein angepasstes Risikomanagementniveau bieten.

ASP, fast schon als Old-Economy-Modell in Vergessenheit geraten, kann so aufgrund der Möglichkeit, Risikomanagement für mehrere Kunden zusammen zu fassen, zu neuer Blüte kommen und kleine und mittelständische Unternehmen kommen in den Genuss, Webservices implementieren und somit am neuen E-Business teilhaben zu können.

Kompakt

Sicherheit hat offensichtlich eine ganze Menge mit Gefühl zu tun, das ist nach diesen Ausführungen wohl sicher. Es ist das Gefühl, das Richtige getan zu haben. Es bedeutet aber etwas ganz anderes, als »nur« ein gutes Gefühl bei einer Sache zu haben. Der entscheidende Unterschied liegt darin, dass man, wenn man das Richtige getan hat, dies auch nachweisen können muss.

Man muss für jeden einzelnen Prozess adäquate Maßnahmen ergreifen, um sich absichern zu können.

Dieser Satz beschreibt unserer Meinung nach alles, was man für ein erfolgreiches IT-Security-Management – insbesondere für E-Business-Projekte – braucht: die Bereitschaft, den Schutzbedarf für jeden Prozess vorurteilsfrei einzuschätzen, das Durchhaltevermögen, die erforderlichen Maßnahmen auch durchzusetzen, und die Möglichkeit, den Beweis in einem Audit anzutreten.

Sicherheit ist also mehr als nur ein »gutes Gefühl«; ja, Sicherheit ist sogar beweisbar. Aber das funktioniert nur, wenn man Sicherheit als Qualität einer Applikation, eines Prozesses begreift. Als Teil einer technischen Infrastruktur wird Sicherheit nie den Beitrag leisten können, der eigentlich von ihr verlangt wird. Denn ansonsten gäbe es ja nichts, was man beweisen könnte ...

Wenn Sie aus diesem Kapitel etwas mitgenommen haben sollten, freuen wir uns. Wir würden uns noch mehr freuen, wenn es die folgenden Gedanken wären: vorurteilsfrei, unverblendet mit dem Thema Sicherheit umzugehen, mit dem Wissen, dass man damit eine Qualität für seine Lösung schafft, mit der man gut schlafen kann, und der Bereitschaft, dafür auch zu investieren. Denn einfach oder billig ist Sicherheit nie – wer Ihnen das vormacht, ist einfach ein Scharlatan.

Teil 2
Auf dem Weg zum Ziel

Die eigentliche Realisierung von E-Business-Projekten wird meist auf die Programmierung von ein paar Webseiten und die Anpassung von Backend-Systemen reduziert, nach dem Motto: »Das muss ja schnell gehen, das kann doch nicht viel Arbeit sein!« Dass dabei ganz normale Regeln und Gewohnheiten gelten, die für jedes Nicht-Internet-Projekt akzeptiert werden, wird schlicht ignoriert.

Aber gerade in E-Business-Projekten, wo die Auswirkung von schlechtem Projektmanagement noch viel schneller zu Tage treten, müssen Themen wie Risikomanagement, Prozess-Engineering sowie Führung und Kommunikation besonders beachtet werden.

Gerade im E-Business-Umfeld sind ausgebildete Mitarbeiter besonders wertvoll und wollen, ja müssen gefördert werden. Gerade im E-Business sind Prozessveränderungen besonders kritisch, weil sie schnell und in großem Ausmaß Auswirkungen haben können. Insbesondere bei Internet-Projekten ist das Risiko nicht zu unterschätzen. Lesen Sie in diesem Teil, wie bedeutsam diese Themen für E-Business-Projekte sind und welche Fallen zu vermeiden sind.

4 Risiken managen – Chancen wahrnehmen

Euphorie gefolgt von Ernüchterung, so lassen sich viele E-Business-Aktivitäten kurz zusammenfassen. Die Risiken beim Einstieg in dieses Neuland werden häufig gnadenlos unterschätzt. Da verweigert sich doch der dumme Kunde dem höchst innovativen Prozess, weil er das Produkt vor dem Kauf schmecken, fühlen oder riechen will, obwohl sie doch ein Höchstmaß an Datensicherheit implementiert haben ... Nicht zu fassen! Oder doch?

Dieses Kapitel beschäftigt sich mit den klassischen und den modernen Methoden des Risikomanagements rund um E-Business-Projekte. Dabei werden wir zuerst die »hohe Schule« bemühen und aus den Definitionen in der Literatur eine verständliche, brauchbare und praktikable Version ableiten. Danach gehen wir auf weitere Techniken ein, die es im Rahmen des Controllings erlauben, anstehende Risiken zu erkennen und zu umschiffen. Schließlich wenden wir uns den kritischen Faktoren in Projekten und allgemein beim automatisierten Umgang mit Information zu.

4.1 Risikopotenziale

Die Ignoranz des Kunden ist kaum zu überbieten. Da haben Sie nun das E-Business-Projekt zum Abschluss gebracht und ... zugegebenermaßen: Die geplante Implementierungszeit wurde um 60 % überschritten, die Projektkosten haben sich verdoppelt, Ihr Projektteam löst sich frustriert auf, der Rest des Unternehmens boykottiert die E-Überflieger, Ihr Wirtschaftsprüfer hat Sorgenfalten auf der Stirn, die Aktionäre formulieren erste unangenehme Fragen an den Vorstand und nun meckern auch noch die Kunden, weil sie die Produkte eigentlich doch wieder in der klassischen Form im geliebten Shop kaufen möchten. Möglicherweise wäre es doch sinnvoll gewesen, den Begriff Risikomanagement nicht allein auf die Vergabe von Passwörtern zu reduzieren ...

Nach unseren Erfahrungen haben die Risikopotenziale im Rahmen von E-Business-Aktivitäten in der Tat viele Dimensionen: Gesamtwirtschaftliche Entwicklungen, Unternehmensstrategie, Technologien, Prozesse, Marktentwicklungen, rechtliche Rahmenbedingungen und steuerliche Aspekte (also im Prinzip vergleichbar mit dem Aufbau und Inhalt dieses Buchs). Diese sind vor und nicht etwa erst nach der Implementierung genau zu durchleuchten.

Ach ja, wir möchten Sie noch bitten, die Unternehmenshistorie in Ihre Betrachtungen miteinzubeziehen. Es ist erfahrungsgemäß ein wesentlicher Unterschied, ob Sie einen Start-up aufbauen oder ein historisch gewachsenes, renommiertes Unternehmen auf E-Business-Kurs bringen wollen. Die Intensitäten bzw. Risikopotenziale verschieben sich, wie Sie sehen werden, teilweise recht deutlich. Internes Changemanagement ist bei einem Start-up kein Thema, in einem renommierten Unternehmen mit verzweigten Machtstrukturen aber »kriegsentscheidend«.

Risikomanagement beginnt nicht erst bei der Sicherheit der elektronisch verfügbaren Informationen; Risikomanagement beginnt bei der strategischen Entscheidung für oder gegen eine E-Business-Aktivität. Risikomanagement setzt sich fort beim Controlling bzw. Monitoring des jeweiligen Projektstandes bzw. der gesamten E-Business-Aktivitäten eines Unternehmens und der notwendigen Anpassung der unternehmerischen Entscheidungen an geänderte Umfeldbedingungen, unabhängig ob strategischer oder operativer Art. Aber Risikomanagement ist auch in die Prozesse und IT-Anwendungen zu integrieren; der unberechtigte Zugriff auf Kundendaten kann schnell zu einem strategischen und damit existenzbedrohenden Risiko für das Unternehmen werden.

Wir haben aus den, wie aufgezeigt, vielfältigen Aspekten des Risikomanagements im Rahmen von E-Business-Aktivitäten eine Auswahl getroffen. Sie finden zunächst einen Überblick zu Instrumenten der Früherkennung von Unternehmensrisiken und den dazugehörigen juristischen Background – nicht eben unwichtig für junge Vorstände oder solche die es werden wollen.

Einen Schwerpunkt haben wir dann auf die Betrachtung der Risiken des Implementierungsprozesses für unternehmerische Entscheidungen gelegt, damit die Anregungen des ersten Abschnitts mithilfe unserer Projekterfahrungen besser in die Praxis umgesetzt werden können. Aufgrund der möglichen Risiken bei der Informationssicherheit soll im letzten Abschnitt auf die konkrete Ausgestaltung eines prozessintegrierten Risikomanagements eingegangen werden.

4.2 Ziel: Früherkennung von Unternehmens- risiken

Der Gesetzgeber hat mit dem am 30. April 1998 verkündeten »Gesetz zur Kontrolle und Transparenz im Unternehmensbereich«[1] (KonTraG) die allgemeinen Leitungsaufgaben der Vorstandsmitglieder einer Aktiengesellschaft verdeutlicht. Demnach hat »der Vorstand geeignete Maßnahmen zu treffen, insbesondere ein Überwachungssystem einzurichten, damit den Fortbestand der Gesellschaft gefährdende Entwicklungen früh erkannt werden«[2]. Die Ausgestaltung eines derartigen Systems hat der Gesetzgeber jedoch freundlicherweise offen gelassen. Das KonTraG ist sofort relevant für Vorstände und Aufsichtsräte börsennotierter Aktiengesellschaften, aufgrund der so genannten Ausstrahlungswirkung aber in Zukunft auch für nicht börsennotierte Aktiengesellschaften und alle größeren GmbH wichtig.

KonTraG

Ziel dieses Kapitels ist es, die in Teilen der Literatur befürchtete »Unsicherheit, Ratlosigkeit und Unverständnis« bezüglich der Ausgestaltungsmöglichkeiten eines derartigen Systems durch die Darstellung und Diskussion des in der Controlling-Literatur anzutreffenden Instrumentariums ein wenig zu reduzieren.

Wir konzentrieren die Darstellung auf den Industriebetrieb. Die spezifischen Anforderungen von Banken, Versicherungen und anderen Finanzdienstleistern werden ausgeklammert, da hier besondere Anforderungen an das Risikomanagement bestehen. Wir nehmen das deutsche Kontrollsystem als Maßstab; eine inhaltliche Übertragung auf internationale Aspekte ist ohne weiteres möglich, auch wenn die Anforderungen im Detail anders gestaltet sein können.

Risikomanagement setzt grundsätzlich folgende Handlungsstufen voraus [Ibing]: Risiken erkennen, Risiken bewerten und Risiken bewältigen. Dabei stehen die Handlungsstufen gleichrangig nebeneinander, denn es macht keinen Unterschied in der Auswirkung, ob Risiken gar nicht erkannt worden sind, oder diese nicht richtig abgesichert wurden. Andererseits sind diese Stufen nacheinander zu durchlaufen, da die letztgenannten Stufen zwangsläufig auf den ersteren aufbauen.

Verschiedene Handlungsstufen

Zur Verbesserung des im deutschen Aktienrecht verankerten Kontrollsystems, insbesondere zur Vermeidung von Schwächen und Verhaltensfehl-

---

1   BGBl. I 1998, S. 786–794
2   § 91 II AktG

steuerungen in diesem System, werden als Folge des KonTraG gezielte Korrekturen auf verschiedenen Ebenen notwendig [Bundesrat].

Abbildung 4.1 Ebenen der Überwachung im Kontrollgefüge des deutschen Aktienrechts

Maßnahmen zur frühzeitigen Erkennung Wo liegt hierbei das persönliche Risiko für Vorstände und Aufsichträte? Es sind Maßnahmen zu treffen, damit den Fortbestand der Gesellschaft gefährdende Entwicklungen frühzeitig erkannt werden, insbesondere risikobehaftete Geschäfte, Unrichtigkeiten der Rechnungslegung, Verstöße gegen gesetzliche Vorschriften, die sich auf die Vermögens-, Finanz-, und Ertragslage wesentlich auswirken. Damit rücken E-Business-Aktivitäten in den Vordergrund, denn sie beeinflussen das Unternehmen auf verschiedenen Ebenen in jedem Fall.

Die Einhaltung der Maßnahmen ist durch ein Überwachungssystem zu kontrollieren. Spricht der Gesetzgeber in der Änderung von § 91 II AktG noch vom »Überwachungssystem«, wird dieses in der Begründung zu diesem Paragraphen mit »Risikomanagement« und »Interne Revision« konkretisiert [Bundesrat].

Berichtspflichten Unterstützt werden soll die Verpflichtung des Vorstandes zur Früherkennung von gefährdenden Entwicklungen durch entsprechende Berichtspflichten. Und zwar über grundsätzliche Fragen der Unternehmensplanung im Rahmen der Berichterstattung an den Aufsichtsrat (§ 90 AktG) und über Risiken der künftigen Entwicklung im Lagebericht (§§ 289 und 315 HGB). Neben dieser eigenständigen Berichterstattung soll der Aufsichtsrat durch den Prüfungsbericht (§ 321 HGB) des Abschlussprüfers in seiner Überwachungstätigkeit unterstützt werden. Der Bericht soll die Lage aus Sicht des Prüfers, insbesondere hinsichtlich des Fortbestandes und der künftigen Entwicklung des Unternehmens unter Heranziehung des Lageberichtes sowie die Maßnahmen zur Früherkennung und des eingerichteten Überwachungssystems beurteilen. Womit sich ein neuer Risikoaspekt ergibt. Ist der normalerweise nicht technisch vorgebildete Prüfer überhaupt in der Lage, Hightech-Entwicklungen sachgerecht zu beurteilen?

Die Literatur und auch die öffentliche Meinung diskutieren im Zusammenhang mit einigen populär gewordenen Konkurs- und Krisenfällen im Grunde zwei Arten von Verlustrisiken bzw. von bestandsgefährdenden Entwicklungen. Diese Diskussion geht mit der Diskussion um die so genannte »Erwartungslücke« einher. Gerade die Schließung dieser Erwartungslücke ist eine der Intentionen des KonTraG: »Zum einen handelt es sich um Fälle, bei denen Spekulationsgeschäfte oder sogar rechtliche Verfehlungen die Schwierigkeiten verursacht haben. (...) Die zweite Gruppe von Fällen ist ganz anderer Natur. Die Ursachen liegen hier in grundlegenden unternehmerischen Fehlentscheidungen.« [Bea]

Gerade die zweite Gruppe, die »gewöhnliche« unternehmerische Fehlentscheidung im Vergleich zu unzulässigen Geschäften, erscheint im Hinblick auf ihre finanziellen Auswirkungen bedeutsamer.

Arten von Unternehmensrisiken

Risiko wird in der Literatur in zweierlei Weise verwendet. Zum einen bedeutet Risiko Verlustgefahr, zum anderen wird eher formal zwischen Risiko und Unsicherheit unterschieden. Im zweiten Fall wird Risiko als eine Kennzeichnung von Informationsstrukturen dargestellt, denen sich ein Entscheidungsträger zum Zeitpunkt seiner Wahlhandlungen gegenübersieht. Letztendlich resultiert aber jede Verlustgefahr aus der Tatsache, dass die Zukunft nicht sicher vorhergesagt werden kann [Hörschgen].

So mancher Euphorie über E-Business-Aktivitäten und Erfolgspotenziale ist Ernüchterung gefolgt. Einige Aspekte hatte man bei den Überlegungen zur Risikoabschätzung nicht einbezogen, andere haben sich überraschend entwickelt. Die Risiken, denen sich ein Unternehmen gegenübersieht, lassen sich nach dem Grad ihrer Beeinflussbarkeit in zwei Gruppen einteilen [Ibing]: in reine und spekulative Risiken.

Reine Risiken sind dadurch gekennzeichnet, dass ein das Vermögen unmittelbar minderndes Ereignis eintritt (z. B. Elementarschäden wie

Reine und spekulative Risiken

Sturm). Die spekulativen Risiken umfassen solche unsicheren Ereignisse, bei denen sowohl die Gefahr eines Vermögensverlustes (Risiko im engeren Sinne) als auch die Möglichkeit einer Vermögensmehrung (Chance) gegeben ist [Kless]. Bei E-Business-Aktivitäten befinden wir uns also schwerpunktmäßig im Bereich der spekulativen Risiken.

Aus der Gesetzesbegründung lässt sich entnehmen, dass ein Vorstand bei Verletzung von Organisationspflichten – hier die Einrichtung eines angemessenen Risikomanagements und einer angemessenen internen Revision – eine persönliche Schadensersatzpflicht nach § 93 II AktG treffen kann. Wir raten daher eindringlich, die Pflichten sorgfältig auszuüben und für eine nachvollziehbare Dokumentation dieser Handlungen zu sorgen.

Im »ARAG/Garmenbeck-Urteil« vom 21. April 1997 hat der BGH zur Frage der Sorgfaltspflichtverletzung beim Eingehen von Risiken Stellung genommen. Danach muss »dem Vorstand bei der Leitung der Geschäfte ein weiter Handlungsspielraum zugebilligt werden (...)«, ohne den eine unternehmerische Tätigkeit allerdings nicht denkbar ist. Dazu gehört neben dem bewussten Eingehen geschäftlicher Risiken grundsätzlich auch die Gefahr von Fehlbeurteilungen und Fehleinschätzungen, denen jeder Unternehmensleiter, mag er auch noch so verantwortungsbewusst handeln, ausgesetzt ist.

Gewinnt der Aufsichtsrat den Eindruck, dass dem Vorstand das nötige Gespür für eine erfolgreiche Führung des Unternehmens fehlt, er also keine »glückliche Hand« bei der Wahrnehmung seiner Leitungsaufgaben hat, kann ihm das Veranlassung geben, auf dessen Ablösung hinzuwirken. Eine Schadensersatzpflicht des Vorstandes kann daraus nicht hergeleitet werden. Diese kann erst in Betracht kommen, wenn »die Grenzen, in denen sich ein vom Verantwortungsbewusstsein getragenes, am Unternehmenswohl orientiertes, auf sorgfältiger Ermittlung der Entscheidungsgrundlagen beruhendes Handeln bewegen muss, deutlich überschritten sind, die Bereitschaft, unternehmerische Risiken einzugehen, in unverantwortlicher Weise überspannt worden ist (...)«[3]

Unternehmerische Entscheidungen sind immer risikobehaftet

Der BGH bestätigt mit diesem Urteil, dass unternehmerische Entscheidungen untrennbar mit dem Eingehen von Risiken verknüpft sind. Die risikobehaftete Entscheidung als solche ist nur in Ausnahmefällen Anlass für eine Schadensersatzpflicht, allerdings gilt dies eben nicht für die Entscheidungsvorbereitung. Eine sorgfältige Entscheidungsvorbereitung ist unabdingbar. Übertragen auf das Risikomanagement kann das unseres

---

3   BGH, Urteil vom 21. April 1997, in DB 21/1997, S. 1.070

Erachtens nur bedeuten, dass eine vollständige Analyse aller Risiken und Chancen vorzunehmen ist und erst nach entsprechender Abwägung der Chancen und Risiken eine Entscheidung getroffen werden kann. Im Umkehrschluss bedeutet dies aber auch, dass eine Entscheidung in schuldhafter Unkenntnis der Risiken bzw. Chancen die o.g. Grenzen überschreitet.

Elemente eines Risikoüberwachungssystems

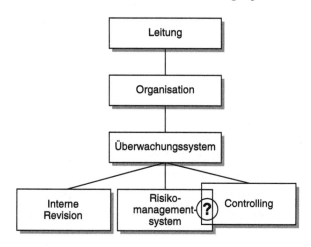

Abbildung 4.2 Instrumentarium eines Überwachungssystems nach der Gesetzesbegründung

Abbildung 4.2 fasst die Aussagen der Gesetzesbegründung zusammen. Die Aussagen zur Überwachung und zur internen Revision fügen sich in das Bild, das üblicherweise von der Überwachungsaufgabe der Unternehmensführung vorherrscht: Einerseits interne Kontrolle als prozessabhängige Überwachung, mit den Elementen Zwangsläufigkeit von Arbeitsvorgängen (Organisation von Arbeitsvorgängen), Trennung von Funktionen und Einbau von Kontrollvor- und -einrichtungen. Und andererseits interne Revision als prozessunabhängige Überwachung, mit den Aufgabenbereichen Analyse und Beurteilung der Arbeitsvorgänge, Überprüfung des internen Kontrollsystems, Analyse und Beurteilung des betrieblichen Kommunikationssystems und Beurteilung der Zweckmäßigkeit von Maßnahmen zur Sicherung vor Vermögensverlusten. **Interne Kontrolle und interne Revision**

Nicht eindeutig ist die Zuordnung des Controllings, das in der allgemeinen Begründung als unternehmensinterne Kontrolle bezeichnet wird. Legt man den gebräuchlichen Begriff des Controllings zugrunde, so geht das Controlling jedoch weit über die Überwachungsfunktion hinaus, da **Controlling** es auch Planung und Steuerung miteinbezieht. Insofern läge es unseres Erachtens nahe, das Controlling in engem Zusammenhang mit dem Risikomanagement zu sehen.

Gänzlich alleingelassen wird der Leser der Gesetzesbegründung allerdings, wenn es um die Be- oder Umschreibung des Frühwarnsystems geht. Auch die Literatur verwendet die Begriffe Internes Kontrollsystem, internes Überwachungssystem, Internal Control, Controlling und Risikomanagementsystem nicht einheitlich. Daher bietet es sich zuerst an, den konzeptionellen Bezugsrahmen für ein Risikomanagementsystem darzustellen.

Controllingsystem

Controlling dient nach praxisorientiertem Verständnis der Informationsversorgung der Unternehmensführung und ist zum Teil historisch aus dieser Aufgabenstellung entstanden. Horváth drückt dies wie folgt aus: »In einer ersten Annäherung können wir Controlling als das Subsystem der Führung mit der Funktion der führungsinternen ergebniszielorientierten Koordination definieren.« [Horváth]«

Koordination als Aufgabe Als Kernproblem ist hierbei die Koordinationsfunktion zu sehen (siehe Abbildung 4.3). Koordinationsprobleme treten im Unternehmen immer dann auf, wenn Entscheidungsträger »in wechselseitiger Abhängigkeit stehen, d.h. jede Entscheidung direkt oder indirekt die Zielerreichung mindestens einer anderen Entscheidung beeinflusst (...)«

Das betriebliche Rechnungswesen kann anhand seiner Aufgaben dem Controllingsystem zugeordnet werden. Im Allgemeinen werden dem betrieblichen Rechnungswesen die Teilaufgaben Dokumentations- und Kontrollaufgabe, Dispositionsaufgabe sowie Rechenschaftslegungs- und Informationsaufgabe zugeschrieben [Wöhe]. Die Verschiedenheit dieser Aufgaben hat in eine Einteilung in vier Teilgebiete des Rechnungswesens geführt: Buchhaltung und Bilanz (Zeitrechnung), Selbstkostenrechnung (Stückrechnung), betriebswirtschaftliche Statistik und Planungsrechnung (Vorschaurechnung).

Die klassischen Instrumente zur Erfüllung der externen Rechenschaftslegungs- und Informationsaufgabe, die Finanzbuchhaltung und Bilanz sind hierbei stark wertorientiert und vergangenheitsorientiert. Es fehlt die perspektivische Ausrichtung. Daher eignen sie sich wenig für die zeitlich frühe Erkennung von bestandsgefährdenden Entwicklungen.

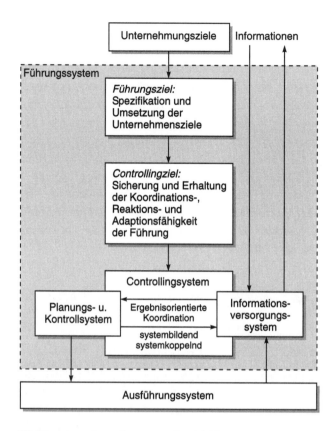

Abbildung 4.3 Controllingsystem [Horváth]

Risikomanagementsystem

Die Planung muss verschiedene Grundfunktionen umfassen, wie Erfolgssicherung bzw. Effizienzsteigerung, Risikoerkenntnis und -reduzierung, Flexibilitätserhöhung, Komplexitätsreduktion und Schaffung von Synergieeffekten. Die Risikoerkenntnis im Hinblick auf die zukünftige Entwicklung ist daher eindeutig der Unternehmensführung und hier im speziellen der Teilaufgabe Planung zugeordnet.

Planung

Horváth weist zudem »noch auf einen bedeutsamen praktischen Aspekt der Koordination hin«. Koordination hat im Grunde die Funktion, die Diskrepanz zwischen Informationsbedarf und vorhandenen Informationen (Informationsdefizit) zu verkleinern. Das Informationsdefizit der an Planung und Kontrolle Beteiligten birgt Risiko, d.h. Verlustgefahr, in sich. Man kann also sagen, dass Koordination risikovermindernd wirkt, indem sie das Informationsdefizit mindert. Risikomanagement, d.h. die Handhabung von Entscheidungsrisiken im Unternehmen, wird dieser Überlegung

Koordination

entsprechend organisatorisch häufig als Teilbereich des Controllings angesehen.

IDW EPS 260 Lück hat den Versuch einer Systemabgrenzung bzw. einer organisatorischen Zuordnung unternommen, der sich ergänzt und modifiziert auch in einem Entwurf eines Prüfungsstandards des IDW, »Das interne Kontrollsystem im Rahmen der Abschlussprüfung«, findet. Lück hatte darauf hingewiesen, dass die Verwendung des Begriffs des internen Kontrollsystems im Sinne des amerikanischen »Internal Control« missverständlich sei [Lück]. Mit der Definition in IDW EPS 260 ist das IDW dieser Auffassung gefolgt. Nunmehr wird eine weite Definition des internen Kontrollsystems gewählt, die nach Abbildung 4.4 auch das interne Steuerungssystem eines Unternehmens umfasst und damit auch die Umsetzung der Entscheidungen der Unternehmensleitung.

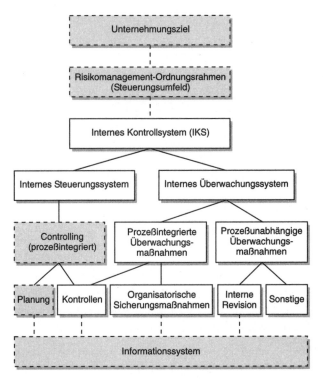

Abbildung 4.4 Elemente eines Risikomanagementsystems

Im IDW EPS 260 findet sich die Aufzählung der Komponenten des internen Kontrollsystems, »Integrated Framework«, die zur Beurteilung eines Risikomanagementsystems heranzuziehen sind, und zwar Kontrollumfeld

(Steuerungsumfeld, Risikomanagement-Ordnungsrahmen), Risikobeurteilungen, Kontrollaktivitäten, Information und Kommunikation und Überwachung des internen Kontrollsystems.

Risikofrüherkennungssystem

Der IDW Prüfungsstandard 340 definiert das Risikofrüherkennungssystem nach § 91 II AktG als Teilsystem des gesamten Risikomanagementsystems. Es »ist auf die Früherkennung bestandsgefährdender Entwicklungen (...) ausgerichtet.« Diese Aufgabe schließt die rechtzeitige Erfassung ein, wobei diese so rechtzeitig erfolgen muss, dass noch Reaktionen der Entscheidungsträger möglich sind. Des Weiteren muss die Weiterleitung, d.h. die Information der Entscheidungsträger gewährleistet sein. Es wird dabei betont, dass eine Weiterleitung nur der Risiken zu erfolgen hat, die noch nicht bewältigt sind. Erfolgsstories sind also weniger gemeint!

Als weitere Kennzeichen eines derartigen Risikofrüherkennungssystems werden genannt: Ausdehnung der Risikoerfassung auf das gesamte Unternehmen, Abgrenzung jener Bereiche, aus denen bestandsgefährdende Risiken resultieren können, Risikoerfassung sowohl durch »feedforward« von bereits erkannten Risiken, als auch durch »feed-back« von Risiken, die keinem vorab definierten Erscheinungsbild entsprechen, Schaffung eines Risikobewusstseins bei Mitarbeitern von besonders risikobehafteten Unternehmensbereichen, Betrachtung von Risiken in ihrem Zusammenwirken oder ihrer Kumulation, Schaffung von klar definierten Berichtswegen und Verantwortlichkeiten, einschließlich einer ad-hoc-Berichterstattung, Festlegung von Schwellenwerten in den Berichtswegen und eine eindeutige Dokumentation des Systems.[4]

Risikoerfassung

4.3 Ausgestaltung eines E-Controllingsystems

Controlling ist ein kybernetischer Prozess, bestehend aus den drei Komponenten Planung, Realisation und Kontrolle. Das Gesamtsystem des E-Controllings kann grafisch wie in Abbildung 4.5 dargestellt werden [Baum].

---

4   IDW PS 340, Tz. 7 ff

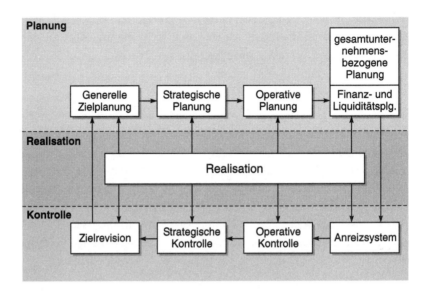

Abbildung 4.5 Hauptkomponenten des E-Controllingsystems

Aufgaben im Rahmen des E-Business

Auch in E-Business-Projekten verläuft die Phase der Planung wie folgt: Als erstes wird die generelle Zielplanung festgelegt, insbesondere im Hinblick auf die Oberziele Gewinn und Liquidität (z. B. Ziel der Wertsteigerung). Dann wird eine strategische Planung auf der Basis von Zielvorgaben erstellt (z. B. eine innovationsgestützte Wachstumsstrategie mittels eigener E-Business-Aktivitäten). Des Weiteren wird im Rahmen der operativen Planung die konkrete Umsetzung der Strategien definiert (z. B. Herunterbrechen der Strategievorgabe in konkret definierte E-Business-Projekte, wobei die Bereiche Entwicklung, Produktion und Vertrieb mit ihren Teilplänen einbezogen werden). Und schließlich erfolgt im Falle des Vorhandenseins verschiedener strategischer Geschäftseinheiten danach die Zusammenfassung dieser dezentralen Planungen, um die zentrale Liquiditäts- und Finanzplanung zu erarbeiten.

Die Teilpläne werden in der nachfolgenden Phase der Realisation umgesetzt, wobei eine periodische (mindestens quartalsweise oder sogar monatliche) Kontrolle bzw. Überprüfung der Zielerreichung stattfindet.

Kontrolle von operativen Plänen und Strategie

In der Phase der Kontrolle findet einerseits eine Rückkopplung, also ein Feedback über die Zielerreichung, statt, andererseits können – im Falle von Abweichungen – im Sinne eines Feed-forward Maßnahmen zur Zielerreichung angepasst oder eingeleitet werden, so z. B. ein Anreizsystem, das die Zielerreichung unterstützt, z. B. durch die Honorierung von

Arbeitnehmererfindungen. Dabei erfolgt die *operative Kontrolle* auf der Ebene der operativen Pläne. Im E-Business-Projekt z.B. durch die Einhaltung der Meilensteine, in der Produktion durch die Ausbringungsmenge, im Vertrieb durch die mengen- und wertmäßigen Größen Absatz und Umsatz. Die *strategische Kontrolle* zielt auf die Realisierbarkeit von Strategien ab. Z.B. wird auf oberster Ebene die Stellgröße Wachstumsziel anhand der Regelgröße Unternehmenswachstum überprüft, also Absatz, Umsatz, Gewinn, Cashflow. Soweit die Gegensteuerung erfolglos bleibt, müssen in letzter Konsequenz die Unternehmensziele revidiert werden.

Es gilt nun zu bestimmen, in welchem Teilmodul die Früherkennung von Risiken im Rahmen von E-Business-Aktivitäten vorgenommen wird.

Strategisches Controlling

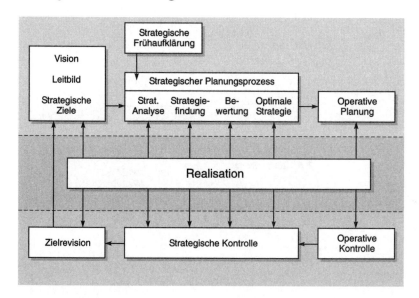

Abbildung 4.6 Teilmodule des strategischen Controllingsystems

Das strategische Controlling wird, wie in Abbildung 4.6 gezeigt, in Teilmodule zerlegt [Baum]. Der strategische Planungsprozess wird durch die Vorgabe strategischer Ziele bestimmt. Aus der Vision werden Leitbilder entwickelt. Die Leitbilder konkretisieren Sachziele wie das angestrebte Tätigkeitsgebiet im E-Business. Auf dieser Basis erfolgt eine Konkretisierung in den Kategorien Formal-, Sach- und Sozialziel. Der Konkretisierungsgrad sollte dabei so hoch sein, dass eine Messung der Zielerreichung und damit die Kontrolle möglich wird.

Strategische Planung

Frühaufklärung Die strategische Frühaufklärung ist dem Planungsprozess vorgeschaltet und hat im Rahmen von E-Business-Aktivitäten höchste Priorität. Ihr kommt die Aufgabe zu, möglichst frühzeitig bedrohende oder Chancen eröffnende Entwicklungen im Unternehmensumfeld oder im Unternehmen selbst zu antizipieren, damit das Unternehmen seine strategische Planung darauf abstellen kann. Wie kann eine Früherkennung nun vorgenommen werden?

Frühaufklärungssysteme

SWOT-Analyse Die strategische Frühaufklärung ist ein Informationssystem, »das Informationen über zu erwartende Chancen und Risiken des Unternehmensumfeldes mit einem zeitlichen Vorlauf übermittelt und somit das frühzeitige Reagieren auf diese Chance und Risiken ermöglicht (Vorsteuerungsfunktion).« [Baum] Ein geeignetes Instrument zur Gegenüberstellung von externen Chancen und Risken (aus der Umfeldanalyse) bzw. internen Stärken und Schwächen (aus der Unternehmensanalyse) ist die so genannte SWOT-Analyse. Diese ist daher regelmäßig zum Abschluss der Umfeldanalyse bzw. der Unternehmensanalyse zu empfehlen.

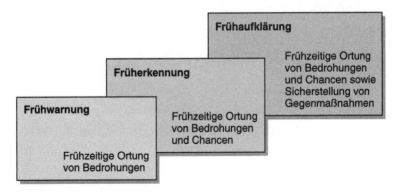

Abbildung 4.7 Definitionen zur Frühaufklärung

Die strategischen Frühaufklärungssysteme (siehe Abbildung 4.7) werden in eigen- und fremdorientierte Ansätze unterschieden. Bei den fremdorientierten Ansätzen wird ein fremdes Unternehmen betrachtet. Die Entwicklung der eigenorientierten Ansätze hat drei Stufen durchlaufen: Kennzahlenanalyse und Planungshochrechnungen (1. Generation), Indikatorensysteme (2. Generation) und Analyse so genannter »schwacher Signale« (3. Generation).

Verfahren der 1. Generation

Die Verfahren der 1. Generation haben sich aus den Verfahren der Unternehmensplanung heraus entwickelt. Kennzahlenanalysen basieren auf einem Zeitreihenvergleich von für die Zielerreichung als maßgebend erkannten Faktoren, die in so genannten Kennzahlensystemen auch in einen Wirkungszusammenhang gebracht werden können. Derartige Verfahren sind aufgrund der Verwendung von vergangenheitsorientierten Größen für Zukunftsprojektionen, die insbesondere bei E-Business-Aktivitäten im Vordergrund stehen, allerdings ungeeignet.

Kennzahlenanalysen und Planungshochrechnungen

Die Hochrechnung von bereits realisierten Ist-Werten (beispielsweise einer Abschätzung des Umsatzes des Gesamtjahres auf Basis der ersten drei Monate, teilweise auch als »Forecast« bezeichnet) soll dieses Manko beseitigen und einen Einblick in zukünftige Chancen und Risiken ermöglichen. Wegen des Ist-Bezugs der Basisdaten für die Hochrechnung können aber auch hier nur Auswirkungen bereits vorhandener Krisensituationen deutlich gemacht werden. Auch hier ist der zeitliche Vorlauf der betrachteten Größen zur Früherkennung ungeeignet [Baum].

Verfahren der 2. Generation

Die Frühaufklärungssysteme der 2. Generation sollen nun eine Vorlauffunktion besitzen. Dabei werden so genannte Frühindikatoren betrachtet. Ein typisches Beispiel für einen derartigen Indikator wäre der OECD[5]-Frühindikator, der sich aus nationalen Stimmungsindikatoren der Mitgliedsländer und aus ausgewählten Wirtschaftsdaten (z. B. Kfz-Neuzulassungen in Spanien) zusammensetzt. Der OECD-Indikator hat gegenüber der Industrieproduktion einen zeitlichen Vorlauf von vier Monaten, wegen der langwierigen Datenerhebung und -ermittlung büßt er diese Vorlauffunktion jedoch wieder ein. Wünschenswert wäre ein E-Business-Frühindikator, wie er ansatzweise bei der Anzahl der Internetanschlüsse pro Land bereits ermittelt wird. Eine höhere Relevanz für strategische Entscheidungen ist jedoch konkreten Nutzerprofilen zuzusprechen, deren Ermittlung aus datenschutzrechtlichen Gründen aber enge Grenzen gesetzt sind.

Indikatorensysteme

---

5 Organization for Economic Cooperation and Development (Organisation für wirtschaftliche Zusammenarbeit und Entwicklung); Ziel der OECD sind eine Förderung des Welthandels und der wirtschaftlichen und wissenschaftlichen Zusammenarbeit

Die Gestaltung eines solchen Systems zur Früherkennung bzw. zur Vorhersage latenter Chancen und Risiken folgt den in Abbildung 4.8 dargestellten Schritten [Baum].

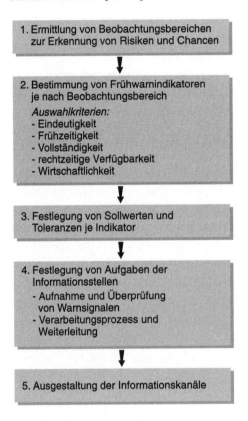

Abbildung 4.8 Aufbau eines indikatororientierten Frühaufklärungssystems

Abbildung 4.9 zeigt die Beobachtungsbereiche und jeweils mehrere Beispiele für Indikatoren [Lück].

Beobachtungsbereich	Frühwarnindikatoren (Beispiele)
Extern	
Gesamtwirtschaftlicher Beobachtungsbereich	Auftragseingänge, Geschäftsklima, Investitionstendenzen, Bruttosozialprodukt pro Kopf, Inflationsraten, Zinsen, Wechselkurse
Sozialer Beobachtungsbereich	Bevölkerungszahlen/ -struktur, Arbeitslosenzahl, Vermögensverteilung, Humankapital (Bildung, Fähigkeiten),gesellschaftlicher Wertewandel
Politischer Beobachtungsbereich	Gesetzesvorbereitungen, Information aus Ausschüssen oder politischen Parteien, Stabilität des politischen Systems,Gewerkschaftsforderungen
Technologischer Beobachtungsbereich	Innovationen, Werkstoffentwicklungen, Verfahrensentwicklungen, Patentanmeldungen
Ökologischer Beobachtungsbereich	Umweltverträglichkeit der Produkte, der Einsatzstoffe, des Produktionsverfahrens
Intern	
Bereich Forschung und Entwicklung	F & E-Kosten im Branchenvergleich, Patentanmeldungen, Patentverletzungen
Beschaffungsbereich	Beschaffungspreise, Beschaffungskonditionen, Qualitätsniveau, Termintreue der Lieferanten
Produktionsbereich	Teilevielfalt, Auslastung, Lagerbestände, Ausschussanteil, Anzahl Nacharbeit, Outputveränderungen
Absatzbereich	Auftragseingänge, Auftragsbestand, Bestell- und Kaufverhalten, Preis- und Programmpolitik im Vergleich zur Konkurrenz, Reklamationsraten, Produktimage

Abbildung 4.9 Beobachtungsbereiche und Frühwarnindikatoren

Indikatoren können über so genannte Kausalketten identifiziert werden. Dabei werden Ereignisketten gebildet, die Entwicklungen von relevanten Größen wie etwa Umsatz erläutern sollen. Beziehen sich Kausalketten auf dieselbe zu erklärende Größe, kann auch eine Erweiterung zu so genannten Zustandsbäumen vorgenommen werden (siehe Abbildung 4.10).

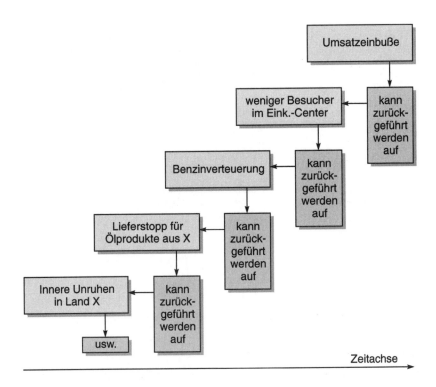

Abbildung 4.10 Beispiel einer Kausalkette im Einzelhandel

Die Auswahl geeigneter Indikatoren ist in der Praxis die Hauptproblematik bei der Gestaltung eines indikatorbasierten Frühaufklärungssystems. Derartige Systeme versagen leider, wenn es um das Erkennen von Diskontinuitäten oder Strukturbrüchen (etwa durch eine neue technologische Entwicklung) geht, die gerade im E-Business eine große Rolle spielen. Ein Beispiel ist das Nebeneinander unterschiedlicher Zahlungssysteme im Internet. Die verlässliche Information über den Durchbruch eines dieser Systeme oder gar über das Auftauchen eines überlegenen Zahlungssystems kann hier »Geld wert sein«.

Verfahren der 3. Generation

Analyse »schwacher Signale«

Diskontinuitäten sind durch die Wahrnehmung so genannter »schwacher Signale« (»weak signals«) erkennbar [Ansoff]. Schwache Signale sind relativ unstrukturierte und qualitative Informationen, die vorwiegend Hinweise auf Innovationen, Diskontinuitäten oder Bedarfskategorien (potenzielle Produkte und Dienstleistungen) darstellen. Hinzu kommen »weiches« Wissen und intuitive Urteile.

Als Quellen kommen in Betracht: unternehmensrelevante Ereignisse bzw. Ereignishäufungen, Meinungen und Stellungnahmen von Schlüsselpersonen, Verlautbarungen wichtiger Institutionen und Organisationen, Verbreitung von Meinungen, Ideen usw. in den Medien oder der Gesetzgebung und den Rechtsprechungstendenzen im In- und Ausland. Um auf das vorherige Beispiel der Zahlungssysteme zurückzukommen, wären etwa Informationen über neuartige (technische) Verschlüsselungsverfahren oder über die (rechtliche) Durchsetzung multinationaler Standards für Zahlungsverkehrssysteme zu nennen.

Der Charakter der untersuchten Informationen ist, wie deutlich zu erkennen ist, nicht primär auf finanzielle Größen beschränkt. Insbesondere das Konzept von Ansoff kann der nach IDW PS 340 vorgesehenen Identifikation von bisher nicht erkannten Risiken dienen. Aufgrund des Charakters der verwendeten unstrukturierten Information ist die Auswertung jedoch nicht in standardisierter Form vorzunehmen.

Ansoff unterteilt den Kenntnisstand über die schwachen Signale in mehrere Stufen und leitet in Abhängigkeit dieser Kenntnisse daraus Reaktionsstrategien ab, die noch nach internen und externen Maßnahmen unterschieden werden können. Beginnend mit der schwächsten Reaktionsform sind dies: bewusste Wahrnehmung von Informationen bzw. ersten Anzeichen, dann Aufbau von Flexibilität und schließlich direkte Aktion. Dabei sollte mit Reaktionen nicht bis zur sicheren Kenntnis gewartet werden, vielmehr empfiehlt sich eine abgestufte Vorgehensweise. Die Schaffung von Flexibilität bedeutet vorbeugend verschiedene Optionen aufzubauen. Ein geeignetes Instrument zur Schaffung von Flexibilitäten ist unserer Erachtens die Szenario-Technik.

Szenario-Technik als Tool des E-Controllings

Die Szenario-Technik stellt alternative Umfeldentwicklungen als Ergebnis von Ereignissen dar. Damit ist es möglich, Entwicklungen anhand von Extremszenarien zu erklären, Handlungsalternativen aufzuzeigen und Maßnahmen zu formulieren, damit negativen Entwicklungen entgegengewirkt werden kann. Anschaulich lässt sich dies in Form eines so genannten Szenario-Trichters darstellen (siehe Abbildung 4.11) [Baum].

Szenario-Trichter

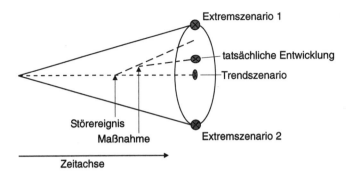

Abbildung 4.11 Szenario-Trichter

Bei der Definition der Szenarien (sowohl des Trendszenarios als auch der Extremszenarien) werden die mutmaßlichen Veränderungen von Frühwarnindikatoren festgelegt. Mittels kontinuierlicher Verfolgung dieser Indikatoren können dann Abweichungen vom Trendszenario und die Richtung dieser Abweichungen frühzeitig bestimmt werden. In der Praxis hat sich gezeigt, dass die Erstellung von zwei bis drei Szenarien ausreichend für die Darstellung der zukünftigen Entwicklung ist. Dabei sollten die Szenarien auf jeden Fall zwei konträre Extremszenarien umfassen. Damit ist sichergestellt, dass gegensätzliche Entwicklungen durchdacht werden, und nicht etwa auf das einfacher erstellbare Trendszenario ausgewichen und die zukünftige Realität von den Extremszenarien begrenzt wird.

Durch die Formulierung von Extremszenarien sowie von Maßnahmen zur Annäherung an das Trendszenario werden bereits vor Eintritt negativer Ereignisse Alternativen formuliert, die eine rasche und zeitgerechte Reaktion ermöglichen. Die Szenario-Technik ist unseres Erachtens ein geeignetes Tool im Baukasten des E-Controllings.

Operatives Controlling

Zerlegung der Strategie in operative Teilpläne

Inhalt der operativen Planung ist die Zerlegung der Strategie in operative Teilpläne. Hierbei tritt das Problem der Koordination dieser Teilpläne auf – die Hauptaufgabe des operativen Controllings. Das Problem der Koordination setzt sich bei der Realisation der Pläne fort. Die Elemente der Wertschöpfungskette müssen aufeinander abgestimmt werden, damit der reibungslose Ablauf der Unternehmensprozesse gewährleistet werden kann. Im Rahmen der Realisation tritt dann ein weiteres Problem, das der Kontrolle, auf. Die Frage ist hierbei: Wie kann eine Rückkopplung und damit auch eine Verknüpfung zu den strategischen Zielen erfolgen?

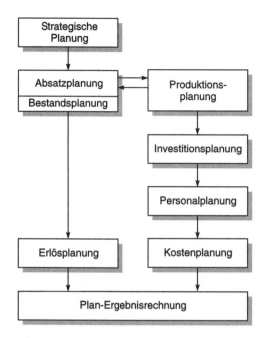

Abbildung 4.12 Koordination von Teilplänen

In einem Industriebetrieb könnte z.B. die operative Planung in der in Abbildung 4.12 gezeigten Interdependenz ablaufen [Horváth]. Teilpläne werden hinsichtlich zweier Fragestellungen koordiniert: Welcher Teilplan ist Ausgangspunkt der Planung? Und welche Reihenfolge ist zur Abstimmung der Teilpläne anzuwenden?

Ergibt sich aus der Absatzplanung im Produktionsbetrieb ein zahlenmäßig höherer Absatz, wirkt sich das bei unveränderten Lagerbeständen gleichgerichtet im Produktionsprogramm aus. Dem Bereich Produktionsplanung stehen zur Erreichung verschiedene Handlungsalternativen zur Verfügung. Wird beispielsweise zur Erreichung des höheren Produktionsprogramms die Kapazitätsauslastung der Maschinen (Maschinenlaufzeiten) erhöht, wirkt sich das unmittelbar auf den Abnutzungsgrad der Maschinen aus. Aus diesem Sachverhalt wird eine Rückmeldung eines erhöhten bzw. zeitlich vorgezogenen Investitionsbedarfs in den Teilplan der Investitionsplanung (Koordination der Teilpläne) erfolgen.

Interdependenzproblematik

Andererseits muss der Bereich Produktionsplanung seine Risiken vor dem Hintergrund der Erhöhung der Maschinenlaufzeiten neu einschätzen. Es dürfte sehr wahrscheinlich sein, dass die Wartungsintervalle der Maschinen sich verkürzen und aufgrund der erhöhten Beanspruchung die Gefahr von plötzlichen Maschinenausfällen ansteigt. Als weitere Folge könnten sich, bedingt durch die höhere Abnutzung der Maschinen, auch der Ausschuss und die Nacharbeit signifikant erhöhen.

Das Beispiel zeigt, dass die Interdependenzproblematik der Planung auch für die darin enthaltenen Risiken gegeben ist. Singuläre, d.h. einzeln auftretende Risiken ohne Auswirkung auf die Risiken in anderen Unternehmensbereichen dürften unseres Erachtens die Ausnahme darstellen.

Ist Separation hilfreich? Die Interdependenzproblematik legt nahe, zur Erfassung der Gesamtrisikolage eines Unternehmens die Stelle eine Risikomanagers einzurichten [Füser]. Dieses so genannte »Separationskonzept« soll durch Zentralisierung aller risikopolitischen Entscheidungen die Gesamtrisikolage des Unternehmens darstellen können. Diesem Vorschlag ist mit einem einfachen, jedoch schlagenden Argument zu begegnen: »Wieso sollte eine einzelne Person im Unternehmen, noch dazu an zentraler Stelle, die Interdependenzen und die Vielfalt der Risiken besser durchschauen können, als die davon betroffenen Bereiche?« [Gottschalck]

Daher sind im Rahmen des operativen Planungsprozesses alle Unternehmensbereiche einzubeziehen. Nur so scheint eine umfassende Risikobetrachtung möglich.

Balanced Scorecard

Die in Theorie und Praxis anzutreffenden Kennzahlensysteme sind zahlreich. Ebenso zahlreich sind die Versuche, Kennzahlen zu definieren, mit denen es einerseits möglich ist die strategischen Ziele auf alle Unternehmensbereiche herunterzubrechen, andererseits so auch eine Rückkopplung (Kontrolle) der Zielerreichung jeden Unternehmensbereiches im Hinblick auf die strategischen Ziele zu gewährleisten. Quantitative Kennzahlen insbesondere finanzielle Kennzahlen werden zunehmend kritisiert, da sie nicht in der Lage sind immaterielle Werte wie Markenwert, Kundenzufriedenheit oder Mitarbeitermotivation darzustellen [Bitz].

Balanced Scorecard Die Balanced Scorecard kann als Ansatz verstanden werden, der ein multidimensionales Kennzahlensystem zur Steuerung des gesamten Unternehmens definiert: »Die Balanced Scorecard schafft einen neuartigen Rahmen zur Integration strategischer Maßnahmen. Sie enthält zum einen die finanziellen Kennzahlen vergangener Leistungen und betrachtet zum anderen auch zukünftige finanzielle Leistungstreiber. Diese Kenngrößen, welche die Perspektiven des Kunden, der internen Geschäftsprozesse sowie Lernen und Wachstum umfassen, werden aus einer expliziten und kompromisslosen Übersetzung der Unternehmensstrategie in konkrete Leistungsziele und Maßnahmen abgeleitet. [Horváth]«

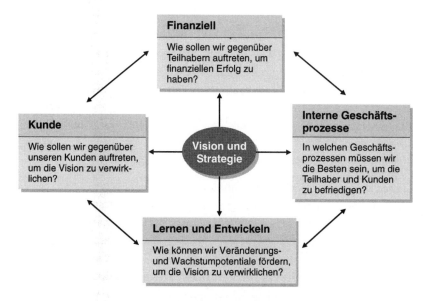

Abbildung 4.13 Perspektiven der Balanced Scorecard

Die Kenngrößen werden mit Ursache-Wirkungsketten herausgearbeitet. Dabei wird zwischen Ergebnisgrößen einerseits und ihnen vorlaufenden Indikatoren und Leistungstreibern andererseits unterschieden. »Die Balanced Scorecard füllt die Lücke, die in den meisten Managementsystemen klafft: der Mangel an systematischen Prozessen zur Durchführung und Rückkopplung der Unternehmensstrategie. [Horváth]«

Ursache-Wirkungsketten

Sie ist damit ein Instrument der Strategieumsetzung. Durch die begrenzte Sichtweise der Kenngrößen (Perspektiven) ist jedoch eine vollständige Erfassung aller Unternehmensrisiken nicht zu gewährleisten. Daher gibt es in der Literatur Ansätze zur Erweiterung der Balanced Scorecard. Ein Ansatz zielt darauf ab, die Sichtweisen um eine Risikoperspektive zu erweitern, entsprechend Abbildung 4.13 würde die Fragestellung folglich lauten: Welche Risiken gefährden den Fortbestand des Unternehmens? Dieses Verfahren hat jedoch den Nachteil, dass der intuitiv zu erfassende Zusammenhang zwischen den ursprünglich definierten Sichtweisen aufgehoben wird und zusätzliche Komplexität entsteht.

Einen weiteren, nicht unumstrittenen Ansatz zur Erweiterung des Balanced-Scorecard-Ansatzes schlägt Pollanz vor: eine so genannte Risk Adjusted Balanced Scorecard [Pollanz]. In dieser Balanced Scorecard werden

Risk Adjusted Balanced Scorecard

unternehmensspezifische Chancen und Risiken parallel identifiziert und auf ihre Strategierelevanz beurteilt. Beiden Vorschlägen liegt die Annahme zugrunde, dass bestandsgefährdende Risiken mit strategierelevanten Risiken gleichzusetzen sind.

Es bleibt zu beachten, dass die Balanced Scorecard von ihrer Anlage als Instrument der Strategieumsetzung Risiken nur im Hinblick auf ihre Strategierelevanz identifiziert und daher nur diese Risiken einem Monitoring zugänglich machen kann. Die Balanced Scorecard ist daher ein interessantes Tool, aber ungeeignet zur vollständigen Darstellung und Identifikation aller Risiken eines Unternehmens und damit eines umfassenden und abgestuften Risikoerfassungssystems [Gottschalck].

Neben dieser eher statischen, grundlegenden Darstellung werden wir uns im Folgenden mit der dynamischen Seite, dem Implementierungsprozess und den Anforderungen an das Handling des kritischen Produktionsfaktors Information auseinandersetzen. Dabei konzentrieren wir uns weitgehend auf die Projektphase zur Einführung einer neuen Technologie. Ausführliche Informationen zur Problematik »Informationssicherheit« finden Sie in Kapitel 3, »Sicherheit – nur ein ›gutes Gefühl‹?«.

4.4 Aktives Risikomanagement im E-Business

Von geschlossener zu offener Technologie

Der für die meisten Unternehmen notwendige Schritt hin zur Öffnung zum Internet stellt uns prinzipiell vor die gleichen Fragen wie vor Jahrzehnten der Einsatz von Mainframes: Wo ist der Einsatz überhaupt rentabel? Was kann ich alles falsch machen? Woran komme ich nicht vorbei? Wie muss ich die Managementstruktur meines Unternehmens ändern?

Erschwerend kommt hinzu, dass der Bereich der Informationstechnologie besonderen Gesetzen zu unterliegen scheint: Schnelllebigkeit, Individualisierung, adaptive Technologien usw. Das führt dazu, dass das Management sich nicht oder nur wenig auf die klassischen Methoden zur Entscheidungsfindung verlassen kann. Im Bereich der strategischen Frühaufklärung sollte der vorangegangene Abschnitt genügend Anregungen enthalten haben. Wir gehen nunmehr vertieft auf die im operativen Implementierungsprozess wesentlichen Managementmethoden ein. Als »den Manager« bezeichnen wir dabei jede Instanz, die in eine Entscheidungsfindung involviert ist. Es kann sich in der Praxis um einen Geschäftsführer, einen Vorstandsassistenten oder ein ganzes Team handeln. Wir orientieren uns dabei an dem Modell der flachen Hierarchien, wo jede Hierarchieebene mit Managementkompetenz und -verantwortung versehen ist.

Implementierungsentscheidungen, anfangs nur als Projekt einer IT-Abteilung angesehen, haben strategische Auswirkungen auf das gesamte Unternehmen: die Prozesse, die Mitarbeiter, die Art des Managements. Ein Geschäftsführer oder Manager, der hauptsächlich mit betriebswirtschaftlichen Tätigkeiten befasst ist, hat naturgemäß nicht das Know-how, fundierte Entscheidungen über den Einsatz von Technologien alleine zu treffen. Er spürt aber, dass mit seiner Entscheidung ein hohes Risiko verbunden ist oder zumindest sein kann.

Auch der weitere Verlauf, die Projektplanung und -umsetzung, ist aufgrund der besonderen Rahmenbedingungen der Informationstechnologie sehr fehleranfällig und daher mit hohem Risiko versehen. Ziel des Risikomanagements im Rahmen der Implementierung ist es, relevante Einflüsse frühzeitig zu erfassen und in die Überlegungen miteinzubeziehen. Die wichtigsten Rahmenbedingungen hierbei sind die beiden folgenden:

▶ Die Modellierungseigenschaft: Keine andere Technologie ist derart in der Lage, jede Konstruktion, jeden Ablauf abzubilden und, Datenschnittstellen vorausgesetzt, mit Leben zu füllen.

▶ Der schnelle Wandel: Durch die unglaubliche Geschwindigkeit der Weiterentwicklung der Hardware im Bereich der Informationstechnologie – also dem einzigen Bereich, der »noch« mit der Realität verknüpft ist – werden immer komplexere Konstruktionen in Software modellierbar und auch tatsächlich in immer leistungsfähigeren Produkten umgesetzt.

Die unmittelbarste Konsequenz ist die geringe Halbwertzeit von Erfahrungen: Werden neue Technologien eingeführt, gibt es keine oder nur sehr wenige Personen, die mit dieser Technologie vertraut sind und ein ähnliches Projekt schon geleitet haben. Wartet man aber, bis es genug Erfahrungen gibt (und man so, getreu klassischer Managementtheorie, die Anzahl der Fehler minimieren kann), dann ist die Technologie überholt und es stellt sich die Frage, ob sich der Einsatz der »alten« E-Business-Technologie überhaupt noch lohnt.

Die Konsequenz ist, dass Projekte meist mit einem viel zu kurzen Zeitrahmen versehen werden – vor Angst, das Ergebnis sei zum Zeitpunkt der Fertigstellung überholt. IT-Manager stehen daher ständig unter dem Druck, gute Ergebnisse in eigentlich viel zu kurzer Zeit liefern zu müssen.

Sie stehen zudem vor der Situation, dass sie so gut wie keine objektiven Erfahrungen zu Rate ziehen können. Was liegt näher, als das Know-how von externen Experten einzukaufen, etwa einer Beratungsfirma, die damit wirbt, die Erfahrungen als erste zu sammeln und daher weitergeben zu können? Obwohl der IT-Manager die inhaltliche Arbeit seiner Berater nicht umfassend beurteilen und erst nach Abschluss des Projekts die Leistung der externen Experten einschätzen kann, ist er aber für die Konsequenzen verantwortlich. Die unbedingte inhaltliche Abhängigkeit von externen Partnern ist eine weitere Eigenschaft der Implementierung von E-Business, da der Aufbau von eigenem Know-how oft zu teuer ist oder Eigenentwicklung in sich ein zu hohes Risiko darstellt.

Das Hauptmerkmal des IT-Managements: Es ist vor allem ein Management des Wandels. Die gesamte Toolbox des Changemanagements wird unter diesem Blickwinkel zu einem wichtigen Bestandteil des Risikomanagements (siehe auch Kapitel 5, »Prozesse – auf der Jagd nach dem Optimum«).

Jedes Implementierungsprojekt ist gegliedert in die drei Phasen Entscheidungsfindung (Zielermittlung), Projektplanung (Teamzusammenstellung, Etappenplanung) und Projektdurchführung. Die häufigsten Risiken der Entscheidungs- und Planungsphase sind: Für das angepeilte Ziel wird auf die falsche Technologie gesetzt, die Folgekosten der neuen Technologie werden falsch eingeschätzt und die Technologie wird überreizt, d.h., die Komplexität der zu lösenden Aufgabe wird unterschätzt.

Diese Risiken liegen alle in einer mangelhaften Informationspolitik begründet. Darauf basieren auch die folgenden Risiken, die selbst nach Ablauf des Projekts den Erfolg doch noch gefährden können: Die Technologie wird aufgrund mangelhafter Informationspolitik nicht genutzt, die Technologie stößt auf Ablehnung bei den Mitarbeitern oder sie stößt auf Ablehnung bei den Kunden.

Einsatz ungeeigneter Technologie

Wird die falsche Technologie eingesetzt, etwa für gängige betriebswirtschaftliche Abläufe eine eigentlich als Middleware ausgelegte Prozessoptimierungssoftware (nur weil der Interneteinkauf nun als zusätzliche Komponente hinzukommt), kann es schnell passieren, dass ein Unternehmen, das schon unter der hohen Last der Anfangsinvestition schwer zu tragen hat, von den anschließenden Anpassungs- und Umstellungskosten erschlagen wird. Auch wenn dies nicht das Aus für das Unternehmen bedeutet, können unter Umständen die Unternehmensprozesse sogar komplizierter statt einfacher werden. Somit ist die Zielsetzung mit den verwendeten Methoden und Komponenten offensichtlich nicht erreicht worden.

Die Folgekosten eines Projekts richtig einzuschätzen, ist im Bereich des E-Business besonders schwierig; Ein Überziehen des Budgets wird oft von vornherein in Kauf genommen. Dabei sinkt durch den zusätzlich zu leistenden finanziellen und personellen Aufwand häufig die Produktivität beträchtlich.

Wird eine neue Technologie bereitgestellt, muss deren Verwendung im Unternehmen auch kommuniziert werden. In den seltensten Fällen kann die Verwendung einer neuen Komponente erfolgreich verordnet werden. Training und Schulung sowie Promotion für die neue Technologie dürfen in Ihrer Wirkung und Bedeutung nicht unterschätzt werden.

Verwendung der neuen Technologie

Die größten, weil unmittelbarsten Auswirkungen hat die Nicht-Akzeptanz des Systems durch Kunden. Dies wird insbesondere in der Zeit der Globalisierung und der Nutzung des Internets für E-Business deutlich: Eine schlecht gestaltete Webseite wird vom Kunden genauso gemieden wie ein nerviger Telefonroboter, der Überweisungsaufträge von Bankkunden annehmen soll.

In der Projektdurchführungsphase können neue Risiken auftreten, die trotz einer guten Planung den Projekterfolg gefährden können, z.B. eine Änderung der Projektziele oder (vielen nicht als Risiko bekannt) eine Änderung des Projektteams.

Die Praxis zeigt, dass die Projektziele häufig im Laufe einer Projektdurchführung geändert werden. Dies führt im Allgemeinen dazu, dass die ursprüngliche Projektplanung nicht mehr verwendet werden kann. In beschränktem Maß kann hier die Szenario-Technik weiterhelfen.

Änderung der Projektziele

In der heutigen Zeit ist es oft nicht mehr möglich, ein länger laufendes Projekt mit den gleichen Mitarbeitern zu beenden, mit denen man es begonnen hat. Somit ist man der Gefahr ausgesetzt, von den persönlichen Stärken der jeweiligen Teammitglieder abhängig zu sein. Knowledgemanagement und Mitarbeitermotivation erhalten hier eine hohe Priorität und werden zum aktiven Teil des Risikomanagements (siehe auch Kapitel 6, »Die Mitarbeiter – Generalschlüssel zum Erfolg«).

Änderung des Teams

Aus den Ausführungen wird ersichtlich, dass der Hauptgrund für Fehlentwicklungen meist mangelnde Information des Managers ist. Die Strategie zur Minimierung dieser Risiken besteht demzufolge hauptsächlich darin, den Manager mit genügend relevanter und möglichst objektiver Information zu versorgen.

Sowohl Vertriebskräfte und Berater als auch die hauseigenen IT-Mitarbeiter haben oft starke persönliche Motivationen, die dazu führen können, dass die dem Manager zur Verfügung stehenden Informationen leider nicht immer objektiv sind. Das richtige Maß an objektiver Information zu erhalten ist die Kunst und die größte Herausforderung bei der Konzeption, Planung und Durchführung eines umfassenden E-Business-Projekts für einen Manager.

Die folgende, vereinfachte Vorgehensweise in einem E-Business-Projekt verdeutlicht die Gefahrenquellen, die Einfluss auf falsche Entscheidungen, sei es im strategischen oder operativen Bereich, haben können. Zuerst werden die internen Anforderungen, also z.B. abzubildende Prozesse, abzuschaffende Medienbrüche, mit ihren möglichen Varianten gesammelt. Parallel dazu werden externe Informationen über mögliche Lösungen eingeholt. Daraus werden mögliche Alternativen, Anforderungen und Lösungen entwickelt, die sich in Umfang, Kosten, etc. unterscheiden. Diese verschiedenen Alternativen werden dann bewertet. Hierzu werden wiederum externe Informationen eingeholt. Aufgrund dieser Bewertung wird dann eine Entscheidung für eine Variante getroffen, die dann durchgeführt wird. Abbildung 4.14 veranschaulicht dies.

Es wird ersichtlich, dass die Hauptgefahrenquellen für falsche Entscheidungen – logisches Beurteilen aufgrund der vorhandenen Information vorausgesetzt – im Bereich der Informationsversorgung liegen.

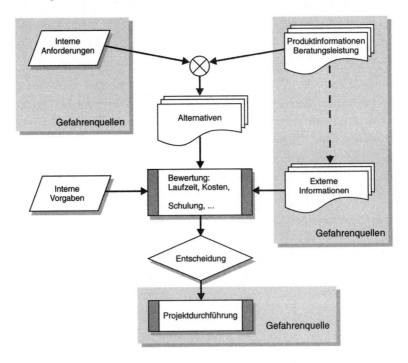

Abbildung 4.14 Informationsfluss in einem E-Business-Projekt

Risikoidentifikation

»Es gibt keine Standard-Software.« Dieser wie ein Werbeslogan klingende Satz enthält viel Wahres. Keine Software passt von vornherein ideal zu einem bestimmten Unternehmen. Software bzw. ihre Verwendung ist demnach immer unternehmensspezifisch. Das Risiko, dass Software nicht passt, ist inhärent. Demnach muss der Manager einerseits den tatsächlichen, internen Bedarf ermitteln und andererseits die technischen Möglichkeiten in Erfahrung bringen. Sodann kann er mögliche Lösungen den speziellen internen Bedürfnissen zuordnen und, nach einer Gewichtung, die Laufzeiten, Kosten, Folgekosten etc. miteinbezieht, eine Entscheidung treffen. Auch bei der Gewichtung ist der Manager auf externe Informationen angewiesen. Informationsbeschaffung und -bewertung ist daher der zentrale Risikofaktor.

Standard-Software für individuelle Prozesse?

Ein Manager, der ein Informationstechnologie-Projekt leitet, verfügt in der Regel über die folgenden Informationsquellen: Zeitungen und Magazine, interne Kollegen aus der IT-Abteilung, externe Berater, Systemlieferanten und vertrauenswürdige (externe) Managerkollegen, die ähnliche Projekte bereits geleitet haben.

Informations-quellen für einen Manager

Diese Quellen sind mehr oder weniger objektiv. Nach unseren Erfahrungen erweist sich die Kombination von internen und externen Kollegen als besonders hilfreich: Die internen Kollegen kennen die eigenen Prozesse und insbesondere deren Schwachstellen am besten. Die externen Kollegen hingegen haben selten monetäres oder politisches Interesse, sodass deren Informationen, wenn auch subjektiv und auf ihre eigenen Erfahrungen beschränkt, meist den höchsten realen Objektivitätsgehalt haben. Berichte aus den Medien haben hingegen meist nur oberflächlich objektiven Wert.

Externe Berater und Systemlieferanten sind in einer Zwickmühle: Einerseits sind sie im Hinblick auf eine gute Vertrauensbasis zum Kunden bestrebt, ihn mit möglichst vielen guten und objektiven Informationen zu versorgen. Andererseits sind sie durch ihre Aufgabe gezwungen, ihr Produkt zu verkaufen. So sollte der Manager auch bei sehr guten Beziehungen zu seinen Beratern und Systemlieferanten die Motivationen seiner Partner überdenken und die erhaltenen Informationen in diesem Licht neu bewerten.

Berater haben Eigeninteresse!

Die häufigsten, auf einer mangelhaften Information und damit nicht ausreichenden Bewertung der Alternativen basierenden Fehler sind: Die Laufzeit des Projekts wird unterschätzt, die Folgekosten werden falsch eingeschätzt und es werden die falschen Partner gewählt (mangelnde Kompetenz, mangelndes Personal).

Während der Projektlaufzeit schließlich ist der am häufigsten auftretende Fehler, aufgrund von wichtig erscheinenden neuen Einflüssen die Projektvorgabe, den sorgfältig ausgearbeiteten Plan kurzfristig zu verändern. Dies mag in wenigen Fällen tatsächlich unabdingbar sein, häufig entsteht jedoch wegen mangelnden Vertrauens in rechtzeitige und vollständige Projekterfüllung eine gewisse Panik, die zu unnötigem Aktionismus führt. In den meisten Fällen ist eine ungenügende Vorbereitung und Bewertung der Alternativen der Grund für einen Eingriff in die Planung.

Projektmarketing Ist das Projekt umgesetzt, so ist es sehr wichtig, die neue Technologie, die ja wie jede neue Technologie per se Berührungsangst bei den Mitarbeitern auslöst, entsprechend anzupreisen und intern »zu vermarkten«. Die reine Zurverfügungstellung reicht in den seltensten Fällen aus, um die besonderen Eigenschaften der neuen Technologie zu nutzen. Jede neue Technologie stellt eine Veränderung der Arbeitsumstände dar; der an sich träge Mensch muss durch besondere Anreize auf die Verwendung getrimmt werden. Dieser abschließende Teil der Einführung wird meist unterschätzt; die derzeitige »Web-Philie« suggeriert, dass jede Anwendung, ist sie nur gut genug designed, durch Ihre Präsenz zur Verwendung überzeugen kann. Dies ist jedoch nur so lange der Fall, wie dies ein Alleinstellungsmerkmal ist.

Analyse und Bewertung

Wenn die größte Risikoquelle die Qualität der Informationsversorgung ist, muss der Manager Wege finden, objektive Informationen zu erhalten. Dies ist aktives Risikomanagement.

Eine tatsächliche objektive Bewertung der Informationen ist dem Manager überhaupt nicht möglich. Den Quellen, die den absolut gesehen wahrscheinlich höchsten Informationsgehalt haben, kann er nicht unbesehen vertrauen. Die Quellen, denen er am meisten vertraut, haben vermutlich nicht das beste technische Verständnis – so wie er selbst. Der Manager ist – »wie immer«, ist man versucht anzumerken – auf sein Gefühl angewiesen, wem er vertraut und wem nicht.

Methoden zur Risikosteuerung Einzelne Fehlentscheidungen sind zudem im Nachhinein nur dann als solche erkennbar, wenn eine ausführliche Dokumentation zum Projekt erstellt wurde. Die Steuerung des Risikos bei der Realisierung von E-Business-Projekten ist, da objektive Informationen nur schwer zu bekommen sind, auf die folgenden Punkte reduziert:

▶ klare, einfach strukturierte Anforderungsprofile definieren

▶ Erfahrung von (möglichst) objektiven Quellen nutzen

▶ standardisierte Lösungen einsetzen

▶ Testszenarios durchspielen

▶ Projektplanung nach der Entscheidungsfindung und vor der Durchführung erstellen

▶ Projekt in Etappen nach Plan konsequent durchführen

▶ intensive Kommunikation mit allen Beteiligten betreiben

▶ detaillierte Projektdokumentation durchführen

Klare Anforderungsprofile sind der halbe Sieg. Bevor nach Lösungen gesucht wird, muss zuerst das zu lösende Problem genau spezifiziert werden. Werden Anforderungsprofile im Laufe der Zeit angepasst, muss dies in der Projektdokumentation ausführlich erläutert werden. Ist ein Anforderungsprofil vorhanden, kann man Lösungen verschiedener Hersteller und Berater miteinander im Detail vergleichen. Je einfacher die Struktur der Anforderungen ist, d.h., je mehr das Gesamtprojekt in unabhängige Teilprojekte zergliedert werden kann, desto größer sind die Chancen auf Erfolg.

Erfahrung und Gefühl sind jedoch die wichtigsten Informationsquellen, die dem Manager zu Verfügung stehen. Hat er sie nicht selbst, sollte er versuchen, sie von vertrauenswürdigen Personen zu übernehmen. Falls eine gute Dokumentation eines E-Business-Projekts zur Verfügung steht, so sollte diese als Beispiel dienen.

Der Einsatz von standardisierten Lösungen, d.h. von Lösungen, die von sehr vielen anderen Unternehmen schon eingesetzt wurden oder gerade eingesetzt werden, vermindert grundsätzlich das Risiko, dass die eingesetzte Lösung aufgrund von Schnittstellenproblemen, etwa zu weiteren Programmen oder zu Partnern, in naher Zukunft wieder ersetzt werden muss. Es gehört damit zu den Aufgaben des Managers, sich über Entwicklungen im Bereich der Standardisierung von Datenformaten, Programmierschnittstellen etc. auf dem Laufenden zu halten, auch wenn er diese nicht inhaltlich nachvollziehen kann. Das Dilemma bei E-Business-Projekten ist nun leider, dass man häufig als Pionier auf keine oder wenige Standards zurückgreifen kann.

Testszenarios erlauben, Konsequenzen von Entscheidungen besser zu visualisieren. Dadurch können teure Spätfolgen vermieden werden. Bei entsprechender Größe des Projekts sollten diese verwendet werden.

Ist die Entscheidung für eine Lösung gefallen, so sollte das nun tatsächlich durchzuführende Projekt geplant werden. Die Kriterien, die zu der Entscheidung geführt haben, sollten unverändert übernommen werden; eine Neubewertung der Laufzeiten einzelner Teilmodule ist (bis auf einen Puffer »nach oben«) zu vermeiden. Ist der Plan detailliert, ohne zu kompliziert zu sein, steht der zügigen Durchführung nichts mehr im Wege.

Projekt-dokumentation Die ungeliebte begleitende Projektdokumentation dient nicht nur einer akribischen Auswertung und Beurteilung nach Abschluss des Projekts. Eine detaillierte Projektdokumentation erfordert eine mindestens genauso akribisch durchgeführte Planung. Die Durchführung einer Projektdokumentation nimmt daher eine wichtige Kontrollfunktion wahr, da sie implizit dazu auffordert, die Ziele zu überwachen und die Pläne einzuhalten. Eine gute Projektdokumentation kann auch vor Aktionismus schützen, wenn durch äußere Einflüsse plötzlich der Eindruck entsteht, die Ziele wären nicht mehr realisierbar. Schließlich dient die Projektdokumentation auch nach dem abgeschlossenen Projekt als wertvolle Erfahrungssammlung für weitere Projekte. Also wieder ein Tool in der Toolbox des Risikomanagements.

Controlling und Reporting

Das Controlling von komplexen Implementierungsprojekten in der IT im Allgemeinen und im E-Business im Speziellen gehört zu den anspruchvollsten Aufgaben im Controlling. Informationen über die Kosten eines E-Business-Projekts werden häufig von verschiedenen Parteien ganz unterschiedlich – zu ihren Zwecken – interpretiert und verschleiern so eine objektive Sicht auf die wahren Kosten.

Als Basis für ein qualitativ gutes Controlling dient eine detaillierte Projektdokumentation sicherlich am besten. Je feiner die Dokumentation, desto besser kann der einen oder anderen Entscheidung die entsprechende finanzielle Konsequenz zugeordnet werden. Somit können im Nachhinein bestimmte Entscheidungen als »richtig« und andere als »falsch« eingestuft werden, auch wenn dies zur Zeit der Entscheidungsfindung nicht beurteilt werden konnte. Diese Auswertung sollte in jedem Fall nach Abschluss des Projekts durchgeführt werden – auch wenn veränderte

Umstände dies als nicht mehr lohnend erscheinen lassen. In späteren Projekten wird man auf derartig erarbeitete wertvolle Ergebnisse gerne zurückgreifen.

Fazit

Der Manager im Implementierungsprozess von E-Business ist überwiegend ein Manager des Wandels. So schnell wie sich neue Technologien entwickeln, so schnell kann er die Fachinformationen gar nicht verarbeiten. So bleibt ihm die Steuerung der Projekte über Meta-Methoden; er muss die richtigen Mitarbeiter haben oder finden, er muss die richtigen Partner aussuchen und Entscheidungen aufgrund von Aussagen dieser Partner treffen. Die Informationsbeschaffung ist ein entscheidender Risikofaktor bei der Projektdurchführung.

Da es oft keine oder nur sehr wenige Erfahrungswerte gibt, muss die Planung, ähnlich einer Reise zum Mars, viele Eventualitäten abdecken. Daraus ergibt sich sofort, dass nur überschaubare Projekte mit einer klaren, einfach strukturierten Anforderungsspezifikation Chancen auf Erfolg haben oder im Umkehrschluss das Risiko minimieren.

Als Manager des Wandels muss er mehr als alle anderen in der Lage sein, neue Situationen und insbesondere Menschen einschätzen zu können, auch und gerade wenn ihm dazu objektive Informationen nicht zur Verfügung stehen. Denn je weniger vorhersagbar die Technologie, desto bedeutsamer ist der Einfluss des einzelnen Menschen.

4.5 Risikomanagement des Produktionsfaktors Information

Nachdem wir die allgemeinen Risiken im Management der Implementierung von E-Business-Projekten diskutiert haben, wenden wir uns nun dem hochinteressanten, wichtigen und risikobehafteten Bereich der Informationssicherheit zu, also dem Schutz der Informationen, für die eigens die Informationstechnologie verwendet wird. Der unberechtigte Zugriff auf Daten kann schnell zu einem strategischen und damit existenzbedrohenden Risiko werden. Unter Informationssicherheit verstehen wir dabei sowohl Datenschutz (engl. »safety«) – also den Schutz für »tote« Daten – als auch Datensicherheit (engl. »security«) – den Schutz von »lebendigen« Transaktionen, vor Manipulation, Diebstahl und Verlust.

Risikoidentifikation

Mit der Bereitstellung von Informationen in elektronischer Form wird konzeptbedingt auch der unberechtigte Zugang zu diesen Informationen ermöglicht. Solange betriebswirtschaftlich relevante Information nur an spezifischen Punkten tatsächlich vorhanden war, war der Aufwand, an diese zu gelangen, von einer festen Größe bestimmt: Man musste physikalische Grenzen überwinden und/oder bestimmte Personen »überzeugen«. Durch den Einsatz der Informationstechnologie sind die Informationen nun, auf vielfältige Weise aufbereitet, prinzipiell für jeden verfügbar. Der Zugang zu diesen Informationen muss nun nachträglich durch spezielle Autorisierungsmaßnahmen beschränkt werden, sodass nur berechtigte Personen tatsächlich Zugang zu den Daten erlangen können.

Solange die Informationssysteme in physikalisch geschützten Bereichen standen und auch nur von dort aus auf sie zugegriffen werden konnte, war die Wahrscheinlichkeit eines Einbruchs nicht wesentlich größer als vor der Einführung der Informationstechnologie. Mit der zunehmenden Vernetzung von Standorten, Unternehmen und sogar ganzen Geschäftszweigen sind die wichtigen Firmendaten nun nur noch eine »Firewall« von den potenziellen Angreifern entfernt. Durch E-Business, also der webbasierten integrierten betriebswirtschaftlichen Transaktion von einem Unternehmen direkt in das System eines anderen Unternehmens muss nun nicht mehr der prinzipielle Zugang – denn der muss per se ja nun erlaubt sein –, sondern jeder einzelne dezidierte Zugriff auf Transaktionen und Daten verlässlich sein, autorisiert und protokolliert werden.

Zu den publikumswirksamsten Angriffen auf E-Business Unternehmen zählt sicherlich die Denial-of-Service-Attacke auf die Webseiten von Yahoo!, Amazon etc. im Frühjahr 2000. In der E-Commerce-Welt ist das Lahmlegen eines Webservers gleichbedeutend mit dem Verbarrikadieren der Eingänge eines großen Kaufhauses, wenn nicht gar einer ganzen Kaufhauskette.

Nicht zu vergessen ist auch das »natürlichste« Risiko: der Datenverlust. Dies kann durch einen physikalischen Fehler, durch Unachtsamkeit eines Benutzers (keine Sicherungskopie angelegt und versehentlich das Original gelöscht) oder durch bösartige Software (Viren, Trojaner) passieren.

Die einzelnen Risiken in Bezug auf Informationssicherheit sind zahlreich:

▶ Zugriff durch unautorisierte Personen des Unternehmens auf sensible Daten

▶ unerlaubter Zugriff durch autorisierte Personen des Unternehmens auf sensible Daten

▶ Zugriff über Netzwerkverbindungen auf sensible Daten (»Intrusion«)

▶ Zugriff auf (ungeschützte) Kommunikationsdaten

▶ Betrug durch einen Geschäftspartner

▶ keine Zugriffsmöglichkeit auf das System (»Downtime«)

▶ Verlust der Daten

▶ Verlust des Vertrauens durch den Kunden

Zugriff bedeutet hierbei jeweils Ausspähen und/oder Manipulieren von Daten. Der Zugriff durch unautorisierte Personen des Unternehmens auf sensible Daten kann durch Unachtsamkeit von Kollegen (der Arbeitsplatzrechner ist nicht passwortgeschützt, das Passwort klebt am Bildschirm o.Ä.) oder durch Systemfehler (das Berechtigungskonzept der betriebswirtschaftlichen Software ist nicht sauber implementiert o.Ä.) ermöglicht werden.

Der unerlaubte Zugriff durch autorisierte Personen des Unternehmens auf sensible Daten kann technisch gar nicht verhindert werden. Während in dem vorherigen Fall entweder eine technische Schwäche oder ein menschliches Versagen vorliegt, kann in diesem Fall keiner anderen Komponente eine Mitschuld angelastet werden. Der Schaden ist – auch bei einem perfekt konfigurierten System und ideal arbeitenden Mitarbeitern – nicht zu vermeiden.

Der externe Zugriff über Netzwerkverbindungen auf sensible Daten kann durch eine fehlerhafte Konfiguration der Sicherheitssoftware, durch einen Trojaner (ein Programm, das sich als gutartig und nützlich ausgibt, im Hintergrund aber eine Hintertür für den Angreifer öffnet) oder aber – im Falle einer E-Business-Anbindung des Systems an das Internet – durch konzeptionelle Sicherheitsschwächen der E-Business-Software ermöglicht werden.

Zugriff auf ungeschützte Kommunikationsdaten (Client-Server-Applikationen, E-Mail-Kommunikation etc.) kann jederzeit erfolgen, sobald Teile der Kommunikationsstrecke öffentlich zugänglich sind bzw. nicht speziell für und durch den Arbeitgeber abgesichert sind (z.B. gemietete ISDN-Leitungen bieten zwar eine Verschlüsselung, aber diese ist nicht spezifisch für den jeweiligen Mieter und außerdem nicht besonders stark. Damit sind diese Leitungen für ein virtuelles privates Netzwerk nicht geeignet). Durch die allgemeine Öffnung zum Internet sind solche Strecken in der Praxis nicht mehr zu vermeiden. Außerdem sind auch firmeninterne Personen eventuell an dem vertraulichen Inhalt interessiert.

Der Betrug durch einen Geschäftspartner, der nur elektronisch mit dem eigenen Unternehmen in Verbindung steht, ist zur Zeit noch selten. Dennoch gibt es erste gesetzliche Reglementierungen, die vorschreiben, dass bestimmte Transaktionen elektronisch unterschrieben werden müssen (z. B. in der Chemiebranche in den USA oder in der öffentlichen Verwaltung in Deutschland), damit die Rückverfolgbarkeit und Nichtabstreitbarkeit auch im Nachhinein mit Beweiskraft gewährleistet ist.

Downtime kann sich heute kein Unternehmen mehr leisten. Zu groß sind schon bei klassischen Prozessen die durch den Stillstand der Produktivität entstehenden Kosten. Bei E-Business-Aktivitäten ist Downtime gleichbedeutend mit Totalausfall. Von daher ist es eine der wesentlichen Systemmanagementaufgaben, immer für ausreichend Serverkapazität und Erreichbarkeit zu sorgen.

Der Verlust der betriebswirtschaftlichen Daten wird gemeinhin auch als »GAU« (größter anzunehmender Unfall) für eine betriebswirtschaftliche Software angesehen; deswegen ist die Datensicherung der zweite große Bereich des Systemmanagements, der unbedingt funktionieren muss.

Schließlich können fehlende Sicherheitsmaßnahmen im Umgang mit Kundendaten (Kreditkartennummern, aber auch Kaufprofile), vorsichtig ausgedrückt, für erheblichen Unmut sorgen. Dieser Unmut kann in mangelndes Vertrauen in das Unternehmen als Geschäftspartner umschlagen, wenn Sicherheitslücken allgemeiner Art bekannt werden. Ein Risikopotenzial der besonderen Art.

Verschiedene Typen von Schwächen Die Schwächen gliedern sich in vier (organisatorische) Bereiche: Konzeptbedingte Schwächen, Schwächen der technischen Absicherung, Schwächen des Managements und menschliche Schwächen.

Konzeptbedingte Schwächen beziehen sich auf technische Lösungen, die unter anderen Bedingungen entwickelt wurden und nun in einem Sicherheitskontext den starken Anforderungen systembedingt nicht standhalten können. Dies ist z. B. der Fall bei JavaScript als Programmiersprache für E-Business-Interfaces, die einen hohen Sicherheitsstandard bieten müssen. Solche Lösungen werden entweder durch zusätzliche Mechanismen irgendwann ergänzt oder durch andere Konzepte ersetzt.

Die Schwächen der technischen Absicherung sind etwa Software-Fehler oder falsche Konfiguration der Software, die die Schwächen prinzipiell nicht hat. Solche Schwächen können in der Regel durch Korrekturen, neue Produkte, Schulungen o.Ä. behoben werden.

Schwächen des Managements bestehen dann, wenn Maßnahmen wissentlich oder unwissentlich nicht ergriffen wurden, um ein bestimmtes Sicherheitsniveau zu erreichen. Dies betrifft das Nicht-Vorhandensein von wesentlichen Sicherheitskomponenten (etwa einer Firewall), das Fehlen einer Sicherheitsrichtlinie oder ihre inkonsequente Umsetzung im Unternehmen.

Menschliche Schwächen sind immer möglich. Menschen machen Fehler und Menschen lassen sich unter Druck setzen. Diese Art von Schwäche kann niemals vollends abgeschafft werden.

Analyse und Steuerung

Die Tatsache, dass die Informationssicherheit in der Datenverarbeitung erst seit relativ kurzer Zeit ein bedeutendes Thema ist, spiegelt sich auch in den uneinheitlichen Ansätzen zur Einschätzung der Risiken wider. Allgemeiner Konsens ist, dass der Verzicht auf schützende Maßnahmen für das Unternehmen großen Schaden bedeuten kann. Jedoch gehen die Meinungen weit auseinander, wenn die potenzielle Gefahr zu quantifizieren ist. Dies ist jedoch gemeinhin notwendig, um die andererseits entstehenden Investitionen zu rechtfertigen.

Die Hauptschwierigkeit der Evaluation liegt in der Tatsache, dass Unternehmen in der Regel keine Auskunft über möglicherweise entstandene Schäden im Bereich der Informationssicherheit erteilen. Zu groß ist die Angst vor Reputationsverlust, vor erneuten Angriffen, vielleicht auch vor persönlichen Konsequenzen. Dies verhindert eine saubere Evaluation der Risiken und der eingesetzten Methoden im Hinblick auf ihren Nutzen.

Security by Obscurity?

Dabei ist die Politik des Schweigens langfristig absolut nicht sinnvoll. Auf kurze Zeit mag es die Reputation aufrechterhalten, Schäden grundsätzlich nicht zu nennen und neue Angriffe zu vermeiden, indem man die Schäden im Detail nicht beschreibt. Doch über kurz oder lang kommen diese Schwächen sowieso zu Tage, und die Politik der »Security by Obscurity« verhindert den frühzeitigen Dialog mit Fachleuten, der die Sicherheitspolitik langfristig auf stabile Füße stellt.

Nehmen wir an, das Unternehmen betreibt ein Informationsverarbeitungssystem, das eine direkte Verbindung zum Internet verwendet, um schnell mit Kunden und Partnern kommunizieren zu können. Transaktionen, die über die »Web-Schnittstelle« von Kunden und Partnern getätigt werden, werden ohne weitere menschliche Interaktion vom System prozessiert. Die Mitarbeiter haben alle selbst Zugang zum Internet sowie eine E-Mail-Adresse.

Die Bedeutung des Systemmanagements wird in dieser Situation noch größer: Downtime, also das Nicht-Funktionieren des Systems, bedeutet nun mehr als nur eine zeitlich beschränkte Nacharbeit: Während in der klassischen Situation die menschlichen Zwischenstellen gewissermaßen als Puffer im Abwicklungsprozess wirken, ist in der modernen Systemgestaltung dieser Puffer wegoptimiert. Entsprechend ist der potenzielle Schaden bei einem Ausfall des Systems oder bei Verlust der Daten wesentlich größer: Um die Daten – sofern überhaupt vorhanden – in das System wieder eingeben zu können, müssen neue Prozesse aufgesetzt werden. Die entstehenden Kosten sind potenziell um ein Vielfaches höher als in der klassischen Situation und deutlich schwieriger zu schätzen.

Die Zugriffsproblematik verschlimmert sich wegen der großen Menge potenzieller Angreifer. Statt eines Zugriffs von innen ist nun auch der unerlaubte Zugriff von außen prinzipiell möglich. Die Einschätzung des möglicherweise entstehenden Schadens wird nun hauptsächlich dadurch bestimmt, wer Interesse an den Daten haben könnte. Während firmenintern einzelne Mitarbeiter ihren Zugang missbrauchen, kann es sich bei Angriffen von außen um professionelle Organisationen handeln, die aus verschiedenen Gründen, z. B. hoheitlicher oder rein monetärer Art, Interesse an firmeninternen Daten haben. Der entstehende Schaden mag nicht größer sein als im Falle eines unerlaubten Zugriffs durch einen internen Mitarbeiter, die Wahrscheinlichkeit der tatsächlichen Ausnutzung von Schwächen im Informationssicherheitssystem steigt jedoch drastisch, zumal kein Einfluss auf die Angreifer – wie beim internen Mitarbeiter – ausgeübt werden kann. Einen Hacker können Sie nicht entlassen ...

Durch den Wegfall einer kontrollierenden, menschlichen Instanz ist die direkte, webbasierte Transaktion gegen Betrug zu schützen. Ansonsten ist es denkbar, dass bis zur Korrektur einer unrechten Transaktion entsprechende Verluste entstanden sind. Dies trifft insbesondere auf solche Marktplätze zu, die es erlauben, bei Erstkontakt direkt und rein elektronisch Geschäfte abzuschließen. Dennoch ist der möglicherweise entstehende Schaden auf die jeweilige Transaktion beschränkt.

Die Kommunikationsdaten, die über das Internet zwischen Partnern ausgetauscht werden, müssen nun ebenfalls vor Zugriff und insbesondere vor Manipulation geschützt sein. Die Situation ist ähnlich wie bei der Zugriffsproblematik: Der möglicherweise entstehende Schaden wird nicht größer; die Wahrscheinlichkeit das Auftretens eines Schadens steigt hingegen wegen der wesentlich größeren Anzahl potenzieller Angreifer (und deren Organisierung).

Schließlich ist das Kundenvertrauen und – noch schlimmer – das unmittelbare Kundenverhalten nun Funktion der Sicherheit der Web-Anbindung: Entstandene Schäden können beobachtet werden und werden sofort kommuniziert; im schlimmsten Fall ist der Kunde selbst von dem Schaden mit betroffen.

Die Steuerung der Risiken der Informationssicherheit geschieht grundsätzlich auf zwei Ebenen: auf einer Managementebene und einer technischen Ebene. Die technische Ebene beinhaltet alle Vorkehrungen und Maßnahmen technischer Art, die verwendet werden können, um die erwähnten Risiken auszuschließen oder zu minimieren. Die Managementebene umschließt alle organisatorischen Maßnahmen, um die informationstechnischen Risiken, die durch den Einsatz von Technologie nicht ausgeschlossen werden können, weiter zu minimieren, aber auch eine Gesamtsicherheitskonzeption, etwa in welchen Abständen die eingesetzte Technologie zu überprüfen ist.

Steuerung der Risiken

Zur technischen Diskussion verweisen wir auf das Kapitel 3, »Sicherheit – nur ein ›gutes Gefühl‹?«, wo gezielt auf die damit verbundenen Problematiken eingegangen wird. Im Folgenden werden wir Möglichkeiten auf der organisatorischen Ebene vorstellen.

Risikosteuerung durch organisatorische Maßnahmen

Technische Maßnahmen können nur Hilfen sein, um die Risiken zu mindern oder dort auszuschließen, wo dies möglich ist. Unabhängig von der Internetintegration eines Systems sind die Schwächen, die durch die Verwendung durch Menschen entstehen. Hier einige der häufigsten Vorkommnisse, die unberechtigten Zugang zu sensiblen Daten ermöglichen: Benutzer können sich keine Passwörter merken. Benutzer melden sich nicht ab bzw. sperren ihren Arbeitsplatz nicht, wenn sie ihn verlassen. Administratoren »leihen« häufig ihr Passwort aus. Und es gibt keine klare Aufgabentrennung der verschiedenen Rollen in der Praxis.

Diese und ähnliche Vorkommnisse können nicht durch technische Maßnahmen abgefangen werden. Vielmehr ist ein Prozess zu etablieren, der über geeignete Maßnahmen sicherstellt, dass sich die Benutzer den Sicherheitsanforderungen gemäß verhalten. Gleiches gilt für die Systeminfrastruktur, für die Verantwortlichkeiten im Sicherheitsmanagement, für die Vorgehensweise bei Notfällen (Datenverlust, Einbruchsversuch etc.). Die Gesamtheit dieser Prozesse, die die Informationssicherheit im Unternehmen betreffen, sollte in einer unternehmensweiten Richtlinie zusammengetragen sein. Diese Richtlinien nennt man »Security Policy« (Sicherheitsrichtlinie).

**Sicherheits-
richtlinie**

Die Erstellung einer Sicherheitsrichtlinie ist Aufgabe des Managements. Da die Sicherheitsrichtlinie Prozesse in jedem Bereich des Unternehmens betrifft, muss sie von der Unternehmensführung als zentrale Aufgabe angesehen werden.

Die Sicherheitsrichtlinie sollte die folgenden Aspekte auf jeden Fall behandeln: Welche schützenswerten Informationen und welche Bedrohungen gibt es? Wie sieht die Rechtestruktur für die jeweiligen Informationen aus? Welche Parteien gibt es und welche Verantwortung hat jede der Parteien? Welche organisatorischen und technischen Maßnahmen werden eingesetzt, um die Parteien bei der Einhaltung ihrer Verantwortlichkeit zu unterstützen? Welche Protokollierungen gibt es?

In der Sicherheitsrichtlinie sollte auf jeden Fall der zu schützende Gegenstand benannt werden. Dadurch wird eine unklare und schwammig formulierte Richtlinie vermieden.

Der aufwändigste Part ist die Beschreibung der organisatorischen und technischen Maßnahmen, die den Parteien zur Verfügung stehen, um die Verantwortlichkeiten wahrnehmen zu können. Wie oft soll das Passwort des Benutzers geändert werden? Von wie vielen vorherigen Passwörtern muss es sich unterscheiden? Welche Anforderungen sind an das Passwort zu stellen. Wie oft sind Sicherheitsaudits durchzuführen? Welche Verfahren gibt es, um die Versorgung mit aktuellen Informationen über Informationssicherheit sicherzustellen? Je detaillierter dieser Bereich, desto leichter ist die Umsetzung in die Praxis und desto deutlicher auch die Risikoreduzierung.

Protokollierung

Der Wert einer Protokollierung wird meist unterschätzt. Sie kann bei der Ursachenforschung nach einem Problemfall genauso dienlich sein wie bei der Aufnahme von neuen Prozessen in die Richtlinie. Je genauer die Protokollierung ist, desto wertvoller ist sie. Wo immer möglich, sollte daher die Protokollierung automatisch erfolgen.

Schließlich ist die Sicherheitsrichtlinie ein lebendes Dokument. Es sollte in regelmäßigen Abständen eine Überholung erfahren und so stets auf einem aktuellen Stand sein; natürlich muss es bei Umorganisationen innerhalb des Unternehmens entsprechend angepasst werden. Die Sicherheitsrichtlinie muss bei E-Business-Aktivitäten öffentlich zugänglich sein; nur so können sich externe Partner und Kunden über die Sicherheitsmaßnahmen informieren. Dass das Zurückhalten von Informationen über die Sicherheitskonzeption die Sicherheit erhöhen würde, ist ein Irrglaube; zumal die Schwachstellen mit der zunehmenden Öffnung zum Internet sowieso gefunden werden – und dann in der Regel von Personen mit unlauteren Absichten.

Controlling und Reporting

In diesem Abschnitt diskutieren wir organisatorische Maßnahmen, mit denen ermittelt werden kann, welche Teile einer Sicherheitsrichtlinie gut umgesetzt wurden, welche Teile nicht ausreichend spezifiziert wurden, welche Produkte einen tatsächlichen Nutzen bringen und welche keinen Sicherheitsgewinn gebracht haben. Eine tatsächliche Quantifizierung der entstandenen Kosten ist aber schwierig und somit können solche Informationen zwar als Entscheidungsgrundlage, wohl aber nicht für eine finanztechnische Bewertung dienen.

Es gibt zwei Quellen der Information, um die angewendeten Sicherheitsrichtlinien zu überprüfen: einerseits automatisch erstellte Protokolle sowie Programme, die helfen, bestehende Situationen zu beurteilen und andererseits Sicherheitsuntersuchungen, die meist in Form von Umfragen durchgeführt werden.

Die meisten betriebswirtschaftlichen Programme bieten die Möglichkeit, **System-Audits** sicherheitsrelevante Informationen aufzuzeichnen. Der so genannte Security Audit Log zeichnet bei entsprechender Konfiguration dabei jede sicherheitsrelevante Tätigkeit im Bereich der entsprechenden Software auf. Bei betriebswirtschaftlicher Software handelt es sich dabei z.B. um Zugriffe unter gewissen Benutzerkennungen auf bestimmte Daten, aber auch um misslungene Anmeldeversuche, Passwortwechsel etc. Eine derartige Sicherheitsprotokollierung sollte für alle eingesetzten Software-Komponenten (E-Mail, Firewall, Single Sign-on etc.) existieren.

Die Protokolle sollten dann in regelmäßigen Abständen analysiert, also auf Unregelmäßigkeiten untersucht werden. Auffällig sind z. B. mehrfache Anmeldeversuche innerhalb kurzer Zeit, eventuell unter verschiedenen Benutzerkennungen. Hilfreich hierbei sind bei einer Internetintegration die »Intrusion Detection Systems«, also Programme, die selbstständig zusätzlich zu den produktiven Software-Komponenten die sensiblen Punkte beobachten und Anomalien melden. Die verwendeten Programme und Methoden sollten zusammen mit einer Vorschrift über die Auswertungstechnik in der Sicherheitsrichtlinie vermerkt sein.

Organisatorische Audits

Während die technischen Überwachungsprogramme nur die Schwächen von technischen Lösungen nachweisen können, ist für eine Beurteilung der organisatorischen Maßnahmen eine »menschlichere« Vorgehensweise notwendig. In regelmäßigen Abständen sollten Sicherheitsuntersuchungen durchgeführt werden, um die Umsetzung der Richtlinie zu überprüfen, aber auch Schwächen der Richtlinie selbst aufzuzeigen. Diese so genannten Security Audits ermitteln über verschiedene Audit-Techniken die Güte der Richtlinie bzw. ihrer Umsetzung.

Basis für ein Security Audit ist ein Fragenkatalog, der aus der Sicherheitsrichtlinie abgeleitet wird. Im Rahmen von E-Business-Aktivitäten muss sich dabei das Security Audit auf alle Elemente der Supply Chain beziehen.

Das eigentliche Audit wird von einem speziellen Team, ggf. unternehmensübergreifend besetzt, durchgeführt. Dabei ist zu beachten, dass Konflikte mit persönlichen Interessen vermieden werden sollten. Z.B. sollte der Befragende aus einer anderen Abteilung stammen als der Befragte und keine ranghöheren Personen befragen. Überhaupt ist die Unterstützung durch das Management wesentlich für ein erfolgreiches Security Audit.

Nach dem Audit wird die Analyse durchgeführt. Ein weiteres speziell zusammengesetztes Team ermittelt aus den Antworten die existierenden Sicherheitsschwächen. Idealerweise wird – wenn das die erhobenen Daten ermöglichen – eine Bewertung hinsichtlich a) des Umfangs der Schwäche und b) der Wahrscheinlichkeit des Auftretens vorgenommen. Wie diese Gewichtung vorzunehmen ist, muss einheitlich im Analyse-Team festgelegt werden.

Die Analyse erlaubt nun, im Vergleich mit dem Ergebnis des letzten Audits, Verbesserungen, Verschlechterungen oder neue Probleme bei der Umsetzung der Sicherheitsrichtlinie zu identifizieren. Daraus lässt sich z. B. ableiten, ob eine zwischenzeitlich eingeführte Maßnahme erfolgreich war, oder ob ein Bedrohungsszenario aufgrund neuer Nebenbedingungen wahrscheinlicher geworden ist. Die Analysedaten sollten in die Überarbeitung der Sicherheitsrichtlinie münden sowie einen Aktionsplan nahe legen, um die informationstechnischen Schwächen zu minimieren. Somit kann ein Kreislauf, wie in Abbildung 4.15 dargestellt, etabliert werden, der den Prozess des Sicherheitsmanagements analog einem kontinuierlichen Verbesserungsprozess (KVP) implementiert.

Sicherheits-management

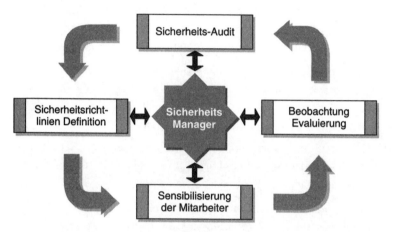

Abbildung 4.15 Kreislauf des Sicherheitsmanagements

Während die technischen Protokollierungen, die die Systeme überwachen, hauptsächlich für ein kurzfristiges und rasches Handeln bei auftretenden Notfällen geeignet sind, sind Security Audits das geeignete Mittel, um langfristig die heute vorhandenen und sich in der Zukunft öffnenden Sicherheitslöcher nach und nach zu stopfen.

Kompakt

Lassen Sie uns zusammenfassen: In diesem Kapitel haben wir uns mit klassischen und modernen Methoden des Risikomanagements beschäftigt. Zunächst haben wir die »hohe Schule« bemüht, um rechtliche Forderungen und Konsequenzen zu verdeutlichen. Danach sind wir auf Techniken des Controllings, Durchführungsrisiken in E-Projekten und den Umgang mit dem Produktionsfaktor Information eingegangen.

Instrumente zur Erkennung und Verfolgung von Risiken sind, wie dargestellt, in der Controlling-Literatur beschrieben und auch in der Praxis anzutreffen. Es wird noch diskutiert, inwieweit dieses Instrumentarium in einen systematischen Zusammenhang gebracht wird, damit ein der jeweiligen Unternehmenstätigkeit angemessenes Risikomanagement stattfinden kann. Hierzu lassen sich nun die folgenden Thesen formulieren:

▶ Unternehmerische Entscheidungen sind immer eine Abwägung von Handlungsalternativen, die behaftet sind mit Chancen und Risiken, d.h., die Entscheidung über Risiken ist eine originäre Aufgabe der Unternehmensführung und nicht delegierbar.

▶ Die Informationsversorgung über die mit verschiedenen Handlungsalternativen verbundenen Chancen und Risiken ist bereits bisher Aufgabe des Controllings im klassischen Sinne.

Der vorgenommenen Zuweisung der Risikoerfassung an das Controlling im Rahmen seiner Informationsfunktion sowie der Zuweisung der Entscheidung über bestimmte Risiken zur Sachentscheidung des Managements (Integrationskonzept), wird in der Literatur teilweise mit dem Argument der Überlegenheit des so genannten Separationskonzepts begegnet. Wie in der Diskussion der Aufgaben des Controllings dargestellt, ist jedoch die Koordination der Teilpläne – und damit auch der diesen Plänen immanenten Chancen und Risiken – bereits als Aufgabenstellung dem Controlling zugewiesen.

Eine neue Funktion bzw. die Einrichtung der Stelle eines Risikomanagers kann unter den vorgenannten Aspekten damit nur notwendig sein, soweit nicht bereits ein Risikomanagement-Ordnungsrahmen definiert worden ist.

Dieser umfasst:

▶ Festlegung von risikopolitischen Grundsätzen

▶ Festlegung von über die Organisation gestuften, Schwellenwerten (Limits) zur Berichterstattung und Entscheidung über Risiken

▶ Festlegung von Aufgaben und Verantwortlichkeiten in einem Risiko-management-Handbuch (Dokumentation), das Bestandteil der Planungs- und Controlling-Handbücher sowie der Anweisungen für die Interne Revision sein muss

▶ Schaffung eines entsprechenden Risikobewusstseins der Mitarbeiter (Risikokultur)

E-Business-Aktivitäten bringen neuartige Risiken mit sich. Gegenwärtig ist jedoch nicht erkennbar, dass ein ganzheitlich neues betriebswirtschaftliches Instrumentarium für das Management dieser Risiken geschaffen werden muss. Die aufgezeigten Controlling-Instrumente erscheinen hierzu ausreichend.

Durch E-Business-Aktivitäten verschieben sich die Schwerpunkte; Projektmanagement und IT-Sicherheit werden zentrale Elemente. Informationssicherheit ist aus der modernen Informationstechnologie nicht wegzudenken. Die Bereitstellung sensitiver Informationen in digitaler Form schafft auch die prinzipielle Möglichkeit einer unlauteren Verwendung dieser Informationen. Umso bedeutender wird dies für ein Unternehmen, das sich dem Internet öffnet. Dann wird Sicherheit zu einem zentralen Thema. Im Rahmen des Risikomanagements von E-Business-Aktivitäten ergeben sich also neue Schwerpunkte. Für viele Gefahren gibt es spezielle technische Lösungen, die das Risiko einer unlauteren Verwendung minimieren. Technische Maßnahmen können jedoch nicht bei unlauteren Mitarbeitern helfen; die Motivation zur Verantwortung und zur Beachtung der Sicherheitsrichtlinien muss das Ziel sein. Somit ist Informationssicherheit eine Aufgabe für das Top-Management.

Doch auch diese Einflussmöglichkeiten enden, wenn das Unternehmen eine direkte Integration ihrer Systeme in das Internet anstrebt, um die Versprechen des E-Business zu nutzen. Denn dann sind die Personen, die auf das System zugreifen, nicht mehr durch die Unternehmensführung beeinflussbar. Es bleibt dann nur noch die technisch einwandfreie Lösung aller eingesetzten Komponenten; zusätzliche Sicherheits-Spezialsoftware kann hier selten helfen. Die Hersteller von Standardsoftware sind gefordert, ähnlich zu der Qualitätssicherung ihrer Produkte auch Prozesse zur Sicherheitsgarantie einzuführen und die Anwender sind gefordert, genau dies von ihren Software-Lieferanten zu verlangen.

Aktives Risikomanagement beim Einsatz moderner Informationstechnologie besteht aus zwei Komponenten: dem Risikomanagement der Entscheidungen im Bereich der IT und dem Risikomanagement im Umgang mit der IT. Der erste Bereich ist vor allem dadurch geprägt, dass es keine oder so gut wie keine Erfahrungen zur aktuellen Fragestellung gibt: Sind Erfahrungen in ausreichender Zahl vorhanden, so sind diese bald wieder von den neuen technischen Gegebenheiten überholt worden.

Als einen Schwerpunkt des zweiten Bereichs haben wir die Risiken der Informationssicherheit diskutiert. Es zeigt sich einerseits, dass die Mitarbeiter, die ja das größte Kapital eines modernen Unternehmens sind, ebenso das größte Risiko darstellen können. Dem ist nur durch entsprechende Managementmaßnahmen zu begegnen, etwa dass dem einzelnen Mitarbeiter Entscheidungsfreiheit und somit Verantwortung übertragen wird und dass er am Erfolg des Unternehmens beteiligt wird. Andererseits bringt die Öffnung zum Internet neue Herausforderungen in Sachen Informationssicherheit; die damit verbundenen Ziele können nur gemeinsam durch Software-Hersteller und Anwender mit Flexibilität und Konstanz erreicht werden. Auch hier zeigt sich die Schnelllebigkeit der Informationstechnologie.

Wie der Überblick zu den Instrumentarien zur Früherkennung von Unternehmensrisiken und dem dazugehörigen juristischen Background gezeigt hat, sind bei genauer Betrachtung neben Projektmanagement und IT-Sicherheit eine ganze Reihe weiterer Bausteine Teil des Risikomanagements. Die Ausgestaltung des Controllingsystems erhält dabei neue Schwerpunkte, ohne allerdings sein Grundkonzept zu verändern.

Der Bereich der Informationstechnologie zeigt auch im Risikomanagement sein gewohntes Gesicht: Nichts bleibt, wie es ist. Umso schwerer ist es, die Kosten einer Entscheidung zu beziffern oder gar Prognosen abzugeben. Der Innovationsmotor Informationstechnologie beschert uns nicht nur neue technologische Möglichkeiten und die dadurch erforderlichen Änderungen eines erfolgreichen Managements, es erfordert ein grundsätzliches Überdenken dessen, was Management überhaupt ist. Dieser Beitrag legt nahe, den Begriff Risikomanagement nicht allein auf die Vergabe von Passwörtern zu reduzieren.

5 Prozesse – auf der Jagd nach dem Optimum

Ihre Kollegen sind einfach zu kreativ für Sie! Besonderheiten im Prozess oder Prozessstörungen, an die Sie im Leben nicht gedacht hätten, führen wieder mal zu eigenwilligen und selbstkonstruierten Sonderabläufen auf der Basis von Papier, Bleistift und Excel. Die von Ihnen aufwändig designte vollautomatische Bestellabwicklung wird links liegen gelassen.

In diesem Kapitel lesen Sie, welche Fehler bei Prozessdesign und -implementierung ganz schnell passieren können, und wie man sie vermeidet. Ein Hauptgrund für die Realisierung von E-Business-Projekten ist die effizientere Gestaltung von Prozessen. Wir diskutieren daher ausführlich, welche Optionen der Verbesserung es gibt, wie man diese angehen kann – und wie man sie misst, damit man seinen Erfolg auch vorzeigen kann.

5.1 Was ist ein Geschäftsprozess?

Eine Studie von Cap Gemini, Ernst & Young vom August 2001 belegt, dass drei Viertel der befragten Großunternehmen mit ihren E-Business-Projekten weder Kosten senken noch den Unternehmenserfolg steigern konnten. Dennoch: Für 81 % der Befragten steht die Beschleunigung der Geschäftsprozesse im Vordergrund, wenn es um E-Business-Projekte geht.

Das Ziel ist also klar erkannt, nur scheint es auf dem Weg dorthin an irgendetwas zu hapern. Wo klemmt es denn, wenn doch alle E-Business-Projektleiter sich der Prozessorientierung verschrieben haben?

Vielleicht liegt es am Grad der Detaillierung. »Verschont mich mit Details«, ist ein oft gehörter Ausspruch in Projektmeetings. Es reicht ja auch, wenn Sie nur über die wichtigsten Headlines sprechen: Einkaufsprozess, Lieferprozess, Abrechnungsprozess – was braucht es mehr?

So passiert es denn, dass eine Bestellung perfekt und »elektronisch« vom Kunden zum Lieferanten übertragen wird, aber die Bestelländerung beim Aufsetzen des Prozesses leider keine Berücksichtigung gefunden hat. Kein Problem bei einem Geschäftsprozess, denn alle Beteiligten agieren ja flexibel. Hätte der Konstrukteur eines Getriebes ein einziges Zahnrädchen vergessen, hätte es ziemlich gekracht. Im Unternehmen aber greift die

Kollegin aus dem Einkauf geschwind zu Word und Papier und erstellt manuell ein Bestellstorno, faxt es an den Lieferanten, der den Storno ebenfalls manuell verbucht. Erfasst und abgelegt, damit alles seine Ordnung hat.

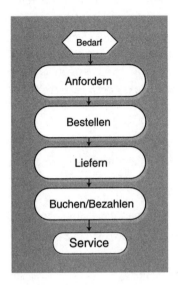

Abbildung 5.1 Prozessablauf

Ist doch kein Problem, werden Sie sagen, weil es nicht so häufig vorkommt. Und so ist es denn auch in der betrieblichen Praxis: Rund um das zentrale ERP-System wird in Excel gerechnet, in Word geschrieben und Statusinformationen werden per Telefon ausgetauscht. Die Skalierbarkeit ist zwar zum Teufel, aber es funktioniert, zumindest bis zur nächsten Headcount-Runde. Da stehen Sie garantiert in der ersten Reihe!

Und genau hier trennt sich die Spreu vom Weizen: Bezahlt die Citibank für jeden Euro Umsatz nur 55 Cent an internen Kosten, muss die Commerzbank über 85 Cent ausgeben. So macht das eine Unternehmen Gewinn und das andere Verlust.

Fazit: Im »Räderwerk« des Unternehmens hört man es zwar nicht knirschen und krachen, es kommt aber doch auf jedes einzelne Rädchen im großen Getriebe an. Sie schaffen es garantiert, Ihr E-Business-Projekt zum Scheitern zu bringen, wenn Sie sich um die Details Ihrer Geschäftsprozesse nicht kümmern.

Zur Verständigung zwischen dem Konstrukteur und Entwickler und der Kunden hat schon Leonardo da Vinci die wesentlichen Elemente der heutigen Zeichnungsnormensprache geprägt. Auf so viel Historie kann die Geschäftsprozessdarstellung jedoch nicht zurückblicken:

Zeichnungsnormensprache ...

> *Die technische Zeichnung dient der Verständigung zwischen Entwicklung, Konstruktion, Fertigung, Instandhaltung (...) und dem Kunden. Aus ihren Darstellungen sind in Verbindung mit dem Schriftfeld und der Stückliste alle erforderlichen Angaben (z.B. zur Herstellung und Prüfung eines Erzeugnisses) zu entnehmen. Das betrifft sowohl Formen und Maße des Werkstücks als auch seinen Werkstoff.*

> *Die Aussage einer technischen Zeichnung muss vollständig, eindeutig und für jeden Techniker verständlich sein. Die gemeinsame Sprache basiert auf Zeichenregeln, die in DIN-Normen festgelegt sind. [Böttcher]*

Im Bereich der Geschäftsprozesse besteht aber das gleiche Verständigungsproblem. Für die Buchhaltung ist mit einer Tabelle schon alles gesagt, der Einkauf bezieht sich auf Listen und der Vertrieb hat ein Handbuch erstellt. Aber: Das Know-how aus dem täglich erlebten Geschäftsablauf in der Abteilung lässt sich nur schwerlich in Textform beschreiben, insbesondere dann, wenn komplexere »Wenn-Dann-Beziehungen« zu erläutern sind.

... und Darstellung von Geschäftsabläufen

Eine abteilungs- und unternehmensunabhängige Abbildung des Prozessablaufes ist deshalb für ein Design, das auch von Systemfachleuten wie Mitarbeitern der Fachabteilung gleichermaßen verstanden wird, eine elementare Grundlage. Das gleiche Verständigungsproblem besteht auch im Bereich der Geschäftsprozesse:

> *Der in der Wirtschaftsinformatik gebräuchliche Begriff des Geschäftsprozesses lässt sich auch auf den formalen Prozessbegriff der Informatik zurückführen. Darauf und auf der Grundstruktur eines Geschäftsprozesses aufbauend wird eine vom Abstraktionsgrad unabhängige Definition eines formalen Prozessbegriffs entwickelt, die alle Charakteristika eines Geschäftsprozesses der Wirtschaftsinformatik explizit berücksichtigt. Die formalen Eigenschaften für dispositive Aufgaben »Strukturiertheit«, »Variabilität« und »Umfang« aus der Organisationslehre werden auf den Geschäftsprozess übertragen und bilden zusammen mit den Kriterien »Beteiligte Organisationseinheiten«, »Art des Gestaltungsobjektes« und »Art der Tätigkeiten« ein Identifizierungsraster für Geschäftsprozesse aus formaler Sicht.*[1]

Möglichkeiten der Abbildung

Sequenzdia-
gramme und
Flussdiagramme
Eine einfache und häufig gebrauchte Form der Darstellung ist das Sequenzdiagramm. Die Verantwortlichen für einen Prozessschritt (Process-Owner) werden in den Spalten einer Matrix aufgeführt, die Aktivitäten werden in der richtigen zeitlichen Abfolge in den Zeilen aufgelistet. (siehe auch Abbildung 5.2)

Mit dieser Darstellung lassen sich jedoch Verzweigungen im Prozessablauf in Abhängigkeit von Prozessparametern nicht darstellen. Unter Verwendung der Symbole für Flussdiagramme lässt sich dieser Nachteil umgehen (siehe Abbildung 5.3). Bei einer größeren Zahl von Process-Ownern und etwas komplexeren Abläufen wird aber auch diese Darstellung sehr schnell unübersichtlich.

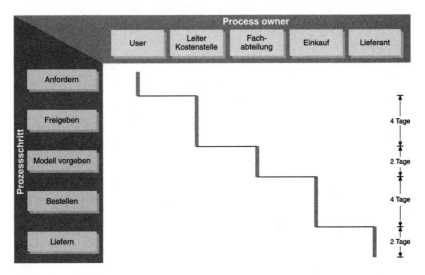

Abbildung 5.2 Sequenzdiagramm

---

1 Prof. Dr. Herbert Kargl, Lehrstuhl für Allg. BWL und Wirtschaftsinformatik, Johannes Gutenberg-Universität, Mainz

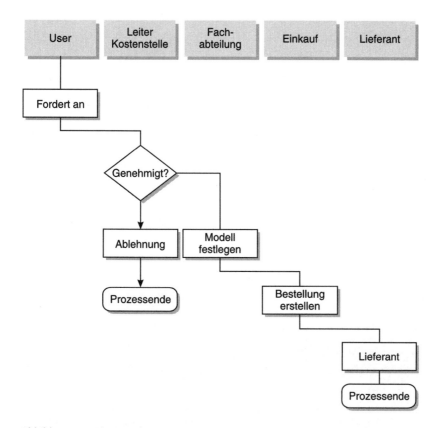

Abbildung 5.3 Aktivitätsdiagramm

Deshalb werden wir im Folgenden die von allen modernen Tools zur Abbildung von Geschäftsprozessen (z.B. MS-Visio, IDS-Aris-Toolset, INNOVATOR u.a.) angebotene Darstellung des Aktivitätsdiagramms verwenden, das aus den folgenden Grundelementen besteht:

Grundelemente für Prozessablaufdiagramme

Jeder einzelne Prozessschritt wird als Rechteck dargestellt, die auszuführende Aktion oder der Vorgang werden textlich beschrieben (z.B. »Rechnung erstellen«). Der verantwortliche Bearbeiter für diesen Prozessschritt wird links vom Aktionssymbol in einer Ellipse eingetragen (z.B. »Buchhaltung«). Für Objekte oder verwendete Systeme werden rechts vom Aktionsschritt die entsprechenden Symbole angehängt und näher bezeichnet (z.B. »Rechnungsformular REA«).

Weitere wesentliche Elemente für ein Aktivitätsdiagramm sind Auslöser, Entscheider und Prozessende, wie in Abbildung 5.5 zu sehen.

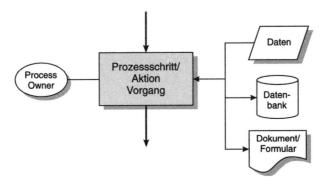

Abbildung 5.4 Ein einzelner Prozessschritt

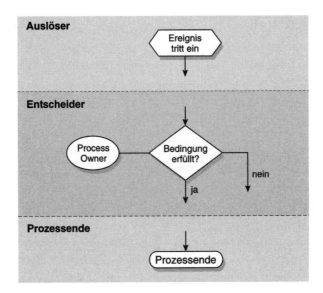

Abbildung 5.5 Weitere elementare Diagrammbausteine

Business Use Case

Den Geschäftsprozessablauf zu definieren, also die Abfolge von einzelnen Aktivitäten zu beschreiben, ist sicher die Kernaufgabe. Um diese Aufgabe aber lösen zu können, ist die Definition der Beteiligten der erste Schritt. Die Beteiligten nicht an einen Tisch zu holen, um die Aktivitäten, die Daten und die Struktur der »elektronischen Formulare« abzustimmen, ist eine gute Methode, Ihr E-Business-Projekt zum Scheitern zu bringen. Nehmen Sie sich also Zeit für die Ausarbeitung eines angemessenen Use Case!

Oft wird auch im Use Case an der Detaillierung gespart. Oft sehen die Diagramme so aus, wie in Abbildung 5.6 dargestellt. Dabei ist offensichtlich, dass man diesem Diagramm keinerlei Ablaufinformation entnehmen kann.

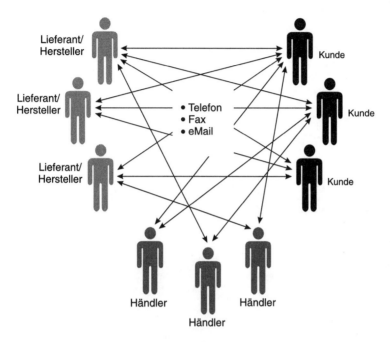

Abbildung 5.6 Ein aussageloses Diagramm

Mit der Einführung des Belegaustausches gewinnt der Use Case schon erheblich an Aussagekraft und macht deutlich, über welche Medien der Informationsaustausch stattfindet (siehe Abbildung 5.7).

Mit dieser Darstellung werden aber nur die externen Beziehungen, die Belegflüsse über die Unternehmensgrenzen hinweg, abgebildet. Für ein erfolgreiches E-Business-Projekt ist die Erweiterung des Use Case auf die internen Informationsflüsse sehr wichtig, die Erstellung der Aktivitätsdiagramme ist auf der Basis eines derart gestalteten Use Cases deutlich sicherer (siehe Abbildung 5.8).

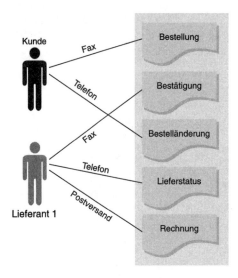

Abbildung 5.7 Einführung des Belegaustausches

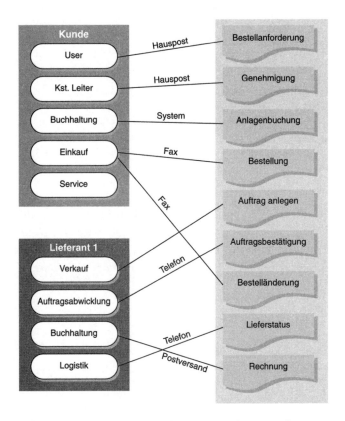

Abbildung 5.8 Erweiterung auf die internen Informationsflüsse

Der »E-Status« des Unternehmens

Vor der Erarbeitung eines umfangreichen Prozessplans auf der Basis eines Aktivitätsdiagramms ist die Feststellung bzw. Definition des unternehmensinternen »E-Status« für den Projektablauf wichtig: Wie weit ist das Unternehmen von E-Business durchdrungen?

Jedes Unternehmen und jede Abteilung in einem Unternehmen hat ein anderes Verständnis vom aktuellen Status im Bereich E-Business. E-Business ist ein kontinuierlicher Verbesserungsprozess und so, wie sich die verwendeten Systeme ständig weiterentwickeln, entwickelt und verbessert sich auch das E-Business. E-Business wird auch nicht in einem einzigen Schritt in einem Unternehmen eingeführt, sondern in mehreren Phasen. Und so hat jedes Unternehmen eine sehr spezifische Sicht von E-Business.

In der ersten Phase der Einführung von E-Business geht es lediglich um den schnellen Austausch von und den Zugriff auf Informationen. Ein E-Mail-Account und eine Website ist auf diesem Level schon die notwendige Basis für E-Business. Statt über Telefon und Fax werden Daten »elektronisch« übermittelt. Die Nutzung dieser elektronischen Wege ist in dieser Phase aber noch recht selten. Die meisten Vorgänge werden doch noch papierbasiert erledigt. An eine Integration der Systeme und der Prozesse ist noch nicht zu denken.

Die nächste Stufe von E-Business ist erreicht, wenn Unternehmensprozesse bereits webtauglich sind, also z.B. Aufträge im Internet erteilt werden, Bestellungen nicht nur elektronisch eingehen, sondern auch ohne Systembruch weiterverarbeitet werden können. Die Vernetzung aller Beteiligten (Kunden, Lieferanten, Partner, Mitarbeiter) und der beteiligten Systeme (Bestellung, Lieferung, Abrechnung, Logistik etc.) ist in dieser Stufe weit entwickelt. Aber auch hier gilt: Das Unternehmen der Stufe 2 gibt es nicht; einige Abteilungen des Unternehmens sind evtl. bereits sehr gut aufgestellt, in anderen Bereichen ist E-Mailing noch sehr innovativ.

Die nächste evolutionäre Stufe ist dann erreicht, wenn die im Unternehmen noch manuell zu bearbeitenden Prozessschritte weitgehend automatisiert sind. Die Vernetzung aller Prozessbeteiligten ist so weit entwickelt, dass die Unternehmensgrenze nicht mehr wahrnehmbar ist. Ob die Buchhaltung noch im eigenen Unternehmen erledigt wird oder von einem Dienstleister, ist dann nur noch für einen guten Controller festzustellen.

Abbildung 5.9 zeigt den einfachsten Fall eines Unternehmens auf Stufe 1: »User mit Bestellanforderung«.

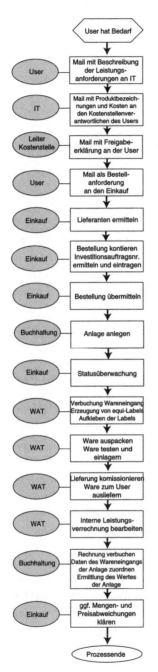

Abbildung 5.9 Linearer Prozessablauf mit Bestellanforderung

Das nächste Beispiel nennen wir: »Monitoring automatisch mit oder ohne Eskalationsmitteilung«. Dies ist ein Beispiel für ein Unternehmen auf Stufe 2. Um auftretende Liefertermlnverzögerungen nicht nur zu erkennen, sondern auch damit zusammenhängende Probleme rechtzeitig zu lösen, ist ein stabiler und sicherer Fulfilment-Prozess zu leben (Fulfilment bedeutet Auftragserfüllung). Dieser kann wie folgt festgestellt werden:

Eine einmal erstellte und an den Lieferanten übermittelte Bestellung (einschließlich Liefertermin) reicht nicht aus. Ist der Liefertermin überschritten, muss an den Lieferanten rechtzeitig eine Mahnung übermittelt werden. Dies kann auch ein ERP-System übernehmen. Damit sich keine Endlosschleife ergibt, das System also endlos Mahnungen schreibt und sich keine weiteren Konsequenzen daraus ergeben, muss eine Anweisung eingebaut werden, die bei Überschreitung einer vordefinierten Anzahl von Mahnungen eine Eskalationsmitteilung an den IT-Einkauf (der in diesem Fall der Process-Owner ist) erzeugt. Es obliegt jetzt dem IT-Einkauf, alternative Aktivitäten einzuleiten und mit dem Lieferterminverzug weiterzuverfahren (siehe Abbildung 5.10).

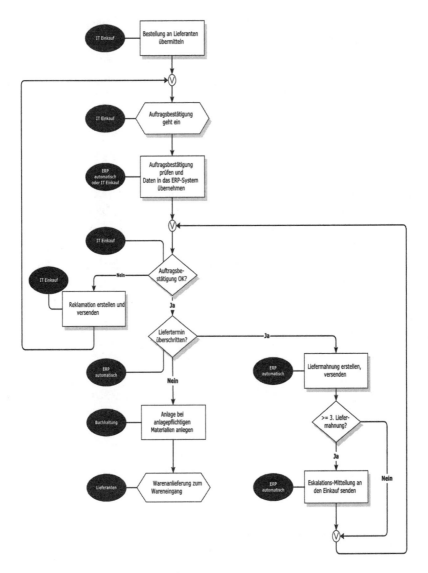

Abbildung 5.10 IT-Einkauf und Lieferterminverzug

Nachdem der Wareneingang erfolgt ist, wird die Ware innerhalb des Unternehmens an den Arbeitsplatz des Mitarbeiters ausgeliefert. Für diese interne Auslieferung muss eine Kontrollinstanz eingesetzt werden, die den Gefahrenübergang »auszuliefernde Ware an richtigen Mitarbeiter ausgeliefert« dokumentiert und überwacht. Gibt es diese Kontrolle nicht, besteht die Gefahr, dass bereits im Wareneingang erfasste Ausrüstungsgegenstände nicht rechzeitig an den richtigen Mitarbeiter ausgeliefert werden (siehe Abbildung 5.11).

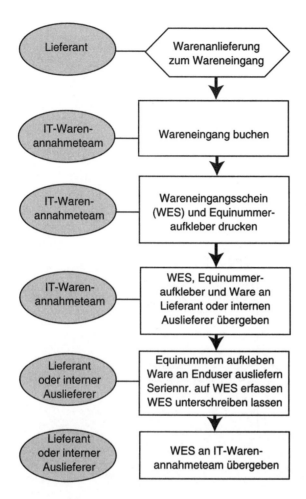

Abbildung 5.11 Kontrollinstanz bei der Auslieferung

Ein weiteres Beispiel der Stufe 2 finden Sie in Abbildung 5.12.

Die Beispiele zeigen, wie unterschiedlich die E-Durchdringung eines Unternehmens sein kann. Es wird klar, dass es keine einfache Einteilung gibt, wie weit ein Unternehmen in Bezug auf E-Business ist.

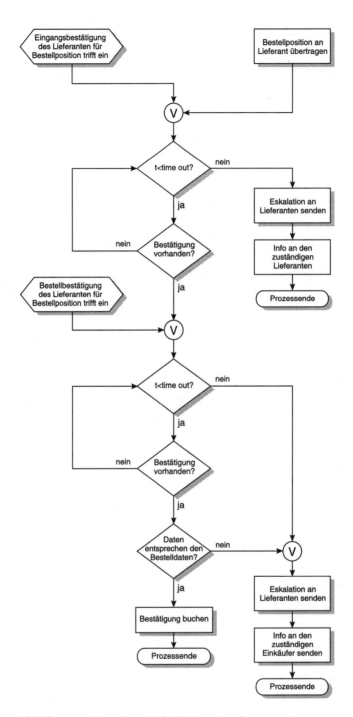

Abbildung 5.12 Komplexer Nachrichtenaustausch

5.2 Was ist ein guter Geschäftsprozess?

Ein guter Prozess zeichnet sich durch verschiedene Charakteristika aus, die in den folgenden Abschnitten im Einzelnen noch näher erläutert werden. »Was aber macht einen Prozess gut?«, werden Sie sich jetzt vielleicht fragen.

Ein Hauptkriterium für einen guten Prozess ist ein möglichst hoher Grad der Automatisierung. Damit verbunden ist die Minimierung von Fehlern und eine Aufwandsreduzierung, was eine Verringerung der Kosten zur Folge hat. Eine Minimierung von Fehlern kann in der Prozesskette auf mehrere Arten ermöglicht werden. Neben der Automatisierung, z.B. auch durch eine Fokussierung auf die eigentlichen Kernprozesse, eine Verringerung der beteiligten Entscheidungsträger, die Eliminierung überflüssiger Aktivitäten wie auch die Verlagerung und Parallelisierung von Aktivitäten. In Abschnitt 5.3 werden wir diese unterschiedlichen Optimierungsmöglichkeiten diskutieren.

Hohe Automatisierbarkeit

Betrachten wir aber zunächst die Grundanforderungen an einen guten Prozess.

Sicherheit und Stabilität

Nur wenn Ihr Prozess sicher läuft, kann er die Aufgaben erfüllen, die sie von ihm verlangen. Doch welche Kriterien machen einen Prozess sicher?

Stellen Sie sich vor, in Ihrem Einkaufsprozess geht ein Bestellformular verloren. Ist Ihr System auf eine derartige Störung vorbereitet? Oder was passiert, wenn die Person, die für die Freigabe von Bestellungen verantwortlich ist, plötzlich krank wird? Läuft Ihr Einkaufsprozess ungestört weiter?

Sie sehen, schon in der Planung eines Prozesses ist es unbedingt notwendig, mögliche Fehlerquellen wie Sackgassen und Endlosschleifen zu erkennen, um für diese Fälle Sicherungsmechanismen einzubauen, die einen reibungslosen Fortlauf garantieren.

Um eine Sackgasse im System zu vermeiden, kann z.B. ein Kontrollinstrument derart eingebaut werden, dass Teilaufgaben innerhalb der Prozesskette nicht nur einseitig übergeben werden können, sondern von der Gegenseite auch übernommen werden müssen. Um Endlosschleifen zu vermeiden, bieten sich Kontrollinstrumente an, die dafür sorgen, dass sich einzelne Prozessschritte nicht überholen. Ein solches Produkt kann nicht in den Bestand übernommen werden, bevor es in der Buchhaltung erfasst wurde. Auch eine zwangsweise Verknüpfung von Prozessen ist

Vermeiden von Sackgassen und Endlosschleifen

denkbar. So kann beim Austausch eines IT-Equipments z. B. das Neugerät nur dann als ausgeliefert erfasst werden, wenn gleichzeitig die Daten des Altgerätes auf das neue überspielt werden und das Altgerät mitgenommen wird.

Report- und Controllingfähigkeiten

Eine zeitpunktbezogene Kontrolle ist notwendig, um zu jedem Zeitpunkt einen Überblick über den aktuellen Stand Ihres Prozesses zu haben. Nur wenn Sie wissen welche Teilprozesse noch in den Gesamtprozess eingreifen, können Sie beispielsweise schnell und effektiv mögliche Änderungen vornehmen. Wenn ein Problem auftritt können sie mithilfe einer Prozessdokumentation schnell und übersichtlich erkennen, wo genau das Problem aufgetreten ist und aus welchem Grund es verursacht wurde. Nur so vermeiden Sie lange und teure Standzeiten.

Grundlage zur Bewertung der Prozessoptimierung

Die Prozesskontrolle und -dokumentation dient weiterhin dazu, die Grundlage für die Bewertung des Einsparpotenzials Ihrer Prozessoptimierung zu bilden. Denn nur wenn Sie einen kompletten Überblick über alle Teilbereiche Ihrer Prozesskette haben, können Sie eine sinnvolle Kostenbewertung vornehmen. Dies ist aber nur möglich, wenn Sie einzelne Kosten direkt zuweisen können. Dafür benötigen Sie Informationen, wie viele Mitarbeiter wie lange einen Teilprozess bearbeitet haben, welche Kosten also für den Prozess selbst angefallen sind, wie hoch die Kosten für die Übertragung von Informationen sind und wie hoch durch den Prozess verursachte Stand- und Lagerkosten sind. All dies wird in der Prozessdokumentation zeitpunkt- und wertbezogen erfasst. Die direkt auf den Prozess bezogenen Kosten bilden dann zusammen mit der Häufigkeit der Prozesswiederholung die Grundlage für eine Berechnung der Prozesseinsparung im Vergleich zum Kostenaufwand vor der Prozessoptimierung und somit für eine Bewertung des Nutzens Ihrer Prozessoptimierung.

Mitarbeiterakzeptanz

Sie werden Ihre Prozesse nur dann sinnvoll optimieren können, wenn Sie Ihre Mitarbeiter in den Optimierungsprozess integrieren und Ihre Mitarbeiter auch für die Änderungen gewinnen können. Denn eine sinnvolle Prozessoptimierung kann nur funktionieren, wenn Ihre Mitarbeiter die Änderungen auch umsetzen.

Arbeitswertsteigerung als Ziel

Ihre Mitarbeiter haben aber eigene Anforderungen an den optimalen Prozess. Zum einen müssen die Änderungen eine Vereinfachung der Abwicklung von Transaktionen bieten – es soll eine Reduzierung des

Arbeitsaufwandes erfolgen. Auch eine Höherwertigkeit der Arbeit ist für den Mitarbeiter sinnvoll. Durch Prozesstransparenz und einen sinnvollen Informationsfluss erreichen Sie das nötige Verständnis für die Änderungen bei Ihren Mitarbeitern, die so den Nutzen erkennen und die Änderungen leichter akzeptieren werden. Durch standardmäßig eingebaute Kontrollsysteme erhöhen Sie die Fehlertoleranz für Ihre Mitarbeiter und bauen somit Ängste ab.

Um das Potenzial Ihrer Mitarbeiter voll ausschöpfen zu können, müssen Sie Ihre Mitarbeiter in den Optimierungsprozess einbinden und auch ihre Anforderungen an einen optimalen Prozess berücksichtigen. Denn nur ein zufriedener Mitarbeiter ist ein guter Mitarbeiter. Mehr zu Mitarbeiterzufriedenheit lesen Sie in Kapitel 6, »Die Mitarbeiter – Generalschlüssel zum Erfolg«.

Die Höhe des Automatisierungsgrades

Generell gilt: Je höher der Grad der Automatisierung, desto geringer die Möglichkeit menschlicher Fehler. Theoretisch wäre ein komplett automatisierter Prozess also das Optimum. In der Realität werden Ihre Prozesse aber nicht ohne menschliche Mitarbeit auskommen (sollen). Ziel ist es also, die einzelnen Arbeitsschritte Ihrer Mitarbeiter so weit zu automatisieren, dass Fehler möglichst vermieden und Reibungsverluste minimiert werden. Auch hier ist eine von vornherein logisch durchdachte und sinnvoll implementierte Qualitätssicherung notwendig, um mögliche Fehlerquellen im Vorfeld zu erkennen und Fehler gar nicht erst auftreten zu lassen.

5.3 Wie gestalte ich einen neuen Prozess?

Die Optimierung von Geschäftsprozessen, so tönt es in den Unternehmen, ist der Schlüssel zu Kosteneinsparungen und Gewinnsteigerung. Aber wissen Sie tatsächlich, wie die Prozesse in Ihrem Unternehmen ablaufen? Wo Optimierungspotenziale vorhanden sind? Was optimiert werden kann?

Wie und was kann optimiert werden?

Bei der Optimierung von Geschäftsprozessen handelt es sich neben Projekt- und Changemanagement-Aufgaben um Prozesserweiterungen oder Prozessneueinführungen. Parallel zu organisatorischen und technischen Überlegungen zur Einführung eines neuen Geschäftsprozesses muss ein Wandel in den Köpfen der Mitarbeiter stattfinden, um die Veränderungen der vorhandenen Strukturen zu akzeptieren.

Zur raschen und problemlosen Einführung neuer Geschäftsprozesse bieten sich projektbegleitende Workshops an, die mit geeigneter Anwenderdokumentation durchgeführt werden. Diese Anwenderdokumentation sollte in der Sollkonzepthase projektbegleitend erstellt werden. Die Teilnehmer an den projektbegleitenden Workshops sind Mitarbeiter aller Fachbereiche des Unternehmens. Die Moderatoren der Workshops sollten erfahrene Methoden- und Organisationsexperten sein, die ausreichende Erfahrungen in Reengineering-Projekten besitzen. Entscheidendes Kriterium für den Erfolg eines neuen Geschäftprozesses ist die Akzeptanz der Mitarbeiter gegenüber den Neuerungen sowie die Stabilität des neuen Geschäftsprozesses.

Die Grundlagen eines neuen Geschäftsprozesses sind die vorhandenen Abläufe und Aktivitäten in dem Unternehmen. Die Erfassung aller vorhanden Aktivitäten, die mittelbar und unmittelbar mit dem Geschäftsprozess zusammenhängen, stellen die Basis für die weitere Gestaltung des Geschäftsprozesses dar. Darauf aufbauend ergeben sich die konkreten organisatorischen und technischen Maßnahmen zur Implementierung des neuen Geschäftsprozesses.

Im Wesentlichen lassen sich die weiteren organisatorischen und technischen Maßnahmen von folgenden Optimierungsmöglichkeiten ableiten:

▶ vorhandene Abläufe und Aktivitäten streichen oder überflüssige Abläufe und Aktivitäten vermeiden

▶ vorhandene, artverwandte Abläufe und Aktivitäten bündeln und zusammenfassen

▶ vorhandene Abläufe und Aktivitäten beschleunigen

▶ vorhandene Abläufe und Aktivitäten zeitlich vorverlagern

▶ vorhandende Abläufe und Aktivitäten auslagern (Outsourcing)

▶ vorhandene Abläufe und Aktivitäten automatisieren

▶ vorhandene Abläufe und Aktivitäten parallel bearbeiten

▶ die Zuständigkeit und Verantwortung der Bearbeiter pro Ablauf und Aktivität erhöhen

▶ Freigabeprozeduren verringern und vermeiden

▶ Verzögerungen bei vorhandenen Schnittstellen oder Systemgrenzen vermeiden

Jede dieser Optimierungsmöglichkeiten wird im Folgenden jeweils kurz mit Diagramm vorgestellt.

Vorhandene Abläufe und Aktivitäten streichen oder überflüssige Abläufe und Aktivitäten vermeiden

Das größte Optimierungspotenzial in einem Unternehmen besteht darin, die Abläufe und Aktivitäten zu streichen oder zu vermeiden, die für das Unternehmen keine direkte oder indirekte Wertschöpfung bedeuten. Um solche überflüssigen, veralteten Abläufe und Aktivitäten herauszufiltern, muss eine eindeutige Definition der Ergebnisse einzelner Geschäftsprozesse vorhanden sein.

Ist z.B. definiert, dass das IT-Equipment eines Unternehmens nur von einem bestimmten Lieferanten bezogen werden darf, (Volumenbündelung, Mindestabnahme, Qualitätssicherung usw.) ist eine zusätzliche Produktsuche in Katalogen anderer Lieferanten überflüssig (siehe Abbildung 5.13).

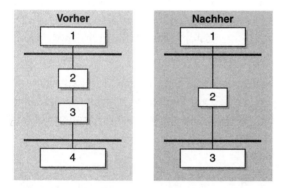

Abbildung 5.13 Verschlankung von Aktivitäten und Abläufen

Vorhandene, artverwandte Abläufe und Aktivitäten bündeln und zusammenfassen

Artverwandte Abläufe und Aktivitäten zu bündeln und zusammenzufassen bedeutet die Zusammenlegung von sachlich ähnlichen Tätigkeiten unterschiedlicher Bearbeiter zu unterschiedlichen Arbeitszeitpunkten. Im Kern dieses Optimierungspunktes geht es um die Vermeidung von zeitintensivem Know-how-Transfer und Einarbeitungszeiten verschiedener Bearbeiter.

Es ist z.B. nicht notwendig, innerhalb einer Organisationseinheit oder eines Unternehmens mehrere Einkäufer für ein Produkt oder eine Dienstleistung bereitzustellen (siehe Abbildung 5.14)

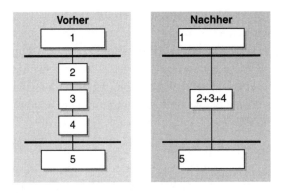

Abbildung 5.14 Bündelung von Aktivitäten

Vorhandene Abläufe und Aktivitäten beschleunigen

Vorhandene Abläufe und Aktivitäten zu beschleunigen bedeutet, die Zeit für die Abwicklung von Geschäftsprozessen des Unternehmens durch Einsatz von technischen und organisatorischen Hilfsmitteln sowie einer besseren Infrastruktur zu reduzieren.

So muss z.B. eine Adressenliste aller Lieferanten und Kunden nicht als abteilungsinterne Insellösung (Excel) vorhanden sein, sondern könnte als Datenbank (z.B. Access) den Mitarbeitern des ganzen Unternehmens zur Verfügung stehen (siehe Abbildung 5.15).

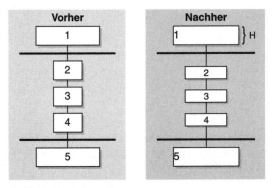

H (Höhe) = Bearbeitungsdauer

Abbildung 5.15 Beschleunigung von Einzelaktivitäten

Vorhandene Abläufe und Aktivitäten zeitlich vorverlagern

Abläufe und Aktivitäten zeitlich vorzuverlagern bedeutet, diese zu einem früheren Zeitpunkt zu beginnen oder sie dort zu bearbeiten, wo die notwendigen Daten zuerst entstehen und tatsächlich anfallen. Zeitkritische Vorgänge könnten so vermieden werden.

Sind z.B. die Lieferzeiten von IT-Equipments kürzer als die Zeit zum Erstellen einer Anlage in der Anlagenbuchhaltung, so wäre es sinnvoller, gleich bei der Bestellung diese Anlage anzulegen (siehe Abbildung 5.16).

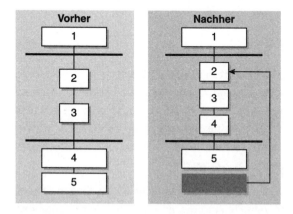

Abbildung 5.16 Zeitliche Vorverlagerung

Vorhandene Abläufe und Aktivitäten auslagern (Outsourcing)

Vorhandene Abläufe und Aktivitäten auszulagern bedeutet, externe oder andere Organisationseinheiten mit größerer Erfahrung in einem bestimmten Aufgabenfeld unter dem Gesichtspunkt Kosten- und Zeitvorteil einzusetzen.

So ist zu überlegen, ob der IT-Einkauf eines Unternehmens nicht auch die z.B. üblichen Büroartikel mitverwaltet. Die einzelnen Mitarbeiter bestellen nicht selbst beim Lieferanten, sondern intern beim IT-Einkauf (siehe Abbildung 5.17).

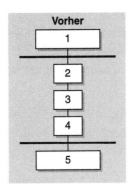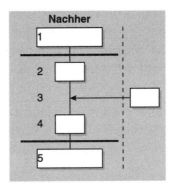

Abbildung 5.17 Prozesse auslagern

Vorhandene Abläufe und Aktivitäten automatisieren

Vorhandene Abläufe und Aktivitäten zu automatisieren bedeutet, papierbasierte Bearbeitungsschritte durch IT-Einsatz zu ersetzen sowie einfache Copy&Paste-Aktivitäten durch dialog- und kommunizierfähige IT auszutauschen. Es bedeutet, technische und organisatorische Hilfsmittel einzusetzen, um z. B. Systembrüche zu vermeiden.

In der Buchhaltung wird z. B. bei equipmentpflichtigen Gegenständen automatisch eine Anlage gebucht und die Equipmentnummer vergeben (siehe Abbildung 5.18).

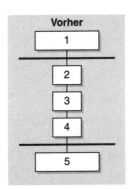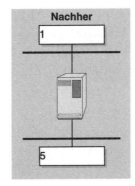

Abbildung 5.18 Automatisierung

Vorhandene Abläufe und Aktivitäten parallel bearbeiten

Vorhandene Abläufe und Aktivitäten zu parallelisieren bedeutet, bisher nacheinander durchgeführte Aktivitäten zeitgleich durchzuführen. Besonders zeitkritische Abläufe, d.h. Abläufe, die die Durchlaufzeiten eines Produktes, einer Ware oder einer Dienstleistung beeinflussen, sind hiervon betroffen.

So ist es z. B. bei der Bereitstellung eines Entwicklerarbeitsplatzes wichtig, dass alle Komponenten (Soft- und Hardware) zeitgleich an den User geliefert und installiert werden. Die Hardwarekomponenten allein ohne die notwendigen Applikationen nicht reichen aus (siehe Abbildung 5.19).

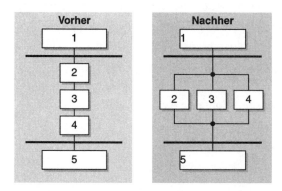

Abbildung 5.19 Vorhandene Abläufe und Aktivitäten parallel bearbeiten

Die Zuständigkeit und Verantwortung der Bearbeiter pro Ablauf und Aktivität erhöhen

Aus der Sicht des Kunden ist ein Ansprechpartner auch bei nicht gleichen Aktivitäten wünschenswert (»One Face to the Customer«). Aus diesem Grund ist zu überprüfen, ob eine Bündelung bzw. Zusammenfassung oder ein Wegfall von Geschäftsvorgängen möglich ist und durch einen Ansprechpartner abgewickelt werden kann (siehe Abbildung 5.20).

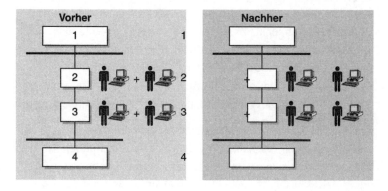

Abbildung 5.20 Die Zuständigkeit und Verantwortung der Bearbeiter pro Ablauf und Aktivität erhöhen

Verringerung und Vermeidung der Freigabeprozeduren

85–90 % der Entscheidungen sollten und können dort gefällt werden, wo der Entscheidungsbedarf tatsächlich angefallen ist. Einen höheren Qualifizierungsbedarf zur Entscheidungsfindung besteht in den allermeisten Fällen nicht. Die Mitarbeiter haben die Kompetenzen, die Qualifikationen, die notwendigen Informationen und die Sachmittel, um diese Entscheidung zu fällen.

So ist z. B. bei der Bestellung eines irreparablen IT-Equipments, von Zubehörteilen und Verbrauchsmaterial keine weitere Freigabe eines höheren Vorgesetzten notwendig (siehe Abbildung 5.21).

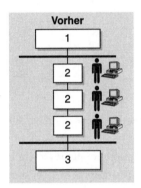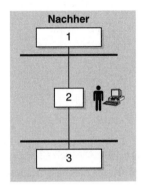

Abbildung 5.21 Verringerung und Vermeidung der Freigabeprozeduren

Vermeidung von Verzögerungen bei vorhandenen Schnittstellen oder Systemgrenzen

Bei Geschäftsprozessen jeglicher Art ist es trotzdem unvermeidlich, Aktivitäten und Vorgänge an andere Mitarbeiter oder Organisationseinheiten zu übergeben. Um diese Übergabezeiten zu verkürzen und Fehler, und damit Verzögerungen, zu vermeiden, muss eine eindeutige Regelung und Vorgabe der zu übergebenden Leistung hinsichtlich Qualität, Lieferzeiten und Kosten vorhanden sein.

So wäre es z. B. sinnvoll, dass der Lieferant nicht nur das neue IT-Equipment direkt an den End-User ausliefert und installiert, sondern auch das alte IT-Equipment vor Ort abbaut und verwertet (siehe Abbildung 5.22).

Natürlich ist für jeden Prozess abzuwägen, welche Schritte Sinn machen. Dabei spielt einerseits die Mitarbeiterakzeptanz, wie schon an früherer Stelle angemerkt, eine große Rolle, aber auch eine Folgenabschätzung will im Sinne eines Risikomanagements durchgeführt werden. Lesen Sie mehr dazu in Kapitel 4, »Risiken managen«.

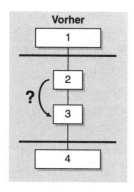
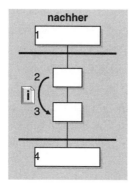

Abbildung 5.22 Vermeidung von Verzögerungen bei vorhandenen Schnittstellen oder Systemgrenzen

5.4 Wie führe ich einen neuen Prozess ein?

Endlich! Nun haben Sie Ihren neuen Geschäftsprozess: elektronisch und in Papierform, als farbiges Poster, eine Prozessdokumentation, zweidimensional. Und nun?

Wie führe ich diesen neuen Prozess ins richtige Leben ein? In ein richtiges Unternehmen, mit mehreren tausend Mitarbeitern? Schicken wir die Mitarbeiter nach Hause und legen unsere Ausarbeitungen ins Büro und warten bis der Prozess endlich »lebt«? Tut er es von alleine? Mit Sicherheit nicht!

Die in der Sollkonzeptphase erarbeiteten Prozess-, und Strukturveränderungen müssen nun an die speziellen Bedürfnisse in dem Unternehmen angepasst werden. Dabei treten immer wieder die gleichen Probleme auf: **Probleme bei der Umsetzung**

▶ mangelnde Akzeptanz seitens der Mitarbeiter

▶ mangelnde Integration in schon vorhandene Einführungsprogramme des Unternehmens

▶ enger Zeitrahmen

▶ arbeitsintensive Anpassungen

Dabei sind die Lösungen für diese Probleme klar zu beschreiben und beileibe nicht neu; sie gehören zum elementaren Inventar des Managements und sind auch für E-Business-Projekte nicht anders: **Lösungen**

▶ professionelles Projektmanagement

▶ ausgezeichnete Sachkenntnis der »Geschäftsprozessoptimierer«

▶ Verhandlungsgeschick und sensibler Einsatz von Informations-, und Integrationsmeetings, hoher Kommunikationsstandard (Übergabegespräche, Kick-off-Meetings, Projektmeetings, Teilprojektmeetings, Projektleitungsmeetings, Lenkungsausschuss, Audits, Projektabschlussmeetings), ausführliches Berichtswesen, für alle Projektmitglieder zugängliche Projektablage, eindeutige Projektkultur

▶ wenn möglich Übernahme der unternehmenseigenen Standards

▶ hoher Grad der Übereinstimmung des Sollgeschäftsprozesses mit den tatsächlichen Wünschen und Anforderungen des Unternehmens

▶ Information des gesamten Unternehmens über alle Möglichkeiten des Sollgeschäftsprozesses

▶ Lieferung einer präzisen Beschreibung der Wünsche und Anforderungen des Unternehmens

▶ ausreichende Ressourcen für die Einführung des Geschäftsprozesses

Dieselbe Sprache sprechen

Betrachten wir diese Problemlösungsansätze genauer, fällt uns auf, dass es außerordentlich wichtig ist, dass die Unternehmen und die »Optimierer der Geschäftsprozesse« dieselbe Sprache sprechen. Tun Sie das nicht, dann knirscht und kracht es an allen Ecken im Unternehmen. Die Hauptproblematik liegt dabei in der mangelhaften Kenntnis seitens der Unternehmen und deren Mitarbeiter über die Vorgehensweise und die Strukturveränderungen bei der Einführung eines neuen Prozesses. Das liegt hauptsächlich in der Vielzahl von betriebswirtschaftlichen Prozessen und Funktionen, die sich ineinander verzahnen müssen.

Werkzeuge zur Qualitätssicherung

Der Weg zur Fertigstellung einer Prozesseinführung jeglicher Art vollzieht sich in einzelnen, kleinen Schritten und über mehrere Phasen hinweg zur definierten Zielvorstellung. Dabei stehen dem Projektleiter einige qualitätssichernde Werkzeuge zur Verfügung:

▶ textliche und grafische Beschreibung des Vorgehensmodells zur Einführung eines neuen Prozesses

▶ Vergleich aller möglichen Leistungen und Funktionen des neuen Geschäftsprozesses mit einem Ideal-Referenzmodell

▶ Projektsteuerung aller Ressourcen, zeitlichen Vorgaben, Status der Arbeitspakete und Abnahmeprozeduren

▶ Einsatz einer Entwicklungsumgebung: Kundenanpassungen erhalten zunächst einen Prototypcharakter und verbleiben bis zum positiven Abschluss aller Funktionstests und Audits in der Entwicklungsumgebung.

Ziel dieser konstruktiven (z. B. Vorgaben, Verfahren, Konzepte) und analytischen (z. B. Prüfungen, Abnahme, Reviews) Maßnahmen ist es, Fehler zu erkennen und zu entfernen, nur geprüfte und funktionierende Prozessschritte einzuführen und bereits entdeckte Fehler zur weiteren Prozessoptimierung zu nutzen. Die Erfahrung hat gezeigt, dass trotz klar definierter Ziele und Wünsche des Unternehmens Änderungen während der Einführung eines neuen Prozesses nicht ausbleiben. Durch die analytischen Maßnahmen sind qualitative Zwischenschritte messbar und ein Soll-Ist-Vergleich möglich.

Solche auftretenden Änderungen können mit dem Change-Request-Verfahren (Änderungsanforderungen an den Content des Projektes, die nach der Abnahme der Leistungsbeschreibung aufgetreten sind) abgewickelt werden. Die Voraussetzungen für den Einsatz des Change-Request-Verfahrens sind:

Change-Request-Verfahren

▶ klare Aufgabenabgrenzung der einzelnen Projektmitglieder und der Mitarbeiter des Unternehmens vor der Einführung des neuen Prozesses

▶ schriftlich festgelegte Anforderungen, Wünsche und Zielvorstellung des Unternehmens (grafisch, textlich) vor Beginn der Einführung des neuen Prozesses

▶ Erkennen geänderter oder zusätzlicher Anforderungen und Rahmenbedingungen während der Einführung des neuen Prozesses

▶ Erkennen offensichtlicher Fehler während der Einführung des neuen Prozesses

▶ schriftliche Festlegung der Konsequenzen und des Mehraufwands aufgrund des Change Requests in Bezug auf die mögliche Verschiebung des Endtermins, die inhaltlichen Änderungen oder Erweiterungen sowie die zusätzliche Kosten und weiteren Voraussetzungen

Es ist wichtig zu verstehen, dass durch diese geänderten Anforderungen an den neuen Prozess zusätzliche Maßnahmen erforderlich sind. Die zusätzlichen Anforderungen müssen von den festgelegten Instanzen beschlossen werden, und die Ergebnisse der Beschlüsse müssen an alle Projektbeteiligten weitergeleitet werden. Zusätzlich sind alle Veränderungen aufgrund des Change Request in den vorhandenen Verträgen, Beschreibungen, Aufgabenabgrenzungen, Kapazitätsplänen, Mitarbeiterressourcenplänen, Prozessbeschreibungen (Flussdiagramm, textliche Beschreibung) usw. aufzunehmen.

5.5 Wie beurteile ich den neu eingeführten Prozess?

Review Lassen Sie es doch einfach laufen – keine Kritik, kein Ärger. Der Misserfolg ist Ihnen sicher. Natürlich, wenn Sie Erfolg haben wollen, sollten Sie prüfen, ob die von Ihnen geplanten Ziele auch tatsächlich erreicht worden sind. Wir empfehlen, das Review der Prozesseinführung nicht unmittelbar nach der Einführung, sondern erst nach einigen Tagen – maximal nach 14 Tagen – durchzuführen. Quantitative Parameter (Anzahl der bearbeiteten Vorgänge, Anzahl der fehlerbedingten Abbrüche, durchschnittliche Prozessdurchlaufzeit, durchschnittlicher Zeitaufwand pro Prozessschritt) können Sie entweder systembasiert oder durch Fragebögen (Strichlisten) abfragen.

Interviews Für die subjektive Beurteilung des neuen Prozesses ist ein Interview auf der Basis einer Checkliste empfehlenswert. Der Zeitaufwand für ein persönlich geführtes Interview lohnt sich; Sie können kurz nach der Einführung Stimmungen auffangen und geeignet gegensteuern, unberücksichtigte Ausnahmen erfassen und zeitnah integrieren sowie Fehler korrigieren. Ist die technische Umsetzung gelungen, läuft das System zufriedenstellend, ist die Benutzeroberfläche informativ und intuitiv zu bedienen, sind fehlertolerante Abläufe integriert (z. B. »Undo-Funktion«)? Ist die Bearbeitung der durch Systemabbrüche bedingten Ausnahmevorgänge zeitaufwändiger als beim vorherigen Prozess?

Fragen zur Prozesseinführung selber sind ebenfalls erforderlich, um auch diesen Prozess in Zukunft besser zu gestalten. Parameter können u. a. die Vorgehensweise während der Prozesseinführung, die Qualität und Effizienz von Trainingsmaßnahmen, die Verständlichkeit der Dokumentation oder die Gestaltung der Auswertungsbögen sein.

Neben diesen prozessbezogenen Fragen sind die arbeitsplatzbezogenen Fragen und Bewertungen ebenso wichtig. Fühlt sich der Mitarbeiter durch den Wegfall von Aufgaben oder durch die Reduktion der Vorgangszahlen benachteiligt? Ist die beim Prozessdesign geplante Qualitätsverbesserung und die Aufwertung des Arbeitsplatzes tatsächlich erreicht worden?

Fragen Sie in einem kleinen Kreis, am besten unter vier Augen, wenn Sie an einer realistischen Bewertung interessiert sind. Es ist besser, die unterschwelligen Stimmungen aufzudecken und zu thematisieren, als sich später mit Gerüchten über eine nicht gelungene Einführung auseinander zu setzen.

ROI berechnen

Sind diese »Vorarbeiten« erledigt, gilt es, den ROI (Return-on-Invest-ment) zu ermitteln. In diese Berechnungen fließen sowohl alle quantifi-zierbaren Aufwendungen für das Projekt als auch die Einsparungen durch den Prozess ein. Den Projektkosten lassen sich z.B. zuordnen:

Projektkosten ermitteln

▶ Aufwand für die Projektvorbereitung

▶ Kosten für Analyse und Design des Prozesses

▶ Kosten für Systeme bzw. Systemänderungen

▶ Aufwendungen für die Prozesseinführung

▶ Aufwand für Schulungen und Dokumentation

▶ Kosten für das Review

Auch wenn es sich um interne Kosten handelt, sind die Aufwendungen für ein Projekt relativ einfach zu ermitteln. Weitaus schwieriger stellt sich die Ermittlung der Einsparungen oder Benefits dar. Die mehr qualitativ formulierten Projektziele lassen sich nur meist nicht so einfach in Euro und Cent ausdrücken. Da sind z.B. zu nennen:

▶ größere Stabilität

▶ erhöhte Zuverlässigkeit

▶ verbesserte Datenqualität

▶ gesteigerte Mitarbeiterzufriedenheit

Wenden wir uns deshalb eindeutigen quantitativen Parametern zu. Die Reduktion der Prozesskosten ist sicher ein Kernelement in Ihrer ROI-Ana-lyse. Dazu ist die Ermittlung der Kosten des abgelösten Prozesses eine wesentliche Grundlage. Die Arbeitszeiten pro Prozessschritt sind mit der Ist-Analyse des Prozesses ermittelt worden. Die Anzahl der Transaktionen in einem Geschäftsjahr, also die Anzahl der Vorgänge, die mit einem Pro-zess bearbeitet worden sind, ergibt dann eine erste Abschätzung der Pro-zesskosten pro Jahr.

Ergänzen können Sie die Kosten, die z.B. für die Formularerstellung und das Formularhandling anfallen. Die Ausgabe von Formularen, die Über-wachung des Formularbestandes und die Druckkosten sind in vielen Anwendungsfällen nicht zu unterschätzen. Oft sind mit den Durchlaufzei-ten auch Materialbestände verbunden, prüfen Sie deshalb, ob Sie mit dem neu eingeführten Prozess hier Einsparungen erzielen. Können Sie z.B. eine Arbeitswoche schneller liefern, weil die eingehenden Bestellungen automatisch bearbeitet werden, ist die Berücksichtigung der ersparten Zinsen über ein Geschäftsjahr für Ihre ROI-Analyse nicht uninteressant.

Neben den unmittelbar dem Prozess zuzuordnenden Kosten haben Sie mit Ihrem Projekt sicher weitere Einsparungen erzielt, z. B. die Zahl der verwendeten Systeme reduziert (Systemsupport, Abschreibungen und Systemkosten sowie Trainingskosten werden verringert) oder z. B. die Auswahl und den Einkauf von Produkten zentralisiert (damit Personalkosten in Niederlassungen abgebaut). Auch diese Einsparungen fließen in die ROI-Analyse ein.

Konnten Sie Material- oder Produktkosten senken? Durch die Bündelung Ihres Einkaufsvolumens auf wenige Lieferanten und z. B. die für den Empfänger geeignete Übertragung der Bestelldaten konnten Sie unter Umständen die Einstandspreise reduzieren. Sicher ein wichtiger Erfolg Ihres Projektes und damit ebenfalls relevant für Ihre Erfolgsanalyse. Die Einsparungen bezogen auf Ihr Einkaufsvolumen eines Geschäftsjahres, bezogen auf die relevanten Warengruppen oder Lieferanten, erhöht Ihren ROI signifikant.

Ihr ROI für das erste Jahr berechnet sich dann wie folgt:

ROI = (Ersparnis im 1. Jahr/Aufwand für das Projekt) × t × 100

5.6 Wie kann ich den neuen Prozess kontinuierlich verbessern?

Wenn Sie Ihren neu eingeführten Prozess »links liegen lassen«, stellen Sie in kurzer Zeit fest, wie Ihr Prozess langsam aber sicher in Vergessenheit gerät. Schlimmer noch: Ihre Kollegen sind einfach zu kreativ für Sie! Besonderheiten im Prozess oder Prozessstörungen, an die Sie im Leben nicht gedacht hätten, führen wieder einmal zu eigenwilligen und selbstkonstruierten Sonderabläufen auf Basis von Papier, Bleistift und Excel.

Nach und nach nehmen diese Lösungen überhand. Ganz plötzlich entstehen sogar Formulare im Intranet! Klar, dass in der nachträglichen Bewertung Ihr Prozessvorschlag nicht allzu gut dabei wegkommt, müssen sich doch ganze Heerscharen von Kollegen mit Ihrem Prozess herumschlagen, Auswertungen manuell erstellen und Formulare auswerten.

»Gehen« Sie Ihren Prozess ab, vom ersten Ereignis, das den Prozess auslöst, bis zum Ende des Prozesses. Erfassen Sie zu jedem Prozessschritt, in welcher Form der Process-Owner vom vorherigen Schritt Informationen oder

Bearbeitungsergebnisse erhält. Ist es so, wie es der Process-Owner im vorherigen Schritt dargestellt hat? Erfassen und diskutieren Sie mögliche Abweichungen. Gibt es Vorgänge, bei denen der geplante Ablauf nicht eingehalten werden kann? Ganz spontan fällt dem Process-Owner dazu nichts ein, fragen Sie deshalb, ob er auch telefonisch oder per E-Mail kontaktiert wird und ob er in diesem Fall ebenfalls den Prozessschritt ausführt. Damit haben Sie auch gleich die bislang nicht von Ihrem Prozessdesign erfasste Ausnahme. Es gilt also, den Prozess auch um die bislang nicht vorgesehenen Auslöser und Prozessbeteiligten zu erweitern. Schauen Sie »Ihrem« Process-Owner über die Schulter, wenn er mehrere Vorgänge bearbeitet. Braucht er Medien, die von Ihnen nicht vorgesehen wurden? Vom Post-it bis zur Excel-Tabelle ist alles wichtig. Hier lässt sich oft bei einer Verbesserung ansetzen, indem Berechnungen von vornherein vom System ausgeführt werden.

Prüfen Sie den Ablauf Ihres Prozesses insgesamt. Oft lassen sich Prozessschritte zusammenlegen, oder im Prozessablauf weiter nach vorn verlagern. Vermeiden Sie häufige Übergänge über Abteilungsgrenzen und Unternehmen hinweg. Denken Sie hier evolutionär – das Prinzip der kleinen Optimierungen ist in dieser Projektphase besser als das revolutionäre Infragestellen des gesamten Ablaufes.

Mit der Akzeptanz Ihres Prozesses steht und fällt der langfristige wirtschaftliche Erfolg Ihres Projekts. Hinterfragen Sie deshalb, ob sich durch den neuen Ablauf die Qualität der Arbeit verbessert hat oder ob die Vorgangsbearbeitung stupide geworden ist.

Die subjektive Beurteilung des Process-Owners entscheidet. Allerdings: Wenn Sie »rhetorische« Fragen stellen, werden Sie meist nur das hören, was Sie dem Kollegen in den Mund gelegt haben. Fragen Sie besser indirekt, fragen Sie provozierend, fragen Sie außerhalb des Zusammenhangs. Nur so erhalten Sie ehrliche Antworten. Schließlich ist es für Sie uninteressant, dass Sie den besten Prozess designed haben, viel wichtiger ist es herauszufinden, wo den Betroffenen der Schuh drückt. Fragen Sie auf allen Ebenen nach dem Erfolg des Projekts; der Sachbearbeiter hat eine andere Sicht und Einschätzung des Projekterfolgs als der Abteilungsleiter.

Viele Projekterfolge stehen auf sehr tönernen Füssen, oft entstehen Benefits in einer Abteilung zulasten einer anderen. Die z.B. schnelle und unbürokratische Bestellung im Bereich Facility wird durch einen deutlichen Mehraufwand für Recherche der Kostenstelle, Kontierung und Prüfung im Bereich der Buchhaltung erkauft. Es gibt viele Beispiele, wo die Einführung von E-Systemen in einer Abteilung erhebliche Einsparungen generiert, in anderen Abteilungen damit »Commerce zu Fuß« ausgelöst wird. Diese Tendenz zum »Verschiebebahnhof« gilt es zu stoppen, wollen Sie nicht nur den Unternehmenserfolg steigern, sondern auch die Akzeptanz für Ihr Projektdesign erhalten. Denn auf Dauer bleiben diese Ungleichgewichte der Belastungen zwischen den Abteilungen nicht bestehen. Und dann kippt Ihr Projekt!

Richtig eingesetzt, ist der »Verschiebebahnhof« jedoch der richtige Auslöser für eine tiefgreifende Effizienzsteigerung. »Auf die Spitze treiben, um sie dann abzubrechen«, ist hier das Motto. Mit einer gezielt ausgelösten Mehrbelastung erhöhen Sie den Leidensdruck derart, dass die Offenheit für ein Reegineering-Projekt garantiert ist. Gut vorbereitet, können Sie Ihr ursprünglich nicht genehmigtes Phasenkonzept unter Einbeziehung anderer Abteilungen sehr schnell umsetzen. Und der Erfolg gibt Ihnen einmal mehr Recht.

Kontinuierlicher Verbesserungsprozess Haben Sie alle Optimierungsmöglichkeiten im laufenden Prozess und über Abteilungsgrenzen hinweg ausgeschöpft? Dann bietet sich in der nächsten Stufe des KVP (Kontinuierlicher Verbesserungsprozess) die Integration weiterer externer Unternehmen an. Beziehen Sie z. B. den Logistikanbieter mit ein, er kann Statusinformationen nebenbei mitliefern. Oder das Leasing-Unternehmen; sparen Sie Papierbelege wie Übernahmeformulare oder Mietscheine ein. Optimieren Sie die Lieferkette, bestellen Sie also nicht nur beim Leasinggeber, sondern gleichzeitig auch beim tatsächlichen Lieferanten, Sie sparen so unter Umständen Bearbeitungstage ein. Warum nicht gleich die Versicherung informieren, wenn ein neues System angeliefert worden ist?

Den KVP-Gipfelpunkt haben Sie erreicht, wenn Sie Feedback-Loops einführen. Verknüpfen Sie abteilungsübergreifend. Daten aus der Verwertung von Altgeräten sollten in die Modellentscheidung und den Einkaufs-Forecast integriert werden. Die Auswertung über Systemfehler und Lieferprobleme müssen die Einkaufsentscheidung beeinflussen.

Kompakt

Mit der »richtigen« Prozessorientierung ist für Sie das Rennen um das erfolgreichste E-Business-Projekt leicht zu gewinnen. Mehr noch: Sie erleben den Gefühlsrausch des Chefkonstrukteurs der Scuderia Ferrari, Jean Todt, wenn die physische Realisation seines Konstruktionsplanes einen Formel-1-Sieg erringt.

Dabei steht eine klare, strukturierte Herangehensweise im Vordergrund. Verdeutlichen Sie Ist und Soll mit detaillierten Dokumenten; am besten grafisch aufbereitet. Machen Sie Modellspiele. Erarbeiten Sie die Ergebnisse mit allen Betroffenen gemeinsam in Meetings. Wägen Sie die unterschiedlichen Varianten der Prozessoptimierung gegeneinander ab, um die für alle Seiten gewinnbringendste auszuwählen.

Und: Vergessen Sie nicht, nach der Durchführung auch ihren Erfolg zu messen! Denn nur wenn Sie auch eine deutliche Einsparung oder eine erhebliche Effizienzsteigerung erzielen, werden Sie weiterhin freie Hand haben. Das gilt umso mehr im E-Business, wo manuelle Prozesse mehr und mehr durch automatisierte Software abgelöst werden. Machen Sie sich also – in guter, alter Managementtradition – selbst überflüssig, um die Karriereleiter zu erklimmen!

6 Die Mitarbeiter – General-schlüssel zum Erfolg

Die Kunst der Personalführung – oder: wie man Mitarbeiter zu Höchstleistungen motiviert. Erfolgreiche E-Business-Projekte sind immer auf die Leistung der Mitarbeiter zurückzuführen. Nur motivierte Mitarbeiter erbringen Höchstleistungen und nur diese Höchstleistungen führen E-Business-Projekte zum Erfolg.

Dieses Kapitel beschäftigt sich mit Ihrem wertvollsten Gut: Ihren Mitarbeitern. Wir beschreiben, warum erfolgreiche E-Business-Projekte im Kern auf der Motivation von Mitarbeitern beruhen, wie Sie die optimale Leistung aus Ihren Mitarbeitern herausholen können – und diese dabei »glücklich« machen. Denn nur wenn alle drei Parteien (Geschäftsführung, Mitarbeiter und Kunden) zufrieden sind, ist eine langfristig erfolgreiche Geschäftsbeziehung möglich.

6.1 Das Dilbert-Prinzip

Man könnte mit schlechten Beispielen zur Mitarbeiterführung ganze Bücher füllen – wenn es nicht schon jemand getan hätte: Scott Adams. In seinem Buch »Das Dilbert Prinzip« werden vorrangig verfahrene, absurde, völlig irrationale Situationen beschrieben, die uns genau deshalb zum Lachen bringen, weil sie uns so bekannt vorkommen. Denn leider entsprechen sie zu einem überwiegenden Teil der Realität.

Und wer meint, das komme nur in großen, etablierten Unternehmen vor, der sei eines Besseren belehrt: Gerade in kleinen Unternehmen, die keine Zeit haben (so ist der Glaube), sich mit dem Thema Führung auseinander zu setzen, machen sich Fehler bei der Führung bzw. das Fehlen von Führung noch viel schneller bemerkbar.

Ein häufig verwendetes Argument, sich nicht mit den lästigen, weil nicht ganz so einfachen Führungsaufgaben abgeben zu müssen, ist: »Ich habe Ihnen Stock-Options gegeben, damit müssten Sie doch hinreichend motiviert sein.« Die Aussicht auf eine reichhaltige Vergütung im Erfolgsfalle ist jedoch kein Ersatz für Führung. Die zitierte Führungskraft ist es dann auch meistens, die sich über die hohe Fluktuation, insbesondere von sehr gut bezahlten Mitarbeitern in ihrem Unternehmen, beschwert.

Führung beinhaltet viel mehr und die Bezahlung ist nur eine – wenn auch wichtige – Komponente.

Auch das andere Extrem ist besonders bei jungen Unternehmen bekannt: Jede Entscheidung wird gemeinsam getroffen, es wird so lange diskutiert, bis ein Konsens gefunden ist – und findet man keinen Konsens, wird gar nichts entschieden. Für eine junge, dynamische Firma gibt es nichts Schlimmeres als den Stillstand. Sobald man aber die Mitarbeiter über ihre Kompetenz hinaus zu Entscheidungen einlädt, werden sie sich dieses Recht immer wieder herausnehmen. In solchen Unternehmen ist die Fluktuation eher niedrig – der Umsatz aber leider meist auch. Entscheidungen ohne Mitarbeiter zu treffen, will eben auch gelernt sein.

Wer sich an weiteren schlechten Beispielen ergötzen möchte, der möge »Das Dilbert Prinzip« lesen – oder sich mit offenen Augen in seinem Umfeld umschauen. Wir wetten, dass es auch in Ihrem Unternehmen nicht ideal zugeht. Im nächsten Abschnitt wollen wir untersuchen, warum Führung und Motivation für den Erfolg von E-Business-Projekten so wichtig sind.

6.2   Die Bedeutung motivierter Mitarbeiter

Die Motivation von Mitarbeitern, Leistungsträgern und Mitgliedern in Projektteams ist eines der tragenden Kriterien für den Erfolg von E-Business-Projekten. Natürlich gilt das prinzipiell auch für den Erfolg eines jeden Unternehmens. Vor allem dann, wenn es sich um ein Dienstleistungsunternehmen handelt oder um einen Unternehmensteil, der sich mit Dienstleistungen beschäftigt. Denn wo Dienstleistungen erbracht werden, entsteht Kundenkontakt und genau hier zeigt sich was es heißt, motivierte Mitarbeiter zu haben, die durch ihre Art der Diensterbringung in der Lage sind, Kunden im besten Fall an das Unternehmen zu binden bzw. im schlechtesten Fall, sie zu vergraulen.

Unternehmenserfolg hängt vom Kunden ab Die Basis jeder erfolgreichen Unternehmung sind die Kunden. Ein Unternehmen ohne Kunden geht zugrunde, denn nur durch sie ist es in der Lage, alle Interessengruppen – Mitarbeiter, Anteilseigner, Banken, Lieferanten etc. – zu befriedigen. Nur mit treuen und zufriedenen Kunden hat ein Unternehmen die Chance, am Markt zu überleben und seinen Wert langfristig zu erhöhen. Der obersten Führungskraft, dem Führungsteam und jedem einzelnen Mitarbeiter muss klar sein, dass der wirtschaftliche Erfolg eines Unternehmens allein vom Kunden abhängt.

Die Zeiten, in denen Konkurrenz lediglich örtlich begrenzt eine Rolle gespielt hat und die Kunden nicht viel Auswahl hatten, sind schon lange vorbei. Durch das Medium Internet ist die Konkurrenz gewissermaßen global geworden und der Kampf um den Kunden umso härter. Dieser war noch nie so kritisch, umfassend informiert und wählerisch wie heute.

Was also müssen Sie dem Kunden von heute bieten, um ihn zu halten bzw. auch neue hinzuzuwerben? Ein Produkt, das qualitativ hochwertiger ist, als das der Konkurrenz? Mit Sicherheit gibt es noch ein anderes Unternehmen, dessen Produkte auch die Ihren übertreffen. Und seien Sie sicher: Der Kunde wird es ausfindig machen!

Die einzige Möglichkeit, die Sie haben, dem Wettbewerb voraus zu sein, dem Kunden etwas zu bieten, was er sonst nirgendwo bekommt, ist eine einzigartige Dienstleistung, einen einzigartigen Service anzubieten. Vermutlich ist es noch nicht einmal notwendige Voraussetzung das »beste« Produkt am Markt anzubieten, um Ihre Kunden zu halten, denn wie inzwischen hinreichend bekannt ist, können »Hardwaremängel« mit entsprechender »Software« ausgeglichen werden. Sprich, ein kundenorientiertes Verhalten, bei dem individuell auf die Wünsche und Bedürfnisse der Kunden eingegangen wird, kann unter Umständen sogar kleine »technische« Mängel kompensieren.

Wettbewerbs-
vorteile sichern

Hierbei reicht es selbstverständlich nicht aus, die Mitarbeiter anzuleiten, zu lächeln und zu sagen: »Vielen Dank, dass Sie bei uns eingekauft haben, wir freuen uns, wenn Sie wiederkommen.« Die Einstellung gegenüber dem Kunden sollte eine bewusste Strategie sein, die sich von der Führungsspitze ausgehend durch das ganze Unternehmen zieht. Leider ist sie jedoch meist nur in den Vertriebsabteilungen vorzufinden, wo sie zum direkt sichtbaren Erfolgsfaktor wird.

Nach dem Pareto-Prinzip machen 20% der Kunden 80% des Umsatzes aus. So ist es nur sinnvoll, sich um diese 20% gesondert zu kümmern, was meistens mittels so genanntem Key-Account-Management durchgeführt wird. Besonders wichtigen Schlüsselkunden wird eine besonders individuelle und professionelle Betreuung, durch einen eigens für sie verantwortlichen Key-Account-Manager zuteil.

Aber was ist mit den restlichen 80% Ihrer Kunden? Wie lässt sich insgesamt eine im ganzen Unternehmen gleichbleibende Kundenorientierung implementieren? Sicherlich zielt diese Fragestellung im Grunde genommen auf ein ausgeklügeltes Kunden-Beziehungsmanagement (Customer-

Relationship-Management, CRM) ab. Siehe dazu das Kapitel 8, »Marketing – Halten Sie den Kontakt!«).

Es gibt jedoch einen unabdingbaren Faktor, den sie zur Umsetzung aller CRM-Bemühungen benötigen, um Kunden zu halten, zu binden oder neue zu werben: Ihre Mitarbeiter! Sie stehen an der Front, ob im Vertrieb, im Support, oder an der Hotline, haben täglich Kontakt zu Ihren Kunden und das Verhalten, das sie dabei an den Tag legen, bestimmt über den Eindruck und das Wohlbefinden Ihrer Kunden. Es sind Ihre Mitarbeiter, die Ihre Kunden verstimmen und vergraulen oder überraschen und gewinnen und langfristig an Ihr Unternehmen binden können.

Erfolgsfaktor Mitarbeiter

Jeder einzelne Mitarbeiter sollte daher als Erfolgsfaktor angesehen werden, der einen wesentlichen Beitrag zur Erhaltung und Steigerung der Wettbewerbsfähigkeit des Unternehmens leistet. Denn nur rasch einsetzbares und umsetzbares Know-how, kombiniert mit kundenorientiertem Denken und Verhalten – auch und gerade in Entwicklungsabteilungen – schafft die notwendigen Vorsprünge, die Unternehmen auf internationalen Märkten benötigen. Daher sind Personalentwicklungsmaßnahmen Zukunftsinvestitionen, die zu einem strategischen Erfolgsfaktor werden.

Ist diese Einsicht erst einmal gewonnen und auch verinnerlicht, muss eine Einstellungsänderung gegenüber dem Menschen als Mitarbeiter fast automatisch erfolgen.

»Der Mensch ist Mittelpunkt«, wäre hierbei kein schlechter Ansatz. Leider herrscht jedoch in vielen Unternehmen eher eine Mentalität, die treffender mit »Der Mensch ist Mittel. (Punkt)« zu bezeichnen wäre.

Das Glück Ihrer Kunden liegt in den Händen Ihrer Mitarbeiter

Ihre Mitarbeiter sind unzweifelhaft Ihr wichtigstes Kapital, denn in ihren Händen liegt das »Glück« Ihrer Kunden. Was liegt also näher, als sich um das »Glück« Ihrer Mitarbeiter zu kümmern? Dienen Sie Ihrem Mitarbeiter, denn er dient Ihren Kunden. So wie Sie sich für ihn einsetzen und um ihn bemühen, so engagiert wird er sich für das Wohl Ihrer Kunden einsetzen. Oder um es mit den Worten des Bestseller-Autors Tom Peters zu sagen: »Wer möchte, dass die Kunden in der ersten Reihe sitzen, muss seinen Mitarbeitern einen Logenplatz freihalten.«

Das Bewusstsein, dass der Mitarbeiter der erste Kunde des Unternehmens ist, ist leider wenig verbreitet. Sollte es aber sein, denn in gewisser Weise ist nicht er vom Unternehmen abhängig, sondern das Unternehmen bzw. der Erfolg des Unternehmens oder des Projektes von den Mitarbeitern.

Was also ist notwendig, um aus Ihren Mitarbeitern zufriedene Mitarbeiter zu machen, die sich wohl und Ihrem Unternehmen zugehörig fühlen? Um Engagement und Topmotivation, kombiniert mit außergewöhnlichem Wissen und Entscheidungsfähigkeit, zu erreichen? Die Grundvoraussetzungen, die dazu beachtet werden müssen, sollen Ihnen im Folgenden näher gebracht werden.

6.3 Mitarbeiterführung

Unter Führung versteht man jeden Versuch, das Verhalten eines Individuums oder einer Gruppe zu beeinflussen. Durch ein bestimmtes Führungsverhalten wird jemand anderes in einer bestimmten Art und Weise dazu bewegt, etwas für den »Führenden« zu tun. »Personalführung« ist demnach eine Bezeichnung für zielorientierte Beeinflussung von Mitarbeitern durch Vorgesetzte.

Definition

Die Abgrenzung zum Management besteht darin, dass das Management mit und durch andere arbeitet, um Unternehmensziele zu erreichen.

Management

Führung ist also ein umfassenderes Konzept als Management. Wenn man versucht, andere Menschen zu etwas zu bewegen, kann man sich dabei eine ganze Bandbreite von Zielen vorstellen. Management ist somit eine spezielle Form von Führung, die die Unternehmensziele miteinbezieht.

Eine Führungskraft hat ohne Zweifel die Aufgabe, die Unternehmensziele bzw. Abteilungsziele mithilfe der vorhandenen Ressourcen zu erreichen. Die Frage, wie sie das macht, zielt auf ihr Führungsverhalten, ihren Führungsstil ab.

Führungsstil

Die Vorstellung darüber, was ein »optimaler Führungsstil« ist – abgesehen davon, dass es einen solchen in dieser Form selbstverständlich nicht geben kann, da er immer auf den situativen Kontext abgestimmt sein sollte –, verändert sich stetig, entsprechend den kontinuierlichen Veränderungen wirtschaftlicher Rahmenbedingungen. Damit ist gemeint, dass aufgrund sich verändernder externer Einflüsse auch innerhalb eines Unternehmens strukturelle Anpassungsveränderungen stattfinden müssen, unter die auch das Führungsverhalten fällt.

Führung als Teil der Unternehmensausrichtung

Tatsache ist, dass die Wettbewerbsfähigkeit heutzutage nicht allein durch Kostenmanagement gesichert werden kann. Absolut notwendig hingegen ist eine positive Ausrichtung des gesamten Unternehmens, und zwar auf eine Qualität, die auf allen Ebenen und in allen Bereichen des Unterneh-

Erforderliche Unternehmensausrichtung

mens explizit und konsequent am Kunden ausgerichtet ist. Hierbei sind selbstverständlich die internen Kunden ebenso wie die externen Kunden gemeint, denn nur wenn die internen Beziehungen und Abläufe in den Teams, von Abteilung zu Abteilung und zwischen den verschiedenen Hierarchieebenen stimmen, können auch die Beziehungen zu den externen Kunden funktionieren.

Kommunikation als Voraussetzung Eine solche Ausrichtung des gesamten Unternehmens kann als eine umfassende Kommunikationsaufgabe angesehen werden, gilt es doch alle Mitarbeiter in den Prozess miteinzubeziehen und ein bestimmtes Verhalten bei der gesamten Belegschaft zu bewirken. Über die hierzu notwenigen Kommunikationsstrukturen gehen wir in Abschnitt 6.4 gesondert ein.

Entscheidungsfreiheiten gewähren

Was kann die Führungskraft nun dazu beitragen bzw. welche Form der Mitarbeiterführung entspricht einer derartigen Vorstellung von umfassender, kundenorientierter Qualität?

Gestaltung unternehmenspolitischer Grundsätze Um einen guten Kundenservice aufzubauen, sollte die Politik, die Einfluss auf den Umgang mit den Kunden hat, sorgfältig abgewogen werden. Wie sehr unterstützen oder behindern Ihre politischen Grundsätze Ihre Mitarbeiter, die sich im täglichen Kontakt mit dem Kunden befinden, immer wieder auftretende Probleme zu lösen? Ein Mitarbeiter, dem ein entsprechendes Maß an Autorität zugestanden wird, kann besser auf die Wünsche des Kunden eingehen, z. B. wenn er in der Lage ist, selbstständig Preisnachlässe oder Gutscheine zu vergeben oder auch Umtauschware ohne entsprechenden Kassenbeleg zurückzunehmen, um verstimmte Kunden wieder zufrieden zu stellen.

Die Fragen, die sich hier also stellen, lauten: Mit wie vielen Vollmachten ist ein Mitarbeiter auszustatten? Wie sehr soll man seinen Handlungsspielraum erweitern? Wie viel Einblick gewährt man ihm und wie strukturiert man die Arbeitsprozesse?

Offensichtlich ist, dass ein Mitarbeiter, der mit ausreichenden Vollmachten ausgestattet wird, in seiner Fähigkeit auf Kundenbedürfnisse einzugehen, gestärkt wird. Durch das zusätzliche Maß an Handlungsfreiraum und Verantwortung steigt zudem sein Selbstvertrauen und seine Arbeitsmotivation.

Der Kunde erlebt das verstärkte Eingehen auf seine Wünsche positiv bzw. als echtes Interesse des Unternehmens, mit ihm faire Geschäfte zu machen, weshalb er aller Wahrscheinlichkeit nach wiederkommen wird.

Insofern entsteht eine dreifache »Gewinnsituation«: Der Kunde fühlt sich optimal aufgehoben, ist zufrieden und kommt deshalb wieder. Das Unternehmen kann seine Kunden somit binden und der Mitarbeiter ist ebenfalls zufriedener, ob seiner erweiterten Möglichkeiten einerseits und aufgrund des durch seine Dienstleistung eingetretenen Erfolgs andererseits.

Dreifacher »Gewinn«

Wissen vermehren

Aber nicht nur der Handlungsspielraum sollte erweitert werden, sondern auch das Wissen jedes Einzelnen. Denn ein erweiterter Handlungsspielraum allein bringt noch niemanden dazu, auch zu handeln. Das heißt, der Antrieb dazu, ein Motiv, muss ebenso gegeben sein. Mitarbeiter müssen um den Sinn und Zweck ihres Tuns wissen, denn sinnlos bewegt sich niemand gerne von der Stelle.

Teilen Sie Ihre Vision mit Ihren Mitarbeitern, erläutern bzw. erarbeiten Sie mit ihnen Gesamt- und Einzelziele und ermöglichen Sie ihnen die Einsicht in übergreifende Zusammenhänge.

Begeisterung für ein gemeinsames Ziel

> *Wenn Du ein Schiff bauen willst, dann trommle nicht einfach Menschen zusammen, um Holz zu beschaffen, die Aufgaben zu verteilen und die Arbeit einzuteilen, sondern lehre sie die Sehnsucht nach dem weiten, endlosen Meer.*

Mit diesen Worten hat Antoine de Saint-Exupéry eine notwendige – wenn nicht die notwendigste – Voraussetzung umschrieben, um Mitarbeiter zum Handeln zu motivieren. Es ist die Art und Weise, wie sie zur Arbeit angeleitet werden, wie sie geführt werden, es ist die Haltung, die die Führung ihnen gegenüber einnimmt.

Mitarbeiter zu Mitwissenden zu machen, sie an der Unternehmensvision teilhaben zu lassen und ihnen Perspektiven aufzuzeigen, ist eine Haltung, die von der Führungsspitze ausgehen und gelebt werden muss. Traditionelle Managementmodelle, in denen der Manager bestimmt und die Mitarbeiter tun, was von ihnen verlangt wird, sind heute nicht mehr effektiv. Um ein Umfeld zu schaffen, in dem sich jeder einzelne Mitarbeiter ermutigt fühlt, sein Bestes zu geben, muss das Management die Rolle der befehlenden Instanz ablegen und versuchen, Arbeitsbedingungen zu schaffen, in denen es mehr auf die Verantwortung und Unterstützung sowie gegenseitige Absprachen ankommt und jeder die Gelegenheit hat, sich einzubringen.

Machen Sie Ihre Mitarbeiter zu Mitwissenden!

Beteiligt man die Mitarbeiter am Unternehmensgeschehen derart, dass man sie über die wichtigen Fakten, Leistungen etc. des Unternehmens auf dem Laufenden hält, so entsteht durch dieses Mehr an Transparenz mehr Selbstvertrauen bei den Mitarbeitern, ihr Vertrauen in das Unternehmen wird gefördert, die Bereitschaft, Verantwortung zu übernehmen wird erhöht und sie erhalten so auch den Blick für wesentliche Zusammenhänge. Sie haben dann das Gefühl, Miteigentümer zu sein und können im Sinne des Unternehmens mitdenken bzw. ihre Leistungen dementsprechend einbringen, zumal, wenn ihnen dazu noch die nötigen Handlungsspielräume gewährt werden.

Mitbesitzer-
mentalität
erzeugen Eine solche »Mitbesitzermentalität« zu erzeugen, bedeutet, Mitarbeiter so zu motivieren, dass sie sich verhalten, als seien sie Teilhaber der Firma. Wird das erreicht, entsteht in einem Mitarbeiter das Gefühl, »Miteigentümer« zu sein und das Engagement für das Unternehmen fällt entsprechend aus, aber auch das Zugehörigkeitsgefühl zum Unternehmen, gewinnt an Tiefe und Festigkeit; die Identifikation mit dem Unternehmen nimmt zu.

Durch einen solchen Führungsstil lassen sich also zwei Fliegen mit einer Klappe schlagen: Die Mitarbeiter sind wesentlich motivierter, was sich auf den Erfolg des Unternehmens positiv auswirkt. Durch das gefestigte Zugehörigkeitsgefühl wird aber auch die Fluktuationsrate absinken, die Mitarbeiter fühlen sich weniger veranlasst, die Firma zu wechseln, wodurch nicht zu unterschätzende Personalaufwendungen eingespart werden können. Ebenso wird dadurch verhindert, dass kostbares Know-how abwandert.

Kritische Situationen

Trotz aller positiven Effekte der Handlungsfreiheit und der Mitbestimmung gibt es zwischen Vorgesetztem und Mitarbeiter eine Grenze, die nicht übertreten werden sollte. Wer zu naiv mit der Mitbesitzermentalität umgeht, der darf sich nicht wundern, wenn plötzlich die Mitarbeiter das Zepter in der Hand halten und der Zug in eine ganz andere Richtung fährt, als Sie das vielleicht gewollt haben.

Um eine solche Situation zu vermeiden, sollten klare Vereinbarungen über zu erreichende Ziele getroffen werden. Dabei ist eine Vereinbarung tatsächlich wortwörtlich zu nehmen; es geht nicht darum, den Mitarbeiter eine »Kröte« schlucken zu lassen, sondern gemeinsam ein Ziel zu finden, das Mitarbeiter und Unternehmen zufrieden stellt. Ist die Vereinbarung einmal getroffen, ist es die Pflicht des Vorgesetzten – und nicht des Mitarbeiters – die Einhaltung der Ziele zu kontrollieren und bei absehbarer Abweichung entsprechende Korrekturen vorzunehmen.

Information und Kommunikation

Tagtäglich erhalten wir mehr, jedoch nicht unbedingt zielgerichtetere, Informationen. Menschen brauchen Informationen, denn sie sind für das menschliche Zusammenleben notwendig. Dennoch sperren sie sich manchmal gegen sie, z.B. wegen Menge, Art, Zeitpunkt und Inhalt der Informationen. Das Problem besteht also weniger in der Informationsbeschaffung, als viel eher in der Bewältigung und Selektion zielgerichteter Informationen. Aus diesem Grunde ist ein effektives Kommunikationssystem unabdingbar.

Mitwissen und Verstehen sind die notwendigen Voraussetzungen zum Mitdenken, das wiederum die Voraussetzung für Mitverantwortung darstellt, und das ist genau das, was Sie erreichen wollen: verantwortungsbewusste Mitarbeiter, die im Sinne eines »Mitunternehmers« denken! Ohne offene Kommunikation kann kein Wissen verfügbar gemacht werden, können keine Informationen weitergeleitet werden. So gesehen ist das Kommunizieren von Informationen eigentliche Führungsaufgabe.

Kommunikation schafft Abhilfe

Nicht umsonst sagt man, dass Führungskräfte 80 % ihrer Zeit mit Kommunikation beschäftigt sind, in Gesprächen, Sitzungen, Konferenzen sowie beim Analysieren, Aufbereiten und Weiterleiten schriftlicher Informationen. Eine »gute« Führungskraft ist also in der Lage, dafür zu sorgen, dass die richtigen Informationen zur richtigen Zeit am richtigen Ort ankommen und die richtigen Leute die richtigen Fragen zur richtigen Zeit miteinander besprechen.

Die Infrastruktur der innerbetrieblichen Kommunikation kann als Nervensystem des Unternehmens betrachtet werden und nur wenn sie reibungslos funktioniert, können »Funktionsstörungen« verhindert werden. Daher muss zentrales Anliegen einer jeden Unternehmens- bzw. Personalpolitik eine den Bedürfnissen des Unternehmens entsprechende Informationspolitik und die Schaffung einer effektiven Kommunikationsstruktur sein.

Anforderungen an ein Informationssystem

Doch welche Ansprüche sind an ein solches Informationssystem zu richten, damit es den betrieblichen Belangen optimal entspricht? Die Aufgaben eines wirkungsvollen Informationssystems bestehen insbesondere darin, allen am Unternehmensgeschehen Beteiligten die zur Planung, Entscheidung, Durchführung und Kontrolle notwendigen Informationen zuzuführen.

Anforderungen an ein innerbetriebliches Informationssystem

Die Unternehmenszielsetzung muss an alle vermittelt werden. Zwischensowie Gesamtergebnisse müssen wiederum an die Unternehmensleitung übermittelt werden, sodass Korrekturen der Unternehmenszielsetzungen sowie der Arbeitsabläufe möglich werden bzw. müssen eventuell grundlegende Änderungen der Gesamtzielsetzungen und der Unternehmensphilosophie überhaupt ermöglicht werden. Diese müssen dann wiederum allen Mitarbeitern zugänglich gemacht werden und zwar in einer Weise, dass sie ihre Arbeitsleistung im Sinne einer mitverantwortlichen Tätigkeit erbringen können. Des Weiteren darf nicht unterschätzt werden, wie sehr sich ein effektives Kommunikationsverhalten auf die Motivation der Mitarbeiter auswirkt.

Information und Kommunikation sind also Entscheidungsvoraussetzung einerseits und Grundlage erfolgreicher Mitarbeiterführung andererseits.

Ein Informationssystem sollte somit in der Lage sein:

▶ die Zielsetzungen des Unternehmens klar und eindeutig aufzuzeigen

▶ Informationen über die betrieblichen Zusammenhänge, die Organisation und die Arbeitsverteilung zu geben

▶ die arbeitstechnischen Zusammenhänge zu erläutern

▶ die Zusammenarbeit aller Beteiligten zu fördern

▶ die Zufriedenheit der Mitarbeiter zu steigern

▶ Leistungsbereitschaft zu erzeugen

▶ die Mitarbeiter insgesamt zu motivieren

Bearbeitungszyklen so kurz wie möglich halten

Bei der Implementierung eines derartigen Informationssystems ist selbstverständlich darauf zu achten, dass die Bearbeitungszyklen aller Vorgänge und Entscheidungen die minimal mögliche Zeit beanspruchen, um dem Unternehmen durch kurze Reaktionszeiten flexibles Verhalten am Markt zu ermöglichen.

Zu berücksichtigen sind dabei weiterhin Einflüsse, die den gewünschten Informationsfluss hemmen können, wie z. B. die räumliche und geistige Distanz zwischen Vorgesetzten und Mitarbeitern, mangelndes Verständnis vonseiten der Führungskräfte für die Arbeitsbedingungen der Mitarbeiter sowie umgekehrt mangelndes Verständnis der Mitarbeiter für die Aufgaben und Verantwortung der Unternehmensleitung, Misstrauen gegen die Motive der Führungskräfte sowie mangelnde Kenntnis allgemeiner Wirtschafts- und Betriebsfragen seitens der Mitarbeiter.

Informationswege

Jedes Informationssystem umfasst mehrere Informationswege mit jeweils unterschiedlichen Zielrichtungen. Dabei werden horizontale von vertikalen Informationswegen unterschieden, ebenso wie formelle von informellen Informationen, wobei die beiden letzten sowohl auf horizontaler als auch auf vertikaler Ebene erfolgen können. Dadurch sind weitere Hindernisse für die Informationsweitergabe gegeben: Werden Informationen vertikal weitergegeben, so kann es gegebenenfalls zur so genannten Informationsverdichtung kommen, ebenso wie – je nach Anzahl der zu überwindenden Hierarchieebenen – zur Informationsverfälschung, was im Ergebnis zu falschen Entscheidungen und Handlungen führen wird.

Oftmals liegt dem »falschen« Annehmen, Verarbeiten und Weitergeben von Informationen auch nur ein Motivationsproblem zugrunde, d.h., häufig ist es eher das Problem des »Nicht-Verstehen-Wollens« als des »Nicht-Verstehen-Könnens.«

Mangelnde Motivation blockiert Kommunikation

Wie so häufig hängt die Motivation – und in diesem Fall somit auch die Bereitschaft, Informationen aufzunehmen – damit zusammen, wie man auf den Betreffenden zugeht. Das heißt, die Art und Weise, wie ein Mitarbeiter die Informationen »präsentiert« bzw. »verabreicht« bekommt, entscheidet darüber, ob er sie aufnehmen kann und wird oder nicht.

Festzuhalten ist, dass in den meisten Fällen die Bereitschaft zur Informationsaufnahme eines Mitarbeiters größer ist, wenn sie mit einem persönlichen Kontakt verbunden ist, wobei hierbei natürlich ins Gewicht fällt, ob der Mitarbeiter den Kontakt positiv oder eher unangenehm erlebt. Damit mündliche Kommunikation effektiv sein kann, braucht sie allerdings eine eindeutige inhaltliche Ausrichtung und Struktur. Sie braucht eine gewisse Systematik, einheitliche Begriffe, Bilder und Symbole. Dann jedoch ist sie das Mittel der Wahl, um z.B. in Diskussionen und Abstimmungen gemeinsame Visionen zu entwickeln, Veränderungsprozesse zu unterstützen oder auch um auf allen Ebenen Verbesserungsvorschläge bezüglich der Arbeitsabläufe einzuholen.

Mitarbeiter binden

Motivierte Mitarbeiter identifizieren sich mehr mit Ihrem Unternehmen als unmotivierte. Und nur durch sich dem Unternehmen zugehörig fühlende Mitarbeiter kann die Fluktuationsrate verringert werden.

Fluktuation führt zu hohen Kosten durch Arbeitsprozesse, Abfindungen, Kapazitätseinschränkungen einerseits und Personalbeschaffungs- und Einarbeitungskosten andererseits. Dies bekam beispielsweise die Fluggesellschaft Lufthansa sehr deutlich zu spüren, als sie im Februar 2001 fünf Flugzeuge stilllegen musste, weil die Piloten dafür fehlten und auch auf dem

Markt nicht zu bekommen waren. Pro Flugzeug ergab sich ein rechnerischer Umsatzausfall von 100 000 € am Tag!

Dieses drastische Beispiel verdeutlicht wohl ausreichend, wie wichtig es ist, gute Mitarbeiter zu binden. Zu den finanziellen Einbußen kommt noch der Know-how-Verlust hinzu, der mit jedem das Unternehmen verlassenden Mitarbeiter einhergeht. Des Weiteren müssen die Kunden auf personelle Kontinuität in ihrer Betreuung verzichten.

Wie also Mitarbeiter motivieren und wie Ihre Bindung ans Unternehmen erhöhen?

Einführung von Mitarbeitern

Einführung neuer
Mitarbeiter

Dies beginnt am ersten Tag, den ein neuer Mitarbeiter in ihrem Unternehmen verbringt. Gerade bei neuen Mitarbeitern ist die Fluktuationsrate besonders hoch. Selbstverständlich reicht es hier nicht aus, ihm an seinem ersten Tag den Schreibtisch zu zeigen und ihm seine Arbeit zuzuweisen. Gerade in der Anfangsphase kann schnell Unzufriedenheit entstehen, die wiederum zu einer Kündigung führen kann. »Der nächste Job ist nur einen Mausklick weit weg«, beschreibt der Trendforscher Matthias Horx die Bereitschaft der Mitarbeiter, sich ständig auf dem Arbeitsmarkt umzusehen, auch wenn sie einen Arbeitsplatz haben.

Eine gute Einführung in und über das Unternehmen sind also wichtige Faktoren für einen positiven Start des Mitarbeiters und seine Entwicklung und Identifikation mit dem Unternehmen.

Dies umzusetzen kann ganz unterschiedlich aussehen. Die Möglichkeiten reichen von intensiver Anfangsbetreuung und Patensystemen, über regelmäßig organisierte, gemeinsame »Get-Together-Anlässe« sowie unternehmenseigene Programme, bis hin zu kostspieligen Events. Auf alle Fälle sollte es zumindest einen Paten geben, der den neuen Mitarbeiter »an die Hand« nimmt und ihn in die Gewohnheiten und Gepflogenheiten sowie in die ungeschriebenen Gesetze des Unternehmens einführt.

Die Deutsche Bank z. B. hat erkannt, wie wichtig die emotionale Einbettung ihrer »Newcomer« ist und dass der erste Tag ebenso wie die Erlebnisse in den ersten Monaten besonders wichtig sind, weil sich hier entscheidet, ob ein Mitarbeiter bleibt oder geht. So findet für die Nachwuchsführungskräfte ein »Networking-Wochenende« statt, ein aufwändig gestaltetes Treffen, das die Neulinge auf den Geist des Hauses einstimmen und Bindungen untereinander und zur Bank festigen soll.

Kriterien der Zufriedenheit

Aber auch wenn die Mitarbeiter eingearbeitet und eingewöhnt sind, dürfen die Bemühungen um sie nicht nachlassen.

Wie geht es weiter?

Die Gallup-Organisation, Princeton, hat eine 25 Jahre laufende Dauerstudie durchgeführt, bei der eine Million Angestellte befragt wurden, was sie in ihrer Firma hält. Im Groben besagt das Ergebnis, dass Mitarbeiter, die in ihrem Unternehmen bleiben, menschliche Wertschätzung und Feedback bekommen. Sie wissen, was man von ihnen will und bekommen Anerkennung für ihre Leistung.

Genauer gesagt, wünschen sich Mitarbeiter vor allem folgende Arbeitsplatzgegebenheiten, die im Anschluss an ihre Aufzählung näher betrachtet werden:

▶ Sie möchten wissen, was von ihnen erwartet wird.

▶ Sie möchten in ihrer Arbeit jeden Tag die Gelegenheit haben, das zu tun, was sie am besten können.

▶ Sie möchten in ihrer beruflichen Entwicklung unterstützt und gefördert werden.

▶ Sie möchten Anerkennung für ihre Leistungen bekommen.

▶ Für Ihre Leistung möchten sie eine angemessene Belohnung/Vergütung erhalten.

▶ Sie möchten sich und ihre Meinung einbringen können.

▶ Sie möchten, dass man sich für sie als Mensch interessiert.

Mitarbeiter müssen eine möglichst klare Vorstellung davon haben, worin ihre Aufgabe genau besteht. Das hört sich banal an, nicht selten sind jedoch die Auffassungen von Mitarbeiter und Vorgesetztem darüber, welche Aufgaben der Mitarbeiter hat, sehr unterschiedlich. Ohne Zweifel lässt ein solcher Sachverhalt Rückschlüsse auf das herrschende Kommunikationsverhalten zu.

Zielvereinbarungen

Sinnvoll scheint es daher, Zielvereinbarungen gemeinsam mit dem Mitarbeiter vorzunehmen bzw. ihn am Entwurf der Ziele zu beteiligen. Erstens ist so gewährleistet, dass Mitarbeiter und Führungskraft ausreichend miteinander kommunizieren werden, um zu einem Ergebnis zu kommen und zweitens ist so gewährleistet, dass der Mitarbeiter diese Aufgaben und die damit verbundenen Lernziele auch wirklich übernehmen möchte. Er identifiziert sich viel stärker mit seinen Zielen, wenn er an deren Entwurf beteiligt war.

Anerkennung und Förderung

Feedback und
Anerkennung

Anerkennung und menschliche Wertschätzung sind zentrale Bedürfnisse aller Menschen, im Privatleben wie im beruflichen Alltag. Bekommt man diese nicht, entsteht Frustration und man wechselt das Umfeld. Die in den meisten Unternehmen übliche Praxis, Mitarbeitern nur einmal pro Jahr ein Feedback zu geben, ist daher völlig unzureichend. Regelmäßige Mitarbeitergespräche sind notwendig, einerseits um sicherzustellen, dass die vereinbarten Ziele erreicht werden, und andererseits, um dem Mitarbeiter Feedback und Anerkennung für seine erbrachten Leistungen geben zu können. Auch hier macht es Sinn, den Mitarbeiter in gewissem Rahmen an der Bewertung seiner Leistungen zu beteiligen, denn ein gemeinsames Auswerten derselben führt dazu, dass der Mitarbeiter das Ergebnis besser annehmen kann.

Fördern Sie Ihre
Mitarbeiter in
ihrer Entwicklung!

Gute Mitarbeiter wollen sich im Beruf weiterentwickeln, Neues lernen und ihre neuen Fähigkeiten einsetzen. Der Wunsch nach Selbstverwirklichung und danach im Beruf weiterzukommen, ist ein starkes Antriebsmotiv. Umgekehrt jedoch entsteht an diesem Punkt auch leicht Unzufriedenheit und wenn ein Mitarbeiter keine Perspektiven für sich erkennen kann, wenn ihm in seinem Unternehmen keine Wege offen stehen, wird er vermutlich zur Konkurrenz abwandern, um sich einen Arbeitsplatz mit mehr Entwicklungsmöglichkeiten zu suchen. Für die Führungskraft stellt dies eine Chance dar, erstens den Mitarbeiter zu motivieren und zweitens, den Wert eines Mitarbeiters auch für das Unternehmen zu steigern.

Individueller
Karriereplan

Um den Mitarbeiter in seiner Entwicklung zu unterstützen, ist es notwendig, dass man mit ihm gemeinsam einen individuellen Entwicklungsplan aufstellt. Ein solcher Plan muss gewährleisten, dass der Mitarbeiter in den Bereichen eingesetzt wird, für die er das größte Potenzial und die besten Voraussetzungen mitbringt. Es macht keinen Sinn, einen möglicherweise nicht ausgelasteten Mitarbeiter in einem Bereich einzusetzen, in dem vielleicht gerade besonders viele Aufträge anfallen und insofern Personal gebraucht wird. Der Mitarbeiter wird sich in einer solchen Situation fehl am Platze und unausgefüllt fühlen. Auf Dauer wird er unzufrieden werden und sich nach einem Arbeitsplatz umsehen, an dem er entsprechend seinen Fähigkeiten und Neigungen eingesetzt und gefördert wird.

Des Weiteren sollte sich ein individueller Entwicklungsplan auf das Erreichen spezifischer Ergebnisse konzentrieren, die die Karriere des Mitarbeiters fördern, sie aber gleichzeitig flexibel halten. Ein solcher Plan sollte schriftlich festgelegt und in regelmäßigen Abständen überprüft werden.

Hierfür sind regelmäßig stattfindende, dokumentierte Personalentwicklungsgespräche von großer Bedeutung.

Motivation durch Geld und andere Vergütungen

Letztlich führt Motivation auch zur Übernahme von Verantwortung und zu Teamdenken, was bei den allermeisten Fragestellungen unerlässlich ist, um den Unternehmenserfolg zu gewährleisten. Gesucht ist Motivation, die nicht zur egoistischen Verfolgung eigener Ziele führt, sondern zur teamorientierten Verfolgung der Gemeinziele der Unternehmung.

Auch wenn oft nachzulesen ist, dass monetäre Aspekte bei der Motivation kaum ins Gewicht fallen, so zeigt die Praxis, dass nicht nur in den unteren Gehaltsgruppen der monetäre Aspekt sehr wohl eine Rolle spielt. Eine transparente Entgeltpolitik ist hier gefragt, denn sicher ist, dass Ihre Mitarbeiter in den Genuss einer ihrer Leistung entsprechenden Vergütung kommen wollen. Abgesehen von den vielen Annehmlichkeiten, die eine hohe, monetäre Vergütung mit sich bringt, ist sie auch Statussymbol und nicht zuletzt eine Form der Anerkennung.

Motivation durch finanzielle Anreize

Allerdings sind unzufriedene Mitarbeiter auch mit Geld nicht mehr zu halten. Ist ein Mitarbeiter erst einmal verstimmt, hat er eventuell innerlich bereits gekündigt, so ist er auch mit Geld nicht mehr zurückzuholen. Insbesondere in den oberen Hierarchieebenen, wo eine Erhöhung der Vergütung nicht mehr zu einer wesentlichen Erleichterung des Mitarbeiters beitragen kann. Gerade die in der Hierarchie höher angesiedelten Mitarbeiter erwarten Anerkennung in anderer Form als Geld. Für sie sind vierzig Stunden meistens schon Mitte der Woche vorbei. Und nicht jeder Abend und nicht jedes Wochenende gehört vollständig der Familie. Hier können eher Teilzeit- und andere Flexibilitätskonzepte Abhilfe schaffen, als eine weitere Gehaltserhöhung.

Schaffen Sie zusätzliche Anreizsysteme!

Flexible Arbeitszeitkonten oder das Modell »Teleworking«, bei dem man etwa drei Tage im Büro verbringt und zwei Tage von zu Hause aus arbeitet, sind Beispiele, um einem Mitarbeiter mit Familie entgegenzukommen.

Teilzeit- und Flexibilitätskonzepte

Die Möglichkeit, ein »Sabbatical« zu nehmen, stellt für Arbeitnehmer, die sich einen gelegentlichen, zeitlich begrenzten Ausstieg von der Arbeit wünschen, einen starken Anreiz dar. Hierbei werden Überstunden und/ oder Teile des Gehalts auf ein »Konto« eingezahlt. Abgehoben wird der Gegenwert des Geldes in Zeit. So kann ein Mitarbeiter ein bezahltes Sabbatical von einem Monat bis zu einem Jahr nehmen.

Auch Incentive- und Bonusprogramme werden als Anreiz zur Leistungssteigerung eingesetzt. Allerdings soll hierbei meist für ein ganz bestimmtes Projekt oder eine ganz bestimmte Aufgabe ein Ansporn gesetzt werden. Im Falle der Aufgabenerfüllung tritt der Anreiz als »Belohnung« ein bzw. wird ein vorher in Abhängigkeit zum Zielerreichungsgrad bestimmter Bonus ausbezahlt.

Auf eine besondere Art der Mitarbeitermotivation, die das Interesse am Wachstum und an der Entwicklung des Unternehmens stark fördert, die Motivation durch Beteiligung am Geschäftserfolg, soll aufgrund Ihrer Beliebtheit vor allem im E-Business im Folgenden ausführlich eingegangen werden.

6.4 Mitarbeiterbeteiligungen

Mitarbeiterbeteiligung am Geschäftserfolg ist eine Form der Motivation, die insbesondere für das boomende E-Business in den vergangenen Jahren vielfach eingeführt wurde. Da keiner der Beteiligten ausreichend Erfahrung mit der Materie besaß, birgt die bestehende Praxis oftmals noch großes Verbesserungspotenzial für die Zukunft.

Mitarbeiter am Geschäftserfolg zu beteiligen, ist eine spezielle Form der Motivation durch finanziellen Anreiz. Dabei kommt es für den Mitarbeiter gar nicht darauf an, dass er im Verhältnis 1:1 am Erfolg (und natürlich auch am Misserfolg) einer Unternehmung beteiligt ist. Die verschiedenen hier einwirkenden Kriterien müssen vielmehr so ausgewogen sein, dass der Mitarbeiter mit seinem »Vergütungspaket« zufrieden ist. Er wird hierbei berücksichtigen, welcher finanzielle Einsatz durch ihn und Dritte geleistet wird, welches Know-how eingebracht wird, wie die Historie des Unternehmens zu sehen ist, wer wie viel Risiko trägt und wer wie abgesichert ist.

Seit das Instrument der Tantiemenzahlung existiert, sind Mitarbeiter am Geschäftserfolg beteiligt. In den USA ist es bereits seit einigen Jahrzehnten üblich, Mitarbeiter darüber hinaus mittels Ausgabe von so genannten Stock-Options am Geschäftserfolg zu beteiligen.

Unter einer Stock-Option versteht man:

> *Ein Versprechen des Unternehmens an den Mitarbeiter, dass dieser sich am Unternehmen beteiligen kann. Der Mitarbeiter ist berechtigt, sich zu einem späteren Datum auf Basis der Bewertung zum Zeitpunkt der Hingabe des Versprechens am Unternehmen zu beteiligen.*

Sollte sich daher der Unternehmenswert zwischen Hingabe und Einlösung des Versprechens erhöhen, fällt die anteilige Wertsteigerung dem Mitarbeiter »als Gewinn« zu.

Aufgrund der Internationalisierung der Märkte (Kunden-, Mitarbeiter- und Produktmärkte) war es nur eine Frage der Zeit, bis dieses Vergütungsinstrument auch über den Atlantik nach Europa seinen Weg fand. Dies soll nicht bedeuten, dass Stock-Options nicht bereits früher – vor allem in der Form von Wandelschuldverschreibungen – in Deutschland und Europa eingesetzt wurden. Durch die veränderten Verhältnisse und eine Anpassung der gesetzlichen Vorgaben, insbesondere mit Inkrafttreten des Gesetzes zur Kontrolle und Transparenz im Unternehmensbereich (KonTraG) wurde der Begriff der Stock-Options allerdings in Deutschland erst richtig »en Vogue«. Auf das KonTraG und seine Auswirkungen auf die Wirtschaft im Allgemeinen wurde in Kapitel 4, »Risiken managen – Chancen wahrnehmen«, bereits genauer eingegangen.

Zu Hype-Zeiten hörte man in Vorstellungsgesprächen oftmals noch vor der Frage nach dem Jahresgehalt die Frage »Gibt es Stock-Options?«. Sofern früher bereits Mitarbeiterbeteiligungsmodelle eingesetzt wurden, um eine Beteiligung am Geschäftserfolg für die Mitarbeiter zu ermöglichen, wird dies nun verstärkt getan, zum Teil durch Stock-Options (so genannte »Naked Warrants«), zum Teil immer noch über Wandelschuldverschreibungen.

Für die Qualität der Mitarbeiterleistung ist vor allem die Kreativität wichtig wie auch die angewandte Sorgfalt. Motivierte Mitarbeiter erfüllen beide Kriterien. Weiterhin führt Motivation zu einer stärkeren Bindung an das jeweilige Unternehmen. Ein motivierter Mitarbeiter wird letztlich kaum darüber nachdenken, ob er das Unternehmen verlässt (noch dazu, wenn er am Geschäftserfolg beteiligt ist) und, wird sich stärker mit dem Unternehmen identifizieren können. Eine Bindung an das Unternehmen führt dazu, dass Know-how nicht abwandert, dass die Arbeit mit großer Kontinuität weitergeführt werden kann und dass das Unternehmen hohe Kosten spart, die beim Wechsel von Arbeitnehmern üblicherweise anfallen.

Insbesondere E-Business

Besonderheiten im Hinblick auf die Motivation der Mitarbeiter ergaben sich in den letzten Jahren im Bereich von E-Business-Projekten. Auf der einen Seite war eine hohe Motivation vorhanden, auf der anderen Seite fehlte allerdings zum Teil die Einbringung dieser Motivation in teamorientiertes Denken und damit die Bindung ans Unternehmen.

Die Besonderheit von erfolgreichen E-Business-Projekten im Hinblick auf die Motivation der Mitarbeiter ergibt sich auch aus der abbildbaren kleinteiligen Unternehmensstruktur, die sich in den letzten Jahren herausgebildet hat. Wenn früher kaum denkbar war, dass junge Studienabgänger sich sofort selbstständig machten, geschah dies in den letzten Jahren sehr häufig. Ohne hier die Ursachen näher aufzuzeigen, kam es in den letzten Jahren verstärkt dazu, dass junge Mitarbeiter eigene Unternehmen gründeten (alleine oder als Teams) und damit sozusagen »von Null an« ein Unternehmen aufbauten. In dieser Situation fühlt sich fast jeder der Mitarbeiter der ersten Stunde als »Gründer« und ist allein deshalb schon sehr motiviert.

Der Einzelne trägt in dieser Situation zu einem viel größeren Anteil zum Erfolg des gesamten Unternehmens bei, als dies bei einem Einstieg in ein renommiertes Unternehmen der Fall sein dürfte. Bezogen auf E-Business-Projekte gilt es anzumerken, dass kleinere Unternehmen noch stärker von der Bindung Ihrer Mitarbeiter (»über-«)leben, als es bei den Großen der Branche der Fall ist. Um sich finanziellen Erfolg, Know-how, Mitarbeiter und Ruf zu sichern, gingen die etablierten und renommierten Unternehmen dazu über, selbst Start-ups zu fördern und hervorzubringen (so genannte Corporate Ventures). Man versuchte durch agilere Beiboote, große, meist schwerfällig gewordene Tanker für das beschleunigte E-Business flottzumachen.

Wie oben schon aufgezeigt wurde, liegt es in der Natur der Sache, dass in den Fällen, in denen der Einzelne einen großen Beitrag zum Erfolg des Unternehmens leistet, er sich auch wünscht, am sich einstellenden Erfolg beteiligt zu werden. Welche Möglichkeiten es gibt, Mitarbeiter am Unternehmenserfolg teilhaben zu lassen und wie sich diese in der Praxis realisieren lassen, wird im Folgenden beschrieben.

Fehler der letzten Jahre

Zu Zeiten des Booms der letzten Jahre wurde in bestimmten Bereichen die Akquisition neuer Mitarbeiter immer schwieriger. Nur am Rande sei erwähnt, dass vor allem im Bereich des E-Business der Erfolg und Unternehmenswert lange Zeit lediglich am Umfang des Geschäftes (Umsatz), nicht jedoch am Gewinn, gemessen wurde – paradox. Aus diesem Grunde wurde eine zum Teil maßlose Expansion gefördert. Umso tiefer war dann der Fall.

Wer stärker wuchs als die Konkurrenz, der erweckte auch den Anschein, Expansion um jeden Preis erfolgreicher zu sein, und der bekam dann auch mehr Venture Capital bzw. war bei den Anlegern beliebt. Die Gründer begannen ihre Unternehmungen teilweise ohne eine ausreichende Kapitaldecke. Sofern dritte Kapitalgeber (vor allem Venture-Kapitalisten) liquide Mittel beisteuerten, erfolgte dies in der Regel dergestalt, dass die entsprechenden Gelder vor allem in den Aufbau des Unternehmens investiert werden sollten, nicht in die großzügige Vergütung der Mitarbeiter der ersten Stunde.

Klar, man investierte, um eine ordentliche Rendite zu erzielen. Aber nicht allein die Vision führt Unternehmen zum Erfolg. Es kommt auf realistische Visionen auf solidem Fundament an.

Den Mitarbeitern wurde dabei meist klar gemacht, dass sie mit einem geringen Grundgehalt auskommen mussten, da es sich ja letztendlich »um das Geld der VCs handele«. Nur dann, wenn sich ein Erfolg des Unternehmens einstellte, Träume und Visionen Wirklichkeit wurden, nur dann sollten sie eine höhere Vergütung erhalten.

Zur Umsetzung wurde auf den bereits erwähnten Gedanken von Stock-Options zurückgegriffen. Zur Motivation der Mitarbeiter dienten nicht nur die hochgerechneten Unternehmenswerte und -realisierungen, sondern auch die Erfolge anderer Unternehmen und die errechneten Wertsteigerungen der seitens der Mitarbeiter des Unternehmens gehaltenen Unternehmensbeteiligungen (mitunter wurde berichtet, dass es am Neuen Markt Unternehmen gibt, bei denen jede Sekretärin Millionärin sei).

Geprägt wurde die Ausgangssituation der letzten Jahre im Bereich des E-Business auch dadurch, dass vor allem das Instrument der Stock-Options in Europa und Deutschland dem »breiten Publikum« noch nicht sehr lange eingehend bekannt ist. Aufgrund dieser Ausgangssituation besaßen die entsprechenden Berater der Unternehmen noch keine langjährigen Erfahrungen mit Stock-Option-Plänen und trafen vor allem bei Start-ups auf Mandanten, die noch viel weniger Erfahrung mit derartigen Modellen hatten als sie.

Jemand mit wenig Erfahrung beriet also jemanden mit noch weniger Erfahrung über komplexe Unternehmensbeteiligungsformen – eine unglückliche Ausgangslage. Daneben kam es mitunter dazu, dass Berater, die zwar hinreichende Erfahrungen mit Mitarbeiterbeteiligungsmodellen hatten, denen allerdings die Binnenstruktur und Kultur des beratenen Unternehmens nur unzureichend bekannt waren, die Mitarbeiterbeteiligungsmodelle dominierten, oder es kam vor, dass unerfahrene Unternehmer ihren Beratern Modelle vorschrieben, die dann von den Beratern aus Unerfahrenheit oder falsch verstandener Loyalität zum Mandanten umgesetzt wurden, jedoch in der Praxis nicht den Bedürfnissen des Unternehmens entsprachen.

Wie bereits erwähnt, war es üblich, dass in jungen Unternehmen in den letzten Jahren eine Art »Gehaltsverzicht« geübt wurde. Dies bedeutet, dass die Mitarbeiter ein geringeres Gehalt vereinbart hatten, als sie dies bei einem Berufsstart oder einer Berufsfortsetzung in einem renommierten Unternehmen der gleichen Branche hätten erwarten können. Neben einer ganzen Menge kleinerer Aufmerksamkeiten (Fitness-Studio, Frischobst, Sachwerte usw.), wurden den Mitarbeitern Stock-Options in der einen oder anderen Form versprochen oder ausgereicht.

Tantiemen Eher seltener wurden Tantiemen ausgelobt, was zum Großteil daran lag, dass die E-Business-Geschäfte der vergangenen Jahre laut Businessplan hohe Anfangsverluste generierten. Tantiemen, die sich am Geschäftserfolg (Gewinn) orientierten, kamen daher nicht in Betracht. E-Business-Projekte waren häufig Prestigesache, man wollte einfach die schnelle Entwicklung der E-Business-Welt nicht verpassen.

Eine Tantieme, die sich am Umsatzzuwachs orientierte, wäre zwar aufgrund der Praxis der Unternehmensbewertung, die sich zum Großteil am Umsatz orientierte, angebracht gewesen, wurde jedoch selten ausgelobt, da sie den Cashflow des Unternehmens belastet hätte.

Was wurde bei der Einführung von Mitarbeiterbeteiligungsmodellen in den letzten Jahren falsch gemacht? Was hat man aus diesen Fehlern gelernt?

Veräußerungsmöglichkeiten

Ein Stock-Option-Plan macht nur dann Sinn, wenn von Anfang an klar ist, wie ein Mitarbeiter seine eventuell erworbene Beteiligung am Unternehmen zu gegebener Zeit auch wieder veräußern kann (»Exit«). Auch daran muss gedacht werden. Wie bereits dargelegt wurde, bedeutet ein Stock-Option-Plan, dass ein Mitarbeiter im Falle der Ausübung seiner Optionen den so genannten »Strike Price« (anteiliger Unternehmenswert bei Eingehen des Versprechens) an das Unternehmen im Rahmen einer Kapitalerhöhung bezahlt.

Darüber hinaus muss der Mitarbeiter bei Ausübung seiner Option den an diesem Tage erzielten Mehrwert, d.h. die Differenz zwischen gezahltem

Strike Price und dem erhaltenen anteiligen Unternehmenswert als Teil seines Lohnes versteuern. Die Frage des Zeitpunkts und der Höhe der Lohnsteuerzahlung war jahrelang umstritten, ist jedoch aufgrund der Entscheidungen des Bundesfinanzhofes (BFH) aus dem Jahr 2001 fürs Erste entschieden.

Der hohe finanzielle Einsatz der Mitarbeiter und der sportliche Gedanke der Fairness bedingt, dass sie eine so genannte Exit-Chance haben müssen. In der Zeit um das Jahr 1999 herum war es üblich, dass Stock-Option-Pläne bei Unternehmen implementiert wurden, ohne dass darüber nachgedacht wurde, ob ein IPO Wirklichkeit wird, wahrscheinlich ist und was passieren wird, wenn ein IPO nicht stattfinden kann. Vielleicht erinnern Sie sich an einige Firmen der verblichenen New Economy, die zahlreiche Male ihren bereits angekündigten IPO verschoben hatten und so alle Träume der Mitarbeiter auf schnellen Reichtum begraben wurden. Gründe für das Ausbleiben eines geplanten IPO waren in der Regel, dass das Unternehmen nicht börsenreif war oder dass der Kapitalmarkt keine neuen Börsengänge mehr zuließ.

Exit – Get out

Der Alternativ-Exit zu einem IPO ist ein Trade Sale, d.h. ein Verkauf des Unternehmens oder des Unternehmensinhaltes (»Asset Deal«). Auch dieser kann dazu führen, dass die Mitarbeiter ein Mehrfaches des von ihnen investierten Kapitals zurückerhalten. Üblicherweise sahen Stock-Option-Pläne in den vergangenen Jahren keine Regelungen für den Fall des Trade Sales vor. Manche Meinungen tendieren dahin, dass im Falle eines Asset Deals keine Bedienung der Stock-Option-Inhaber bzw. kein Übergang der Optionen auf das neue Unternehmen zu erfolgen hat.

Alternativen
zum IPO

Auf der anderen Seite fehlten auch Regelungen in den Stock-Option-Plänen, was zu geschehen hat, wenn zum Beispiel ein Großkonzern sämtliche Aktien an einem Unternehmen erwirbt und dann später zwar eine Ausübung der Stock-Options zulässt (da er eine Rücknahme der gegebenen diesbezüglichen Versprechen nicht durchführen kann), jedoch die dann vorhandenen Minderheitsaktionäre nicht ablöst und ihnen auch im Übrigen keine Chance gibt, an einem organisierten Markt ihre Anteile zu veräußern. Für einen wirtschaftlich vernünftig denkenden Menschen dürften Stock-Options in diesem Fall fast wertlos werden.

Sofern nicht eine Alternative zu einem IPO gefunden werden kann, um den Mitarbeitern einen Exit zu ermöglichen, bedarf es zumindest einer intensiven Überlegung, ob ein IPO wahrscheinlich ist und einer Einschätzung, wie hoch diese Wahrscheinlichkeit ist. Im Übrigen bedarf es einer aktiven Kommunikation den Mitarbeitern gegenüber, mit welcher Wahrscheinlichkeit der IPO zu erwarten ist. Sollte nämlich ein IPO seitens der Mitarbeiter erwartet werden, dieser dann nicht stattfinden und den Mitarbeitern damit der erwartete Exit entfallen, ist es besser eine derartige Nachricht und die entsprechenden Tendenzen den Mitarbeitern frühzeitig zu übermitteln und ihnen damit das Gefühl der Teilnahme am sich ergebenden Prozess zu geben, als sie zu einem späteren Zeitpunkt vor vollendete Tatsachen zu stellen.

Stock-Option-Pläne und Unternehmensrechtsform

Stock-Option-Pläne sind in der Regel – und vor allem nach Einführung des KonTraG – sinnvoll nur bei einer Aktiengesellschaft einzuführen. In den vergangenen Jahren wurden verschiedene Versuche gestartet, mit Umgehungsmodellen (z.B. Genussschein mit Wandlungsrecht etc.) auch bei anderen Rechtsformen den Stock-Options ähnliche Modelle einzuführen. Die Regelungen haben sich allerdings als sehr kompliziert und als nicht durchsetzungsfähig herausgestellt. Was wurde daher in der Regel getan?

AG um jeden Preis? Um ein gängiges Stock-Option-Modell installieren zu können, wurden Gesellschaften mit beschränkter Haftung und Kommanditgesellschaften in Aktiengesellschaften umgewandelt. Übersehen wurde oft, dass eine Gesellschaft auch reif sein sollte, in eine Aktiengesellschaft umgewandelt zu werden. Es wurde lediglich Wert darauf gelegt, ob unter der neuen Rechtsform ein Stock-Option-Plan installiert werden kann, jedoch nicht darauf geachtet, auch die übrigen Voraussetzungen innerhalb des Unternehmens so zu gestalten, dass das Aktienrecht im Unternehmen »gelebt« werden kann. So wurde insbesondere übersehen, dass die allgemeine Verwaltung einer Aktiengesellschaft aufgrund der komplizierten Vorgaben des Aktiengesetzes sehr viel kostenintensiver ist, als zum Beispiel die Verwaltung einer Gesellschaft mit beschränkter Haftung. Auch wurde nicht darauf geachtet, dass die aufwändigere Verwaltung entsprechende Ressourcen benötigt (innerhalb des Unternehmens und auf Beraterseite).

Höhe der Stock-Option-Pläne und 10%-Grenze Sofern man einen Stock-Option-Plan installiert, werden die auszugebenden Aktien in der Regel aus so genanntem bedingten Kapital bedient. Hierbei können bei reinen Stock-Options (also nicht bei Wandelschuldverschreibungen) lediglich 10% des Kapitals der Gesellschaft für Stock-Options vorgesehen werden. Oftmals wurde übersehen, dass es sich bei den 10% um das bei Beschlussfassung für den Stock-Option-Plan im Handelsregister eingetragene Kapital handeln muss (oftmals wurde gleichzeitig mit dem Stock-Option-Plan eine Kapitalerhöhung beschlossen und nicht beachtet, dass diese erst später eingetragen wird). Darüber hinaus wurde übersehen, dass Mitarbeiter nicht nur im Moment der Vergabe der Stock-Options motiviert sein müssen, sondern auch in den Folgejahren.

Oftmals wurde in den vergangenen Jahren das Kontingent von 10 % des Stammkapitals unmittelbar bei Einführung des Stock-Options Plans an die Mitarbeiter »verteilt«. Es wurde nicht darüber nachgedacht, dass auch in den Jahren zwei, drei und vier noch neue Stock-Options ausgegeben werden sollten und dass weitere Mitarbeiter später noch hinzugewonnen werden, die mit Stock-Options ausgestattet werden sollten. Hierzu sei bemerkt, dass sich zwar durch spätere Kapitalerhöhungen das Stammkapital der Gesellschaft erhöht und daher in der Regel auch neue Kontingente im Hinblick auf die 10 %-Grenze geschaffen werden.

Weiterhin ist zu erwarten, dass durch das Ausscheiden von Mitarbeitern einzelne Stock-Options, die ausgegeben wurden, verfallen und damit neu ausgegeben werden können. Derartige Kontingentausweitungen reichten allerdings in der Regel nicht aus, um auch in den Folgejahren Mitarbeiter in angemessenem Umfang mit Stock-Options auszustatten, wenn sämtliche Kontingente im ersten Jahr vergeben worden sind. Lediglich Spitzenbeträge konnten damit ausgeglichen werden, nicht jedoch der »Zukauf« von Spitzenkräften oder die Ausgabe von Stock-Options bei Unternehmensakquisitionen.

Zielgruppe für Stock-Options

In den USA weitgehend verbreitet ist die Praxis, Stock-Options lediglich an Führungskräfte auszugeben. Die diese Praxis begründende Argumentation läuft darauf hinaus, dass nur Führungskräfte einen so großen Beitrag zum Erfolg des Unternehmens leisten, dass eine Steigerung ihrer Motivation den durch die Einführung eines Stock-Option-Programms eintretenden Verwässerungseffekt für die Altaktionäre aufwiegen kann.

Vergleich USA/ BRD

Wohl aufgrund der nicht ganz so kapitalistisch strukturierten Einstellung in Deutschland gingen viele Unternehmen in den ersten Jahren in Deutschland dazu über, alle Mitarbeiter mit Stock-Options auszustatten. Eine derartige Praxis ist zwar nicht per se schädlich, allerdings muss sowohl diese Praxis, als auch eine Abgrenzung von Key Playern gegenüber den sonstigen Mitarbeitern wohl durchdacht werden. Dies erfolgte in der Praxis kaum. Insbesondere darf man sich nicht der Illusion hingeben, dass die Einführung des Stock-Option-Plans und die Abgrenzung innerhalb der Belegschaft geheim gehalten werden kann.

Stattet man – wie oft geschehen – alle Mitarbeiter mit Stock-Options aus, erhält der einzelne Mitarbeiter verständlicherweise nur einen geringen Anteil an dem oben dargestellten Kontingent von 10 % des Stammkapitals. Typischerweise treten dann zwei Problemkonstellationen auf:

Der Mitarbeiter erhält (vor allem wenn – wie es richtig wäre – die Zuteilung der Stock-Options auf mehrere Jahre verteilt wird) nur eine geringe Anzahl von Stock-Options; der Motivationsanreiz ist somit nicht ausreichend. Auf der anderen Seite kann es sein, dass ein Mitarbeiter (wenige) Stock-Options erhält, diese aber gar nicht erwartet hätte und sie für seine Motivation auch nicht benötigt. Seine Motivation wird durch die (wenigen) Stock-Options auch nicht dergestalt gesteigert, dass die Verteilungsnachteile damit gerechtfertigt wären.

In einer Aktiengesellschaft mit einem Grundkapital von 50 000 € ist es nach dem Aufgezeigten lediglich möglich, insgesamt maximal 5 000 Optionen aufgrund eines beschlossenen bedingten Kapitals auszugeben. Verteilt man diese Optionsausgabe – wie oben gefordert – auf mehrere Jahre und die Belegschaft des Unternehmens, kann es passieren, dass der einzelne Mitarbeiter lediglich eine, absolut gesehen, sehr geringe Anzahl an Optionen erhält.

Zum Teil haben die Konstrukteure von Stock-Option-Plänen in den letzten Jahren nicht berücksichtigt, dass sich bei einer für den einzelnen Mitarbeiter geringen Anzahl ausgegebener Stock-Options eine psychologische Gefahr verbirgt. Auch wenn die Wertigkeit im Hinblick auf Wertsteigerungspotenziale sich bei Ausgabe von 10 oder 1 000 Stock-Options eventuell in keiner Weise unterscheidet (es kommt ja nur auf den »Hebel«, also das Verhältnis zum Grundkapital an), wurde nicht darüber nachgedacht, dass eine höhere Anzahl von Stock-Options (welche durch eine Kapitalerhöhung darstellbar gewesen wäre) psychologisch vorteilhafter ist. Es entsteht der Eindruck, mehr zu erhalten, man fühlt sich glücklicher. Kennen Sie dieses Gefühl? Ihr Aktiendepot sieht doch gleich nach »mehr« aus, wenn die Zahl der Aktien bei gleichem Gesamtwert des Depots steigt.

Um es vereinfacht auszudrücken: Es wurde in der Vergangenheit selten darüber nachgedacht, dass durch eine Maßnahme, die einem Aktiensplitt vergleichbar ist, die Anzahl der Optionen verdoppelt werden kann, ohne die Werte zu verändern.

Abwägung: gesplittetes Vesting gegenüber mehreren Tranchen

Laut Gesetz und auch in der Praxis können die Optionen innerhalb einer Sperrfrist nach Ausgabe nicht eingelöst werden. Das Gesetz schreibt eine Mindestfrist von zwei Jahren vor. In der Praxis werden die Optionsbedingungen derzeit oft so gestaltet, dass eine ausgegebene Tranche zu einem Drittel nach zwei Jahren, zu einem weiteren Drittel nach drei Jahren und zu einem Drittel nach vier Jahren »gevested«, also zur Einlösung freigegeben, wird. Eine derartige Staffelung ist mitunter in der Vergangenheit nicht eingeführt worden, was verständlicherweise die Bindungswirkung der Mitarbeiter nach Ablauf der ersten zwei Jahre verringerte. Die Anreizwirkung, nach Auslaufen der ersten Vestingperiode noch im Unternehmen zu verbleiben, minderte sich dadurch. Zahlreiche Berechtigte lösten ihre Optionen ein und verließen im Anschluss daran das Unternehmen.

Sperrfrist: 2 Jahre

Zum Teil sind die Unternehmen auch dazu übergegangen, auf eine Ausgabe von Stock-Options in den Jahren zwei, drei und vier zu verzichten, dafür wurde im ersten Jahr ein großes Paket an Optionen ausgegeben, dessen Vesting dann über eine längere Zeit verteilt worden ist. Hierbei wurde übersehen, dass nicht nur der Zeitpunkt der ersten Einlösungsmöglichkeit eines Stock-Options-Pakets für den Mitarbeiter eine zusätzliche Motivation darstellt, sondern dass auch die Einräumung von Optionen ein für den Mitarbeiter wichtiger Schritt ist. Soweit die Einräumung nur einmal am Anfang eines Optionsplanes erfolgt, dann jedoch nach einer gewissen Wartezeit jedes Jahr ein Teil dieses Pakets ausgeübt werden kann, ergibt sich eine geringere Motivationswirkung für den Mitarbeiter, als wenn jedes Jahr neue Optionen ausgegeben werden, die dann nach zwei (oder mehr) Jahren ausübbar sind.

Lehren aus der Praxis

Eine weitergehende Problematik bei den Fällen, in denen ein großes Stock-Option-Paket ausgegeben wurde und noch dazu dieses Paket in der Ausübung nicht über eine ganze Reihe von Jahren verteilt wurde, bestand mitunter darin, dass die Inhaber der Stock-Options bereits bei der ersten Möglichkeit der Ausübung diese Möglichkeit wahrgenommen haben und hierbei einen so erheblichen privaten Vermögenszuwachs erzielt haben, dass sie sich »wie nach einem Lottogewinn« gefühlt haben und keine Motivation mehr besaßen, weiterhin für das Unternehmen zu arbeiten und den Erfolg des Unternehmens zu fördern.

Durchdenken der Einlösungsphase

Wie bereits erwähnt, müssen die Berechtigten bei der Einlösung ihrer Stock-Options zum einen den Strike Price (anteiliger Unternehmenswert im Augenblick des Optionsversprechens) bezahlen, zum anderen Lohnsteuer auf den geldwerten Vorteil entrichten. Dies bedeutet, dass sie in der Regel einen sehr hohen Geldbetrag »vorfinanzieren« müssen. Eine Refinanzierung kann in der Regel nicht durch Darlehen des Unternehmens erfolgen, da dies aktienrechtlich nicht gestattet ist, sofern die Gesellschaft keine Gewinnrücklagen besitzt.

Eine Refinanzierung über eine Bank wurde zum Teil angestrebt, allerdings erst im Rahmen der Einlösung der Stock-Options. Eine derartige Finanzierung gestaltet sich in der Regel recht schwierig, da die Bank die neuen Aktien, vor allem Aktien, die am Neuen Markt notiert sind, nicht als Sicherheiten für den entsprechenden Kredit in voller Höhe anrechnet, sondern oftmals lediglich in einer Höhe bis zu 20 %. Infolgedessen wandern die entsprechenden Kreditanträge in die Kreditabteilungen der Banken (obwohl die Konsortialabteilungen der Banken beim IPO den Unternehmen eine problemlose Abwicklung versprochen hatten) und es beginnt eine zeitaufwändige und detaillierte, an Sicherheiten ausgerichtete Kreditprüfung.

Selbst wenn allerdings eine Finanzierung gesichert werden kann, wird der Mitarbeiter darauf bedacht sein, dass er kurz nach Zahlung des Strike Prices und Ausübung der Stock-Options die Aktien auch wirklich in sein Depot übertragen bekommt. In der Regel wird er nämlich versuchen, einen Teil der Aktien sofort wieder zu verkaufen, um sein Risiko zu begrenzen und die Kredite zurückzuführen. Hier stellt das Unternehmen allerdings (meistens erst bei Einlösung der Stock-Options) fest, dass die Aktien nicht unmittelbar nach Ausübung ausgeliefert werden können. Die Auslieferung macht nur dann Sinn, wenn die entsprechenden neuen Aktien auch zum Börsenhandel zugelassen sind. Das entsprechende Börsenzulassungsverfahren wird von den Unternehmen in der Regel zu spät in Angriff genommen und kostet erhebliche Provision an die durchführenden Banken.

Mitunter wird von den Unternehmen auch übersehen, dass die Ausübungszeiträume (auch Ausübungsfenster genannt) für die Mitarbeiter kurz gehalten werden sollten, da bei langen Ausübungszeiträumen die Gefahr besteht, dass viele Mitarbeiter am Beginn des Ausübungszeitraumes ausüben, andere Mitarbeiter jedoch erst am Ende. Aufgrund der oben erwähnten hohen Kosten für das Börsenzulassungsverfahren ist es aber wirtschaftlich kaum sinnvoll, innerhalb eines Ausübungsfensters mehrere Anträge zur Börsenzulassung zu stellen. Deshalb werden sämtliche Ausübungen vom Unternehmen bis zum Ende des Ausübungszeitraumes gesammelt und dann ein einheitliches Börsenzulassungsverfahren durchgeführt. In der Vergangenheit kam es oftmals zu Verzögerungen bei der Einbuchung der Aktien in die Depots der Mitarbeiter nach Ausübung der Stock-Options. Dies löst potenziell eine Missstimmung bei den Mitarbeitern aus.

Ein weiteres Problem, das im Auge zu behalten ist, ist die Kurspflege. Nachdem ein Mitarbeiter aus oben genannten Gründen versuchen wird, unmittelbar nach Einbuchung der Aktien in sein Depot einen Teil der Aktien zu verkaufen, werden in dieser Zeit ungewöhnlich viele Aktien des Unternehmens »auf den Markt geworfen«. Da viele Aktien von Unternehmen mit Stock-Option-Plänen in den vergangenen Jahren am Neuen Markt notiert waren und die entsprechenden Handelsvolumina dieser Aktien pro Tag als eher gering zu bezeichnen waren, kommt es an den entsprechenden Tagen zu einem Überangebot der Aktien des entsprechenden Unternehmens. Die Folge ist ein zumindest teilweiser Kursverfall. Hierdurch erhalten die Aktionäre eine Wertminderung.

Noch mehr Hürden

Die vorstehend dargestellten Szenarien sind nicht Worst-Case-Szenarien oder frei erfunden, sondern sie haben sich mehrfach in der Praxis abgespielt, da bei der Konstruktion des Stock-Option-Plans auf die Einlösungsphase keine Gedanken verwendet wurden.

Steuerliche Konstruktion

Wie bereits oben dargestellt, müssen Arbeitnehmer den so genannten geldwerten Vorteil aus der Ausübung von Stock-Options versteuern. In den vergangenen Jahren hatten (findige?) Berater immer wieder versucht, eine so genannte Anfangsbesteuerung (Münchner Modell) herbeizuführen. Bei diesem Modell musste der geldwerte Vorteil nicht im Moment der Ausübung versteuert werden, sondern es wurde lediglich der »geschenkte« Wert der Option im Moment der Ausgabe der Option vom Arbeitnehmer versteuert. Derartige Modelle sind seit den Entscheidungen des Bundesfinanzgerichtshofs im Januar 2001 wohl kaum mehr realisierbar. Sofern allerdings vorher im Einzelfall die Möglichkeit bestand, das Münchner Modell durchzuführen, wurde dies von Beratern unter dem Gesichtspunkt der Steuerersparnis auch forciert.

Ja, ja die findigen Berater

Die Folgen waren für den Mitarbeiter teilweise schwerwiegend. Dieses Modell der Anfangsbesteuerung bedeutet letztendlich eine Spekulation auf die zu zahlende oder ersparte Steuer.

Wertsteige-
rungen und
Steuerspar-
modelle Sollte sich der Wert der Aktien stark erhöhen und damit ein hoher geldwerter Vorteil bei Ausübung anfallen, verbucht der Optionsberechtigte mit dem Münchner Modell einen hohen steuerlichen Vorteil. Sollte sich allerdings der Wert der Aktien nicht erhöhen und verzichtet somit der Optionsberechtigte auf die Ausübung der Option, hat er am Anfang eine (wenn auch geringe) Steuer bezahlt, die ihm nicht wieder erstattet wird. In den Fällen also, in denen der Optionsberechtigte schon deshalb nicht mehr motiviert ist, weil er keine Wertsteigerungen innerhalb des Unternehmens erfährt, hat er darüber hinaus auch noch die anfangs bezahlte Steuer endgültig verloren – na, derjenige dem dies widerfährt, wird sich freuen.

Die Konstrukteure von Stock-Option-Plänen nach dem Münchner Modell haben mitunter nicht ausführlich genug bedacht, dass dieses Modell lediglich für unternehmerisch denkende Mitarbeiter geeignet ist. Die Entscheidung für das unternehmerische Risiko sollte jedoch jedem Mitarbeiter selbst überlassen werden. Lange bewahrte der Erfolg der Kapitalmärkte die Konstrukteure von Stock-Option-Plänen davor, diesbezüglich Misserfolge hinnehmen zu müssen. Nach einer Wende des positiven Trends an den Kapitalmärkten waren allerdings immer wieder Fälle zu beobachten, bei denen die Durchführung einer Anfangsbesteuerung einen zusätzlichen Verlust bescherte.

Die steuerliche Aufklärung seitens des Unternehmens war gegenüber den Mitarbeitern zum Großteil unzureichend und mitunter auch richtiggehend falsch. So hat eines der namhaftesten Unternehmen am Neuen Markt seinen Mitarbeitern bei Ausgabe der Stock-Options mitgeteilt, dass das gesamte Paket »Stock-Option-Plan« steuerfrei sei. Erst im Rahmen der Ausübung der ersten Stock-Options stellte sich dann heraus, dass hier eine Fehlinformation vorlag.

Probleme bei den
Stock-Option-
Plänen Die im Zusammenhang mit Stock-Option-Plänen bestehenden steuerlichen Probleme können hier nicht ausführlich behandelt werden. Zu erwähnen seien nur die Probleme im Hinblick auf mehrjährige Einkünfte, die Berechnung der Höhe des geldwerten Vorteils, vor allem bei einer notwendigen Umrechnung von Fremdwährungen, die Behandlung von Transaktionskosten, die Umsatzsteuerpflicht bei Vergabe von Stock-Options an freie Mitarbeiter und nicht zuletzt die Behandlung von Wertverlusten zwischen Ausübung der Stock-Options und erstmaliger möglicher

Veräußerung (Kursverfall zwischen Ausübungstag und Verkaufstag). Diesbezüglich mussten sich die steuerlichen Berater in den vergangen Jahren erst Know-how aneignen. Mitunter zahlten die Arbeitnehmer hierfür die Zeche. Auch wurde seitens der Unternehmen nur eine geringe Unterstützung bei der steuerlichen Beratung gewährt. Dies führte dazu, dass jeder Mitarbeiter seinen Steuerberater ansprechen musste und die entsprechenden Rückfragen dann bei den Unternehmen in ungebündelter Form aufliefen.

Weitere Problemfelder

Da die richtige rechtliche Umsetzung von wirtschaftlich orientierten Entscheidungen lediglich als Technik anzusehen ist, sollen hier die rechtlichen Fehler, die bei der Konstruktion von Stock-Option-Plänen in den vergangenen Jahren gemacht wurden, nicht näher diskutiert werden. Da es sich allerdings um eine Grenzfrage zwischen rechtlicher und wirtschaftlicher Betrachtung handelt, sei an dieser Stelle erwähnt, dass mitunter die vom Gesetzgeber geforderten Erfolgsziele zu kompliziert formuliert und ausgestaltet wurden.

Das Gesetz fordert, dass der Optionsinhaber seine Option nur dann ausüben darf, wenn die im Rahmen des Stock-Option-Plans definierten Erfolgsziele erreicht wurden. Der Gesetzgeber legt nicht näher fest, welcher Art diese Erfolgsziele sein können oder müssen. Während anfangs als Erfolgsziel meistens nur eine Steigerung des Aktienkurswertes in gewissem Umfang definiert wurde, komplizierten sich die entsprechenden Definitionen im Laufe der Zeit erheblich. Das Schlussresultat war, dass lediglich aufgrund langwieriger Rechenvorgänge festgestellt werden konnte, ob das Erfolgsziel im Einzelfall erfüllt war oder nicht. Hierdurch litt die Transparenz der Stock-Option-Pläne und der »normale« Mitarbeiter konnte von sich aus niemals entscheiden, ob ein Erfolgsziel bereits erfüllt war oder nicht. Dies führte dazu, dass die »tägliche Motivation« des Mitarbeiters erheblich sank und damit auch die Attraktivität des gesamten Stock-Option-Plans.

Als lediglich ein weiteres rechtliches Problemfeld sei das Arbeitsrecht an dieser Stelle erwähnt. Wie bereits oben dargestellt wurde, sahen einige Mitarbeiter und auch viele Unternehmen die Ausgabe von Stock-Options als Gehaltsersatz an. Die Mitarbeiter übten einen Gehaltsverzicht aus und erhielten dafür Stock-Options. Gefährlich wurde diese Tatsache allerdings den Unternehmen, die den Gehaltsverzicht auch noch als einen solchen bezeichneten und die Gewährung von Stock-Options den Mitarbeitern als einen Ersatz für den Gehaltsverzicht vorrechneten. Hier vertraten mitunter die Mitarbeiter die Meinung, dass die Ausgabe von Stock-Options Lohn im Sinne des Arbeitsrechts darstelle. Aufgrund der arbeitsrechtlichen Rechtsprechung konnten diese Mitarbeiter dann auf die Idee kommen, diesen Lohn als in Geldzahlung fällig einzufordern. Dies stellte das Unternehmen verständlicherweise vor große Probleme.

Bilanzierungs-fehler Die Bilanzierung von Stock-Options nach deutschem Bilanzrecht ist eines der umstrittensten Themenfelder der derzeitigen deutschen Bilanzkunde. Allerdings konnten die Unternehmen in den vergangenen Jahren hier kaum Fehler machen, da nach bis heute geltenden Bilanzierungsvorschriften die Ausgabe von Stock-Options nicht bilanziert wird. Anders sieht dies bei einer Bilanzierung nach US-GAAP aus, die für die Unternehmen am Neuen Markt (als Wahlmöglichkeit gegenüber einer Bilanzierung nach IAS) Vorschrift ist. Bei einer Bilanzierung nach US-GAAP ist es nämlich kaum möglich, einen Stock-Option-Plan nach geltendem deutschen Recht zu konstruieren, der letztendlich bei einer Bilanzierung nach US-GAAP nicht einen erhöhten Personalaufwand für die ausgegebenen Optionen bewirkt.

Die Problematik einiger Unternehmen am Neuen Markt bestand in den vergangenen Jahren darin, dass man diesen Effekt nach US-GAAP anfänglich übersehen hatte. So wurden (nach US-GAAP) falsche Planzahlen veröffentlicht, die dann im Nachhinein korrigiert werden mussten. Aufgrund derartiger Fehler litt der Ruf des gesamten Unternehmens am Kapitalmarkt.

Verwaltungs-aufwand Viele Unternehmen, die Stock-Options ausgegeben haben, unterschätzen den hierfür zu bewältigenden Verwaltungsaufwand. Alleine die Einführung eines Stock-Option-Plans bindet erhebliches Personal. Die laufende Verwaltung ist ebenfalls nicht zu unterschätzen. So müssen zum Beispiel sämtliche Personaldaten von Mitarbeitern im Hinblick auf Auslandsaufenthalte vorgemerkt und verwaltet werden, da hiervon die Höhe der abzuführenden Lohnsteuer abhängt. Schließlich muss im Rahmen der Einlösungsphase eine Börsenzulassung der neuen Aktien durchgeführt werden, die entsprechenden eingehenden Gelder müssen verwaltet werden und die Aktien müssen in Depots eingebucht werden.

Auch wenn hierfür Dienstleister eingeschaltet werden, sind diverse Arbeitsschritte mit entsprechendem Spezial-Know-how auch seitens des Unternehmens zu bewältigen. Hier lagen bei Einführung vieler Stock-Option-Pläne noch keine Erfahrungswerte vor, weshalb eine richtige Planung auch kaum erfolgen konnte.

Zusammenfassung

Die vorstehend ausführlich dargestellten Gestaltungsfehler bei Stock-Option-Plänen in der Vergangenheit führten im Ergebnis dazu, dass die angestrebte Motivation nicht oder nur unzureichend erreicht wurde und die Mitarbeiter nicht erkannten, dass seitens der Eigentümer des Unternehmens zugunsten des Mitarbeiters eine Verwässerung hingenommen wurde. Die Folge war und ist, dass die angestrebte Bindung ans Unternehmen nicht erreicht wurde und vor allem in Zeiten, in denen die Optionen aufgrund der aktuellen Wertentwicklung des Unternehmens nicht »im Geld« waren, die Mitarbeiter das Unternehmen verlassen (haben).

Zum Teil falsche Versprechungen und rein technische Abwicklungsfehler führten dazu, dass die Mitarbeiter zwar teilweise mit dem Programm Geld verdienten, jedoch letztendlich der angefallene Ärger so groß war, dass das Hauptziel der Stock-Option-Pläne, eine zusätzliche Mitarbeitermotivation, nicht erreicht werden konnte.

Erfolgreiche Ein- und Durchführung eines Beteiligungsmodells

Es stellt sich die Frage, ob sich die dargestellte Ausgangssituation für Beteiligungsmodelle in den letzten Jahren verändert hat und welche Auswirkungen dies auf zukünftige Beteiligungsmodelle hat.

Der Kapitalmarkt hat sich zuletzt gravierend verändert. Die Akzeptanz für Finanzierungen von E-Business-Start-ups und E-Business im Allgemeinen ist gesunken. Die Wahrscheinlichkeit, dass ein Start-up einen Exit über einen IPO oder Trade Sale erreichen kann, ist um vieles geringer geworden. Unternehmen müssen daher von Anfang an versuchen, profitabel zu sein, um überleben zu können. Dies beeinflusst auch die VCs bei ihren Finanzierungsüberlegungen.

Aufgrund vieler Insolvenzen und Budgetkürzungen mit anschließenden Entlassungen in der IT-Branche hat sich der diesbezügliche Arbeitsmarkt entspannt. Mitarbeiter werden nicht mehr, wie noch vor Jahresfrist, von Headhuntern täglich umworben und mit neuen Angeboten überhäuft. Die Bindung von Mitarbeitern an Unternehmen ist wieder gestiegen.

Vorstehende Feststellungen gelten für die gesamte IT-Branche, vor allem allerdings für den besonders von diesen Tendenzen betroffenen Bereich des E-Business.

Entgegen der Schlussfolgerung, die aufgrund der vorstehenden Ausführungen auf der Hand liegen könnte, zeigt die Praxis allerdings, dass Mitarbeiterbeteiligungsprogramme nach wie vor sehr beliebt und verbreitet sind und auch erforderlich sein können.

E-Business wird nach wie vor von jungen Mitarbeitern mit erheblichem persönlichen Einsatz oftmals in Start-ups betrieben. Der – wenn auch nicht so bezeichnete – Gehaltsverzicht muss durch die Möglichkeit kompensiert werden, über Wertsteigerungspotenziale Geld zu verdienen. Im Übrigen ist es den Modellen und der Praxis nur zuträglich, dass der Internethype nun abgeklungen ist.

Aufseiten der Mitarbeiter werden entsprechende Beteiligungsmodelle nicht mehr als die Möglichkeit angesehen, binnen Monatsfrist zum Millionär zu werden. Hier ist sowohl bei den Unternehmen wie auch bei den Mitarbeitern ein gesundes Augenmaß zurückgekehrt. Die Unternehmen versprechen lediglich einen Wertzuwachs, der sich in einem bestimmten überschaubaren Verhältnis zum Festgehalt bewegt und die Mitarbeiter wissen, dass kaum Fälle denkbar sind, bei denen diese Größenordnungen überstiegen werden.

Nicht zuletzt aufgrund des internationalen Vergleichs und aufgrund des Vergleichs mit den vergangen Jahren erwarten die Mitarbeiter entsprechende Beteiligungsmodelle. Mitarbeiterbeteiligungsmodelle werden von nahezu allen im DAX notierten Aktiengesellschaften für ihre leitenden Mitarbeiter angeboten. Diese Unternehmen sind in der Lage, mit dem notwendigen Verwaltungsaufwand und finanziellen Einsatz die entsprechenden Modelle zu implementieren.

Da E-Business allerdings typischerweise in kleinteiligeren Einheiten betrieben und abgewickelt wird, ist es umso wichtiger, dass diese Unternehmen im Rahmen ihrer beschränkten finanziellen Ressourcen sich bei der Planung und Implementierung von Beteiligungsmodellen keine Fehler erlauben und eine zielgerichtete Durchführung betreiben.

Übergeordnete Ziele

Während der gesamten Phase der Einführung und Durchführung eines Mitarbeiterbeteiligungsmodells sind einige übergeordnete Ziele immer im Auge zu behalten. Jede Einzelfrage, die zu beachten ist, muss vor dem Hintergrund dieser übergeordneten Ziele abgeprüft und entschieden werden.

Vordringliches und übergeordnetes Ziel bei der Implementierung eines Programms muss immer die Exit-Möglichkeit für die Mitarbeiter sein. Das Beteiligungsmodell muss so gestaltet sein, dass sich die Abhängigkeit von

Phasen des Kapitalmarktes und von der aktuellen Liquidität des Unternehmens gering hält. Den Mitarbeitern muss immer klar sein, wie sie im Erfolgsfall zu ihrem Geld kommen können.

Darüber hinaus muss im Rahmen der Gestaltung eines Mitarbeiterbeteiligungsmodells antizipiert werden, wie sich die zukünftigen Kapitalmaßnahmen des Unternehmens gestalten werden oder könnten. Kapitalerhöhungen, Beteiligungen, Käufe und Verkäufe müssen vorgedacht und in die entsprechenden rechtlichen Regelungen eingearbeitet werden.

Antizipierende Planung

Sämtliche Einzelregelungen eines Mitarbeiterbeteiligungsprogramms müssen immer vor dem Hintergrund gesehen werden, dass durch dieses Programm die Bindung und Motivation der Mitarbeiter erhöht werden soll. Wo dies aus rechtlichen oder praktischen Gründen nicht anders möglich ist, müssen Regelungen getroffen werden, die nicht ausschließlich die Zustimmung der Mitarbeiter finden werden. Derartige Regelungen müssen allerdings den Mitarbeitern zumindest ausführlich erläutert werden. Die Mitarbeiter müssen hierfür Verständnis entwickeln können.

Ein Unternehmen sollte großen Wert darauf legen, sich das richtige Beraterteam zu suchen, das die einzelnen oben angesprochenen Regelungsbereiche abdecken kann. Auch intern muss ein entsprechendes Team zusammengestellt werden, das ein Konzept entwickeln und auch später umsetzen kann. Entsprechende Referenzen sind einzuholen. Es dürfte verständlicherweise sinnvoller sein, Teammitglieder mit einem interdisziplinären Ansatz zu beschäftigen als für jedes einzelne Gebiet einen eigenen Berater einzuschalten, da Letzteres nicht nur kostenintensiver ist, sondern auch die Gefahr in sich birgt, dass an den Schnittstellen (und diese sind erfahrungsgemäß die Schwachstellen eines Konzeptes) Fehler auftreten.

Nach Zusammenstellen des richtigen Teams, ist ein Zeit- und Ablaufplan für das Projekt zu erstellen. Dieser sollte im Sinne eines Soll/Ist-Vergleichs fortgeschrieben werden.

Im Folgenden sollte der Umfang des Gesamtprojektes definiert werden, wobei vor allem die Ausgangsituation für jedes Unternehmen verschieden sein dürfte und für jedes Unternehmen einzeln definiert werden muss. Hier spielen die Rahmendaten eines Unternehmens, die Arbeitsmarktdaten und die entsprechenden Situationen und Tendenzen am Kapitalmarkt eine Rolle.

Definieren Sie den Umfang!

Als Nächstes sind die möglichen Modelle zu erörtern, die abstrakt bei einem Mitarbeiterbeteiligungsprogramm im entsprechenden Unternehmen in Betracht kommen. Die infrage kommenden Modelle sind generell und in Bezug auf das konkrete Unternehmen und das konkret geplante Beteiligungsvorhaben zu evaluieren und die entsprechenden Modifikationsmöglichkeiten innerhalb der Modelle sind zu beurteilen.

Mögliche Modelle Zu unterscheiden ist zwischen den Möglichkeiten einer Beteiligung durch eine stille Gesellschaft, durch Genussscheine (mit oder ohne Wandlungsrecht), Direktbeteiligungen, Stock-Options, Wandelschuldverschreibungen und schließlich Tantiemen, wobei bei Letzteren große Unterschiede dahingehend bestehen, welches Kriterium als Bemessungsgrundlage für die Tantieme gewählt wird (das Gesamtunternehmen, die Entwicklung des Aktienkurses des Unternehmens oder einzelne Unternehmensteile).

Die stille Gesellschaft dürfte in der Regel ungeeignet sein, da sie eine Einlage des stillen Gesellschafters erfordert (was nicht immer gewollt ist) und daher auf einer langfristigen Kapitalbindung basiert. Bei ihr ergibt sich das Problem der Bewertung bei Einstieg neuer stiller Gesellschafter oder Austritt von stillen Gesellschaftern. Im Endeffekt wird das Unternehmen selbst und nicht über einen Verwässerungseffekt die Gesellschafter des Unternehmens oder der Kapitalmarkt mit der Erfolgsbeteiligung belastet.

Ein durchaus sinnvolles und überlegenswertes Instrument ist der Genussschein, der allerdings auch einen Kapitaleinsatz erfordert. Wird er mit einem Wandlungsrecht in eine vollwertige Beteiligung am Unternehmen ausgestattet, ähnelt er der noch zu behandelnden Wandelschuldverschreibung. Der Genussschein ist aufgrund der fehlenden gesetzlichen Regelungen flexibler ausgestaltbar und auch bei einer GmbH einsetzbar. Auf der Gegenseite stellt sich immer die Frage, inwiefern die Vorschriften des Gesellschaftsrechts umgangen werden. Hauptnachteil von Genussscheinen ist allerdings neben dem fehlenden Insolvenzschutz die Unbekanntheit des Instruments; dies führt zu einer viel zu geringen Akzeptanz aufseiten der Empfangsberechtigten.

Restricted-Stock-Plan In den letzten Jahren wurden als Alternative zu dem oben dargestellten Münchner Modell auch so genannte Restricted-Stock-Pläne durchgeführt. Nach diesem Modell werden Mitarbeiter bereits sehr frühzeitig auf Basis einer geringen Unternehmensbewertung direkt am Unternehmen beteiligt und verpflichten sich, bei einem vorzeitigen Verlassen des Unternehmens Teile dieser Unternehmensbeteiligung wieder abzugeben. Eine derartige Konstruktion führt bei richtiger Ausführungsweise zu einer so genannten Anfangsbesteuerung.

Die eingesetzten finanziellen Mittel können sich jedoch bei Misserfolg des Unternehmens oder einem vorzeitigen Ausscheiden als teilweise oder ganz verloren erweisen. Neben weiteren steuerlichen Fragestellungen ist zu beachten, dass bei derartigen Konstruktionen bereits sehr frühzeitig ein großer Gesellschafterkreis vorhanden ist. Dies führt zu einer erschwerten und aufwändigeren Lenkung des Unternehmens. Dieses Modell ist wirtschaftlich sinnvoll nur dann einsetzbar, wenn eine Beteiligung am Unternehmen bereits so früh erfolgt, dass noch kein nennenswerter »good will« im Unternehmen vorhanden ist.

Wandelschuldverschreibungen funktionieren im Grunde genommen ähnlich wie Stock-Option-Pläne. Der Unterschied liegt darin, dass der Berechtigte zu Beginn des Programms dem Unternehmen ein Darlehen gewährt und später dieses Darlehen in Aktien umwandeln kann. Der Hebel, der sich durch Wandelschuldverschreibungen ergibt, hängt davon ab, welcher Betrag des Darlehens jeweils in eine Aktie umgewandelt werden kann und welches Aufgeld hierfür dann noch zu bezahlen ist (Strike Price).

Wandelschuldverschreibungen

Im Gegensatz zu Stock-Option-Plänen muss bereits frühzeitig ein finanzieller Einsatz erbracht werden. Dieser stellt allerdings lediglich ein Darlehen dar und beinhaltet daher eine Chance zur Rückzahlung, sollte der Berechtigte keine Umwandlung wünschen. Die steuerliche Beurteilung von Wandelschuldverschreibungen lehnte sich in den vergangenen Jahren an die der Stock-Option-Pläne an. In neuester Zeit ergaben sich in diesem Bereich allerdings Tendenzen, die nicht ausschließen lassen, dass ein Umdenken beginnt.

Der Unterschied zwischen den vorstehend dargestellten Modellen (Ausnahme stille Gesellschaft) und einer Tantieme liegt vor allem darin, dass Tantiemen seitens des Unternehmens zu bezahlen sind und bei diesem in der Bilanz Aufwand darstellen. Die Einstufung als Aufwand führt bei ertragsstarken Unternehmen zu einer Reduzierung der Steuerlast (allerdings auch des Ertrags) und bei defizitär arbeitenden Unternehmen zu einer Erhöhung des Verlustes. Tantiemen belasten unmittelbar die Liquidität des Unternehmens.

Tantiemen

Es wurde bereits dargestellt, dass es bei einem Versprechen von Tantiemen vor allem darauf ankommt, aufgrund welcher Bemessungsgrundlage die Tantieme versprochen wird. Sofern sich die Höhe der Tantieme am Erfolg eines Projektes orientiert, stellt sich die Frage, wie der Beitrag von externen Personen, die das Projekt unterstützen, zu bewerten sein wird. Es stellt sich darüber hinaus die Frage, wie der Fall zu bewerten ist, dass aus unternehmenspolitischen Gründen das Projekt eingestellt oder in veränderter Form fortgeführt wird. Eine objektive Messung des Erfolges der Mitarbeiter wird in diesem Fall nur schwerlich möglich sein.

Sofern sich der Unternehmer am Unternehmensergebnis orientiert, dürfte eine derartige Konstruktion im Bereich des E-Business selten anzufinden sein, da die meisten Projekte im E-Business-Bereich bisher mit einem geringen oder gar keinem Ertrag ausgestattet sind. Da allerdings auch E-Business-Projekte – wie bereits aufgezeigt – immer mehr daran gemessen werden, ob sie profitabel sind, ist eine derartige Bemessungsgrundlage für die Höhe der Tantieme auch im E-Business-Bereich inzwischen nicht nur sehr viel besser vorstellbar, sondern wird auch immer öfter eingesetzt.

Zielsetzungen Grundlegend ist bei der Ausgestaltung der Tantiemenregelung, mit welchen Zielsetzungen gearbeitet wird. Kein Kriterium für die Bemessung der Tantieme sollten in der Regel persönliche Ziele sein. Zum einen führt dies dazu, dass die Teamarbeit im Unternehmen nicht unbedingt gefördert wird, zum anderen wird ein Verfehlen der persönlichen Ziele, die zu Beginn einer Bemessungsperiode festgelegt werden müssen, in der Regel dazu führen, dass Streit über den Grund der Verfehlung entsteht. Hier wird der Mitarbeiter in der Regel dem Unternehmen vorwerfen, dass es aufgrund eigener Maßnahmen eine Zielerreichung verhindert hat.

Sofern sich eine Tantieme an der Aktienkursentwicklung oder dem Unternehmenswert des Arbeitgebers orientiert, kann es bei überproportionalen Wertsteigerungen zu einer erheblichen Liquiditätsbelastung des Unternehmens und einer Belastung der Bilanz (es muss Aufwand verbucht werden) kommen. Bei der Ausgestaltung sollte daher primär darauf geachtet werden, dass durch eine sinnvolle Kombination der vorgenannten Kriterien ein Modell gefunden wird, das die Belastungen für das Unternehmen im erträglichen Maß hält, auf der Gegenseite aber hohe Attraktivität für die Mitarbeiter gewährt.

Umsetzung der Beteiligungsprogramme Ist die Entscheidung für das Gesamtmodell gefallen, beginnt die Phase der Umsetzung. Hierzu ist als Erstes eine Abstimmung mit den Anteilseignern vorzunehmen, da in ihre originären Rechte eingegriffen wird und sie daher nicht nur formell, sondern auch mit Überzeugung zustimmen sollten.

Neben der technischen (rechtlichen und steuerlichen) Umsetzung hat in der Folgezeit eine Planung der Verwaltung stattzufinden und vor allem ein zielgerichtetes internes Marketing. Die Mitarbeiter müssen auf die

Einführung des Programms vorbereitet werden. Ihnen sollte in einer ausführlichen Präsentation das Programm erklärt werden. Hier empfiehlt es sich, keine leitenden Mitarbeiter einzusetzen, sondern externe Berater. Den Mitarbeitern wird dadurch über eine neutrale Stelle die Möglichkeit gegeben, Fragen zu stellen. Nur über sorgfältiges internes Marketing ist gewährleistet, dass der Erfolg des Mitarbeiterbeteiligungsprogramms seinem Aufwand entspricht.

Nach Einführung des Programms ist es erforderlich, neben der laufenden Verwaltung auch Nachfolgeschritte zu planen und das Mitarbeiterbeteiligungsprogramm den aktuellen Gegebenheiten anzupassen.

Werden die dargestellten Grundsätze eingehalten, kann ein Mitarbeiterbeteiligungsprogramm erfolgreich installiert werden. Dabei sollte konsequent darauf geachtet werden, dass die eingangs dargestellten konzeptionellen und strategischen Fehler der Vergangenheit vermieden werden.

Kompakt

Zusammenfassend lässt sich festhalten, dass eine wie zuvor beschriebene Führungskultur, die ihre Schwerpunkte auf die Information, die Einbeziehung und die Beteiligung von Mitarbeitern setzt, nur mithilfe eines effizienten, auf die Belange des Unternehmens sorgfältig abgestimmten Kommunikationssystems möglich ist. Desgleichen ist die Motivation von Mitarbeitern, die eine gemeinsame Zielvereinbarung und Zielkontrolle ebenso umfasst, wie das gemeinsame Aufstellen von Entwicklungsplänen bzw. generell auf die Einbeziehung der Mitarbeitermeinung großen Wert legt, nur mithilfe eines solchen Kommunikationssystems durchzuführen.

Die Aufgabe der Führungskraft ist es, die individuellen Ziele in Einklang mit den unternehmerischen Zielen zu bringen. Generell ist eine maximale Förderung der Mitarbeiter wünschenswert, doch ist darauf zu achten, dass sich die damit verbundenen Investitionen auch für das Unternehmen bezahlt machen.

Die Bedeutung der Mitarbeiter eines Unternehmens für die erfolgreiche Realisierung von E-Business-Projekten darf nicht unterschätzt werden. Erst wenn Sie motivierte Mitarbeiter in E-Business-Projekten einsetzen, werden Sie einen wichtigen Grundstein für den Erfolg dieser Projekte legen.

Eine erfolgreiche Mitarbeiterbeteiligung setzt voraus, dass zuallererst eine sorgfältige Analyse der Ausgangssituation des jeweiligen Unternehmens vorgenommen wird. Hierbei ist aus Sicht der Beteiligungsform »Stock-Options« herauszuarbeiten, welche Exit-Chancen für die Berechtigten bestehen und entstehen werden. Das Unternehmen muss evaluieren, welchen Verwässerungseffekt sich seine Gesellschafter leisten wollen bzw. welche Aufwendungen es selbst tätigen kann bzw. möchte.

Die für die Installation des Programms verantwortlichen Personen müssen scharf kalkulieren, welche Vorteile eingeräumt werden müssen, um die erwünschte Motivation zu erreichen und die Mitarbeiter an das Unternehmen zu binden, ohne deshalb Ressourcen zu verschwenden. Danach ist eine individuell auf das Unternehmen abgestimmte Lösung zu erarbeiten, die durch ein geschicktes und nicht zu geringes internes Marketing bei den Mitarbeitern beworben werden muss.

Die Konstrukteure von Mitarbeiterbeteiligungsmodellen sollten sich darüber bewusst sein und dieses Bewusstsein auch in ihr Unternehmen tragen, dass in der heutigen Zeit und der nahen Zukunft Mitarbeiter in der Regel über Beteiligungen am Erfolg des Unternehmens nicht mehr innerhalb sehr kurzer Zeit sehr reich werden können.

Beteiligungsmodelle stellen vielmehr eine Partizipation am Erfolg des Unternehmens dar, der markwirtschaftlichen Kriterien folgt; das heißt, Kapitaleinsatz, Risikoverteilung, Ressourceneinsatz, unternehmerische Idee und persönlicher Einsatz sind jeweils angemessen zu bewerten. Aufgrund der entsprechenden Bewertungskriterien wird eine Erfolgsverteilung erfolgen. Im Ergebnis bedeutet dies, dass der Erwartungshorizont der Mitarbeiter sich an einem Multiple des eigenen Gehaltes orientieren sollte und nicht an einem Prozentsatz einer fiktiven Börsenkapitalisierung.

Teil 3
Der Kunde im Fokus

Jeder, der schon einmal im Internet nach einem speziellen Artikel gesucht hat und nach stundenlanger, frustrierender Sichtung von Onlineshops fast verzweifelt ist, kennt das Gefühl: Irgendwie scheint die New Economy den Kunden vergessen zu haben! Schwierige Navigation, minutenlanges Warten, zwanzigmal die gleichen Informationen eingeben ... gäbe es Google nicht, man wäre schon längst verzweifelt.

Es ist schon erstaunlich, wie viele E-Business-Projekte die Basics der Kommunikation ignorieren. Die Besonderheiten des Internets werden missachtet, enge Kundenbeziehungen werden offensichtlich gar nicht angestrebt, und die Kundenfreundlichkeit vieler Shops lässt arg zu wünschen übrig. Dabei lägen kundenorientierte Konzepte gar nicht so fern ...

Im letzten Teil unseres Buchs geht es ans Eingemachte. Auch wenn alle Rahmenbedingungen beachtet wurden und das Projekt erfolgreich abgeschlossen wurde: Wenn die letzte Prüfung durch die Kunden nicht bestanden wird, war alles für die Katz! Im Internet gilt mehr denn je: Der Kunde ist König. Wie das bei E-Business-Projekten umgesetzt werden kann, können Sie in diesen letzten drei Kapiteln lesen.

7 Medienpsychologie – wie Kaufen funktioniert

Unübersichtliche Informationsangebote, wenig zielführende Navigation und mangelndes Vertrauen bilden noch immer die Fallstricke einer nachhaltigen Wirksamkeit von E-Commerce. Erfolg hat nur, wer bei der Durchführung von E-Business-Projekten sowohl die Bedürfnisse seiner Kunden als auch die Besonderheiten des Mediums Internet adäquat berücksichtigt.

In diesem Kapitel untersuchen wir die psychologischen Abläufe bei einem Kaufprozess und beleuchten diese im Hinblick auf die besonderen Bedingungen im Internet. Es stellt sich heraus, dass manche Phasen gut, andere weniger gut im Internet umsetzbar sind. Dennoch eröffnet das Internet immense Möglichkeiten, um erfolgreiche Shop-Umgebungen zu realisieren. Und zwar unabhängig davon, ob die Geschäfte zwischen Unternehmen (B2B) oder zwischen Unternehmen und Endverbrauchern (B2C) abgewickelt werden.

7.1 Kunden erfolgreich abschrecken

Nehmen wir an, ein Anbieter plane einen Webshop (egal ob B2B oder B2C) und beabsichtigte, das Aufkommen eines über diesen Internetauftritt florierenden Geschäfts zu verhindern und damit einen Erfolg dieses E-Business-Projekts zunichte zu machen. Dieser Anbieter könnte sich von einem Medienpsychologen, der sich schon seit einigen Jahren in Forschung und Lehre mit der Psychologie der Nutzer des Internets befasst, einige Tricks verraten lassen, wie er die Besucher seines Webauftritts davon abhalten könnte, zu Kunden zu werden und mit ihm Geschäfte machen zu wollen.

Die hier vorgelegte Aufstellung ist keinesfalls erschöpfend; eine einigermaßen vollständige Aufzählung psychologischer Abschreckungsmaßnahmen würde ein eigenes Buch füllen[1]. Daher sollten die genannten Maßnahmen lediglich als Denkanstoß verstanden werden: Überlegen Sie sich, wie man Ihr E-Business-Projekt gezielt und mit hoher Wahrscheinlichkeit

---

[1] Übrigens: Ein Buch zum Thema dieses Kapitels ist gerade in Vorbereitung. Der Newsletter von Galileo Business hält Sie auf dem Laufenden: www.galileobusiness.de

an die Wand fahren kann. Sollten Ihnen bei der Lektüre dieser Beispiele wider Erwarten keine weiterführenden Ideen einfallen, so hilft an dieser Stelle oftmals auch ein Blick auf die vielfältigen missratenen kommerziellen Auftritte im Internet. Gelungene Webauftritte sind glücklicherweise rasch als solche zu erkennen und können so frühzeitig von der weiteren Suche nach »Webkatastrophen« ausgeblendet werden.

Ein Griff in die psychologische Trickkiste bringt u. a. folgende Maßnahmen zutage:

▶ Bombardieren Sie Ihre Kunden mit einer unübersichtlichen Vielfalt von Informationen. Bringen Sie schon auf der Startseite möglichst viele Informationen unter und geben Sie dem Besucher keine Hilfe, wie er sich in dem Informationsdschungel zurechtfindet. Zur Verwirrung eignen sich beispielsweise Menüeintrage mit Bezeichnungen, die mit den Inhalten, die der Kunde gerade sucht, möglichst nichts zu tun haben.

▶ Wecken Sie bei Ihren Besuchern zu Beginn Erwartungen über das, was er im weiteren Verlauf auf der Website zu finden vermutet. Verhindern Sie dann, dass auch nur eine dieser Erwartungen beim Besuch der Seiten der Internetpräsenz erfüllt wird.

▶ Strukturieren Sie das Informationsangebot Ihrer Website in einer Weise, die dem Kunde nicht bekannt und für ihn nicht durchschaubar ist. Orientieren Sie sich nach Möglichkeit nicht an Modellen oder Metaphern, die dem Besucher aus dem Alltag vertraut sind.

▶ Bieten Sie lediglich trockenste Textinformation ohne Bilder, möglichst dröge geschrieben. Nerven Sie den Besucher mit ausführlichen technischen Beschreibungen in kleiner Schriftgröße. Machen Sie seinen Besuch auf Ihrer Website zu einem außergewöhnlich langweiligen Erlebnis.

▶ Zeigen Sie dem Besucher zu Beginn eine Flash-Animation, z. B. mit einer Dateigröße von 1,3 MB, wodurch er selbst bei guter ISDN-Anbindung wenigstens 20,3 Sekunden warten muss, bis er zur nächsten Seite gelangt. Bieten Sie ihm nur ja keinen Button an, mit dem die Darbietung unterbrochen werden kann. Und sorgen Sie dafür, dass Besucher, die das erforderliche Plug-in zur Anzeige der Flash-Animation auf ihrem Rechner nicht installiert haben, nichts zu sehen bekommen, solange die Vorstellung läuft.

Diese (und viele weitere) Beispiele machen deutlich, dass Maßnahmen zur Abschreckung und Verärgerung von Besuchern kommerzieller Webangebote im Wesentlichen darauf beruhen, die Website mehr oder weniger als Selbstzweck und nicht als Instrument im Dienste der Besucher und Kunden aufzufassen. Gelegentlich gewinnt man das Gefühl, als wären Besucher und Kunden auf die Informationen und Angebote der Website angewiesen und könnten nicht auf Alternativen ausweichen – ein böser Trugschluss. Dabei wird vergessen, dass die Besucher als menschliche Wesen spezifische Bedürfnisse, Ziele und Gefühle haben – auch wenn sie Ihre Website besuchen!

Selbst wenn es zum Webauftritt eines E-Business-Unternehmers keine Konkurrenz vor Ort oder im Internet gibt, erscheint eine derartige Vernachlässigung des Kunden als denkbar ungünstig, jedoch ist die Abschreckung dann besonders wirkungsvoll und hat katastrophale Auswirkungen, wenn die Konkurrenz im Netz mit ihrem Angebot auf die Wünsche, Erwartungen und Bedürfnisse ihrer Besucher und Kunden eingeht. Gerade das Internet, bei dem sich die (digitale) Kommunikation in vielerlei Hinsicht von der (analogen) Kommunikation von Angesicht zu Angesicht (Face-to-Face) unterscheidet, bietet vielfältige und wirkungsvolle Möglichkeiten, Kunden abzuschrecken und zu vergraulen.

Möchte also ein Anbieter sein E-Business-Projekt zum Scheitern bringen, sollte er die psychischen Voraussetzungen seiner Kunden ignorieren und auch keinen Gedanken daran verschwenden, dass bei E-Business-Projekten das Internet als Kommunikationsmedium zwischen Anbieter und Kunde geschaltet ist. Schon bald werden die Kunden unzufrieden oder gar verärgert sein, ausbleiben und zur Konkurrenz wechseln und die Menge der kommerziellen Einöden und Sackgassen im Netz der Netze wird durch ein weiteres Exemplar bereichert worden sein.

Wie Sie es besser machen können? Setzen wir nun die Kundenbrille auf ...

7.2 Warum kaufen wir? Wie kaufen wir?

Oberster Grundsatz bei der Gestaltung eines Internetangebotes sollte sein, dass der Kunde als Kommunikationspartner eines an E-Business beteiligten Unternehmens einen Gewinn davon haben muss, dass er das Angebot im Netz nutzt. Wenn ein Anbieter die Konkurrenz der Geschäfte vor Ort oder des Versandhandels nicht scheuen muss, weil er Produkte oder Leistungen[2] anbieten kann, die auf andere Weise nicht einfach oder nur zu deutlich höheren Preisen erhältlich sind, ist der primäre Nutzen eines Kaufs für den Kunden hoch und aufgrund fehlender Ausweichmög-

Primärer vs. sekundärer Nutzen

---

2   Im Folgenden wird nur noch von »Produkten« gesprochen, wenn die Gegenleistung des Anbieters für den Preis, den der Kunde entrichtet, gemeint ist. In diese Bezeichnung sind auch Dienstleistungen des Anbieters gegen Entgelt eingeschlossen.

lichkeiten müsste sich der Anbieter kaum den Kopf über die Vorteile zerbrechen, die ein Besuch der Website über diesen primär ökonomischen Nutzen hinaus bietet (er sollte es dennoch tun).

Im häufigeren Fall ist jedoch der sekundäre Nutzen deswegen von besonderer Bedeutung, weil sich der Anbieter hinsichtlich des primären Nutzens nicht sehr von anderen Anbietern unterscheidet und weil Produkte von vergleichbarer Qualität und zu vergleichbaren Preisen auch von anderen Anbietern zu beziehen sind. Gerade im Internet findet sich hinsichtlich des primären Nutzens eine außerordentlich große Konkurrenz, da der Kunde weltweit das Angebot anderer Unternehmen prüfen kann und die Transparenz der Leistungen und der Preise wesentlich höher ist als in den Geschäften vor Ort.

Zum sekundären Nutzen zählen alle Vorteile, die ein Kunde aus einem Geschäft mit dem Anbieter ziehen kann und die über die eng mit dem Produkt zusammenhängenden ökonomischen Vorteile wie hohe Produktqualität oder günstiger Preis hinausgehen. Beispielsweise steht der sekundäre Nutzen bei der Wahl des Anbieters im Vordergrund, wenn ein Professor an einer Hochschule der Medien auf dem Weg zu seiner Arbeitsstelle morgens immer an drei Bäckereien vorbeikommt, die alle die von ihm so geliebten Apfelkrapfen zu einem vergleichbaren Preis anbieten, und wenn dieser Professor sein Frühstücksgebäck in der zweiten Bäckerei deshalb kauft, weil ihn dort die Verkäuferin kennt und schon frühmorgens besonders freundlich ist.

Mehrwert Will sich ein Webanbieter von anderen Anbietern vor Ort, vom Versandhandel und von Konkurrenten im Internet, die eine ähnliche Produktpalette anbieten, abheben und kann er keine finanziellen Sonderkonditionen beim Erwerb der von ihm geführten Produkte einräumen, wird er darauf angewiesen sein, den Kunden einen Mehrwert im Bereich des sekundären Nutzens anzubieten. Es wäre ein Irrtum zu glauben, dass nur der primäre, nicht aber der sekundäre Nutzen Gegenstand ökonomischer Rationalitätserwägungen der Kunden sei; vielmehr folgen auch Bedürfnisbefriedigungen durch Vorteile (Gratifikationen), die über die primär ökonomischen Gewinne hinausgehen, nachvollziehbaren Abwägungen und sind vorhersagbar. (Ein Modell der »Verrechnung« von Gratifikationen, das aus der Forschung zur Nutzung von Radio- und Fernsehangeboten stammt und sich auf die Nutzung von Internetangeboten sowie auf E-Business-Projekte übertragen lässt, wird in Abschnitt 7.5 vorgestellt.)

Dass bei gegenwärtig im Internet vorfindbaren kommerziellen Websites die Abwägungen der Besucher im Bereich des sekundären Nutzens immer noch viel zu wenig Beachtung finden, zeigt sich in aktuellen Umfrageergebnissen der Marktforschung, wonach die Akzeptanz des Einkaufs im Internet nur langsam ansteigt und Kunden immer noch zögern, mehr Geld für den Einkauf über das Internet auszugeben. Als wichtigste Gründe für ihre Zurückhaltung beklagen die befragten Kunden Unbequemlichkeiten bei der Interaktion mit den Onlineshops, unsichere Zahlungsmethoden und das unpersönliche Einkaufserlebnis[3].

Befasst man sich intensiv damit, welche Bedürfnisbefriedigungen bzw. Gratifikationen (potenziellen) Kunden geboten werden sollten, um sie zum Verweilen bzw. zum Einkauf in einem Webshop zu verleiten, wird man auf Erkenntnisse der Psychologie des Kaufens und des Konsums zurückgreifen: Warum kaufen Kunden? Wie kaufen sie? Welche Faktoren beeinflussen das Kaufverhalten der Kunden? Solche Fragen sind Gegenstand empirischer Untersuchungen von Marktforschungsunternehmen wie beispielsweise EnviroSell[4], das von dem Sozialwissenschaftler Paco Underhill geleitet wird. Forschungsergebnisse zum Kunden- und Käuferverhalten beruhen auf intensiven Beobachtungen und Befragungen einer großen Anzahl von Kunden. Die bei diesen Forschungen gewonnenen Erkenntnisse werden dann dafür genutzt, die Art der Produktdarbietung und -anordnung in einem Geschäft zu überdenken [Underhill]. Durch Umgestaltung lassen sich teilweise beträchtliche Zuwachsraten bei der Kaufquote erzielen.

Psychologie des Kaufens

Zwar sind die in Geschäften vor Ort erzielten Erkenntnisse solcher Markt- und Konsumforschungsunternehmen nicht direkt auf das Geschäft im Internet mit seinen eigenen Gesetzmäßigkeiten übertragbar – in Abschnitt 7.3 wird von den Besonderheiten des Mediums die Rede sein –, aber im Rahmen von Motivanalysen lassen sich diese grundlegenden Bedürfnisse als relevant für das Kaufverhalten aufzeigen, die auch (oder gerade) von einem Webshop tangiert werden und deren Beachtung für die Gestaltung und Konzeption von Bedeutung ist.

Motivanalysen

Kaufmotive

Eine Kaufhandlung wird durch eine Reihe von Faktoren beeinflusst, die diese Handlung wahrscheinlicher oder weniger wahrscheinlich machen. Solche Einflussfaktoren lassen sich in situative und personale Faktoren unterteilen. Zu den situativen Faktoren gehört z. B. die Gestaltung des Produktangebotes in einem Geschäft. Zu den personalen Faktoren zählen

Situative und personale Faktoren

---

3 www.emea.idc.com
4 www.envirosell.com

persönliche Präferenzen, Vorwissen, Bedürfnisse, Motive und Ziele. Es ist naturgemäß leichter, die situative Umgebung des Einkaufs zu verändern, aber auch auf Personenfaktoren kann Einfluss genommen und dadurch der Umgang mit dem Produktangebot gesteuert werden. Erfolgreiche E-Business-Projekte sind so angelegt, dass den Bedürfnissen der Besucher mit geeigneten Gratifikationen entsprochen wird, dass ihre Motive angesprochen werden und dass die gebotenen Inhalte mit ihren Zielen vereinbar sind.

Bedürfnisse, Motive und Gratifikationen
Bedürfnisse sind Antriebsgründe für menschliches Verhalten, die entweder aus einem Mangel entstehen (z. B. Hunger) oder die auf einen Zuwachs ausgerichtet sind (z. B. soziales Ansehen). Aus Bedürfnissen heraus entstehen Motive[5], die menschliches Handeln energetisieren und seine Richtung lenken. Motiven wiederum entsprechen Ziele, mit denen menschliche Handlungen verfolgt werden. Durch Handlungen kann eine Person zu Belohnungen (Gratifikationen) kommen, die ihre Bedürfnisse stillen. Solche Gratifikationen können erwartet oder auch unerwartet eintreten. Im Allgemeinen lassen sich Gratifikationen, die aus dem Umgang mit Medien resultieren, in zwei Dimensionen einteilen (siehe Abbildung 7.1):

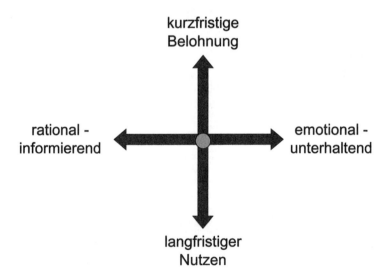

Abbildung 7.1 Arten von Gratifikationen bei der Nutzung von Internetangeboten

5 Eine ausführlichere Diskussion des Zusammenspiels von Bedürfnissen, Motiven und Gratifikationen findet sich in dem Aufsatz von MacInnis/Jaworski: Information processing from advertisements: Toward an integrative framework. In: Journal of Marketing, 53/1989, S. 1–23

1. **Langfristig versus kurzfristig wirkend**

   Mediennutzer können aus dem Internet einen langfristigen Nutzen ziehen, z. B. durch Informationen, die gewinnbringend an anderer Stelle eingesetzt werden können. Oder sie können kurzfristige Belohnungen erfahren, z. B. bei einem Geschicklichkeitsspiel auf einer Website.

2. **rational-kognitiv versus emotional**

   Rationale Gratifikationen sind zumeist durch Inhalte gegeben, die für den Mediennutzer aufgrund ihres Informationswertes von Interesse sind. Emotionale Gratifikationen dagegen besitzen einen Unterhaltungswert und folgen dem Lustprinzip. Wenn ein Internetnutzer einen Tipp zur Einsparung von Versicherungsprämien bekommt, dann hat er eine Gratifikation im kognitiven Bereich erhalten; fühlt er sich dagegen durch das Layout einer Website angenehm angesprochen, dann liegt eine »emotionale« Gratifikation vor.

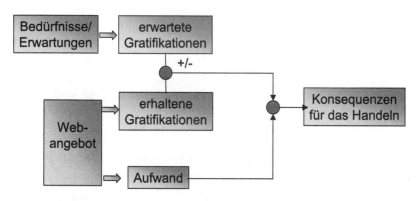

Abbildung 7.2 »Verrechnung« von gesuchten und erhaltenen Gratifikationen[6]

Besucht ein Internutzer eine Website, trägt er gewisse Gratifikationserwartungen an dieses Webangebot heran, die sich aufgrund seiner Vorerfahrungen sowie seiner Bedürfnisse und Motive ergeben (siehe Abbildung 7.2). Das Webangebot wird ihm im günstigen Fall eine Reihe erwarteter Gratifikationen bieten; es können weitere nicht erwartete Gratifikationserlebnisse hinzukommen.

**Erwartete
Gratifikationen**

---

6 Nach Palmgren: Der »Uses and Gratifications Approach«. Theoretische Perspektiven und praktische Relevanz. In: Rundfunk und Fernsehen, 32/1984, S. 51–62

Auf der anderen Seite sieht sich ein Internetnutzer mit einem Aufwand konfrontiert, der mit negativen Gefühlen assoziiert sein kann[7]. Beispielsweise kann eine ungünstig gestaltete Navigation dazu führen, dass er eine gesuchte Information nicht findet und sich nach einiger Zeit frustriert und enttäuscht abwendet. Bei der Interaktion mit einem Webauftritt werden Gratifikationserwartungen gegen erhaltene Gratifikationen »aufgerechnet« und das Resultat wird dem als negativ empfundenen Aufwand gegenübergestellt. Je nachdem, ob positive (Gratifikationen) oder negative (Aufwand) Ereignisse überwiegen, wird der Nutzer des Internetangebotes erfreut und zufrieden oder enttäuscht und unzufrieden sein. Dieser Ausgang wiederum hat Einflüsse auf den späteren Umgang des Mediennutzers mit diesem oder vergleichbaren Internetangeboten.

Motivanalysen

Erfassen der Bedürfnisse

Um bei der Gestaltung von E-Business-Projekten auf die Bedürfnisse und Motive der Besucher oder Kunden eingehen zu können, sollte eine umfassende Vorstellung von diesen Bedürfnisstrukturen entwickelt werden. Das Eingehen auf die Kundenbedürfnisse führt zu höheren Kaufquoten und hinterlässt nach einem Kauf zufriedene Kunden, die den Anbieter weiterempfehlen oder sich zumindest nicht negativ über ihn äußern.

Die Aufdeckung von Kundenbedürfnissen ist Gegenstand der Motivanalyse. Allerdings sieht sich dieses Verfahren damit konfrontiert, dass Bedürfnisse und Motive häufig unbewusster Natur sind, eher im Verborgenen wirken und von den Befragten (etwa im Interview) oftmals nicht explizit als Handlungsursachen angegeben werden können. Solche Schwierigkeiten hängen mit dem eingeschränkten bewussten Zugang von Menschen zu ihren Motivstrukturen zusammen.

Zirkelschlüsse

Weitere Beschränkungen ergeben sich im Hinblick auf die Vorhersage des Handelns dann, wenn dem Handeln von Menschen (auch von Psychologen) vorschnell Motive und Ziele zugeschrieben werden, da man hierdurch rasch in einen Argumentationszirkel gerät, der im Hinblick auf die Gestaltung eines Webauftrittes nicht hilfreich ist.

Ein Beispiel soll dies verdeutlichen: Ein Kunde kauft in einem Geschäft eine Packung Pralinen. Nun könnte man versucht sein, dieses Kaufverhalten auf

---

7 Solche mit negativen Gefühlen einher gehende Erlebnisse bei der Interaktion mit einem Webangebot werden im folgenden als »Aufwand« bezeichnet. Dabei ist diese Bezeichnung in einem erweiterten Sinne gemeint und steht für alle Ereignisse während der Interaktion mit dem Medium, die der Nutzer als unangenehm empfindet und somit nicht wünscht.

ein gerade bei dem Kunden vorherrschendes Bedürfnis nach dem Konsum von Pralinen zurückzuführen. Dieses Motiv habe nun dazu geführt, dass der Kunde das Süßwarengeschäft betreten und die Süßigkeiten erworben hat. Beim Verzehr der Pralinen traten dann als Gratifikationen die angenehmen Gefühle auf, die sich der Kunde als Resultat seines (Kauf-)Handelns erwartet hat. Bei näherer Betrachtung zeigt sich, dass hier einerseits das Motiv aus der Handlung erschlossen wurde, andererseits aber wurde genau dieses Motiv wiederum zur Begründung der Kaufhandlung herangezogen. Man erkennt leicht, dass auf diese Weise Handlungen nicht vorhergesagt werden können; vielmehr müssen die motivationalen Vorbedingungen des Handelns unbedingt unabhängig von den aus diesen Motiven hervorgehenden Handlungen bestimmt werden.

Motivlisten

Um Zirkelschlüsse der zuvor beschriebenen Art zu vermeiden, wird in der Motivationspsychologie nach grundlegenden Motiven der Menschen geforscht. Im Rahmen dieser Forschungsarbeiten werden Listen von Motiven vorgelegt, die dem Denken und Handeln von Menschen zugrunde liegen und es lenken sollen. Allerdings ist eine jede Aufstellung von Bedürfnissen und Motivationen zunächst theoretischer Natur und bedarf der Überprüfung in empirischen Untersuchungen. Je häufiger sich ein Motiv oder eine Gruppe von Motiven als schlüssige Interpretation der in den durchgeführten Forschungsstudien beobachteten Daten erwiesen hat, um so mehr wird man darauf vertrauen können, dass dieses Motiv im Hinblick auf (Kauf-)Handlungen wirksam ist.

Grundlegende Motive

Thomas Wirth beschreibt auf seiner Website[8] eine Liste von 16 Basismotivationen , die er für die Interaktion mit einem Webauftritt für relevant hält (siehe Tabelle 7.1).

	Motiv	Beschreibung
1	Neugier	Abwechslung, Neuheit, Wissbegierde, Horizonterweiterung
2	Leistung	Ehrgeiz, Erfolg, Perfektionismus, Effizienz, Wettbewerb
3	Kontakt	Ausleben bestehender oder Aufbau neuer Beziehungen
4	Macht	Dominanz, Führung, Kontrolle über andere
5	Sicherheit	Risikovorsorge, Vermeiden von Misserfolgen, von Schmerz und Krankheit

Tabelle 7.1 Sechzehn Basismotivationen für die Nutzung von Websites

---

8 www.kommdesign.de

	Motiv	Beschreibung
6	Hilfe (anderen)	Hilfe oder Unterstützung leisten, Schützen, Fürsorge
7	Hilfe (selbst)	unterstützt, angeleitet, beschützt werden
8	Bequemlichkeit	Vermeiden von Anstrengung, Zeitersparnis
9	Ordnung	Einfachheit, Verständlichkeit, Vorhersagbarkeit der Umwelt
10	Spiel	Zerstreuung, Unterhaltung, Ablenkung
11	Gewinn	Geld verdienen oder gewinnbringend anlegen, Sparen, günstige Geschäfte oder Käufe, Besitz mehren
12	Prestige	Bewunderung und Anerkennung durch sich selbst, reale oder nur vorgestellte Dritte
13	Sex	reale oder phantasierte sexuelle Aktivität
14	Emotion	Gefühlsbetonung, Aufregung, Risiko (Sensation Seeking), Vermeiden bzw. Herbeiführen negativer bzw. positiver Emotionen
15	Rückzug	Ruhe, Regeneration, Schlaf
16	Autonomie	Selbstbestimmung, Freiheit, Widerstand gegen Beeinflussung, Verteidigung der eigenen Werte und Meinungen

Tabelle 7.1 Sechzehn Basismotivationen für die Nutzung von Websites (Forts.)

Jedoch werden vom Autor dieser Tabelle keine einschlägigen Belege für die Richtigkeit dieser Einteilung vorgelegt. Generell stehen wir Motivauflistungen der in Tabelle 7.1 aufgeführten Art skeptisch gegenüber. Bei aller Vorsicht lässt sich aber nach unseren Erfahrungen unter den bei einem Kauf im Bereich des sekundären Nutzens wirksamen Motive ein Bedürfnis nach Information, Bedürfnisse nach sozialem Kontakt, Bedürfnisse nach emotionalen Erlebnissen und ein Bedürfnis zur Reduzierung des erforderlichen Aufwandes unterscheiden (siehe Abbildung 7.3).

Vier elementare Bedürfnisgruppen Aus der Annahme dieser vier Bedürfnisgruppen lassen sich Vorgaben für die Gestaltung und Durchführung gelungener E-Business-Projekte herleiten. Ein Webauftritt wird umso erfolgreicher sein, je mehr mit dem Angebot die Bedürfnisse aus den unterschiedlichen Kategorien befriedigt werden können. Allerdings ist zu beachten, dass sich (Ziel-)Gruppen von Kunden finden, die die aufgeführten Bedürfnisse und Motive in unterschiedlichen Ausprägungen aufweisen. Auch innerhalb solcher Gruppen werden die Bedürfnisse (in Abhängigkeit von Lebensumständen, Vorerfahrungen, angeborenen Tendenzen etc.) interindividuell schwanken. Zur Erfassung zielgruppenspezifischer Motivstrukturen von Webnutzern eignet sich das Personas-Verfahren von Alan Cooper[9], das im Zusammenhang mit der bedürfnisorientierten Gestaltung von Inhalten beschrieben wird.

---

9   *www.cooper.com*

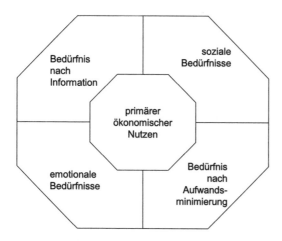

Abbildung 7.3 Bedürfnisse im Bereich des sekundären Nutzens

Kategorie 1: Bedürfnis nach Information

Bevor sich ein Kunde für ein Produkt und einen Anbieter entscheidet und zum eigentlichen Kaufvorgang übergeht, wird er sich zunächst über dieses Produkt und über den Anbieter (und gegebenenfalls über weitere kaufrelevante Aspekte) informieren wollen; der Kunde hat ein Bedürfnis nach den für seine Entscheidungsprozesse relevanten Informationen. Da sich der Kunde in der Welt der Angebote orientieren möchte, wird in diesem Zusammenhang auch von einem Orientierungsbedürfnis gesprochen. Dem Kunden stehen unterschiedliche Arten von Informationen zur Verfügung und er kann diese Informationen aus unterschiedlichen Quellen beziehen.

Orientierungs-bedürfnis

Zu den Informationsarten, die ein Kunde im Vorfeld eines Kaufes wünscht bzw. potenziell wünschen kann, gehören:

Informationsarten

1. Informationen über das Produkt selbst (Was bietet das Produkt? Was leistet es? Was kostet es?)

2. Informationen über den Anbieter (Handelt es sich um ein renomiertes Unternehmen? Kann man dem Unternehmen trauen? Bieten die Produkte des Unternehmens einen Statuswert?)

3. Informationen über den Kaufvorgang (Art der Bezahlung? Lieferfristen?)

4. Informationen über Gewährleistungs- und Serviceansprüche (Was passiert bei Produktmängeln? Gibt es auch nach der Garantiezeit einen Service? Wie teuer ist dieser Service?)

Informationsquellen Als Informationsquellen kommen Produktbroschüren, Datenblätter, das Produkt selbst sowie Angaben des Verkaufspersonals infrage. Eine nicht zu unterschätzende Informationsquelle ist für den Kunden das Anfassen, Testen und Ausprobieren eines Produktes, was selbstverständlich nur in einem Geschäft vor Ort möglich ist.

Es kann nicht von einem bei allen Kaufvorgängen gleich stark ausgeprägten Informationsbedürfnis bei den Kunden ausgegangen werden. Wenn beispielsweise der bereits erwähnte Professor auf seinem Weg zur Arbeitsstätte regelmäßig morgens seinen Apfelkrapfen für das Frühstück beim zweiten Bäcker kauft, dann handelt es sich hier um eine gewohnheitsmäßige (habituelle) Kaufhandlung, die sich durch ein nur geringes Informationsbedürfnis auszeichnet. Mit einem stark ausgeprägten Informations- bzw. Orientierungsbedürfnis wird man dagegen dann rechnen müssen, wenn der Kunde das in Aussicht genommene Produkt zum ersten Mal kaufen möchte oder wenn das Produkt vergleichsweise hochwertig und teuer ist. Zu den Produkten, die mit einem stark ausgeprägten Informationsbedürfnis gekoppelt sind, gehören beispielsweise elektronische Geräte, Dienstleistungen mit langer Vertragsbindungsdauer oder Autos. Bei preisgünstigen Produkten dagegen wird ein Kunde eher auch einmal ohne intensive Informationsverarbeitung zu einer spontanen Entscheidung neigen und das Risiko eines Fehlkaufs eingehen.

Erfolgsfaktor Information Ein kundenorientierter Anbieter wird dem Kunden alle von ihm gesuchten (sowie weitere von ihm nicht erwartete, aber für ihn nützliche) Informationen zur Verfügung stellen. Er wird ihn weiterhin bei seiner Informationsverarbeitung während des Entscheidungsvorgangs unterstützen. Zu den Gratifikationen im Informationsbereich zählt somit nicht nur die Bereitstellung umfangreicher Informationen (z.B. durch Broschüren), sondern auch die Darbietung von Übersichten und Vergleichsmöglichkeiten, die den Entscheidungsprozess unterstützen können. Auch Produkttests (insbesondere von unabhängigen Institutionen) können den Entscheidungsprozess des Kunden erleichtern.

Kategorie 2: Emotionale Bedürfnisse

Kaufentscheid nach Lustprinzip Während das Informations- bzw. Orientierungsbedürfnis noch eng mit der Produktwahl in Verbindung steht (primärer Nutzen), werden die emotionalen Bedürfnisse (sowie für die nachfolgend beschriebenen sozialen Bedürfnisse) durch zum sekundären Nutzen gehörende Gratifikationen zufrieden gestellt. Im Unterschied zu »kalten« Kognitionen sind an emotionalen Ereignissen neben subjektiven Empfindungen (angenehmes

Gefühl, unangenehmes Gefühl, Freude, Ärger etc.) auch körperliche Empfindungen (Erregung) sowie Ausdrucksverhalten (Gesichtsmimik) beteiligt. Bei ihrem Handeln lassen sich Kunden auch vom Lustprinzip leiten; angenehme Erfahrungen werden aufgesucht und unangenehme Erfahrungen werden nach Möglichkeit vermieden.

Angenehme Empfindungen löst es beispielsweise aus, wenn der Kunde ein begehrtes Produkt anfassen und »mit allen Sinnen« erfahren kann, und angenehme Empfindungen ergeben sich auch aus der Atmosphäre des Produktumfeldes (»Einkaufserlebnis«). Unangenehme Empfindungen entstehen dagegen dann, wenn der Kunde gesuchte Informationen nach wiederholten Versuchen nicht bekommen kann, wenn er bei schwierigen Entscheidungen nicht beraten wird oder wenn er in einer kalten und ungemütlichen Umgebung einkaufen soll.

Einkaufserlebnis

Kategorie 3: Soziale Bedürfnisse

Soziale Bedürfnisse werden durch Gratifikationen befriedigt, die mit der Beziehung des Kunden zu seinen Mitmenschen zu tun haben. Hierzu zählen bei einem Kauf insbesondere folgende Aspekte:

▶ **Kommunikation**

Der Kunde kommuniziert primär mit dem Verkaufspersonal, bisweilen auch mit anderen Kunden. Die Kommunikation mit dem Verkaufspersonal dient primär der Beschaffung von Informationen und dem Einholen von Ratschlägen. Eine Kommunikation mit anderen Kunden kann dabei helfen herauszufinden, welche Erfahrungen diese Kunden mit dem Produkt oder dem Anbieter gemacht haben, und eventuell können andere Kunden auch Ratschläge und Tipps weitergeben.

▶ **Sozialer Vergleich**

Menschen erhalten ihre Erfahrungen einmal aus der direkten Konfrontation mit der Umwelt (Realitätstest erster Art), zum anderen aber auch aus dem Vergleich mit Erfahrungen andere Menschen (sozialer Vergleich als Realitätstest zweiter Art). Daraus ergibt sich das Bedürfnis herauszufinden, was andere Menschen über ein Produkt oder den Anbieter denken und welche Produkte sie besitzen (Statusvergleich).

▶ **Sozialer Status**

Zu den sozialen Bedürfnissen gehört auch das Bestreben, einen möglichst angesehenen und hohen Status zu erreichen. Ein solcher Status kann durch ein (teures oder luxuriöses) Produkt übertragen werden; auch der Kauf bei einem bestimmten Anbieter mit gutem Ruf kann eine Statuserhöhung bewirken.

▶ **Mitgliedschaft in einer Gemeinschaft**

Schließlich ist vielen Menschen die Tendenz eigen, Mitglied in einer Gemeinschaft zu sein. Dieses Bedürfnis betrifft den Wert einer Mitgliedschaft an sich und weniger die im ersten Punkt beschriebene Tatsache, dass die Gemeinschaft einer Person durch wechselseitigen Rat einen zusätzlichen Nutzen bieten kann. Das Motiv, Mitglied in einer Gemeinschaft zu werden, wird um so stärker ausgeprägt sein, je größer das Ansehen der Gemeinschaft ist.

Kategorie 4: Bedürfnis nach Aufwandsminimierung

Faulheit Während die Bedürfnisse der ersten drei genannten Kategorien so wirken, dass etwas aufgesucht wird (Informationen, emotionale Empfindungen, sozialer Kontakt), ist bei Menschen weiterhin eine Tendenz zu beobachten, den eigenen Aufwand möglichst gering zu halten. »Aufwand« bedeutet in diesem Zusammenhang, dass eine Person Handlungen ausführen muss oder Ereignissen ausgesetzt ist, die sie für unnötig hält und/oder als unangenehm empfindet[10]. Schon die Beschaffung des Produktes kann mit Aufwand verbunden sein, wenn sich der Kunde zu den Öffnungszeiten des Geschäftes dorthin begeben, das Produkt erwerben und gegebenenfalls nach Hause transportieren muss. Aufwand kann aber auch mit der Beschaffung von Information verbunden sein.

Nicht alle Handlungen, die ausgeführt werden müssen, und nicht alle Ereignisse, denen ein Kunde ausgesetzt ist, müssen als Aufwand empfunden werden. Aufwand ist auch eine Frage der Einstellung; so kann es einer Kundin Freude bereiten, durch Geschäfte zu bummeln, Informationen über Kleidung zu sammeln und Vergleiche ökonomischer oder ästhetischer Art anzustellen, während so etwas für den bereits genannten Professor – nicht zuletzt vor dem Hintergrund seiner knappen Zeit – einen enormen Aufwand darstellt, den er nur zu gern vermeiden würde.

Ein Modell des Ablaufs von Kauftransaktionen

Verschiedene Phasen ... Abgesehen von den bereits erwähnten Routinekäufen, die in der Regel nur wenig Zeit in Anspruch nehmen, lassen sich gerade beim Kauf teurer Produkte oder von Produkten mit langfristigen rechtlichen Konsequenzen (z. B. Versicherungsverträge) ausgedehnte Phasen identifizieren, in denen der Kunde sich informiert, Produkte und Konditionen vergleicht, sich mit dem Verkaufspersonal berät, den Kauf abwickelt oder nach dem Kauf Serviceleistungen für das erworbene Produkt in Anspruch nimmt. Die

---

10 In diesem Sinne könnte man Aufwand als »Anti-Gratifikation« auffassen.

nachfolgend vorgeschlagene Unterteilung in Phasen eines Kaufs impliziert nicht, dass die Abschnitte immer eindeutig voneinander abgrenzbar sind oder bei einem Kauf immer in der aufgeführten Reihenfolge durchlaufen werden. Vielmehr können die einzelnen Phasen fließend ineinander übergehen, sie können in veränderter Reihenfolge ablaufen, einzelne Phasen können übersprungen werden oder zwei Phasen können mehrfach aufeinander folgen.

Für die Identifikation von Phasen spricht, dass in den einzelnen Phasen spezifische Motive und Ziele sowie jeweils daraus hervorgehende spezifische Handlungsweisen der Kunden zu beobachten sind. Beispielsweise wird ein Kunde in der Informationsphase intensiv damit befasst sein, Informationen zu beschaffen und zu vergleichen. In der Kaufphase dagegen ist eine Entscheidung für ein Produkt bereits gefallen und der Kunde wird mit dem eigentlichen Kauf (Produkt anfordern, Entgelt bezahlen, Liefervereinbarungen treffen etc.) befasst sein.

Nicht nur nach dem vorherrschenden Verhalten, sondern auch aufgrund unterschiedlicher Motive lassen sich die einzelnen Phasen voneinander abgrenzen. Vor dem Hintergrund der zuvor beschriebenen Unterscheidung in Informationsbedürfnisse, emotionale Bedürfnisse, soziale Bedürfnisse und dem Bedürfnis nach Aufwandsminimierung ergeben sich in allen Phasen eines Kaufs unterschiedliche Schwerpunktsetzungen bei diesen Bedürfnissen. In den im Folgenden beschriebenen vier Phasen stehen die Information, die Beratung und Entscheidungsfindung, die eigentliche Kaufabwicklung sowie Service, Support und Bindung im Vordergrund.

... mit unterschiedlichen Schwerpunkten

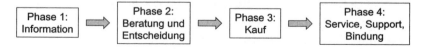

Abbildung 7.4 Phasen eines Kaufs mit unterschiedlichen Schwerpunktsetzungen bei den Bedürfnissen

Phase 1: Information

Im Vorfeld eines Kaufs ist häufig zu beobachten, dass sich Kunden umfangreiche Informationen zu den infrage kommenden Produkten, zum liefernden Unternehmen, zu den Modalitäten der Kaufabwicklung sowie zu den vom Unternehmen gebotenen Service- und Supportleistungen beschaffen. Diese Informationen werden Anzeigen, Broschüren und Datenblättern entnommen, ergeben sich im Rahmen der Konfrontation mit dem Produkt selbst (Ausprobieren) und stammen aus der Kommunikation mit dem Verkaufspersonal. Zweck der Informationsbeschaffung ist es, zu einer Entscheidung über das Produkt und den Anbieter und damit in die nachfolgend beschriebene Phase 2 zu kommen.

Das Motivprofil ist in dieser Phase naturgemäß durch eine Dominanz des Bedürfnisses nach Information und Orientierung gekennzeichnet. Emotionale Bedürfnisse können dadurch zufrieden gestellt werden, dass die Informationsbeschaffung als angenehm erlebt wird (Shopping) oder dass die Konfrontation mit dem angestrebten Produkt (z. B. mit einem neuen Wagen) Gefühle der (Vor-)Freude auslöst. Soziale Bedürfnisse kommen in dieser Phase wenig zum Tragen; die Minimierung des Aufwandes ist insofern betroffen, als die Informationsbeschaffung mehr oder weniger aufwändig sein kann und es Anbieter gibt, die umfangreiche kaufrelevante Informationen bereits in übersichtlicher Form anbieten.

Phase 2: Beratung und Entscheidung

Die in der ersten Phase beschafften Informationen gehen in einen Informationsverarbeitungsprozess ein, nach dessen Abschluss Entscheidungen folgender Art gefallen sein sollten: Wird ein Produkt überhaupt gekauft? Welches Produkt wird gekauft? Bei welchem Anbieter wird dieses Produkt gekauft? In dieser Phase kommt dem Verkaufspersonal eine doppelte Rolle als Informationsquelle und Berater bei den Entscheidungen zu.

Informations-quelle Möglicherweise kann ein Kunde nicht alle für den Entscheidungsvorgang relevanten Informationen aufgrund eigener Aktivitäten erhalten oder möchte den für die Beschaffung erforderlichen Aufwand vermeiden. In diesem Fall kann er die Unterstützung und Mitwirkung des Verkaufspersonals suchen. So kann er den Verkäufer bitten, ihm weitere Informationen zum Produkt mitzuteilen, er kann das Produkt vorgeführt bekommen oder der Verkäufer kann den Kunden das Produkt ausprobieren lassen und ihm Hinweise zu Serviceleistungen geben.

Berater Die zweite Rolle des Verkaufspersonals betrifft die Beratung des Kunden bei der Abwägung und Gewichtung der Informationen, bis es zu den genannten Entscheidungen kommt. Beispielsweise kann ein Verkäufer eine Empfehlung aussprechen, welches Produkt angesichts der geforderten Leistungen für den Kunden am besten geeignet ist.

In der Entscheidungs- und Beratungsphase ist wiederum das Informationsbedürfnis betroffen; jedoch steht hier der Verkäufer als Informationsquelle und als Helfer bei der Entscheidungsfindung im Vordergrund. Der Umfang und die Qualität der vermittelten Informationen hängt eng mit dem Wissen und der Erfahrung des Verkäufers zusammen. Da in dieser Phase Informationen im kommunikativen Austausch übertragen werden, sind auch soziale Bedürfnisse und Motive betroffen. So hängt der Erfolg der Informationsübermittlung nicht zuletzt von den kommunikativen Kompetenzen des Verkäufers (und in geringerem Maße auch von denen des Kunden) ab. In den Bereich sozialer Bedürfnisse fällt auch die Glaubwürdigkeit des Verkäufers in den Augen des Kunden, die beeinflusst, ob der Kunde den Informationen des Verkäufers und seinen Ratschlägen vertraut und diese auch befolgt. In den Übergang von sozialen zu emotionalen Bedürfnissen fällt, dass der Kunde Vertrauen zur Person des Verkäufers verspüren muss, um den vermittelten Informationen und Ratschlägen Handlungsrelevanz zuzumessen. Soziale Bedürfnisse können zudem darauf ausgerichtet sein, an einer Unterhaltung bzw. an einem Gespräch mit dem Verkäufer beteiligt zu sein. Der Aufwandsaspekt betrifft in der Hauptsache die Informationsbeschaffung, die durch die Einschaltung des Verkaufspersonals erleichtert und in ihrer Qualität auch verbessert werden kann.

Phase 3: Kauf

Sobald der Kunde die oben genannten Entscheidungen getroffen hat, kann er in die Kaufphase eintreten. Das Produkt wird gegebenenfalls bestellt, die Lieferung oder Übergabe wird geregelt, und die Bezahlung muss in die Wege geleitet werden.

Das Informationsbedürfnis ist in dieser Phase dann tangiert, wenn der Kunde das Produkt gegen Entrichtung des Preises nicht gleich mitnehmen kann. Wenn bei einer erforderlichen Bestellung (z. B. beim Versandhandel) das Produkt erst geliefert wird und wenn vorab rechtlich verbindliche Absprachen getroffen wurden, muss der Kunde über den weiteren Ablauf der Kauftransaktion informiert werden. So möchte er erfahren, wie und wann das Produkt geliefert wird und auf welchem Weg die Kaufsumme zu entrichten ist. (Lesen Sie mehr zu den rechtlichen Rahmenbedingungen erfolgreicher E-Business-Projekte in Kapitel 2, »Der rechtliche Rahmen – solides Fundament«.)

Soziale Bedürfnisse sind in dieser Phase durch ein hohes Maß an notwendigem Vertrauen gekennzeichnet, das der Kunde dem Anbieter entgegenbringen muss. Er muss darauf vertrauen, dass das Produkt wie vorgesehen geliefert wird und er die erwartete Gegenleistung für den bezahlten Preis bekommt. In diesem Zusammenhang spielt die Form des

Vertrauen

finanziellen Transfers – z. B. Rechnung, Abbuchungserlaubnis vom Konto, Kreditkartenzahlung, Nachnahme – eine wichtige Rolle.

Vertrauen hängt (wie die Glaubwürdigkeit) mit den emotionalen Bedürfnissen zusammen, denn ein ängstlicher und misstrauischer Kunde wird weniger dazu neigen, dem Anbieter des Produktes Vertrauen (als Vorleistung) entgegenzubringen und den Kauf zu vollziehen. Der Aufwandsaspekt ist in dieser Phase weniger von Bedeutung; allenfalls kann der Kunde einen erhöhten Aufwand befürchten, wenn das Produkt nicht wie vorgesehen geliefert wird oder wenn das gelieferte Produkt mit Mängeln behaftet ist und durch die erforderlichen zeitaufwändigen Reklamationen zusätzlicher Handlungsbedarf und Ärger entstehen.

Phase 4: Service, Support und Bindung

Nach vollzogenem Kauf kann der Austausch des Kunden mit dem Anbieter beendet sein, muss es aber nicht. So hat der Kunde Anspruch auf Gewährleistung, die dann Anlass für die Wiederaufnahme der Interaktion mit dem Anbieter bietet, wenn das Produkt zum Zeitpunkt der Lieferung Mängel aufweist oder wenn selbst bei sachgemäßer Benutzung während der Gewährleistungsdauer Mängel eintreten. Auch über die Garantiedauer hinaus kann der Kunde den Kontakt zum Anbieter fortführen, um etwa zusätzliche Serviceleistungen zu erhalten. Im Rahmen dieser Interaktion werden Informationen übermittelt (etwa zur sachgemäßen Nutzung) oder Servicehandlungen ausgeführt. Beispielsweise bringt der bereits erwähnte Professor seine Brille einmal jährlich zur Ultraschallreinigung zu dem Optiker, bei dem er sie gekauft hat. Dieser führt die Reinigung als Serviceleistung in der Regel auch kostenfrei durch und es sind lediglich die Kosten für eine gegebenenfalls erforderliche Instandsetzung zu tragen.

In der durch Service und Support gekennzeichneten Phase ist wiederum das Informationsbedürfnis betroffen: Kunden möchten wissen, was sie mit dem erworbenen Produkt anfangen können, und möchten möglicherweise Informationen zu Zusatzprodukten erhalten. Soziale Gratifikationen erwachsen aus der Unterstützung, die der Kunde erfährt. Aus der erweiterten Nutzungsmöglichkeit des Produkts ergeben sich schließlich mehr Spaß und Genuss beim Umgang mit diesen emotionalen Gratifikationen.

Kundenbindung   Die bisher besprochenen Bedürfnisse und Gratifikationen sind primär auf einen einmaligen Kauf ausgerichtet; danach ist die Interaktion im Prinzip beendet. Jedoch wird ein Anbieter bestrebt sein, jeden Kunden an sich zu binden und ihn zum Kauf weiterer Produkte zu stimulieren. Die Funktion einer Kundenbindung kann aber auch darin bestehen, die Zufriedenheit der Kunden durch Zusatzleistungen zu erhalten oder zu steigern. Unzufriedene Kunden tendieren dazu, ihre schlechten Erfahrungen weiterzutragen und stellen eine schlechte Werbung für das Geschäft dar. An das Unternehmen gebundene Kunden werden eher die Möglichkeit nutzen, dem Unternehmen ihre Unzufriedenheit vorzutragen, um diesem Gelegenheit zur Abhilfe zu geben.

Kundenbindung berührt alle angesprochenen Bedürfnisse: Kunden erhalten Informationen (z.B. vom Anbieter oder von anderen Mitgliedern des Kundenstamms), Kunden sind Mitglied einer Gemeinschaft und mit der Mitgliedschaft in dieser Gemeinschaft sind angenehme Gefühle und Erlebnisse verbunden. Da Mitgliedern einer geschlossenen Community Vorzugsleistungen eingeräumt werden können, erhalten Kunden durch ihre Bindung an das Unternehmen zusätzliche Vorteile und ihr Aufwand wird reduziert.

Zusammenfassung

Ausgangspunkt der Überlegungen in diesem Abschnitt ist die Überzeugung, dass E-Business-Projekte mit einer Schnittstelle zum Kunden (B2B und B2C) nur dann erfolgreich durchgeführt werden können, wenn bei der Gestaltung dieser Schnittstelle die Bedürfnisse, Motive und Ziele der anvisierten Zielgruppe hinreichend berücksichtigt sind und solche Gratifikationen bereitgestellt werden, die diese Bedürfnisse zufrieden stellen können. Zwar findet man gelegentlich Listen von kaufrelevanten Bedürfnissen und Motiven, diese erscheinen aber oftmals als willkürlich zusammengestellt und kaum empirisch überprüft. Es kann jedoch davon ausgegangen werden, dass das menschliche Handeln generell durch ein Bedürfnis nach Information und Orientierung, durch emotionale Bedürfnisse sowie durch soziale Bedürfnisse angetrieben und gelenkt wird. Außerdem kommt noch das Bedürfnis hinzu, unnötig und unangenehm empfundenen Aufwand zu vermeiden.

Im Zentrum einer geschäftlichen Transaktion steht für den Kunden der primäre (ökonomische) Nutzen des Kaufs eines bestimmten Produktes bei einem ausgewählten Anbieter. Einen sekundären Nutzen erhält der Kunde durch Informationsgratifikationen, durch soziale Gratifikationen, durch emotionale Gratifikationen und durch reduzierten Aufwand im Umfeld des Einkaufs.

Bei einem Kauf lassen sich eine Informationsphase, eine Entscheidungs- und Beratungsphase, eine eigentliche Kaufphase sowie eine Service-, Support- und Bindungsphase voneinander unterscheiden, die durch jeweils spezifische Schwerpunktsetzungen bei den Handlungen und Motiven voneinander abgegrenzt werden können.

In jeder der vier Phasen werden unterschiedliche Informationen als Gratifikationen gesucht: Informationen über das Produkt und den Anbieter, Informationen, die einen Vergleich und eine Entscheidung stützen können, Informationen über die Modalitäten der Kaufabwicklung sowie Informationen, die den Nutzungswert des erworbenen Produktes erhöhen.

Soziale Bedürfnisse sind erst ab der Beratungsphase von Bedeutung und verfügen ebenfalls über unterschiedliche Ausprägungen in den vier Phasen: Der Kunde erhält von einer kompetenten Person zusätzliche Informationen und Ratschläge, die seine Entscheidung erleichtern, er muss beim Kauf dem Anbieter gegenüber Vertrauen aufbringen, um sich auf finanzielle Transaktionen einzulassen, und er fühlt sich gegebenenfalls als Mitglied einer Gemeinschaft von Kunden, die Vergünstigungen vom Anbieter beziehen und sich gegenseitig durch Ratschläge weiterhelfen.

Auch die emotionalen Bedürfnisse sind in den vier Phasen in verschiedener Weise berührt: in der Informationsphase durch Eigenschaften des Produktes, dann in der Folge eines sozial befriedigenden Austauschs mit dem Verkaufspersonal, durch ängstliche Gefühle, die als Folge eines mangelnden Vertrauens in der Kaufphase aufkommen können, und durch das angenehme Gefühl, in einer bevorzugten Position zu sein und zu einer angesehenen Gemeinschaft zu gehören.

Der Aufwand lässt sich in den vier Phasen wie folgt beschreiben: In der Informationsphase kann der Aufwand für die Suche nach geeigneten Informationen hoch sein, in der Beratungsphase wird dieser Aufwand durch Verkaufspersonal reduziert. Die Kaufphase kann ebenfalls mit einem mehr oder weniger hohen Aufwand für den Erwerb des Produktes einhergehen, und in der Support-, Service- und Bindungsphase kann der Nutzen des Produktes gesteigert und dadurch der Aufwand reduziert werden.

Aus diesen Überlegungen ergibt sich, dass bei der Gestaltung medialer Schnittstellen zum Kunden im E-Business nicht nur die Bedürfnisse und Motive der Kunden Beachtung finden sollten, indem ihnen geeignete Gratifikationen zur Befriedigung entgegengesetzt werden, sondern diese

Gratifikationen sollten auch an die Phase angepasst sein, in der sich der Kunde beim Kaufvorgang gerade befindet.

7.3 Das Internet ist anders – Vorzüge und Schwachstellen

Die bisherigen Überlegungen wurden primär mit Blick auf einen Einkauf in einem Geschäft vor Ort (analoger Einkauf) formuliert. Damit lässt sich ein (digitaler) Einkauf über das Internet nicht gleichsetzen, denn das Internet weist als Informations- und Kommunikationsmedium einige Besonderheiten auf, durch die die Interaktionsprozesse zwischen dem Kunden und dem Anbieter im Vergleich zu den Interaktionen vor Ort in einer Weise verändert werden, die die bisherigen Überlegungen zu den Gratifikationen in einem anderen Licht erscheinen lassen. Insbesondere ist der Austausch mit dem Anbieter durch eine eingeschränkte Kommunikation, durch begrenzte Einwirkungsmöglichkeiten auf den Interaktionspartner und durch verringerte Vertraulichkeit und Privatsphäre gekennzeichnet. Die Unterschiede der analogen zur digitalen Welt sollen im Folgenden dargestellt werden.

Eingeschränkte Kommunikation

Da im Internet alle Teilnehmer durch die eindeutige Adressierbarkeit ihrer Rechner erreichbar sind, findet man hier vielfältige Formen der Kommunikation wie eine Einweg-Kommunikation (nur Informationsabruf), eine Kommunikation in Gruppen (z. B. in Foren oder im Chat) oder eine wechselseitige Individualkommunikation mit einem ausgewählten Partner.

Einfalt mit Vielfalt

Sofern eine wechselseitige Kommunikation (One-to-Many oder One-to-One) geführt wird, ergeben sich im Vergleich zur unmittelbaren (Face-to-Face-)Kommunikation dadurch beträchtliche Einschränkungen der Möglichkeiten zum Austausch, dass zumeist der nonverbale Kanal fehlt (z. B. bei E-Mails oder Foren). Zwar sind akustisch-sprachliche Verbindungen über das Internet möglich, werden aber aufgrund der hierfür erforderlichen Ausstattung (Mikrofon, Kopfhörer) bisher noch selten genutzt. Außerdem fehlt bei der sprachlich-vokalen Kommunikation weiterhin der nonverbale Kanal (Gestik, Mimik). Selbst bei Videoverbindungen (z. B. mit Webcam) sind die gesendeten Bilder von schlechter Qualität; außerdem kann die Kameraperspektive der Aufnahme des Partners vom Beobachter nicht gesteuert werden. Damit ist Internetkommunikation im Vergleich zur Face-to-Face-Kommunikation weiterhin durch ein reduziertes Präsenzerleben des Partners gekennzeichnet.

Zwar wird gelegentlich behauptet, dass die Ergänzung von Textbotschaften durch Metakommentare (z. B. durch Emoticons) einen gewissen Ausgleich der fehlenden nonverbalen Kommunikationskanäle schafft, aber nach den bisherigen Erfahrungen kommt es wegen der Begrenzung der übertragenen Kanäle bei der Internetkommunikation zu häufigeren Missverständnissen, zu einer zunehmenden Direktheit der inhaltlichen Ansprache (dem so genannten Flaming) sowie zu einem geringeren Vertrauen der Kommunikationspartner zueinander.

Begrenzte Einwirkungsmöglichkeiten auf den Partner

Keine sinnlichen Erfahrungen

Bei Interaktionen im Alltag hat eine Person die Möglichkeit, unmittelbare und nicht durch Medien veränderte Erfahrungen zu machen und außerdem ohne Mittler auf die Objekte der Umwelt und auf die Mitmenschen einzuwirken. Beides ist im Internet nicht möglich; das Internet schließt sowohl unmittelbare sinnliche Erfahrungen als auch direkte Einwirkungsmöglichkeiten beim Handeln aus. Ein Produkt kann im Internet nur aufgrund seiner digitalen Darstellung am Rechner beurteilt werden, und wenn der Kaufprozess nicht in der gewünschten oder erwarteten Weise verläuft, kann man lediglich per Kommunikation (Anruf, E-Mail, Forenbeitrag) auf den Partner einzuwirken versuchen. Das Problem wird dadurch erschwert, dass bei Webauftritten oftmals kein Ansprechpartner angegeben ist, dem eine Frage oder eine Beschwerde vorgetragen werden könnte.

Kontrollverlust

Als Konsequenz verspüren Kunden häufig ein Gefühl des Kontrollverlustes und erleben die Situation, als müssten sie einen Vertrauensvorschuss aufbringen, um ein Geschäft mit dem Anbieter abwickeln zu können. Ein solches Vertrauen werden Kunden insbesondere dann nicht aufbauen, wenn sie bereits Negatives über benachteiligte Kunden im Internet gehört haben.

Verringerte Vertraulichkeit und Privatsphäre

Mangelndes Sicherheitsgefühl

Ein dritter Aspekt beim Umgang mit anderen über das Internet ist die verringerte Vertraulichkeit und die Einschränkung der Privatsphäre. Das Gegenüber ist nicht bekannt und es ist nicht feststellbar, wer die Kommunikation »mithören« und protokollieren kann. Zwar gibt es bei der Internettechnologie sichere Übertragungsmechanismen, die von den Kunden in zunehmendem Maße bereits beim Onlinebanking eingesetzt werden, aber wenn es um die Übermittlung der eigenen Kreditkartennummer geht, sind die Kunden immer noch sehr zurückhaltend. (Lesen Sie mehr zum Thema Sicherheit in Kapitel 3, »Sicherheit – nur ein ›gutes Gefühl‹?«.)

Das betrifft in vergleichbarem Maße das Eingehen vertraglicher Verpflichtungen. Da die digitale Informationsverarbeitung im Internet leicht an IT-Systeme von Anbietern oder Providern angebunden werden kann, haben die Beteiligten bei der Internetkommunikation keine Kontrolle mehr darüber, welche Daten über sie und ihr Verhalten gespeichert werden. Zwar gehen die Befürchtungen hinsichtlich der Einschränkung der Privatsphäre und des Rechtes an den eigenen Daten zurück, aber gerade bei älteren Internetnutzern ist auch dieser Aspekt von Bedeutung.

Digitaler und analoger Einkauf im Vergleich

Zweifellos weist das Internet im Vergleich zum Handel vor Ort einige Vorzüge auf: Der Aufwand der Produktbeschaffung ist geringer, da kein Ort aufgesucht werden muss und es keine Öffnungszeiten gibt, das Produktangebot ist umfangreicher, es sind viel mehr Informationen zu einem Produkt erhältlich und der Preis für die Produkte ist oftmals niedriger.

Mehr Hard Facts ...

Andererseits weist das Internet auch deutliche Nachteile hinsichtlich der sozialen Präsenz und der Kommunikation mit einem Ansprechpartner auf. Es können keine »realen« Informationen zu Produkten und zum Anbieter erhalten werden und ein Anfassen und Austesten des gewünschten Produktes ist nicht ohne Weiteres möglich. Einschränkungen ergeben sich auch bei den Einwirkungsmöglichkeiten auf den Partner, was besonders beim Datenschutz schmerzlich zu Tage tritt und das Vertrauen des Kunden strapaziert. Insofern teilt das Internet einige Probleme mit dem Versandhandel. Da es dort bereits brauchbare Lösungen gibt, lassen sich hier Anregungen für die Gestaltung von Geschäftsprozessen im Internet übernehmen.

... weniger Soft Experiences

Zusammenfassung

Studien zur Käufer- und Konsumentenpsychologie zeigen, dass sich in Geschäften (analoger Einkauf) die Kaufquote dadurch signifikant verbessern lässt, dass auf die Voraussetzungen der Kunden (Wahrnehmungsprinzipien, Gewohnheiten, Erwartungen und Verhaltenstendenzen, aber auch Bedürfnisse, Wünsche und Ziele) in geeigneter Weise eingegangen wird. Diese Vorgehensweise bietet sich auch für Geschäfte im Internet an: Auch sie sollten besucher- und kundenorientiert gestaltet sein.

Allerdings kommt hier erschwerend hinzu, dass das Internet mit seinen vielfältigen technischen Möglichkeiten, aber auch seinen Beschränkungen, zwischen Kunde und Verkäufer tritt. Die Vorteile eines Internetauftrittes finden sich im Bereich der Informationsgratifikationen und der Aufwandsminimierung: Aus weltweit verbreiteten Quellen und umfangreichen Datenbeständen kann der Kunde vielfältige Informationen im Vorfeld seines Kaufs beziehen und gleichzeitig – ähnlich wie beim Versandhandel – den Aufwand vermeiden, ein Geschäft zu bestimmten Öffnungszeiten aufsuchen zu müssen.

Andererseits zeigt das Internet Schwachstellen im Bereich der emotionalen und sozialen Gratifikationen: Bedingt durch die Beschränkung der (nonverbalen) Kommunikationskanäle und durch die fehlenden unmittelbaren Einwirkungsmöglichkeiten, mangelt es dem Kunden an der (sozialen) Präsenz seines Ansprechpartners und er verspürt einen Kontrollverlust. Als Folge davon fühlen sich insbesondere solche Kunden und Partner, die den herkömmlichen (analogen) Einkauf gewohnt sind, häufig fremd und entwickeln wenig Vertrauen.

Somit sollte es bei der Gestaltung von E-Business-Projekten oberstes Ziel sein, zwar die Vorzüge des Mediums auszureizen, dabei aber die Nachteile durch geeignete Maßnahmen zu kompensieren.

7.4 Vorbereitung von E-Business-Projekten

Bedürfnisanalyse ist Pflicht! Entschließt man sich, ein E-Business-Projekt kundenorientiert auf der Grundlage (medien-)psychologischer Überlegungen zum Zusammenspiel von menschlichen Bedürfnissen und Gratifikationen mit den Kommunikationsmöglichkeiten des Internets aufzubauen, kann gar nicht früh genug mit den vorbereitenden Analysen und der Übernahme dieser Ergebnisse in die Gestaltung des Projektes begonnen werden. Auch wenn bereits ein Internetangebot besteht, kann es nicht schaden, die nachfolgend vorgeschlagenen Analyseschritte durchzuführen. Die Analyseergebnisse können dann zu einer Evaluation und nachfolgender Optimierung (Relaunch) des Internetauftrittes herangezogen werden.

Nicht jeder Webauftritt ist eine Verkaufssite

Webauftritte stehen im Zentrum der hier vorgetragenen Überlegungen, aber nicht immer müssen alle Geschäftsprozesse über diesen Webauftritt abgewickelt werden. So beruht der Erfolg von Amazon[11] darauf, dass der

---

11 www.amazon.de

Kunde aus einem sehr umfangreichen Buchangebot auswählen, sofort bestellen und bezahlen kann und dass er das Buch innerhalb einer kurzen Lieferfrist zugesandt bekommt. Dagegen hat der Webauftritt bekannter Automarken in Deutschland lediglich die Funktion, die Produktpalette, das Unternehmen und sein Händlernetz vorzustellen; ein Verkauf über diese Plattform ist nicht vorgesehen[12].

Zu Beginn der Planungen für den Webauftritt steht die Frage nach der Funktion, die dieser Webauftritt im Geschäftsprozess übernehmen soll. Soll er über das Unternehmen informieren? Soll er über die Angebotspalette des Unternehmens informieren? Soll er einen Verkauf von Produkten ermöglichen? Mit Bezahlfunktion? Soll der Webauftritt nach einem Kauf Service und Support bieten? Oder soll er Kunden an das Unternehmen binden?

Welche Funktion?

Je nach der vorgesehenen Funktion wird der Webauftritt anders gestaltet sein und andere Inhalte bzw. andere Funktionalitäten enthalten. Dabei ist der Webauftritt lediglich als eines von mehreren Instrumenten für Marketing, Verkauf und Support zu sehen, und seine Einbindung in den Medienmix des Unternehmens muss geklärt werden. Aus diesen Überlegungen wird klar, dass die Entscheidungen über den Webauftritt nicht losgelöst von Entscheidungen im Rahmen strategischer Überlegungen gesehen werden können und daher – wie es so schön heißt – auf jeden Fall »Chefsache« sind.

Nicht jeder Besucher einer Website kommt als Kunde infrage

Sobald die Funktionen des Webauftrittes im Unternehmensprozess geklärt sind, soll die Zielgruppe festgelegt werden, die durch den Internetauftritt angesprochen werden soll. Dabei ist zu beachten, dass die Gruppe der Nutzer des Internets bereits vorselektiert und nicht repräsentativ für die Gesamtbevölkerung ist. Als Nutzer dominieren jüngere Personen eher männlichen Geschlechts mit höherer formaler Schulbildung und einem höheren Einkommen. Es ist darüber hinaus damit zu rechnen, dass Internetnutzer eher ein Interesse an Technik – insbesondere an Com-

---

12 Bei Opel Deutschland (www.opel.de) gibt es Überlegungen, Personenwagen auch über das Internet zu verkaufen. Als Lockmittel für die Kunden dienen reduzierte Preise. Allerdings werden dieser Verkaufsform hierzulande wenig Chancen eingeräumt, auf breiter Ebene den herkömmlichen Verkauf über den Händler abzulösen. Da für deutsche Kunden die Wahl einer Automarke viel mit Status, Prestige und Vertrauen zu tun hat, bietet die Besichtigung und Bestellung eines Autos beim Händler ein Kauferlebnis der besonderen Art. In den USA, wo Autos in stärkerem Maße auf ihre Funktion als Fortbewegungsmittel reduziert sind, ist eine solche Verkaufsform Erfolg versprechender.

putern – mitbringen; weiter wird beschrieben, dass Internetnutzer eher »rationale«, also folgerichtig denkende und weniger von Gefühlen beeinflusste Menschen sind, was für Informationsverarbeitungs- und Entscheidungsprozesse im Rahmen eines Einkaufs ebenfalls von Bedeutung ist.

Zielgruppen nach Demografie Die Abgrenzung von Zielgruppen innerhalb dieser bereits vorselektierten Gruppe der Internetnutzer dient dem Zweck, einer Gruppe mit ihren jeweils spezifischen Gewohnheiten und Bedürfnisausprägungen ein geeignetes Angebot an Gratifikationen auf der Website bieten zu können. Beispielsweise suchen Jüngere in stärkerem Maße Kommunikation und Unterhaltung als Ältere, die eher an nützlichen Informationen interessiert sind, und auch das Layout einer Website wird bei jüngeren Kunden (vgl. z. B. die Webauftritte von Anbietern von Spielwaren oder Süßwaren) bunter und weniger ernsthaft gestaltet sein als bei älteren Besuchern. Rechnet man mit unterschiedlichen Zielgruppen – z. B. zählt eine Direktbank oder eine Sparkasse zu ihren Kunden sowohl jüngere als auch ältere Kontoinhaber – bietet sich als Möglichkeit an, die Zielgruppen von der Startseite aus in jeweils unterschiedliche Bereiche des Webangebotes zu leiten.

Zielgruppen nach Interessen Nicht immer ist es so einfach wie bei Kindern, Zielgruppen über demografische Merkmale abzugrenzen. Schwieriger wird es, wenn etwa Zielgruppen aufgrund gemeinsamer Interessen oder anderer übereinstimmender Personenmerkmale bestimmt werden sollen. Hat der Gestalter bzw. Entwickler eines Webauftrittes im Rahmen eines E-Business-Projektes wenig konkrete Vorstellungen von den Personen in der Zielgruppe, kann es leicht vorkommen, dass das Webangebot an den Bedürfnissen dieser Personen vorbei geplant ist.

Personas-Analyse Hier ist die von Alan Cooper[13] im Rahmen des »Goal-directed Design« eingesetzte Personas-Analyse hilfreich. Diese Methode beruht auf einem Verfahren, bei dem Personen beschrieben werden, die jeweils typische Vertreter einer Zielgruppe sind. Dabei lassen sich durchaus mehrere Nutzer eines Webangebotes mit unterschiedlichen Eigenschaften beschreiben. Im Sinne einer maximalen Konkretheit wird bei der Personas-Analyse Wert darauf gelegt, dass die beschriebenen Personen »echt« wirken und vorstellbar sind. So erhalten Personas einen Namen, ihnen wird ein Bild zugeordnet, ihr Alter, ihr Geschlecht, ihre Ausbildung und ihr Beruf werden festgelegt, und Hobbys, Interessen und Vorlieben werden

---

13 Cooper: The Inmates are Running the Asylum. Why High-tech Products Drive Us Crazy and How to Restore the sanity. Sams Publishing 1999 (vgl. auch www.cooper.com)

bestimmt. Außerdem wird beschrieben, wozu die jeweilige Person das Internetangebot nutzt.

Sind die Personas gefunden, muss beschrieben werden, unter welchen jeweils spezifischen Umständen sie mit dem Internetangebot konfrontiert sind. Hierzu werden pro Person mehrere Szenarien beschrieben, die im Rahmen ihrer Lebensumstände als Nutzungssituationen wahrscheinlich wären. Personas und Szenarien bieten die Grundlage für die Konzeption des Internetauftrittes. Gibt es mehrere Personas als Vertreter jeweils eigener Zielgruppen, die sich deutlich voneinander unterscheiden, empfiehlt es sich, getrennte Bereiche des Webangebotes vorzusehen. Nach unseren Erfahrungen erleichtert es das hier beschriebene Vorgehen von Cooper sehr, möglichst lebensnahe und zutreffende Vorstellungen von den Voraussetzungen und Bedürfnissen der Personen zu entwickeln, die als Besucher bzw. Kunden des konzipierten Webauftrittes vorgesehen sind.

Szenarien pro Persona

Neben den Wünschen und Erwartungen der Zielgruppe ist deren Erreichbarkeit ein wichtiges Kriterium für die Medienplanung. Entsprechend sollte im Rahmen einer Personas-Analyse zusätzlich diskutiert werden, welche Medien von der Persona (Zielgruppe) vorzugsweise genutzt werden. Auf diese Weise kann eine erfolgreiche Strategie entwickelt werden, wie der Zielgruppe ein Besuch des Internetauftrittes am ehesten nahe gebracht werden kann.

Auswahl der Medien

Was wollen meine Kunden? Was gebe ich Ihnen?

Im Hinblick auf die Zusammenstellung und die Ausgestaltung der Inhalte eines Webauftrittes, die auf die Bedürfnisse und Motive der Zielpersonen abgestimmt sind, ist die bewusste Herausarbeitung der Bedürfnisse und Motive dieser Personen unerlässlich. Es wurde bereits eingangs auf die Problematik der vorschnellen Zusammenstellung von Motivlisten hingewiesen; außerdem erheben die Motive in solchen Listen oftmals den Anspruch einer Allgemeingültigkeit, wohingegen die Motivausprägungen von Personen zumeist von anderen Faktoren wie Alter, Geschlecht, Interessen und weiteren Eigenschaften abhängen.

Auch bei der Festlegung der Bedürfnisse und Motive der Zielgruppe, die vom Webauftritt »bedient« werden soll, erweist sich der bereits beschriebene Personas-Ansatz von Cooper wiederum als hilfreich. Sind die Personas erst einmal bekannt, lassen sich deren Bedürfnisse und Motive recht einfach ableiten. Es ist nützlich, sich bei der Analyse und der näheren Beschreibung der Bedürfnisse und Motive an der in Abschnitt 7.2 vorgenommenen Einteilung in Informationsbedürfnisse, soziale Bedürfnisse, emotionale Bedürfnisse und dem Bedürfnis nach Aufwandsminimierung zu orientieren.

Konzentration auf Persona-spezifische, nützliche Inhalte

Auf einer Website sind Inhalte (Informationen, Funktionalitäten) in einer spezifischen Ausgestaltung (Anordnung der Elemente, Formate etc.) gebündelt. Beides, Form und Inhalt, sollte an die Bedürfnisse der Personen in der Zielgruppen angepasst sein und Gratifikationen bereitstellen, die zu einer Befriedigung von Bedürfnissen in unterschiedlichen Bereichen führen. Es sollte angestrebt werden, dass der Besucher der Website bei der Verrechnung von erhaltenen (erwarteten oder nicht erwarteten) Gratifikationen mit dem durch die Nutzung der Website entstandenen Aufwand zu einem positiven Ausgang kommt und mit dem Angebot zufrieden ist.

Wie jedoch lassen sich nützliche Inhalte bzw. nützliche Funktionen oder Dienste für die Zielpersonen definieren? Auch hier liegt es wiederum nahe, sich in die Personas zu versetzen und sich bei der Analyse von folgenden Fragen leiten zu lassen:

▶ Welcher Aspekt des Webangebotes würde dieser Persona einen Nutzen bringen?

▶ Welche Informationen würden für sie interessant oder hilfreich sein?

▶ Welche sozialen Gratifikationen können über die E-Business-Plattform bereitgestellt werden?

▶ Welche emotionalen Gratifikationen sollten realisiert werden?

Lebensdauer der Inhalte und Angebote

Ein abschließender Abschnitt zum Inhaltsangebot von E-Business-Projekten behandelt die Frage der Lebensdauer der in einem solchen Angebot versammelten Inhalte und Inhaltsformate. Manche E-Business-Plattformen ändern häufig ihr Erscheinungsbild, bei anderen gewinnt man den Eindruck, dass die Betreiber sich nach dem Tag, an dem die Site online ging, endgültig anderen Dingen zugewendet haben.

Sofern der Webauftritt im Rahmen eines E-Business-Projekts als Mittel zur Lösung spezifischer Probleme des Unternehmens verstanden wird, gehört eine ständige Evaluierung und Optimierung des Auftrittes unbedingt dazu. Hierfür reicht in vielen Fällen schon die Befragung weniger Personen aus der Zielgruppe aus. Beispielsweise können dadurch zu große Diskrepanzen zwischen Gratifikationserwartungen und gebotenen Gratifikationen aufgedeckt und in der Überarbeitung beseitigt oder zumindest verringert werden.

Zusammenfassung

Entwickler einer kommerziellen Website stehen vor einer Aufgabe mit schwierigen Vorgaben: Die ins Auge gefasste Zielgruppe sollte auf der ihr angebotenen Website die Inhalte oder Funktionen vorfinden, die als Gratifikationen ihre Bedürfnisse befriedigen. Im Hinblick auf die Möglichkeiten der Bedürfnisbefriedigung stellt sich jedoch das Problem, dass aufrund der Besonderheiten des Internets zwar für das Informationsbedürfnis sowie für das Bedürfnis nach Aufwandsverringerung geeignete Gratifikationen angeboten werden können, dass es aber wenig Möglichkeiten für die Realisierung sozialer und emotionaler Gratifikationen gibt.

Das unterstreicht die Notwendigkeit einer sorgfältigen Konzeption und Vorbereitung eines E-Business-Projekts: Es ist zu klären, welche Funktion das Geschäftskonzept übernehmen soll und wie die anzusprechende Zielgruppe abgegrenzt werden kann. Dann werden die Bedürfnisse und Motive dieser Zielgruppe analysiert und es wird nach geeigneten Gratifikationen gesucht, die diese Bedürfnisse zu befriedigen vermögen.

7.5 Wie kann der Kunde beim Kauf unterstützt werden?

Fassen wir die bisherige Argumentation noch einmal in Form der folgenden Fragen zusammen:

▶ Welche besonderen Bedürfnisse (nach Information, nach emotionalen Erlebnissen, nach sozialem Kontakt, nach möglichst geringem Aufwand) bringen die potenziellen Besucher der Website mit? Durch welche Gratifikationen können diese Bedürfnisse zufrieden gestellt werden? Welche Gratifikationen werden von den Besuchern erwartet bzw. gesucht? Welche (unerwarteten) Gratifikationen können darüber hinaus den Besuchern geboten werden?

▶ In welcher Phase des Kaufvorgangs befindet sich der Kunde? Mit welchen besonderen Schwerpunktsetzungen bei den Bedürfnissen ist in den einzelnen Phasen zu rechnen? Welche Gratifikationen können den von den Phasen abhängigen unterschiedlichen Bedürfnissen entgegengesetzt werden?

▶ Welche von den Kunden erwarteten und welche nicht erwarteten Gratifikationen können mit den Mitteln des Internets geboten werden? Welche Gratifikationen stellen Stärken des Internets dar? Bei welchen

Gratifikationen zeigt das Internet im Vergleich zum analogen Handel Schwächen? Durch welche Maßnahmen können diese Schwachstellen ausgeglichen werden?

Es folgen für die vier Phasen des Kaufs einige Vorschläge, wie diese Vorgaben bei der Entwicklung eines Webangebotes umgesetzt werden können.

Informationsphase: Wege im Informationsdschungel weisen

Stärke: Internet als Informationsmedium

Aus der Tatsache, dass Webserver an komplexe Datenbanken und an die IT-Systeme eines Unternehmens angeschlossen werden und weltweit Nutzer mit Informationen und Wissen vielfältiger Art versorgen können, resultieren die besonderen Stärken des Internets als Informationsmedium Nummer eins der Zukunft. Bei der Informationsrecherche und -darbietung werden dem Nutzer durch serverseitige Programme und Skripts auf seine Bedürfnisse zugeschnittene Daten übermittelt. Diese Informationen können dann nicht nur in Form von Zahlen und Texten, sondern auch in Form von Bildern, Animationen, Klängen, Sprache oder Videos auf den Rechnerbildschirmen wiedergegeben werden.

Schwäche: Unstrukturiertheit der Informationen

Die kaum mehr beschränkten Möglichkeiten des Informationsretrievals im Internet stellen an sich zwar eine begrüßenswerte Eigenschaft dieses Mediums dar, andererseits sieht sich der Nutzer als Mensch mit einer begrenzten Informationsaufnahme- und -verarbeitungskapazität mit einem mittlerweile fast nicht mehr überschaubaren Informationsangebot konfrontiert. Je umfangreicher die dargebotene Informationsmenge ist, umso krasser wird das Missverhältnis von erwünschten und unerwünschten Daten und umso komplizierter wird es für den Einzelnen, genau die auf sein aktuelles Informationsbedürfnis zugeschnittenen Inhalte aufzufinden. Bei dieser Informationssuche helfen leider auch die zur Hilfestellung angebotenen Mittel – Suchmaschinen und Informationsarchitektur der Website – nur selten weiter.

Suchmaschinen

Suchmaschinen sind nur dann nützlich, wenn sie unter den ersten zehn bis zwanzig Treffern einen Link bieten, der zu den vom Nutzer gesuchten Informationen führt. Beobachtungen zeigen, dass dies oftmals nicht der Fall ist; in Befragungen werden Suchmaschinen häufig als nicht brauchbare Mittel der Informationsbeschaffung beurteilt. Leider wird von Anbietern nur selten beachtet, dass es zwischen der menschlichen Informationssuche und der Suche mithilfe von Suchmaschinen (oder Suchfunktionen auf Websites) gravierende Unterschiede gibt: Der digitalen und präzisen Suche durch Suchprozeduren (eindeutige Formulierung von

Suchbegriffen, Verknüpfung von Suchbegriffen) steht die assoziative und »unscharfe« Suche des Menschen gegenüber, der Suchbegriffe oftmals nicht präzise formulieren kann und lediglich ähnliche oder assoziierte Bezeichnungen angibt, weil er nur eine ungefähre Ahnung von der gesuchten Information hat.

Unsere Beobachtungen bei Besuchern von Internetseiten ergaben immer wieder, dass sie in vielen Fällen die gewünschten Produkte mithilfe der bei den Seiten angebotenen Suchfunktionen nicht finden, weil ihnen die weiterführenden Begriffe nicht geläufig sind (»Mixer«? »Mischer«? »Mischpult«?). Und das Ergebnis einer solchen Suche – »Null Treffer« – erweist sich als Killer: Die Besucher verlassen mit hoher Wahrscheinlichkeit daraufhin diese Seiten und suchen andere Möglichkeiten, um zu ihren Zielen zu gelangen.

Angesichts der Vielfalt der Informationen, auf die im Internet zugegriffen werden kann, ist es im Allgemeinen schwierig, eine Struktur für die Anordnung der Informationselemente zu entwerfen, bei der sich alle Besucher zurechtfinden. Die Wichtigkeit eines Engagements in diesem Bereich ergibt sich vor dem Hintergrund von Befragungsergebnissen, wonach die Unübersichtlichkeit von Webauftritten als zentraler Hinderungsgrund für eine ansteigende Beteiligung am E-Business angegeben wird. **Informations-architektur**

Auch hier lässt sich als Problem identifizieren, dass die Entwickler und Gestalter mit der Informationsstruktur des Internetangebotes oftmals den Besonderheiten des menschlichen Informationsverarbeitungsapparates nicht Rechnung tragen. Menschen haben in ihrem Langzeitgedächtnis Wissen (Schemata oder mentale Modelle) über den Aufbau und die Funktionsweise ihrer Umwelt gespeichert und leiten auf der Grundlage dieser kognitiven Strukturen Erwartungen über ihre Welt ab, die ihnen die Orientierung und das Agieren in der Umwelt erleichtern.

Beispielsweise wissen die Kunden aufgrund ihrer Vorerfahrungen, wo in einem Supermarkt die einzelnen Produkte in den Regalen zu suchen sind. Welche Probleme und welcher Aufwand entstehen, wenn die erfahrbare Welt nicht mehr den mentalen Modellen entspricht und wenn die Erwartungen ins Leere laufen, kennt jeder, der in einen ihm bekannten Supermarkt kommt, in dem gerade die gesamte Produktpalette umsortiert wurde.

Die Informationsarchitektur von Webauftritten spiegelt oftmals zu sehr die Vorstellungen der Entwickler von einer Strukturierung des Produktangebotes wider und entspricht nicht den mentalen Modellen der Besucher. Diese finden sich dann im Internetangebot nicht zurecht, erleben durch das erforderliche Herumsuchen einen erhöhten Aufwand und fühlen sich unwohl und überfordert.

Unangemessene Interaktions-elemente Weitere Probleme ergeben sich in der Informationsphase mit den Elementen auf dem Bildschirm, die für die Interaktion des Besuchers mit dem Internetauftritt vorgesehen sind und entweder der Navigation oder der Eingabe von Daten dienen. Einige Beispiele aus von uns durchgeführten Evaluationsstudien demonstrieren diese Schwierigkeiten:

▶ Manche Interaktionselemente (z.B. Buttons) wären für den Nutzer weiterführend, werden aber als solche nicht erkannt, weil sie aufgrund ihrer Beschriftung oder ihrer bildlichen Gestaltung mit den augenblicklich verfolgten Zielen und den Hindernissen für diese Ziele nicht in Verbindung gebracht werden. Beispielsweise ist zu beobachten, dass hilfreiche Interaktionselemente, die in großer Entfernung von dem Ort platziert sind, an dem ein Problem entstanden ist, oftmals deswegen nicht mit einer Problemlösung in Verbindung gebracht werden.

▶ Manche Interaktionselemente werden aufgrund ihrer Beschriftung oder ihrer bildlichen Gestaltung zwar für weiterführend gehalten, sind es aber nicht und führen den Nutzer nur in die Irre. Hierzu gehört beispielsweise ein »CallMe«-Button auf der Website eines Anbieters für Mobiltelefone, der von mehreren Testpersonen als Bezeichnung für einen Handytarif gehalten wurde.

▶ Es wird im Rahmen der Interaktion dem Nutzer zwar eine weiterführende Information ausgegeben (z.B. ein Hinweis auf eine Fehleingabe in einem Formular), dieser nimmt sie jedoch nicht wahr, weil die Ausgabe in einem eigenen Fenster erfolgt ist, das durch andere Fenster auf dem Bildschirm verdeckt wird. (Das Konzept der überlappenden Fenster ist Internetnutzern mit wenig Erfahrung nicht unbedingt präsent.) Kritisch ist auch die Situation, wenn im aktuellen Fenster erst nach unten gescrollt werden muss, um die Ausgabe lesen zu können – den vielen (und nicht unbedingt nur unerfahrenen) Testpersonen war die Notwendigkeit eines Scrollens nicht ersichtlich.

Diese (und viele weitere) Schwierigkeiten bei der Interaktion ließen sich vermeiden, würden sich die Verantwortlichen für E-Business-Projekte intensiver mit der Situation der Besucher auseinander setzen. (Das »Hineinversetzen« in den Nutzer einer E-Business-Lösung kann durch das bereits beschriebene Personas-Verfahren wesentlich erleichtert werden.)

So ließen sich beispielsweise folgende Anregungen für Lösungsmöglichkeiten finden:

▶ Die Suchfunktionen und Suchmaschinen sollten mit einer assoziativen Suche ausgestattet werden, die auch ähnliche und assoziierte Begriffe bei der Suche berücksichtigt. Dabei kann – wie bei der Suchmaschine Google[14] –, wenn der gesuchte Begriff nicht gefunden werden konnte, der Nutzer gefragt werden, ob nach einem vorgeschlagenen ähnlichen Begriff gesucht werden soll. Dieses Vorgehen reduziert die Gefahr, dass der Besucher bei einem Null-Treffer-Ergebnis die Website sofort verlässt.

▶ Für die erwartungskonforme Strukturierung der Inhaltsbereiche (z.B. der Produktkategorien) sollten zuvor empirische Erhebungen mit Testpersonen der vorgesehenen Zielgruppe durchgeführt werden. Hierfür wurden in der kognitiven Psychologie Verfahren entwickelt, bei denen Inhalte (z.B. Bezeichnungen von Produkten und Produktkategorien) auf Kärtchen gedruckt sind und diese Kärtchen dann von den Testpersonen auf dem Tisch ausgelegt oder in Stapel sortiert werden. Die Daten zu den Beziehungen zwischen den Bezeichnungen auf den Kärtchen werden danach mithilfe statistischer Verfahren (multidimensionalen Skalierung, Clusteranalyse) auf Hinweise zu den bei den befragten Personen vorherrschenden kognitiven Strukturen hin ausgewertet.

▶ Auch die für den Benutzer vorgesehenen Interaktionselemente sollten bedienungsfreundlicher gestaltet werden. So sollten Elemente mit weiterführenden Funktionen (z.B. Erläuterung, Hilfe) immer in der Nähe des Ortes angeordnet sein, an dem ein Problem entsteht (»Prinzip der Nähe«), und bei der Beschriftung sollte die Sprache der Benutzer verwendet werden. Beispielsweise konnten in unseren Studien die meisten Testpersonen mit der Bezeichnung »LiveChat« für den sofortigen Kontakt mit dem Anbieter wenig anfangen. Dies ist bedauerlich, denn nach einer Erläuterung gab die überwiegende Zahl der Befragten zu erkennen, dass sie sich eine solche Kommunikationsmöglichkeit sehr wünschen würden. Ähnliches gilt für die wenig bekannten »FAQs«, also die »Frequently asked Questions«. Auch die Bezeichnung »Hilfe« für einen Button zur Unterstützung bei Problemen erweist sich eher als ungünstig, da die Testpersonen den Eindruck hatten, bei Betätigung dieses Buttons ihre Unfähigkeit zum zielführenden Umgang mit der Website einzugestehen. Günstiger wäre etwa die Beschriftung »Tipp« oder »Vorschlag«.

---

14 www.google.de bzw. www.google.com

▶ Je weiter die Kunden im Prozess der Informationsbeschaffung fortge-
schritten sind und je mehr sie sich einer Entscheidung nähern, umso
wichtiger wird der Vergleich von Produkteigenschaften und Preisen.
Für solche Vergleiche sollten den Kunden Übersichten und Aufstellun-
gen in Tabellenform geboten werden. Da sich die Vergleichsprozesse
der Kunden an ihren Bedürfnissen orientieren, stellt es für die Kunden
eine nützliche Zusatzfunktion dar, wenn sie solche vergleichenden
Übersichten nach ihren eigenen Vorgaben (Auswahl der Produkte,
Auswahl der zu vergleichenden Eigenschaften) zusammenstellen und
generieren lassen können.

Sicher wird sich nicht immer vollständig vermeiden lassen, dass es angesichts der Vielfalt von Informationen, die dem Kunden zur Verfügung
gestellt werden soll, zu Auffassungs- und Interaktionsschwierigkeiten
kommt. Es sollte aber als oberstes Prinzip gelten, dass der Kunde bei Problemen in seiner für ihn nicht mehr durchschaubaren Situation nicht
allein gelassen wird. Dies kann auch dazu führen, dass dem Kunden bei
auftretenden Problemen online die Hilfe durch einen (menschlichen)
Ansprechpartner angeboten wird (vgl. die Vorschläge im nachfolgenden
Abschnitt). Mehr und detaillierte Informationen hierzu finden Sie in Kapitel 9, »Usability – wenn Kunden sich wohl fühlen«.

Beratungs- und Entscheidungsphase: den Kunden nicht allein lassen

Fehlendes Verkaufspersonal In einem Geschäft vor Ort ist es üblich, dass bei auftretenden Fragen das
dort beschäftigte Verkaufspersonal in Anspruch genommen wird und die
Fragen des Kunden beantwortet. Eine der großen Schwachstellen von E-
Business ist die sehr eingeschränkte und häufig sogar fehlende Hilfe und
Beratung durch Personal des Anbieters. Der Kunde ist bei der Suche nach
Informationen und bei der Entscheidungsfindung auf sich selbst gestellt.
Wenn er bei einem Internetangebot nicht weiter weiß, kann es sehr
schnell dazu kommen, dass er entweder einen Konkurrenten im Netz auf-
sucht oder gar gleich in einem Geschäft vor Ort einkauft.

Hilfestellungen sind zum einen dann angezeigt, wenn der Kunde
gesuchte Informationen (z. B. Bezeichnungen von Produkten) nicht findet, weil diese nicht im Webangebot vorhanden sind oder weil sie im
Umfang der vielen Informationen im Shop untergehen. Zum anderen
wird der Kontakt zu Verkaufspersonal auch dann gesucht, wenn der
Kunde eine Beratung bei seinen Entscheidungsprozessen wünscht.
Obwohl auch durch automatisierte Webfunktionalität (zum Beispiel

durch abrufbare Übersichten oder durch einen virtuellen »Berater«) eine beratende Unterstützung geleistet werden könnte, dürfte die Beratungsphase der Abschnitt sein, in dem das Nichtvorhandensein eines menschlichen Ansprechpartners von den Kunden besonders schmerzlich vermisst wird.

Eine von uns im Oktober 2001 im Auftrag der d+s Online AG[15] Hamburg durchgeführte Intensivbefragung und Beobachtung von 20 Testpersonen beim Einkauf in mehreren Internetangeboten ergab, dass diese durch einen Ansprechpartner beim Anbieter eher eine Beratung bei Entscheidungsproblemen als eine Hilfestellung bei Schwierigkeiten im Umgang mit den Navigationsmitteln und bei der Informationssuche auf der Website wünschen. Diese Tendenz dürfte mit der hierzulande verbreiteten Tendenz zu tun haben, Probleme bei der Benutzung von Geräten oder digitalen Medien vorwiegend selbst lösen zu wollen. Konsequenterweise fürchtet jemand, der eine andere Person bei der Bedienung um Hilfe bittet, sich als ungeschickt zu »outen«. Hier deuten sich interkulturelle Unterschiede an: Eine solche Einstellung lässt sich bei Benutzern in den USA kaum beobachten.

Um den Mangel an zwischenmenschlichem Kontakt beim Einkauf im Internet auszugleichen, sind in den USA Webshops immer häufiger mit einem menschlichen Ansprechpartner und Berater ausgestattet. Hier nimmt ein Mitarbeiter des Anbieters mit dem Kunden über das Internet Kontakt auf, sobald dieser den virtuellen Laden »betritt«. Der Kunde kann entscheiden, ob er die Beratung und Hilfestellung annehmen oder ob er seinen Einkauf ohne eine Begleitung vornehmen möchte.

Anschluss an ein Callcenter

Die Hälfte der Testpersonen in der bereits erwähnten Studie gab zu erkennen, dass sie sich beim Besuch eines Internetangebotes die Kommunikation mit einen Ansprechpartner durchaus wünschen würden. Allerdings wurde die bei einigen Webshops vorzufindende Kontaktaufnahme per E-Mail abgelehnt, weil – vermutlich aufgrund schlechter Vorerfahrungen – nicht davon ausgegangen wird, dass die Beantwortung einer Anfrage innerhalb hinreichend kurzer Zeit erfolgt. Auch die bisweilen angebotene Kontaktaufnahme per Telefonrückruf (über einen »CallMe«-Button) wird als wenig geeignet beurteilt, da hierzu ein Telefon am Standplatz des Rechners erforderlich ist und ein Telefonat einen »Medienbruch« darstellt. Die Vorzüge der jeweiligen Medien vereinigen sich jedoch in der Form des »LiveChats«, bei der auf Wunsch ein Callcen-

---

15 www.ds-online-ag.de

ter im Auftrag des Anbieters in einem Textfenster mit dem Besucher des Webshops synchron kommuniziert. Diese Form ist derzeit bei Webshops eher unüblich, wurde aber von den befragten Testpersonen als interessante und wünschenswerte Möglichkeit zur Kontaktaufnahme beurteilt.

Kaufphase: jetzt wird es kritisch

Hat ein Kunde genügend Informationen gesammelt und ist er zu der Entscheidung für ein bestimmtes Produkt und einen Anbieter gekommen, wird er zum eigentlichen Kaufvorgang übergehen. Wenn das Internetangebot hierfür eingerichtet ist – wie angedeutet muss nicht jeder Webauftritt alle Bereiche der Kontaktstelle zwischen Unternehmen und Kunden abdecken –, dann kann er (zumeist in einem eigenen Bereich des Webauftrittes mit einer geschützten Übertragung der Daten) die Kaufabwicklung vornehmen.

Die ausgewählten Produkte (hier dominiert als mentales Modell zumeist die Metapher des »Warenkorbs«) werden bestellt und die Zahlungsmodalitäten festgelegt. Als mögliche Zahlungsformen findet man die Erlaubnis zum Bankeinzug, die Abbuchung von der Kreditkarte, die Lieferung gegen Rechnung oder Nachnahme sowie die Überweisung auf das Konto des Anbieters, der nach Zahlungseingang liefert. Zu den rechtlichen Grundlagen dieser Transaktionen lesen Sie mehr in Kapitel 2, »Der rechtliche Rahmen – solides Fundament«.

Kritische Phase Zahlungsvorgang | Beobachtungen des Interaktionsgeschehens zeigen, dass an dieser Stelle ein besonders kritischer Punkt im Ablauf des ökonomischen Tauschgeschäftes erreicht ist, denn nicht selten wird selbst nach erfolgreichem Durchlaufen der Entscheidungs- und Auswahlphase gerade beim Zahlungsvorgang die Interaktion an dem Punkt abgebrochen, an dem zahlungsrelevante Daten (z. B. die Kreditkartennummer) eingegeben werden müssen. Diese Hemmnisse hängen eng mit den Besonderheiten des Internets zusammen, denn in einer Befragung[16] gaben im Jahr 2001 zwar 68% der Personen an, dass sie eine Kreditkarte besitzen, aber nur 18% der Befragten würden diese Kreditkarte zur Bezahlung im Internet auch verwenden. Im Internet würden 30% der in einer anderen Untersuchung befragten Personen[17] ihre Kreditkartennummer mittels verschlüsselter sicherer Übertragung, 7% per Post oder Telefon und nur 2% per unverschlüsselter Übertragung dem Anbieter zur Abbuchung mitteilen.

---

16 k@ern newsletter 07.08.2001 (IHK Rhein-Neckar)
17 Internet Shopping Report 2000/Symposion (veröffentlicht 1/2001)

Gerade im Internet muss demnach von einem besonders hohen Sicherheitsbedürfnis der Kunden ausgegangen werden; dem steht jedoch gegenüber, dass immerhin über 80% der Kreditkartenbesitzer bereit sind, ihre Karte im Urlaub einzusetzen – und damit das Risiko einer missbräuchlichen Verwendung der Kartennummer eingehen, das deutlich höher ist als bei einer (sicheren) Übertragung im Internet.

Zwar sind die Befürchtungen der Kunden (bei 63% verhindert die Angst eines Missbrauchs die Verwendung im Internet) wenig begründet, denn nur 5,8% der Befragten konnten eigene schlechte Erfahrungen angeben und nur 8,8% der Befragten hatten ein fundiertes eigenes Wissen über Missbrauchsrisiken; sie halten sich aber dennoch sehr hartnäckig. Dabei macht die Mehrheit der zögerlichen Kunden diffus die Berichterstattung in den Medien für die eigene Zurückhaltung verantwortlich.

Aus der Analyse der für diese Phase bedeutsamen Bedürfnisse und Gratifikationen ergibt sich die zentrale Bedeutung von Vertrauen (als Aspekt sowohl sozialer als auch emotionaler Bedürfnisse). Für die Entwicklung von Vertrauen zwischen dem Kunden und dem Unternehmen ist entscheidend, dass der Kunde aufgrund seiner Vorinformationen und seiner Vorerfahrungen (sowohl mit diesem als auch mit anderen Anbietern) einen Missbrauch (z. B. einen Einzug des Betrages ohne Lieferung des Produktes) als wenig wahrscheinlich einschätzt. **Vertrauen**

Wenn der Kunde den Anbieter kennt und bislang gute Erfahrungen mit ihm gemacht hat, wird er ihm eher seine persönlichen Daten bekannt geben als einem unbekannten Anbieter. In Fall des Erstkontaktes kann es schon hilfreich sein, wenn der Anbieter an prominenter Stelle die Allgemeinen Geschäftsbedingungen (AGB) ausführlich erläutert und eine zuverlässige Lieferung zusagt. Er kann außerdem dem Kunden über die vorgesehenen Rechte hinaus erweiterte Konditionen einräumen (z. B. ein erweitertes Rückgaberecht).

Vertrauensbildung wird auch dadurch unterstützt, dass der Anbieter als persönlicher Ansprechpartner für den Kunden erkennbar ist und sich nicht irgendwo hinter der Fassade der virtuellen Welt verbirgt. Bereits ein Bild oder die Unterschrift des Ansprechpartners können dessen (soziale) Präsenz erhöhen und Vertrauen schaffen. Beispielsweise wurde diese Hürde von www.linsensuppe.de auf diese Art genommen.

Eine (unverzögerte) Kontaktnahme per E-Mail oder Telefon (zur Auftragsbestätigung) sind ebenso hilfreich wie regelmäßige Mitteilungen per E-Mail über den Stand der Bearbeitung bzw. der Lieferung (Auslieferung,

Eintreffen in x Tagen). Günstig kann es auch sein, den Kunden alternative Zahlungsweisen zur Auswahl anzubieten; bevorzugt werden hierbei die Bezahlung gegen Rechnung (91%), die Lieferung gegen Nachnahme (36 %) und das Abbuchungsverfahren (31 %).

Kennt man den Anbieter (noch) nicht und konnte daher bislang wenig Vertrauen ausbilden, so bietet sich als Möglichkeit an, einen anerkannt vertrauenswürdigen Dritten einzuschalten. Das ist das Prinzip der Güte-siegel (z. B. Trusted Shops[18]); solche vertrauenswürdigen Dritten räumen bei Einkäufen eine Garantie ein und erstatten bei nicht erfolgter Lieferung den Verkaufspreis.

Service, Support und Kundenbindung: Unterstützung bieten

Ein Unternehmen, das im E-Business erfolgreich sein will, wird es nicht dabei bewenden lassen, einen Kunden einmalig zu einem Erwerb eines Produktes bewogen zu haben. Auch nach dem Kauf besteht ja noch eine Beziehung zwischen dem Unternehmen und dem Kunden auf einer rechtlichen Grundlage, sofern ein Gewährleistungsfall eintritt und der Kunde den Service des Unternehmens in Anspruch nimmt. Hier kann ein umfangreiches Informationsangebot auf der Website zu möglichen Bedienungsproblemen und -fehlern dabei helfen, vermeintliche »Garan-tiefälle« zu vermeiden. Eine solche Wissensbasis (»Knowledge-Base«) kann zu einem breiten Informationsangebot ausgebaut werden, das regis-trierten Kunden zur Verfügung steht und das – neben Hinweisen und Anregungen zur Benutzung und Bedienung des Produktes – auch weitere Funktionalitäten (z. B. Treiber und Softwaretools für einen erworbenen Rechner) bietet.

Communities Da liegt der Ausbau zu einer Gemeinschaft (»Community«) nahe, bei der Kunden in einem Forum ihre Gedanken und Ideen austauschen und sich gegenseitig bei Problemen mit Produkten des Anbieters weiterhelfen oder auch Anregungen für weitere Einsatzmöglichkeiten geben.

Die weltgrößte Auktionsplattform eBay[19] beispielsweise fördert die Ver-trauensbildung zwischen Bietern und Anbietern durch ein ausgefeiltes Bewertungssystem. Bei der Betreuung einer solchen Community ist der Anbieter gefragt, denn eine elektronische Gemeinschaft ohne Kommuni-kation ist für ihre Mitglieder nicht mehr attraktiv und gibt ein schlechtes Bild ab, das auch Konsequenzen für das Image des Anbieters hat. Bei-

---

18 www.trustedshops.de
19 www.ebay.de oder www.ebay.com

spielsweise können sich Beauftragte des Betreibers in der Community an der Kommunikation beteiligen und auf gestellte Fragen Antworten und Ratschläge geben. Eine Community bietet neben Informationsgratifikationen auch Gratifikationen im sozialen Bereich und kann – eine funktionierende Gemeinschaft vorausgesetzt – zu einem Instrument für eine erfolgreiche Kundenbindung werden.

Kompakt

Erst die Euphorie.
Dann die Hysterie.
Jetzt das Geschäft.

So warb kürzlich ein E-Business-Magazin um Abonnenten. Dieser Slogan beschreibt zutreffend die Entwicklung im E-Business: Nachdem die anfängliche Begeisterung mit einem generell hohen Maß an Technikverliebtheit, aber einer geringen Orientierung an den Bedürfnissen und Wünschen der Kunden einherging und unter anderem aus diesen Gründen gescheitert ist, besinnt man sich heute zunehmend auf die tatsächlichen Erfolgskriterien. Zu diesen gehört eine intensive Auseinandersetzung mit den Kunden, ohne die es erfolgreiche E-Business-Projekte nicht geben kann. Einerseits beschäftigt man sich in der Konsumpsychologie mit den Bedürfnissen und Motiven der Kunden sowie den Gratifikationen, die zu einer Bedürfnisbefriedigung führen können. Zum anderen gehört auch die kommunikations- und medienpsychologische Beachtung der für den Austausch zwischen dem Anbieter und dem Kunden relevanten Besonderheiten des Mediums Internet dazu.

Wenn im Slogan davon gesprochen wird, dass »jetzt das Geschäft« folgt, ist damit gemeint, dass auf der Grundlage einer konsumentenorientierten Medienpsychologie die Voraussetzungen erfolgreicher kommerzieller Webauftritte intensiv analysiert werden und die aus den Ergebnissen dieser Analyse hervorgehenden Empfehlungen bei der Gestaltung des Webangebotes auch beherzigt werden. Nur so – das ist unsere Überzeugung – lassen sich die immer noch beträchtlichen Hemmnisse im E-Business überwinden und E-Business-Projekte zu einem nachhaltigen Erfolg führen.

8 Marketing – halten Sie den Kontakt!

Selbst in einem Massengeschäft sollten Sie nicht jeden als Kunden gewinnen und behalten wollen. Der Weg zum Erfolg führt darüber, jene anzulocken, die Ihren Service schätzen, um sie dann als Dauerkunden zu behalten und aus der lebenslangen Geschäftsbeziehung den größtmöglichen Vorteil zu ziehen.
(Lord Marshall of Knightsbridge, Chairman, British Airways)

Onlinemärkte im Business-to-Consumer-Segment, ob Shoplösungen oder virtuelle Marktplätze, provozieren geradezu Untreue auf Verbraucherseite. Was können Sie dagegen vor und während der Konzeption, der Projektierung und dem Betrieb von Onlinelösungen tun, was sind die Auslöser der Untreue und wie sehen Lösungsmöglichkeiten aus?

In diesem Kapitel erfahren Sie, wie eine intelligente Marketingstrategie die klassischen Ansätze der Kundenbindung und des Electronic-Relationship-Managements verbindet. Die Frage nach der Wichtigkeit der Kundenprozesse wird hier ebenfalls diskutiert. Wir behandeln den – gerne vernachlässigten, aber für den Unternehmenserfolg sehr wesentlichen – Unterschied zwischen Kundenzufriedenheit und Kundentreue und gehen den fundamentalen Elementen einer Segmentierung und Bewertung des Kundenstammes auf den Grund.

8.1 Geniale Missgriffe in Sachen Marketing

Mäßig bis hoch dotierte Auszeichnungen für erfolgreiche Kundenbindungsmaßnahmen und Marketingkampagnen gibt es an jeder Ecke. Es war wohl nur eine Frage der Zeit, bis auch die unfreiwillig amüsanten Missgriffe der Branche an den öffentlichen Pranger gerieten. Ein paar Beispiele dürfen wir Ihnen amüsiert, aber doch leicht irritiert präsentieren. Wenn Sie sich dabei fragen: Und was hat das mit E-Business zu tun? Nun, dann empfehlen wir Ihnen dringend, anschließend weiterzulesen.

Das populärste Unfallopfer der griechischen Mythologie als Namensgeber

Bei der Einweihung der »Gläsernen Manufaktur« in Dresden am 11. Dezember 2001 wurde der Name der bis dahin »D1« genannten neuen

Crash-Kid aus der Antike ...

Nobellimousine von Volkswagen bekannt gegeben: »Phaeton«. VW verwies damals ausdrücklich auf die griechische Mythologie, was zu der einen oder anderen höhnischen Bemerkung führte, denn Phaeton, der Sohn des Sonnengottes Helios, brachte den Sonnenwagen seines Vaters zum Absturz.

Der Dichter Ovid berichtet in seinen »Metamorphosen« von Helios, der jeden Tag den von vier Pferdestärken gezogenen Sonnenwagen über den Himmel lenkte. Phaeton lag seinem Vater allmorgendlich in den Ohren, er solle doch ihm einmal die Zügel überlassen. Eines Tages gab Helios nach – eine verhängnisvolle Entscheidung: Phaeton gingen die (nicht ESP-unterstützten) Pferde durch und der Sonnenwagen schleuderte aus der Spur. Das Gefährt riss einen »Schlitz« in den Himmel und stürzte dann in der Nähe des Äquators brennend zur Erde.

Göttervater Zeus, nicht faul, blitzte den rasenden Halbgott in seiner Funktion als oberster Himmelspolizist und Verkehrshüter vom Firmament und ließ ihn an der Mündung des Eridanos – dem heutigen Fluss Po – ins Meer stürzen.

VW ließ dazu verlauten, dass »der Name Phaeton ein Thema aus der Antike aufnimmt und dieses in die Zukunft des modernen Automobilbaus projiziert«. Zum Glück hat das Auto acht Airbags ...

Abbildung 8.1 Rubens' »Der Fall des Phaeton«

Der bei der Einweihungsfeierlichkeit anwesende deutsche Bundeskanzler Gerhard Schröder verkündete spontan, er »bleibe bei D1«. Wochen später wurde erstmals kolportiert, dass die Volkswagen-Führung nun ebenfalls über das Für und Wider des Namens »Phaeton« diskutiert. Offiziell wurden jedoch Dementis verbreitet: »Der Fahrer hat nicht überlebt. Der Wagen schon.«[1]

Der Namensgebung kundige Menschen halten die Bezeichnung des Luxusschlittens teilweise für problematisch, nach rückwärts gerichtet und altmodisch: Der Name »Phaeton« lade außerdem zu ausgedehnten Wortspielen ein. Auch die Zurücknahme des Namens wurde empfohlen.

... als Namenspatron

Abbildung 8.2 Produktion eines Marketing-Totalschadens[2]

Auch nicht blöd: Sommer und Herbst verwechselt

Noch im Oktober 2001 warb D2 Vodafone ungehemmt für seinen Einsteigertarif D2_Sun. Werbebotschaften wie »der Sommer wird heiß« oder »Also: Ab in die Sonne – und telefonieren, was der Sommer hält« hätten zu Beginn des Sommers sicherlich mehr Eindruck auf die angepeilte Zielgruppe gemacht, als dies im Oktober – und damit mitten im Herbst – der Fall war.

---

1 Jens Bobsien, Produktentwicklung Volkswagen, im Interview mit manager-magazin.de vom 13. Dezember 2001
2 © Volkswagen AG

Abbildung 8.3 Der Sommer wurde tatsächlich heiß – die Prognose kam im Herbst.[3]

Kunstschnee oder Milzbrand-Erreger?

Die französische Wintersport-Region Savoyen schickte 25 000 Briefe mit Kunstschnee an potenzielle Urlauber – im Oktober 2001. Genau zu diesem Zeitpunkt näherte sich die Milzbrandpulver-Hysterie einem Höhepunkt.

Die Urlaubsstimmung der Betroffenen donnerte in Schussfahrt talwärts, dafür aber waren die Mitarbeiter der Postämter nach der Aktion mehr als urlaubsreif.

Der Kunstschnee werde durch Fotos von glücklichen Kühen ersetzt, teilte einige Tage später das Tourismusbüro von Les Arcs in Savoyen mit. Hoffen wir gemeinsam, nicht von einer neuen Welle von Rinderwahnsinn heimgesucht zu werden.

---

3   © D2 Vodafone

Lektion 1: Wir katapultieren uns aus dem Weihnachtsgeschäft

Was Experten schon im Vorfeld als äußerst riskantes Abenteuer einstuften, wurde im November 2001 Wirklichkeit: Als fünfter Netzbetreiber trat Quam als Tochter der spanischen Telefonica und der finnischen Sonera in den heiß umkämpften deutschen Mobilfunkmarkt ein. Begleitet von einer Schätzungen zufolge 50 Mio. € teuren Werbekampagne sollte den bereits im Markt befindlichen Anbietern T-Mobile, vodafone, e-plus und Viag Interkom das Leben schwer gemacht werden.

Traum ...

Schwer machte es sich Quam allerdings zunächst selber: Zu kurzfristig vor dem Markteintritt wurde bei D1 und D2 die technische Kompatibilität eingefordert. Die bedauernswerten Teilnehmer des Quam-Netzes waren noch Mitte Dezember 2001 aus den D1- und D2-Netzen nicht erreichbar.

... und Wirklichkeit

Und als hätte dies nicht schon gereicht, übertraf sich Quam im Dezember 2001 nochmals: Um auf T-Mobile und Vodafone als Schuldige der Misere aufmerksam zu machen – diese gaben sich verständlicherweise keine allzu große Mühe, für einen weiteren Konkurrenten im Weihnachtsgeschäft Entwicklungshilfe zu leisten – verkündete Quam an diesem Tag, dass man den aktiven Verkauf aus Protest einstelle.

Mit diesem Verkaufsstreik verabschiedete sich das Unternehmen aus dem im Mobilfunkmarkt traditionell sehr attraktiven Weihnachtsgeschäft. Wesentlich glaubhafter wäre der Streik allerdings gewesen, wenn zumindest die Regulierungsbehörde T-Mobile und vodafone einen Rüffel erteilt hätte. Von dort hieß es allerdings nur »Kein Foul«, was aus Kundensicht den Verkaufsstreik noch weniger nachvollziehbar macht.

Lassen Sie uns nach dem Genuss dieser unfreiwillig komischen Beispiele von mäßig gelungenem Aktionismus in Richtung Kundenansprache gemeinsam zur Konzeption intelligenter Marketing- und Vertriebsszenarien schreiten.

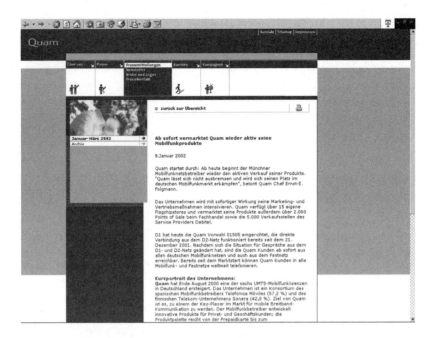

Abbildung 8.4 So ein Glück: Quam ist wieder bereit, seine Produkte zu verkaufen.[4]

8.2 meinlieberkunde.com oder die Entdeckung des Wertes der Kundenbeziehung im Netz

Das Ende der klassischen Kommunikation

Machen wir uns nichts vor: Nicht nur im Internet verlagert sich die Macht unaufhaltsam vom Verkäufer zum Käufer, vom Anbieter zum Konsumenten. Die Auslöser, logischen Begleiterscheinungen und positiven und negativen Folgen sind:

▶ Die Nachfrage nach Dienstleistungen und Produkten wird weiter steigen, viele Märkte stagnieren jedoch – oder werden enger.

▶ Der Kampf um den Kunden verschärft sich zunehmend; die Folge sind schwer durchschaubare Allianzen und Bonusprogramme.

▶ Viele Re-Engineering-Maßnahmen der letzten Jahre waren nur nach innen gerichtet, das Phänomen »Kunde« kam in den Betrachtungen und Bemühungen oft gar nicht vor.

▶ Die Verlagerung von der Produkt-Sichtweise zur Kundenorientierung wurde und wird oft propagiert, aber selten auch tatsächlich gelebt. Kunden suchen keine Produkte, sondern Lösungen – die Inhalte sind

---

4   www.quam.de

es, die für sie eine Identifikation und Differenzierung der Anbieter ermöglichen.

▶ Für Kunden wird der Preisvergleich dank Internet immer einfacher. Spätestens seit der europaweit beinahe flächendeckenden Einführung des Euro als Zahlungsmittel wird der Dreisatz seltener bemüht.

▶ Meinungen über Produkte und Dienstleitungen gelangen rasch und schwer widerrufbar an die Öffentlichkeit und breiten sich virenartig aus. Communitys können jedoch für beide Seiten Vorteile in informationeller, zeitlicher und finanzieller Hinsicht schaffen.

▶ Informationen über Kunden und den Markt werden ohne großen Aufwand und in besserer Qualität geliefert.

▶ Die Marke des Produkts tritt in den Hintergrund; die Markentreue der Kunden nimmt generell ab.

▶ Die Trennlinie zwischen Marketing und Vertrieb existiert in der digitalen Welt nicht mehr.

Keine Frage: Das veränderte Machtgefüge zwischen Anbieter und Käufer verlangt nach neuen Modellen.

Most managers and companies have heard the wakeup call, and they believe that customer centricity is the key to success in the future. The hard part now is becoming fluent in alternative thinking, strategies, and tactics – breaking away from the responses and policies that our parents and grandparents taught us for the past 100 years.[Newell]

Die intelligente elektronische Steuerung der Kundenbeziehung

Wir haben es fast vermutet: Die Grundgesetze effizienter Kundenbindung werden auch im Zeitalter des Internets nicht aufgehoben – weder für Kunden noch für das Management der Lieferanten und Dienstleister. Ihre Kunden werden jedoch mittelfristig elektronische Wege der Kommunikation bevorzugen:

▶ Sie bekommen mit diesem hochverfügbaren Medium vielfältigere Möglichkeiten zur Steuerung und Kontrolle in die Hand.

▶ Die Toleranz gegenüber schwachem Service und mäßiger Qualität lässt mehr und mehr nach.

Electronic-Marketing, einer der am schnellsten wachsenden Bereiche im Web, ist nicht notwendigerweise eine von »analogen« Szenarien losgelöste Herangehensweise, sondern ein weiterer, beschleunigter Weg zur

Kein neuer, ein weiterer Weg

Gewinnung neuer und Bindung »alter« Kunden. Hier bietet Ihnen das rasante Wachstum des Internets unendlich viele Chancen, die Marketing- und Vertriebsaktivitäten Ihres Unternehmens effizient zu bündeln, eine nahtlose Integration jedes Bereiches mit Kundenkontakt zu schaffen und sich so dauerhaft zu positionieren.

Erst durch die Nutzung des Internets ist es möglich, in kurzer Zeit große Mengen an Information mit und über Kunden auszutauschen und zu analysieren. Ein tatsächlich personalisierter Dialog mit Ihren Interessenten und Kunden ist nun mit zufrieden stellender Geschwindigkeit und ökonomisch sinnvoll möglich.

Unabhängig von Kommunikationsmedium und Vertriebskanal bleibt ein Kunde ein Kunde:

> *Erkenne erst deine Kunden und ordne dann die Kanäle entsprechend und versuche nicht dadurch, dass du neue Kanäle installierst, Callcenter oder die mobile Kommunikation, zu erreichen, dass sich die Kunden nach deinem System und deinen Technologien ausrichten. [Rapp]*

Lernen Sie die Prozesse Ihrer Kunden kennen! Mit der Nutzung des Internets haben Sie vielfältige und »mächtige« Werkzeuge an die Hand bekommen, die Ihnen die Kommunikation mit Ihren Kunden, die direkte Ansprache und Analyse ihrer Wünsche und Bedürfnisse und die Entwicklung einer langen, von Vertrauen geprägten Geschäftsbeziehung so einfach machen wie nie zuvor.

Informationen über Ihre Kunden – durch Interviews, mithilfe von Callcentern oder Bonus- und Loyalitätsprogrammen gewonnen – können Sie umfassend dabei unterstützen, die Geschäftsbeziehung aus der Perspektive Ihrer Kunden zu betrachten:

▶ Nicht die Prozesse Ihrer Marketingabteilung, Ihres Vertriebsbereiches oder Ihres Unternehmens sind für eine nachhaltige Verbesserung Ihrer Kundenbeziehungen maßgeblich, sondern die Kundenprozesse.

▶ Die Fragen »Was schmerzt meine Kunden besonders?« und »Was verschafft ihnen schlaflose Nächte?« sind interessanter und lehrreicher als die Beschäftigung mit beinahe optimalen internen Abläufen und der Nabelschau auf der Suche nach den perfekten klimatischen Bedingungen im eigenen Haus.

Kunden hinterlassen in einem Laden wenige oder keine Spuren, besonders wenn sie keine Einkäufe tätigen – selbst bei einem erfolgreichen Einkauf sind verwertbare Daten sehr oft nur bruchstückhaft vorhanden. Die Einbeziehung webbasierter Lösungen hingegen verschafft ungleich mehr

Transparenz und liefert eine Unmenge an Informationen, unter anderem über Kaufverhalten, Preissensibilität, Zufriedenheit mit dem Angebot, persönliche Präferenzen und Wünsche – und bietet viele Kontaktmöglichkeiten mit Ihren Kunden.

Krise und Chance zugleich: Diese Informationen, die an vielen »Berührungspunkten« entstehen, gilt es zusammenzuführen und auszuwerten (selbstverständlich nur mit Einwilligung des Kunden).

Die Herausforderung besteht darin, diese möglicherweise in verschiedenen Abteilungen, Bereichen, Datenbanken und Systemen schlummernde Datenbasis zielgerichtet zu nutzen und zu bearbeiten. Zu viele Unternehmen sind immer noch darauf fixiert, herauszufinden, wie viele Besucher welche Seiten wie schnell angeklickt haben und wie sich die Umsätze eines virtuellen Shops erhöht haben, anstatt zu analysieren, warum Kunden untreu werden und abwandern.

Nutzen Sie die gewonnenen Informationen?

Eine durchschnittliche Website schöpft nur 30 % ihres vollen Umsatzpotenzials bei einem Kunden aus.[5]

Gelingt es nicht, Synergieeffekte zu nutzen und die in verschiedenen Kanälen gewonnen Daten effektiv und ohne Reibungsverluste umzusetzen, wird dieses Unvermögen von Ihren Kunden sehr schnell wahrgenommen: als unkoordinierte und wenig systematische Versuche der Kommunikation. Ist Ihr Kunde der einzige, der über alle Aktivitäten, Kontakte und Ergebnisse Bescheid weiß, haben Sie bereits die erste Fahrlässigkeit begangen.

8.3 Wie hätte es Ihr Kunde gern? Erlebnis und individuelle Betreuung – auch online

It is the customer who determines what a business is.
[Drucker]

Selten werden Schlagworte so oft, oberflächlich, verkürzt und falsch verwendet wie das »Ein-Personen-Segment« und das »One-to-One-Marketing«. Wie aber sieht das Konzept in seinen Grundzügen tatsächlich aus? Was heißt hier »Einkaufserlebnis«?

Wozu die Aufregung?

Begründet wurden der Begriff und das Konzept des One-to-One-Marketings durch die amerikanischen Autoren Martha Rogers und Don Peppers

---

[5] Bajeva: Making the Most of Customers, Industry Standard, 28.2.2000

und ihr 1993 erschienenes Buch »The One to One Future: Building Customer Relationships One Customer at a Time«. Genau genommen ist – wie die Autoren selbst weise bemerkten – die Theorie des One-to-One-Marketings nichts wirklich Neues und außerdem ausgesprochen nahe liegend.

Companies in all industries today are faced with rising customer disloyalty and shrinking margins. But some companies are enjoying surprising successes by focusing on individual customers, using technology to create long-term, individualised, one-to-one relationships. [Rogers]

Gestern ... Wie war das denn – damals? Der Ladenbesitzer um die Ecke kannte seine Kunden noch persönlich und konnte auf deren Wünsche eingehen. Möglich wurde dieses Eingehen auf individuelle Kundenvorlieben zum einen durch den beständigen Dialog mit den Kunden: Diese äußerten ihre Wünsche, die sich der Ladenbesitzer merkte.

Das Erinnerungsvermögen des Unternehmers war also Voraussetzung für die individuelle Behandlung der Kunden. Später ersetzte anonyme Werbung die enge Bindung zwischen Händler und Kunden. Große Hersteller bauten durch beständiges Werben eine Marke auf, die von den Kunden im Laden verlangt wurde.

... und heute Heute hat das Internet das Potenzial, diese verfahrene Situation wieder komplett zu verwandeln: Erstmals steht ein Massenmedium bereit, das den Dialog mit dem einzelnen Kunden führt und das Erinnerungsvermögen des Ladenbesitzers nachbildet. Kunden können wie zu Großmutters Zeiten ihre Wünsche äußern. Die verschiedensten Anwendungen wurden kreiert, um mit dem Kunden einen »persönlichen« Dialog zu führen: Formulare, Chats, Foren usw. Das Erinnerungsvermögen des Ladenbesitzers wird durch Rechnerleistung ersetzt, die eine individuelle Behandlung jedes einzelnen Kunden erlaubt.

One-to-One-Marketing denkt nicht in Kundensegmenten, einer aggregierten anonymen Masse, die sich nur durch ähnliche Daten auszeichnet, sondern sieht den einzelnen Kunden als eigenständiges Marktsegment: Die Segmentgröße beträgt also Eins. Jede einzelne neue Information über den Kunden führt zu einer Neuausrichtung der Einschätzung desselben.

Anders als in der klassischen Marketingtheorie ist der Segmentierungsprozess mit der – einmaligen – Erhebung der Kundeninformation nicht abgeschlossen, sondern wird in einem fortlaufenden, dynamischen Prozess angepasst und erweitert. Beinahe von selbst: Durch beständige Interaktion und Dialog mit dem Anbieter hinterlässt der Kunde Informationen über sich und seine Präferenzen, die dem Unternehmen ein sich ständig verfeinerndes Bild dieses individuellen Kunden gestattet. Auf diesen Daten aufbauend wird die Kommunikation mit dem Kunden und das konkrete Angebot von Produkten und Leistungen ausgerichtet.

Schaffen Sie aktiv Dialogmöglichkeiten für Ihre Kunden! Beständige Dialoge und Kontakte zwischen Ihren Kunden und Ihnen generieren eine »Lernschleife«: Mit jeder einzelnen Interaktion steigt das Wissen um den Kunden und dessen Präferenzen. Besonders wichtig ist jedoch, dass die Informationen über Ihre Kunden auch gespeichert werden und dass Ihre Kunden ihre Angaben niemals wiederholen müssen.

Was macht nun dieses Konzept des One-to-One-Marketings aus? Aus Sicht des Kunden ist das Abwandern zu Ihren Mitbewerbern keine besonders attraktive Vorstellung: Durch beständigen Dialog und die Weitergabe von personenbezogenen Informationen und eigenen Vorlieben hat Ihr Kunde bereits eine Investition getätigt. Als Besucher oder Kunde eines Onlinestores haben Sie es sicher schon bemerkt: Wechseln Sie plötzlich Ihren Anbieter, ist all Ihre Mühe, die Sie mit dem beständigen Kunden-Anbieter-Dialog hatten, wertlos geworden – Sie müssen diese Frage-Antwort-Spiele bei jedem weiteren Anbieter wiederholen, um eine gleichermaßen individuelle Behandlung zu bekommen. **Wechselbarrieren**

Aufgrund der von Ihren Kunden höchstpersönlich errichteten Wechselbarrieren bleiben sie Ihnen treu und wandern nicht bei der erstbesten Gelegenheit ab. Wenn noch eine allgemeine Zufriedenheit Ihrer Kunden hinzu kommt, da sie ein auf ihre individuellen Bedürfnisse zugeschnittenes Angebot erhalten, sind sie selbst gegen Abwerbeversuche Ihrer Mitbewerber weitestgehend immun.

Nicht zuletzt durch das gewonnene Wissen um die Vorlieben des einzelnen Kunden ist es Ihnen möglich, maßgeschneiderte Produkte und Dienstleistungen zu offerieren – versuchen Sie, ausgesprochene oder latente Wünsche Ihrer Kunden zu entdecken und zu erfüllen! Denken Sie daran, Ihr Angebot auch über die eigentliche »Kernleistung« hinaus zu erweitern: Gehen Sie strategische Allianzen mit Servicepartnern und Konvergenzdienstleistern und, wenn es der Befriedigung der Kundenwünsche dient, auch mit Ihren Mitbewerbern ein.

Halten wir zusammenfassend fest, dass eine der Hauptforderungen des One-to-One-Marketings lautet: Fördern Sie den Dialog mit Ihren Kunden und verlieren Sie die Prämisse der beständigen Interaktion nicht aus den Augen! Mit dem Internet haben Sie ein beinahe perfektes Werkzeug zur

Verfügung, das eine Zwei-Wege-Kommunikation zwischen Ihren Interessenten und Kunden und Ihnen möglich macht.

Beziehungs-Weise Lassen Sie uns der Wahrheit ins Auge blicken: Kunden sind nicht gleich, nicht jeder Kunde will König sein – und, nicht jeder Kunde wünscht eine dauerhafte Geschäftsbeziehung zu Ihrem Unternehmen.

Für jeden der von uns betrachteten Anbieter von Produkten und Dienstleistungen finden wir Kunden, deren Kaufentscheidungen alleine vom Preis beeinflusst werden, Kunden, die Ihnen in Sekundenbruchteilen untreu werden, wenn ein Mitbewerber auf der anderen Straßenseite günstigere Konditionen anbietet. Erfreulicherweise finden wir aber auch Kunden, die auf intelligente professionelle Services, persönliche Betreuung, Zeitersparnis und Qualität der angebotenen Produkte Wert legen und auch durchaus bereit sind, dafür höhere Preise zu akzeptieren.

Arthur Hughes unterscheidet hier zwei Typen von Käufern [Hughes]:

▶ Der »Transaction Buyer«: Diese Kunden sind ausschließlich am Preis interessiert, empfinden keine Loyalität zu ihren Lieferanten und kennen alle Preise am Markt. Sie sind bereit, für ein paar Cents Preisdifferenz zu Ihrem Mitbewerber zu wechseln – egal wie viel Mühe Sie sich beim Service und vor- und nachgelagerten Dienstleistungen geben.

▶ Der »Relationship Buyer«: Dieser Kundentypus sucht Lieferanten, dem er vertrauen und zu denen er eine dauerhafte Geschäftsbeziehung entwickeln kann. Diese Kunden wissen, dass sie beim Wettbewerber möglichweise ein wenig preisgünstiger einkaufen können, finden aber die Beschäftigung mit Preisen und den Aufwand der Beschaffung zu mühselig.

Es ist nicht unanständig, Kunden unterschiedlich zu behandeln Eine weitere Dimension wird schnell deutlich, wenn wir die Seite der Kunden und Käufer näher betrachten: die persönliche Gier und das mit Produkten oder Dienstleistungen transportierte Image.

Ihre Kunden selbst sind es, die eine Unterscheidung – und Abgrenzung »nach unten« und »nach oben« – fordern und als treue Kunden anders behandelt werden wollen als Laufkunden. Denken Sie an Kreditkarten-Kategorien wie Standard, Gold und Platinum oder an unterschiedliche Kategorien von Vielfliegerkarten. Besitzen Sie eine Gold Card, wollen Sie vermutlich früher oder später zum Platinum Card-Besitzer »aufsteigen« und diese Leistungen in Anspruch nehmen; haben sie einen Senator-Status inne, möchten Sie auf die damit verbundenen erflogenen Annehmlichkeiten wahrscheinlich nur ungern verzichten.

Beachten Sie diese Elemente, wenn Sie über Programme und Strategien zur Gewinnung und Bindung von Kunden nachdenken!

Individuelle Massenprodukte? Mass-Customization!

Wie sehen denn individualisierte Massenprodukte im Zusammenhang mit einem personalisierten Dialog in der Realität aus? An der Imbissbude beispielsweise so, dass der Kunde dem Wurstverkäufer, kurz bevor er ansetzt, die Currywurst fachgerecht in mikroskopisch kleine Scheiben zu zersäbeln und zufrieden einen Preis zu brüllen, mit entsetzter Miene zu verstehen gibt, er hätte seine höchstpersönliche Currywurst wie üblich sehr gerne am Stück.

Was können wir aus solchen Beispielen lernen? Wie kommunizieren Sie Ihren Kunden, dass sie seine Wünsche ernst nehmen und in individuelle Produkte und Dienstleistungen umsetzen?

Kundenindividuelle Massenproduktion scheint auf den ersten Blick ein Widerspruch zu sein. Tatsächlich aber können die Vorteile einer Produktion in großen Stückzahlen mit denen einer kundenindividuellen Einzelfertigung verbunden werden. Der Begriff »Mass-Customization« wurde Ende der Achtzigerjahre geprägt: Er verband die an sich gegensätzlichen Begriffe »Mass-Production« und »Customization«.

Wie bitte? Individuelle Massenproduktion?

Der erste Schritt eines Mass-Customization-Konzepts ist die Erhebung der Kundenwünsche und deren Umsetzung in eine konkrete Produktspezifikation. Im Gegensatz zur in den Achtzigerjahren vorherrschenden Variantenfertigung, bei der ein Hersteller ohne direkten Kundenbezug für klar definierte Marktnischen Produktvariationen vorfertigt, wird im Rahmen der Mass-Customization ein Produkt erst nach Eingang des Kundenauftrages individuell hergestellt.

Vermeintlich zielgruppen-genaue Werbebriefe, Unmengen »maßgeschneiderter« Mailings oder massenhaft »individuelle« Prospekte: Die erste Welle des Direktmarketings war von den Konsumenten schnell durchschaut und wanderte zielsicher in beachtlichen Stückzahlen in den Papierkorb. Frank Piller, Herausgeber der Website Mass-Customization[6] bezeichnet diese Herangehensweise als »kosmetische Kundenbetreuung (...) mit hoher Individualitätsanmutung, die in Wahrheit aber die Prinzipien des Direktmarketings weiterführt« [Piller]. Sehr viele Marketingkampagnen scheitern kläglich an genau diesem wenig erfolgreichen Versuch

Die erste Welle ...

---

6 www.mass-customization.de

der Umsetzung – und die Zufriedenheit der so umgarnten Kunden sinkt kontinuierlich.

... und die nächsten Schritte Einen wesentlichen Schritt weiter geht wirklich erfolgreiches »Beziehungsmarketing«: Durch das Angebot wirklich individueller Produkte und Dienstleistungen bauen Sie beinahe zwangsläufig eine individuelle Beziehung zu Ihren Kunden auf.

> *Erst die Verbindung von Relationship-Marketing mit der Wettbewerbsstrategie der Mass-Customization hat das Potenzial, wirklich dauerhafte und profitable Kundenbeziehungen zu etablieren. [Piller]*

Wir haben es bereits vermutet: Sehr wenige Kunden sind an einer dauerhaften persönlichen Beziehung zu den Produzenten der von ihnen erworbenen Produkte interessiert. Die Konsequenz, mit der Lieferanten diesen eigentlich nicht besonders komplexen Umstand ignorieren, ließ und lässt noch immer viele Direktmarketing-Kampagnen misslingen. Was Ihre Kunden interessiert, sind ihre eigenen Wünsche und Präferenzen – und genau die können Sie mit individuellen Produkten erfüllen.

Kunden wollen keine Auswahl! Wir dürfen Sie mit einem weiteren – ausgenommen weit verbreiteten – Irrtum bekannt machen: Kunden wollen auswählen! Unbestritten ist die Tatsache, dass Variantenreichtum und Segmentierung immer mehr zunehmen. Die meisten Kunden erwarten allerdings Produkte und Dienstleistungen, die exakt Ihre Ansprüche erfüllen: in funktionaler, technischer und ästhetischer Sicht. Eine ausufernde Auffächerung von Artikeln und Produktlinien und eine nicht mehr überblickbare Vielfalt an Varianten löst diese Frage aber nicht – in den Kunden wird lediglich die Hoffnung geweckt, sie würden finden, wonach sie suchen.

> *Kunden wollen im Allgemeinen keine Auswahl. Sie wollen genau das, was sie wollen.[Pine]*

Genau hier können Sie mit der Strategie der Mass-Customization ansetzen: Die Herstellung eines Produkts als Antwort auf den Wunsch eines Kunden zum Preis eines vergleichbaren Standardprodukts. Gelingt es Ihnen, sich hier zu differenzieren und diesen Vorsprung auch zu kommunizieren, können Sie eine dauerhafte und für alle Seiten Gewinn bringende Bindung zu Ihren Kunden aufbauen:

▶ Ihr Kunde kommt aktiv auf Sie zu und sucht den Dialog mit Ihnen: Grad und Häufigkeit der Interaktionen steigen beinahe zwangsläufig.

▶ Fast automatisch gewinnen Sie wertvolle persönliche Daten über Ihre Kunden: Dokumentierte Vorlieben und Wünsche helfen Ihnen nicht nur dabei, für Ihre Bestandskunden noch »passgenauere« Produkte und Dienstleistungen anzubieten, sondern dienen auch dem Ausbau des Leistungsportfolios für künftige Kunden.

▶ Sie bauen Wechselbarrieren auf: Ihre Kunden haben wenig Motivation, zu Wettbewerbern zu wechseln, wenn sie mit Ihren individuellen Angeboten zufrieden sind und die zur Erstellung der Leistung notwendigen Daten bei Ihnen bereits vorhanden sind. Loyalität ist für Ihre Kunden in diesem Fall bequemer als Untreue.

Beispiel
reflect.com

Frank Piller bezeichnet die individuelle Massenfertigung als faszinierende Wettbewerbsstrategie, die für Unternehmen aller Branchen viele Möglichkeiten biete. So gibt er der amerikanischen Zeitschrift »Business 2.0« Recht, die die von Procter&Gamble betriebene Website reflect.com zum besten Relaunch des Jahres 2000 kürte. Dort können sich Kundinnen ihre individuell auf sie abgestimmte Kosmetika zusammenstellen lassen – was dem Unternehmen nach nur einem Jahr eine halbe Millionen Besucher bescherte. Die Umsätze wurden dabei zu 50 Prozent aus Wiederholungskäufen gemacht. Die Abbildungen 8.6 und 8.7 zeigen den zweiten Schritt in der Konfiguration einer Body Lotion und die Beschreibung des fertigen Produktes.

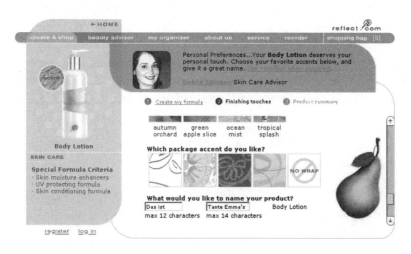

Abbildung 8.5 Auswahl der Flaschenform, Verpackung und Beschriftung einer Body Lotion ... [7]

---

7   www.reflect.com

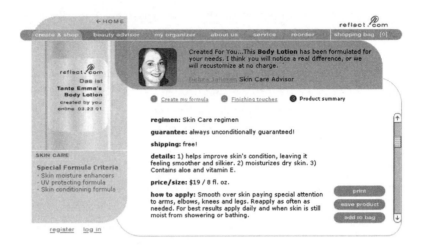

Abbildung 8.6 ... und fertiges Produkt.

Offline und online: Hier können Ihre Kunden was erleben!

Aufmerksamkeit ist das kostbarste Gut geworden.
(Bob Isherwood, Saatchi&Saatchi)

Die Stufen der Wertschöpfung Wir dürfen Sie zu einem Gedankenspiel mit einer Tasse Kaffee einladen: Ein Pfund Kaffee kostet am Weltmarkt derzeit so um die 1 €, eine Tasse daher ungefähr 3 Cents. Verpackt und zum Laden transportiert nimmt der Händler gut und gerne 40 Cents pro Tasse Kaffee. Eine Tasse Kaffee im Kaffeehaus, Eiscafé oder Coffeshop ist von 2 € aufwärts zu haben, in den hippen Cafés der Flaniermeilen Berlins, Münchens und Wiens vermutlich ein wenig mehr.

»Dienstleistung« und »Service« nennt man gemeinhin die in Abbildung 8.8 dargestellte dritte Stufe der Wertschöpfung. Wo liegt der Mehrwert dieser Stufe? Mehr oder minder freundlich gestimmt und gutaussehend eine einigermaßen gelungen gebrühte Tasse (»Draußen gibt's nur Kännchen!«) Kaffee zu servieren, erzeugt für den Kunden oder Gast keinen tatsächlichen Mehrwert.

Mehrwert »Erlebnis« Was tatsächlich Mehrwert generiert, ist Unterhaltung, Interaktion, ja, »Inszenierung« und »Bühne« – kurz, das Erlebnis [Horx]. Die Schwelle des passiven Konsums wird hier überschritten, das Publikum gestaltet das Ereignis, indem es auf äußere Einflüsse reagiert oder sich selbst in Szene setzt.

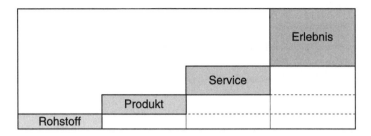

Abbildung 8.7 Anteile der Wertschöpfung bis zum »Erlebnis-Produkt« [Pine]

Diese in Abbildung 8.8 gezeigte vierte Stufe der Wertschöpfung, dort, wo sich aus Service »Erlebnis« entwickelt, übertrifft die vorgelagerten Stufen um ein Vielfaches.

Genau hier sollten Sie ansetzen: bei den emotionalen und sozialen Komponenten des Einkaufens, in der analogen und der digitalen Welt. Hier sind im Markt der Zukunft Kunden zu gewinnen und zu begeistern – und hier sind Kunden auch bereit, Geld auszugeben.

> *Originelle Ideen sind wertlos, wenn sie die Menschen nicht bei ihren Emotionen packen.*
> *(Bob Isherwood, Saatchi&Saatchi)*

Die profanen Dinge des täglichen Bedarfs können und werden Sie und Ihre Kunden sich bald gegen geringes Entgelt nach Hause liefern lassen – hier sind auf beiden Seiten nur wenige und eher zufällige Erlebnisse zu erwarten. Die tatsächlichen Erlebnisse beim Konsum werden in Zukunft immer subtiler – online und offline: Kleine Läden und Mega-Einkaufszentren werden ihr Konzept neu ausrichten: von einer Produkt- zu einer Themenorientierung. Teilweise ist dieser Trend im Handel und der Gastronomie bereits zu bemerken.

Themen statt Produkte

Die Grenzen zwischen Konsum und Entertainment verschwimmen immer mehr. Die Marktplätze der Vergangenheit und Gegenwart erfüllten und erfüllen neben ihrer hauptsächlichen Bestimmung, einen Umschlagplatz für Güter zu bieten, auch eine soziale Aufgabe: Moderne Marktplätze, in der realen und virtuellen Welt, werden in Zukunft die Erlebniswelten sein, in denen auch Ihre Kunden einen großen Teil ihrer Zeit verbringen.

Nehmen Sie sich an diesen teilweise jahrhundertealten Modellen ein Beispiel bei der Ausrichtung Ihrer Kundenbindungsstrategie! Denken Sie daran, dass für Ihre Kunden zwischen Besuch und Kauf in einem Laden und im Internet kein Unterschied besteht: Beide gehören zur Erfahrung, zum Erlebnis insgesamt – und zur umfassenden Wahrnehmung des Anbieters oder Lieferanten.

Beispiel KTM: Das Abenteuer ist orange[8]

Motorräder gibt es viele am Markt. Und viele vergleichbare noch dazu. Aber nur KTM steht für:

▶ ready-to-race

▶ extrem

▶ Lightweight-Performance

▶ Purismus und Abenteuer

Das Ziel des KTM-Marketings ist es, diese Kernwerte des KTM-Markenimages mithilfe sorgfältig ausgewählter Marketingmaßnahmen und einer gezielten Kommunikation glaubwürdig zum (potenziellen) Kunden zu transportieren.

Das bedeutet einen Außenauftritt, der sich von der Konkurrenz abhebt, anders ist, extremer ist. KTM positioniert sich spitz, mit kecken Inseraten, extremer Bildsprache, frechen, selbstbewussten Texten. Es darf und soll ein bisschen provoziert werden, wie die folgenden Abbildungen zeigen.

---

8 Die Autoren danken Barbara Kenedi, Marketing-Leiterin der KTM Sportmotorcycle AG, für diesen Beitrag.

Abbildung 8.8 Kecke Inserate

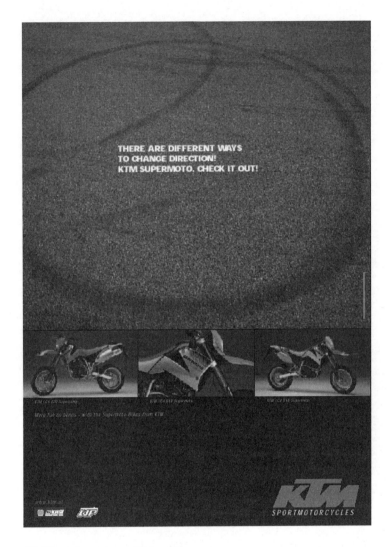

Abbildung 8.9 Extreme Bildsprache

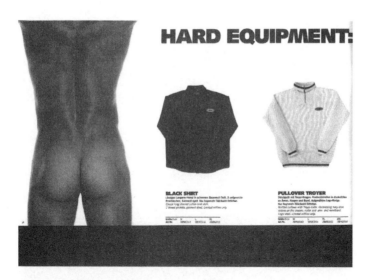

Abbildung 8.10 Ungewöhnliche Motive

Abbildung 8.11 Freche Texte

Es geht darum, den Kunden in diese extreme Welt einzufangen und ihn emotional an die Marke und das Produkt zu binden. Deswegen verkauft KTM nicht nur Motorräder: KTM bietet eine ganze Erlebnis- und Informationswelt rund um das Thema Motorrad. Vielleicht hat KTM gerade deswegen einen sehr hohen Stammkundenanteil. Einige der wichtigsten Aktivitäten sollen hier kurz vorgestellt werden.

KTM Adventure Tours KTM Adventure Tours – das sind Motorrad-Erlebnis-Touren exklusiv für KTM-Fahrer. Ob mit eigenem Motorrad oder Mietmotorrad, zur Auswahl stehen heute mehr als 100 verschiedene Touren zu fast 30 verschiedenen Destinationen.

Abbildung 8.12 Adventure Tours

Die Philosophie der KTM Adventure Tours ist es, Kunden die Möglichkeit zu geben, ihr erworbenes Produkt auch bestimmungsgemäß zu nutzen. Und zwar bis an die Grenzen, wobei jene des Fahrers meistens schneller erreicht sind ...

Jede KTM Adventure Tour wird von einem KTM-Werksfahrer begleitet: die »Motorrad-Stars zum Anfassen« sind ein wichtiger Bestandteil der Touren. Enduro- und Motocrossweltmeister, Supermoto-Champs oder Rallyesieger stehen den Kunden dort als Trainingspartner, Experten oder einfach für »Benzingespräche« zur Verfügung.

Heute eine der wichtigsten Kundenbindungsmaßnahmen, sind die KTM Adventure Tours ursprünglich aus einer Notsituation Anfang der 90er-Jahre entstanden: die Möglichkeiten, in deutschsprachigen Ländern ein Gelände-Motorrad wirklich im Gelände zu bewegen, schrumpften rapide. Es war nötig, ins Ausland auszuweichen. Heute sind die Abenteuertouren ein eigenes Tochterunternehmen und betreuen jährlich 1500 motorradbegeisterte Kunden.

Die Vielfalt bestimmt dabei das Angebot: Von Schnupperkursen für Kinder ab 4 Jahren, der Enduro-Schule für Geländeneulinge und dem Motocross-Training für Fast-Profis bis hin zu Hard Enduro »hart« am Rande der Konditionsgrenze, Alpenglühen auf der Straße und einer echten Wüstenrallye reicht die Palette. Sogar die Werksbesichtigung wird zum Motorraderlebnis: Nach einer Führung durch die »heiligen Produktionshallen« sind zwei Tage ausgiebiges Motorradfahren in der Gruppe angesagt.

Auch in den KTM Adventure Tours finden sich die Marken-Kernwerte wieder.

KTM Power Wear

Hard Equipment für den KTM-Besitzer: Wer ein stolzer KTM-Motorradbesitzer ist, legt auch Wert auf ein entsprechendes Äußeres. Die KTM Power Wear ist Motorrad-Funktionsbekleidung auf der einen Seite, locker-legere Freizeitbekleidung auf der anderen.

Abbildung 8.13 Power Wear

Das Design ist modisch, die Farben immer in Abstimmung mit der aktuellen Motorrad-Grafik. Das KTM-Logo präsentiert sich einmal auffällig groß für Rennsport-Fans, einmal dezent für den Alltag. Dabei kommen auch Kids und Girlys nicht zu kurz. Und die besten und glaubwürdigsten Fotomodelle finden sich dabei in der eigenen Rennsportabteilung.

KTM Power Parts Hard Equipment für das Motorrad: Eine KTM ist ja schon gut, aber sie kann noch besser gemacht oder dem individuellen Geschmack und den eigenen Fahrkünsten angepasst werden. Kunden stehen auf »Racing-Teile« und »Factory-Teile«.

Abbildung 8.14 Power Parts

Die KTM Power Parts sind Zubehörteile zum Verschönern, Individualisieren und Tunen (irgendwo finden sich immer noch ein paar PS...) des Motorrads. Über ein hochwertiges Prospekt, das den Neu-Motorrädern gleich beigepackt wird, und über die KTM-Website werden diese Informationen an den Kunden übermittelt.

KTM-Magazin Das Magazin für KTM-Freunde erscheint alle drei Monate und steht Händlern, Abonnenten und KTM-Clubmitgliedern gratis zur Verfügung.

Der Text auf dem Magazincover:

DAS MAGAZIN FÜR ALLE *KTM* FREUNDE

KTM MAGAZIN

THE DESERT IS ORANGE

1. Meoni
2. Arcarons
3. DeGavardi
4. Esteve
5. Cox

HIGH LIGHTS der härtesten Rally der Welt

LC4 Sieg in der Marathon-Kategorie

TECHNIK Information

Paris Dakar 2001-Gesamtsieger Fabrizio Meoni, Italien

Paris Dakar TOTAL **SONDERAUSGABE**

Abbildung 8.15 KTM-Magazin

Diese hochwertige Kundenzeitschrift enthält auf 20–24 Farbseiten aktuelle Produktneuheiten, Sportnachrichten, Abenteuer- und Reisegeschichten, Technikinfo, Insidertipps sowie Tratsch und Klatsch aus der internationalen KTM-Welt.

Die Absicht des Magazins ist es, die Marke KTM dem Kunden regelmäßig ins Gedächtnis zu rufen, ihm das Gefühl »Ich bin ein Teil der KTM-Familie« zu geben und ihn letztendlich zu motivieren, seinen Händler wieder einmal aufzusuchen.

KTM-Festival Das KTM-Festival ist das alljährliche KTM-Mega-Event: Eventmarketing pur. KTM-Fahrer und -Freunde treffen sich für drei bis vier Tage in einem jährlich wechselnden europäischen Land zum Motorradfahren und Feiern.

Abbildung 8.16 KTM-Festival

Motocross, Enduro, Kindercross, Supermoto, Freestyle, Showrennen der Werksfahrer, Musik, Tombola ... Partytime mit den KTM-Superstars. Die Kunden profitieren von Gesprächen mit KTM-Mitarbeitern, Technik-Tipps der Rallye-Mechaniker, Fahr- und Konditionsratschlägen der Werksfahrer und können ihrem liebsten Hobby nachgehen: dem Motorradfahren.

Fazit Das Rundherum um das Motorrad: Touren, Bekleidung, Technik und Information wird im KTM-Marketing genauso wichtig genommen wie das eigentliche Produkt: das KTM-Sportmotorrad.

Denn der Mehrwert wird von Kunden nur dann richtig angenommen, wenn er in einem perfekten Einklang mit den Kernwerten der Marke steht und nicht nur als Theorie existiert, sondern immer und bei jeder Gelegenheit gelebt wird.

Beispiel kiwilogic.com: Benutzerfreundlichkeit und Emotion auch im Netz[9]

Die typische Website eines erfolgreichen E-Commerce-Anbieters hat ungefähr so viel Charme wie ein Aldi-Markt kurz vor Ladenschluss. Ihr Inhalt ist umfassend und faktisch korrekt, aber sie erscheint oft hochkomplex und lässt den Kunden mit tausenden von Wahlmöglichkeiten im Informationsdickicht alleine. Eine solche Webseite baut keine emotionale Bindung zum Kunden auf; folglich stellt auch der Kunde keine tiefe Beziehung zu ihrem Anbieter her und der Wunsch zum Verbleib oder gar zur Rückkehr ist schwach. In E-Commerce-Shops ist die Zahl der abgebrochenen Verkaufsvorgänge deutlich höher als die der erfolgreichen Geschäftsabschlüsse.

Frage ...

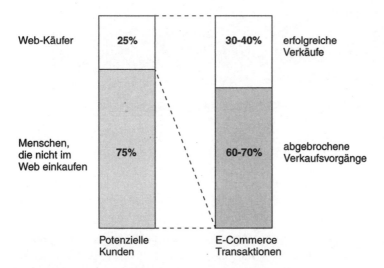

Abbildung 8.17 Erfolgreiche und abgebrochene Verkaufsvorgänge im Netz[10]

Die Lösung des Problems ist ein virtueller Helfer, ein so genannter »Lingubot«, der den Besucher durch die Website führt. Ein Lingubot kann jeder Website einen Hauch von Menschlichkeit geben und den Kunden

... und Antwort

---

9 Die Autoren danken Julia Hachmann, Marketing-Leiterin der Kiwilogic.com AG, für diesen Beitrag.
10 Quelle: Kiwilogic 2001

emotional an sie binden. Denn ein Lingubot ist eine virtuelle Person, die auf einer Website »lebt«, alles über die dort angebotenen Informationen, Produkte oder Dienstleistungen weiß und dieses Wissen im natürlich-sprachlichen Dialog dem Webnutzer vermittelt. Der Besucher erhält sofortige Aufmerksamkeit und Antwort auf seine Fragen und Wünsche.

Abbildung 8.18 Lingubot »Marc« weiß alles über das Olympus-Produkt »Eye-Trek« und hilft dem Kunden, das Gesuchte zu finden.

Hintergrund Ein Lingubot basiert auf dem Wissen des Unternehmens, das von Mitarbeitern oder Dienstleistern mithilfe der Kiwilogic-Software »Lingubot Creator« zu einer Wissensbasis gebündelt wird. Die Wissensbasis besteht aus Erkennungen und Antworten, die zu identifizierten Nutzereingaben aufgerufen werden. Die Wissensbasis wird mit einem visuellen Erscheinungsbild, z. B. einer Comic-Figur oder 3D-Animation, verknüpft, über das der Lingubot verschiedene Emotionen ausdrückt. Der Website-Besucher kommuniziert mit dieser Figur, indem er über ein Texteingabefeld in natürlicher Sprache Fragen und Aussagen formuliert und Antworten in Text oder per Sprachausgabe erhält.

Eine schnelle Akzeptanz und sogar gefühlsmäßige Bindung des Benutzers an dieses virtuelle Wesen wird durch die Kreativität des Lingubot-Autors und die optische Gestaltung des Lingubots erreicht. Um überzeugend auf

Menschen zu wirken und ihre Gefühle anzusprechen, ahmt ein Lingubot menschliches Verhalten nach.

Ein guter Lingubot:

▶ hat einen persönlichen Hintergrund und Lebenslauf und kann auch über Themen außerhalb seines Hauptwissensgebietes reden, z. B. über das Wetter, Hobbys oder persönliche Interessen

▶ benutzt durchgängig einen typischen Konversationsstil

▶ lenkt den Dialog

▶ reagiert beschämt oder verärgert auf beleidigende Eingaben des Gesprächspartners

▶ zeigt seine Gefühle durch die Grafik, Animation etc.

▶ vermeidet, sich wie eine Maschine zu benehmen, d.h., sich zu wiederholen oder Fehlermeldungen anzuzeigen

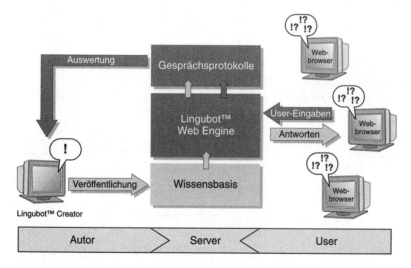

Abbildung 8.19 Die Funktion des Kiwilogic Lingubot™ Creator

Ein guter Lingubot:

▶ bittet nie den Gesprächspartner, sich zu wiederholen oder die Frage neu zu stellen

▶ wiederholt sich nie mit den gleichen Worten

▶ kann das Gespräch an einen Callcenter-Mitarbeiter weiterleiten, wenn er einen Dialog nicht versteht

▶ darf nie vergessen oder ignorieren, was der Gesprächspartner bereits gesagt hat

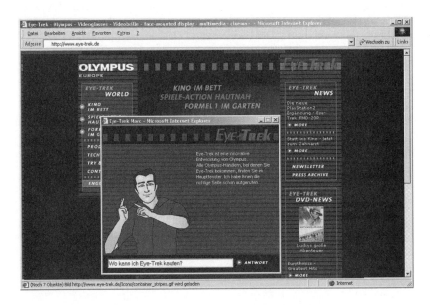

Abbildung 8.20 Marc lenkt das Gespräch in die richtige Richtung.

Ein gut durchdachter Lingubot gibt den Website-Besuchern das Gefühl, dass sie sich mit etwas Realem und Lebendigen unterhalten, obwohl sie wissen, dass sie mit einem Computer reden. Der Lingubot kann sich ihren Namen merken; dabei kann er auch auf vorhandene Datenbanken zurückgreifen und berücksichtigen, was der Kunde beim letzten Besuch gekauft hat. Er steuert den Besucher durch das Angebot und ist rund um die Uhr ansprechbar. Die Kunden erleben durch den Lingubot die Website als ein unterhaltsames Medium und kommen gerne wieder.

Der Website-Betreiber erfährt anhand der gespeicherten Dialogprotokolle durch den Besucher selbst, was dieser wirklich wissen will und kann sein Web-Angebot entsprechend an die Wünsche der Kunden anpassen.

Die Bindung des Kunden an Website und Angebot wird durch einen Lingubot konstant überprüft und Maßnahmen zu ihrer verbesserten Kundenorientierung können frühzeitig ergriffen werden. Die Kosten für Verkaufsprozesse und Support durch Telefon oder E-Mail werden durch den Einsatz eines Lingubots stark reduziert. Aber vor allem wird der persönliche Dialog zwischen Anbieter und Kunden, den man im Aldi nur selten findet, wieder in den Mittelpunkt gestellt.

Abbildung 8.21 Marc erfährt nebenbei so Einiges über seinen Gesprächspartner.

8.4 Beschenkte Kunden kommen zurück: Bonus- und Loyalitätsprogramme

Um den immer höheren Kosten, die die Gewinnung von Neukunden mit sich bringen, einigermaßen standzuhalten, investieren Händler in der realen und virtuellen Umgebung immer mehr in die Bindung ihrer Bestandskunden. Rabatte, Newsletter und personalisierte Angebote sollen die Kunden zu Wiederholungstätern machen – ebenso wie Gewinnspiele oder Gutscheine. So viel zur Theorie.

Die Praxis sieht im Moment so aus: Von dem Anteil der Konsumenten, die Hersteller von Produkten und Lieferanten von Dienstleistungen oft wechseln, tut das nur ein kleiner Teil von etwas über 10 % aus Enttäuschung über die Produktqualität und nicht einmal 10 %, weil der Mitbewerb qualitativ bessere Produkte oder Dienstleistungen anbietet oder einfach preiswerter ist. Der hauptsächliche Grund für das »Fremdgehen« der Kunden ist die Tatsache, dass sie sich vom Lieferanten vernachlässigt und teilweise im Stich gelassen fühlen und ihnen nicht oder nur unzulänglich das Gefühl gegeben wird, als Kunde wirklich gerne gesehen und willkommen zu sein – oder sogar bevorzugt behandelt zu werden.

Theorie ...

.. und Praxis

Erfolg im E-Business ruht auf zwei Säulen: E-Commerce und Kundeninformationen. Jede E-Business-Strategie, die diese beiden Disziplinen vereint, verfügt über die entscheidenden Erfolgs-komponenten. Das eine ohne das andere hingegen – E-Commerce ohne Kundeninformationen oder umgekehrt – führt zu Ergebnissen, die bestenfalls mittelmäßig sind.
(Wayne Eckerson, Patricia Seybold Group)

Belohnen Sie Ihre Kunden!

Verhätscheln und belohnen Sie Ihre treuen Kunden! Vernachlässigen Sie nicht Ihre bestehenden Kundenkontakte beim Versuch, Neukunden zu gewinnen:

▶ Kunden kommen nur dann wieder bei Ihnen vorbei, wenn Sie einen konkreten Nutzen bekommen. Dieser Nutzen kann in neuen Informationen, Hilfestellung beim Einsatz Ihrer Produkte, vereinfachten Bestellvorgängen oder guten Angeboten für treue Kunden bestehen.

▶ Kunden reagieren im Internet direkt und sofort – sie kommen dann wieder, wenn sie finden, was sie suchen.

Belohnen Sie Ihre Kunden durch Rabatte, Gutscheine, exklusive Angebote für ihre Besuche und Empfehlungen, ohne dass diese wie Angebote »von der Stange« wirken. Sie müssen individuell konzipiert und auf die Bedürfnisse der Zielgruppe angepasst werden.

Ganz wesentlich ist es in diesem Zusammenhang:

▶ So schnell wie möglich zu lernen, was Ihre Kunden wirklich wünschen und denken. Was für die eine Zielgruppe ein durchaus interessanter Mehrwert und Nutzen ist, mit dem Sie sich differenzieren können, bedeutet für eine andere Gruppe Ihrer Besucher und Kunden möglicherweise nur unnötiges Beiwerk und hat für sie keinen erkennbaren Wert.

▶ Sich darüber klar zu werden, welche konkreten Ziele Sie als Anbieter eigentlich verfolgen. Die Reduzierung des Aufwands der Kundenbetreuung (durch Onlineberatung, ein intelligentes Weiterempfehlungssystem oder personalisierte Newsletter) oder die Steigerung der Bekanntheit eines Unternehmens oder einer Marke mit geringstmöglichem Aufwand.

Für Markus Stolpmann bildet das folgende Fünf-Punkte-Programm die Grundlage für die Umsetzung jedes Kundenbindungsprogramms im Netz [Stolpmann]:

► Erster Schritt ist es, die Benutzer überhaupt einmal dazu zu bringen, die Internetpräsenz des Anbieters aufzusuchen. Dies wird durch einen abgestimmten Online-Marketingmix erreicht.

► Im zweiten Schritt muss der Anbieter erreichen, dass er in die engere Auswahl aufgenommen wird. Dazu sollte die Internetpräsenz interessant sein und auf den ersten Blick einen Nutzen und tatsächlichen Wert ausstrahlen, der über die »Wir über uns«-Informationen hinaus geht. Es gilt, die Zielgruppe sofort mit Kompetenz und dem Versprechen eines persönlichen Mehrwerts zu ködern.

► Im dritten Schritt sollen die Benutzer dazu gebracht werden, regelmäßig zur Internetpräsenz des Anbieters zurückzukehren. Damit wird allmählich das Vertrauen der Benutzer zu einem Anbieter aufgebaut. Durch Kompetenz, umfassende Informationen, Bequemlichkeit, Mehrwert-Leistungen, virtuelle Gemeinschaften usw. werden dauerhafte Vorteile für den treuen Kunden geboten, die sich für ihn in einer persönlichen Kostenersparnis oder einem Informations- und Zeitgewinn niederschlagen können.

► Der vierte Schritt besteht in einer Abschottung des eigenen Kundenbindungsprogramms nach außen. Dazu werden Wechselhürden implementiert, die den Wechsel des Anbieters aus reiner Neugierde zu verhindern suchen.

► Parallel dazu, aber auch fortlaufend über die gesamte Laufzeit des Programms, wird in einem fünften Schritt immer wieder der Anreiz erhöht und das Angebot an Mehrwertdiensten ausgebaut. Der größte Nutzen, aber auch die größte Bindung für die Kunden ergibt sich im Idealfall aus der kombinierten Nutzung gerade dieser unterschiedlichen Mehrwertangebote.

Das teure Aufsetzen von Kundenbindungsprogrammen gilt als das ultimative Marketinginstrument. Schade, dass ein Großteil dieser Programme schief geht. Die Gründe liegen unter anderem am unzureichenden Messen, Bewerten und Interpretieren der Ergebnisse. Fehlende Anreize für beteiligte Mitarbeiter, die »Verwässerung« des Programms und der zugrunde liegenden Überlegungen sowie die mangelnden Definitionen von Abläufen und Zuständigkeiten im Unternehmen tragen ebenfalls zum Misserfolg bei.

Langfristiges und erfolgreiches Halten von Kunden kann nur dann erreicht werden, wenn die Bedürfnisse und Wünsche der Kunden tatsächlich ernst genommen werden. Im Unternehmen muss die Qualität der Services rund um das Angebot und nach dem Verkauf der Dienstleistungen oder der Produkte verankert sein und als »Chefsache« betrachtet werden.

Rabattmarken, Kapitel zwei?

Bunte Marken, die vor einigen Jahren noch mittels analogem Cut and Paste auf Postkarten befestigt wurden und im letzten Jahrzehnt etwas aus der Mode kamen, feiern in Form von Payback, webmiles, Bonus.net, Cybergold oder MyPoints Wiederauferstehung – mit einem Ziel: Kunden an sich zu binden. Es ist überflüssig zu erwähnen, dass diese neuen alten Systeme keine ur-deutsche Erfindung sind: In den USA hat Cybergold bereits 1995 das Potenzial der Prämiensysteme im Netz erkannt und umgesetzt. Mehr als 9 Millionen Mitglieder darf das von MyPoints übernommene Unternehmen laut eigener Aussage vorweisen. Zusammen kommen die beiden Unternehmen auf einen Kundenstamm von über 15 Millionen fleißigen Sammlern.

Neukunden sind ein scheues Wild

Die Gewinnung von Neukunden ist ein mühseliges und kostspieliges Unterfangen. Daher werden Erfolg versprechende Ansätze der Kundenbindung für den Onlinehandel zunehmend wichtiger:

▶ Aufmerksamkeit hat nicht nur in der realen Welt ihren Preis: Die Click-Rate bei Bannerwerbung befindet sich seit Anfang 2000 auf einer Aufsehen erregenden Talfahrt.

▶ Die Konversionsrate vom interessierten Surfer zum Käufer eines Produkts oder einer Dienstleistung liegt zurzeit bei unter 3 %. Nehmen wir einen durchschnittlichen Tausenderkontaktpreis (TKP) von 30 € an, so »kostet« ein Neukunde etwa 300 €. Anders gesagt: Um einen Neukunden zu gewinnen, müssen im Durchschnitt etwa 10 000 Kontakte gebucht werden.

Nur – wie halten Sie diese Kunden? Nicht erst seit heute gehören attraktive Kundenbindungsmaßnahmen und -programme zu den entscheidenden strategischen Erfolgsfaktoren für die langfristige Profitabilität von Unternehmen – ein Umstand, der durch die Schnelligkeit im E-Business eine zusätzliche Brisanz entwickelt. Ein Onlinekunde muss viermal einen Durchschnittskauf tätigen[11], bis schwarze Zahlen zu erwarten sind – in der Lebensmittelbranche wartet man sogar im Durchschnitt ganze 18 Monate auf Gewinn.

---

11 Quelle: Bain&Company

Daher kann es auch im Internet nur ein Ziel geben: Kunden zu gewinnen und sie als treue Stammkunden zu halten. Diese geben mehr aus, nehmen den Kundendienst seltener in Anspruch und sind auch selbst die beste Werbung, wie im Abschnitt »Der Zusammenhang von Kundenzufriedenheit, -treue und Erfolg« detailliert ausgeführt wird. Diese überaus wertvolle Spezies – der Stammkunde –, die bei einem Anteil von ca. 5 % der Onlinebevölkerung gut und gerne 10 % der Einkäufe und 40 % der Transaktionen tätigt[12], können Sie durch die altbekannten Prämiensysteme gewinnen und halten.

Die dunkle Ahnung von Shop-Betreibern, dass Online-Rabattmarken nur Schnäppchen-Nomaden anziehen würden, hat sich nicht bewahrheitet. Bei einem Rabatt von weniger als 3% ist ein schneller Reichtum an Käufern auch so gut wie ausgeschlossen – selbst dieser gesetzliche Rahmen wird nur in seltenen Fällen ausgeschöpft. Beispielsweise gewährt der österreichische Versandhändler lion.cc für jeden umgesetzten Euro schlanke 2 Punkte, die 2 Cent entsprechen. Auch bei DEA werden für eine Tankfüllung von der 98er-Perle geschätzte 25 Punkte gutgeschrieben.

Reich mit Online-Rabatten?

Die Funktionsweise der Prämiensysteme ist einfach: Ähnlich den Vielflieger-Programmen großer Airlines funktionieren auch Webmiles & Co. nach dem Prinzip: Für gekaufte Produkte oder Dienstleistungen werden Rabatte in Form von Meilen oder Punkten gutgeschrieben. Haben sich genügend Punkte angesammelt, können diese wiederum in Prämien oder sogar Bargeld getauscht werden.

Win-Win-Situation für Anbieter und Kunden?

Als besonderen Anreiz offerieren die Kartenherausgeber ihren Kunden Exklusivität – womit man erreicht, dass der Kunde nur in den angeschlossenen Shops kauft, weil er auch nur dort den passenden Rabatt bekommt. Durch diese Zusicherung der Exklusivität sollen Netzwerke aus Online- und Offlineshops aufgebaut werden, in denen der Käufer all seine Bedürfnisse möglichst umfassend befriedigen kann.

Die Anbieter dieser Bonussysteme finanzieren sich in der Regel durch die Prämienpartner. Die Partner kaufen beim Anbieter Kontingente ein. Beim Kauf werden die Punkte dann an Kunden als so genannte Incentives weitergegeben. Wie viele Punkte bzw. Meilen dem Kunden gewährt werden, liegt im Ermessen der Händler. Oft – außer bei Payback, wo es auch eine monetäre Vergütung gibt – werden die jeweiligen Prämien auch bei den Partnerunternehmen eingekauft. So kann gleichzeitig der eigene Absatz durch den Prämienshop angekurbelt werden.

---

12 The Boston Consulting Group: Winning The Online Customer, 03.2000

Besonders aussichtsreich scheinen die Prämiensysteme zu sein, die ihr Angebot sowohl online als auch offline präsentieren. Das in Deutschland derzeit einzige branchen- und medienübergreifend organisierte Programm Payback bietet den Kunden einen für sie ersichtlichen Mehrwert und Nutzen, da unterschiedlichste Handelspartner einbezogen werden. Daraus resultiert eine um einiges höhere Aufmerksamkeit als bei einem Stand-alone-Programm. Diese nutzt Payback, um für die Partnerunternehmen neue Marketing-Konzepte zu entwickeln. Handelsfirmen pumpen bislang ihr Geld meist in Werbung per Zeitungsbeilage und nehmen bis zu 98 Prozent Streuverlust in Kauf. Der Marketingkanal von Payback spricht jedoch nur jene Interessierten und Kaufwilligen an, die sich bei dem Programm auch registriert haben – mit enorm hohen Responsequoten.

Beispiel Payback: Intelligente Verbindung von Old und New Economy[13]

Seit März 2000 bieten deutsche Top-Unternehmen wie real,-, Galeria Kaufhof, DEA, dm-drogerie markt und Palmers das gemeinsame Kundenbonusprogramm Payback an.

Payback wurde von der Münchner Loyalty Partner GmbH entwickelt und funktioniert sowohl im klassischen Handel als auch online wie eine elektronische Prämienkarte, mit der beim Einkaufen Punkte gesammelt werden können. Der Unterschied zu firmenindividuellen Kundenkartensystemen besteht darin, dass Payback branchen- und medienübergreifend funktioniert: Beim täglichen Shopping, beim Tanken, aber auch im Internet – etwa bei AOL, Consors oder ricardo.de – kann der Verbraucher mit Payback bei inzwischen mehr als zwei Dutzend Partnern alles auf »eine Karte setzen« und somit rasch einen attraktiven Punktestand erreichen.

---

13 Die Autoren danken Nina Purtscher, Leiterin Unternehmenskommunikation der LOYALTY PARTNER GmbH, für die Unterstützung zu diesem Beitrag.

Abbildung 8.22 Payback: Marktführer für Bonusprogramme in Deutschland

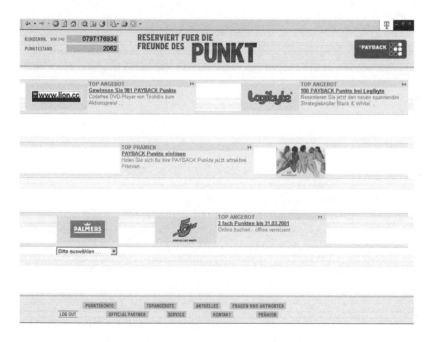

Abbildung 8.23 Kundenbereich von Payback

Mit der Karte ... Herzstück des innovativen Konzepts ist die Payback-Karte. Sie ist für den Verbraucher kostenlos, frei von Mindestumsätzen und an über 20.000 Vertriebsstellen in Deutschland einsetzbar. Die Karte gibt es (wie in Abbildung 8.25 dargestellt) im neutralen blauen Payback-Design (Karte rechts unten) und auch im »Look« der Partner AOL, Apollo-Optik, real,-, DEA, Galeria Kaufhof, RWEavanza, OBI, Palmers und dm-drogerie markt. Diese Karten unterscheiden sich lediglich im Design, nicht in ihrer Funktion. So kann beispielsweise die Partnerkarte der DEA auch bei jedem anderen Partner eingesetzt werden: Beim Bezahlen wird die Karte durch ein Lesegerät gezogen.

Abbildung 8.24 Die Payback-Karte und so genannte Co-Branding-Karten

... Punkte sammeln Dabei gibt es pro Transaktion – abhängig vom jeweiligen Partner – bis zu drei Prozent Rabatt in Form von Punkten. Sie werden dem Kunden auf ein Konto gutgeschrieben. Jeder Punkt hat dabei einen Wert von einem Eurocent. Ab einer Summe von 1500 Punkten erhält der Verbraucher nach Anforderung Bargeld oder er tauscht seine Punkte im Payback-Prämienshop gegen Produkte um. Zudem können die Punkte an UNICEF gespendet werden. Eine in regelmäßigen Abständen zugeschickte Punkteübersicht informiert den Kunden über seinen aktuellen Punktestand. Zudem hat er die Möglichkeit, sich im Internet unter www.payback.de oder über das Payback-Callcenter tagesaktuell über seine Punkteübersicht sowie über eventuelle Sonderaktionen zu informieren.

Payback hat sich mit mehr als zwölf Millionen eingesetzten Karten (Stand Oktober 2001) zum mit Abstand größten Kundenbonusprogramm in Deutschland entwickelt. 18 Millionen Karten sollen ausgegeben werden. Damit verfügt das Bonussystem über ein enormes Wachstumspotenzial und bietet seinen Partnern vielversprechende Perspektiven. Die Kartennutzer bilden für jedes der Unternehmen eine attraktive Zielgruppe, um die Kundenbasis zu stabilisieren und kontinuierlich zu erweitern. Im Jahr 2000 konnte Loyalty Partner mit Payback bereits 50 Millionen DM Umsatz erzielen, der sich im Jahr 2001 verdoppeln soll. »Unser Ziel ist es, im laufenden Geschäftsjahr den Break-Even zu erreichen«, erklärt Geschäftsführer Alexander Rittweger.

Erwartete Reichweite

Der Erfolg von Payback hat seines Erachtens einen triftigen Grund. Für Handel und Markenanbieter werde es immer schwieriger, Käufer bei der Stange zu halten. Der Konsument von heute erscheine in seiner Grundhaltung oft als unberechenbar: Widersprüchlichkeit, Sprunghaftigkeit und zunehmend weniger Markentreue kennzeichnen das Kaufverhalten. Das Payback-Programm stößt daher in eine Lücke vor, indem es die Konsumenten wieder stärker an seine Partnerunternehmen heranführt.

In der Kombination mit Mailing- und Verkaufsaktionen entsteht ein einzigartiges Kundenbindungssystem, das alle Seiten profitieren lässt: Konsumenten erhalten Punkte, die in Prämien oder Bargeld eingetauscht werden können. Der Handel schafft Anreize, um für wiederkehrende und neue Kunden attraktiv zu bleiben. Und letztlich kann Payback seine unmittelbar auf die Kundenwünsche abgestimmten Angebote verfeinern und den Partnern effiziente Services anbieten.

Der SB-Warenhausbetreiber real,- ist seit Programmstart dabei. Innerhalb eines Jahres ist es dem Unternehmen gelungen, über 3,3 Millionen real,-club-Payback-Karten auszugeben. real,- stellt somit rund 50 Prozent der Payback-Mitglieder; bereits 37 Prozent der real-Kunden nutzen die Vorteile des Rabattsparprogramms.

Größter Partner real,-

Das unabhängige Forschungsinstitut Research International hat zu Jahresbeginn 2001 die Markenbekanntheit von Payback ermittelt: Payback erreichte den Wert von 59 Prozent gestützter Markenbekanntheit und liegt damit deutlich vor anderen Kundenbindungssystemen in Deutschland.

Dieser hohe Markenbekanntheitswert ist insbesondere auf das Vertrauen der Kunden zurückzuführen sowie auf den Nutzen, den sie durch Payback für sich gewinnen können. Denn Markenbekanntheit setzt Markenbin-

Nutzen durch Vertrauen und Sympathie

dungsbewusstsein voraus, das nur durch Sympathie des Konsumenten für die Marke entstehen kann.

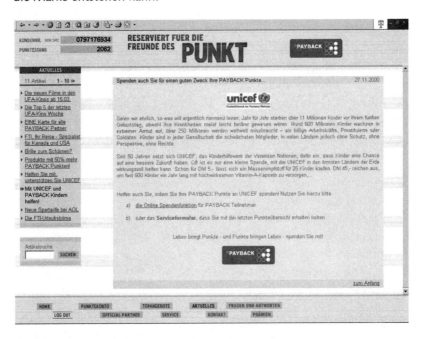

Abbildung 8.25 Starkes Engagement im Social Sponsoring: Gesammelte Payback-Punkte können auch an UNICEF überwiesen werden.

8.5 Profitieren Sie von der Macht Ihrer Kunden!

On the web, marketing is not about selling – but about buying. It is the customer who decides. [Molenaar]

Ihre Kunden haben viel zu sagen. Selten genug haben Sie in der analogen Welt die Gelegenheit, die Meinung Ihrer Interessenten und Kunden direkt zu hören. Die Kunst liegt darin, den Kunden zu Ihrem Partner zu machen und ihn beispielsweise aktiv an der Konzeption von Serviceleistungen oder neuen Produkten teilhaben zu lassen.

Ihr Kunde entscheidet

Durch den unbestrittenen Umstand, dass das Internet mittlerweile ein wesentlicher Bestandteil von unternehmerischen Geschäftsprozessen wurde, mussten viele interne und externe Prozesse neu gestaltet und den technischen sowie inhaltlichen Möglichkeiten des Internets angepasst werden. Dadurch hat sich auch das bisherige Verhältnis zwischen Händlern und Kunden, von Angebot und Nachfrage, nachhaltig verändert.

Im traditionellen Vertrieb waren die Rollen zwischen Hersteller, Groß- und Zwischenhändler und Kunden ganz klar verteilt: Obwohl viele der Marktteilnehmer mit dieser Rollenverteilung nicht zufrieden waren, konnte keine bessere Lösung für den Kompromiss zwischen Kundennähe und vertretbarer Logistik gefunden werden.

Was bisher geschah

Waren 1999 die Mehrheit der Shopper noch fehlertolerante Early Adaptors, so sind die heutigen Shopper fehlersensiblere Surfer aus allen Kategorien. [Klietmann]

Die Kunden hatten und haben durchaus erstaunliche finanzielle Nachteile:

▶ Sie müssen die Spannen der Händler tragen. Allein der direkte Einkauf beim Hersteller unter Umgehung der zwischengeschalteten Stufen würde enorme Einsparungen mit sich bringen.

▶ Eine Markttransparenz war in keinster Weise gegeben. Der enorme Aufwand, verschiedene Angebote einzuholen, zu vergleichen und eventuell zu verhandeln, reduziert – realistisch betrachtet – die Anzahl der potenziellen Lieferanten auf einige wenige.

Produzenten und Händler sehen sich ebenfalls mit einer Reihe von Beeinträchtigungen konfrontiert:

▶ Bei einem direkten Vertrieb an die Kunden – oder zumindest der »Ausschaltung« einiger Stufen der Fresskette – ist mit hoher Wahrscheinlichkeit zu erwarten, dass Produkte preiswerter werden und einen größeren Absatz erzielen können. Die Hersteller wären auch in der Lage, eine engere Beziehung zu ihren Kunden zu knüpfen. Mit den aus der engeren Bindung gewonnenen Informationen könnte die gesamte Wertschöpfungskette optimiert und Veränderungen früher wahrgenommen werden.

▶ Händler und Distributoren stehen zurzeit im Wettbewerb zueinander, denn sie nehmen sich gegenseitig die Margen weg. So wie der Distributor an einem direkten Weg zum Kunden interessiert ist, ist der Händler an einem direkten Draht zum Hersteller interessiert.

Die neue Macht liegt beim Kunden ...

Die Emanzipation des Internets verändert nun die Situation und die Machtverhältnisse zwischen Produzenten, Händlern und Konsumenten grundlegend: Das Internet legt die Macht im Vertriebskanal in die Hände des Kunden.

In Onlinestores, Portalen und virtuellen Marktplätzen werden Angebot und Nachfrage zusammengeführt. Böse Zungen behaupten, der Kunde und sein Bedarf stünden erstmals im Mittelpunkt, denn:

▶ Er hat eine sehr große Auswahl an Produkten verschiedener Hersteller zur Auswahl.

▶ Er kann sich die verschiedenen, mehr oder weniger nebeneinander stehenden Angebote anschauen, bequem vergleichen und das für ihn beste Produkt auswählen und direkt bestellen.

▶ Er kann Durchlaufzeit und Kosten für die Bestellung eines Produkts um ein Vielfaches reduzieren, denn durch wenige Mausklicks wird für ihn der Markt äußerst transparent.

... der auch mehr erwartet. Nicht genug damit, wir Kunden von heute sind zu allem Überfluss anspruchsvoller und fordernder: Nicht nur das beste Produkt zu einem möglichst niedrigen Preis zu erwerben ist ein Wunsch, der immer selbstverständlicher wird. Auch bei der Suche nach Produkten analysieren die Kunden immer mehr und erwarten auch bei der Pre- und Post-Sales-Beratung und beim Service »rundherum« zufrieden stellende Leistung.

Konsumenten (...) wollen am liebsten von Menschen bedient werden, die aber möglichst so schnell wie ein Computer sein sollen. Gleichzeitig möchte man sich persönlich behandelt fühlen, der Verkäufer sollte aber am besten nichts über einen wissen. [Horx]

Neben einer umfassenden Beratung wünschen wir uns als Kunden heutzutage noch ein wenig mehr. Nicht nur ein Produkt soll es sein, sondern etwas, das über das Produkt an sich hinausgeht: ein Mehrwert, ideeller oder monetärer Art. Aber wir sind als mündige Konsumenten auch bereit, etwas dafür zu tun: Auskunft über uns, unsere Wünsche und Präferenzen zu geben.

Die inhärente Macht der Communitys

I go to Yahoo. I go to chat rooms and see what they're saying about GE. I'm tempted to jump in, but I don't. I go on almost every night to see what the gossip is.
(Jack Welch, Ex-CEO, General Electric)

Eine virtuelle Gemeinschaft besteht nicht nur aus einem Internetauftritt, der über einen Themenschwerpunkt verfügt und den Besuchern Diskussionsforen und Download-Bereiche anbietet. Das Konzept geht weiter als bei einer Themenseite, wobei auch hier die Konzentration auf einen Themenbereich eine grundlegende Voraussetzung ist.

Zu den wichtigsten Merkmalen einer virtuellen Gemeinschaft zählt der Umstand, dass Informationen primär von den Teilnehmern, nicht dem Anbieter der Seite, beigesteuert werden. Der Betreiber der Seite, des Auftritts oder des Shops steht hier im Hintergrund und stellt lediglich – im buchstäblichen und übertragenen Sinn – die Kommunikationsplattform zur Verfügung. Ihre Absicht soll es sein, den Besuchern, Interessenten und Kunden eine Anlaufstelle zur Kommunikation zu einem bestimmten Schwerpunkt zu bieten – und so soziale Bedürfnisse der Anwender zu befriedigen.

Der Aufbau einer Gemeinschaft im Netz zählt nach wie vor zu den probatesten Mitteln, nachhaltige Beziehungen zu Kunden aufzubauen und zu erhalten – nicht zuletzt durch die Kombination verschiedener Möglichkeiten zur Kontaktaufnahme und Interaktion.

Chats, Diskussionsforen und Message Boards geben Besuchern und Kunden unzählige Gelegenheiten, sich mitzuteilen und auszutauschen aber auch wiederzukommen. Als Anbieter und Betreiber ermöglicht Ihnen eine virtuelle Community eine deutlich zielsicherere Ansprache Ihrer Kunden, wenn Sie:

▶ eine präzise Vorstellung davon haben, was Sie mit der virtuellen Gemeinschaft errreichen wollen

▶ sich darüber im Klaren sind, wie Ihre Zielgruppe strukturiert ist

▶ einen tragfähigen Businessplan erstellt und die nötige Infrastruktur aufgebaut haben

▶ sich bei der Umsetzung auf professionelle Anbieter verlassen, die flexible, skalierbare, intuitiv bedienbare und personalisierbare Anwendungen offerieren

Abbildung 8.27 stellt die drei Stufen von der Interessentengewinnung über den Aufbau der Loyalität der Interessenten bis zu den ersten Erträgen aus dem Aufbau einer virtuellen Community dar.

In der ersten Stufe bemühen Sie sich um Interessenten: Intelligentes Marketing, ansprechende Inhalte und niedrige Eintrittsbarrieren sorgen für hohe Besucherfrequenz. Die zweite Ausbaustufe dient dazu, Ihre Mitglieder und Kunden anzuregen, sich mit eigenen Inhalten zu beteiligen, die Beziehungen der Teilnehmer untereinander und zum »Gastgeber« zu vertiefen, um so kundenspezifische Informationen zu gewinnen. Und genau das war doch die Fragestellung, oder?

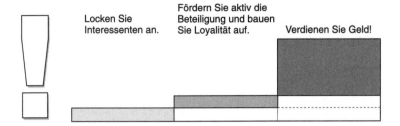

Locken Sie Interessenten an.

Fördern Sie aktiv die Beteiligung und bauen Sie Loyalität auf.

Verdienen Sie Geld!

Abbildung 8.26 Stufen zum Aufbau einer virtuellen Community

Abbildung 8.28 zeigt am Beispiel von webgrrls.de, wie erfolgreich eine Verbindung einer realen und virtuellen themenorientierten Gemeinschaft sein kann.

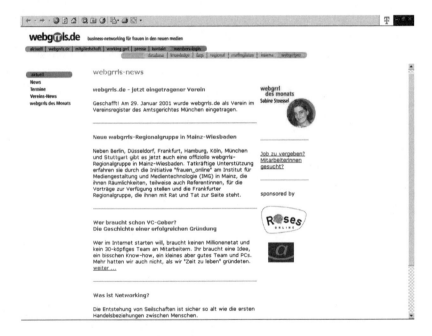

Abbildung 8.27 Auftritt von webgrrls.de[14]

Damit erreichen Sie Ihr Ziel: Ihre Besucher werden durch den Aufbau persönlicher Beziehungen in der Community zu loyalen Mitgliedern und somit zu Käufern. Die Loyalität der Bestandskunden zu sichern gehört genauso wie in der realen Welt zu den wesentlichen Erfolgsfaktoren. Communitys und virtuelle Welten sind sehr gute Mittel, dauerhafte Bin-

---

14 www.webgrrls.de

dungen zu Onlinebesuchern aufzubauen: Menschen kommunizieren miteinander ähnlich wie in der realen Welt und wickeln ihre Geschäfte ab.

Neben den vielen verschiedenen Kommunikationsformen – Chat, Foren, Nachrichtenbretter, Instant Messaging, Short Message Service – sind vor allem die Interaktionsmöglichkeiten zwischen den Nutzern der entscheidende Erfolgsfaktor: Erst der erfolgreiche Austausch mit anderen Besuchern bringt den Anwender vom sporadischen Besuch zur regelmäßigen Wiederkehr. Der Anreiz ist umso größer, je mehr sich die Mitglieder unter Gleichgesinnten bewegen können, die mit ähnlichen Problemen konfrontiert sind oder auch einen gemeinsamen Lebensstil besitzen.

Erfolgreiche Beispiele zeigen, dass zum Aufbau einer funktionierenden Community nicht unbedingt ein hochkompliziertes Instrumentarium nötig ist: Schon mit einfachsten Mitteln lässt sich eine kleine Onlinegemeinde aufbauen. Damit sind Ihre Kunden in der Lage, eigene Inhalte einzubringen, Spuren zu hinterlassen und mit anderen Teilnehmern in Kontakt zu treten.

Realisierbare Ansatzpunkte gibt es viele:

▶ Shopping with friends: Gemeinsames Einkaufen über das Internet als Erlebnis

▶ Virtuelle Agenten: Persönliche Beratung für optimalen Service

▶ Visuelle Unterstützung bei der Beratung: Kunde und Berater greifen online auf dieselbe Abbildung des Produktes im Onlineshop zu. Mit einem Mauszeiger können Berater und Interessent relevante Stellen in der Grafik markieren und über das Chat-Interface kommunizieren.

▶ Kundenclubs: Treffpunkte mit Live-Chat zum Informations- und Gedankenaustausch

▶ Produkt-Präsentation in 3D: Eine emotionale, interaktive Präsentation der Produkte und Leistungen wird möglich: 3D-Modelle lassen sich zoomen, drehen und wenden, Kunden können das Produkt beinahe anfassen und testen.

▶ One-to-One-Marketing über Profiling-Mechanismen: Intelligente Kundendatenbanken speichern die Kundenprofile und ermöglichen zielgruppenspezifische Marketingaktionen.

Besonders attraktiv sind Communitys in 3D-Welten, da hier ein völlig neues Gefühl vermittelt wird. Im Gegensatz zu einer einfachen Community-Lösung liefert die virtuelle 3D-Welt ungleich mehr Interaktionspunkte für die Kommunikation zwischen Kunden und Anbietern. Ein

Virtuelle 3D-Welten

Text-Chat in Verbindung mit Multimedia-Elementen, wie beispielsweise Streaming Audio und Video, schafft eine virtuelle Wirklichkeit, die realistischer erscheint. Gekoppelt mit den passenden Werkzeugen für die Analyse der Daten lässt sich damit die Beziehung zu Kunden gezielt pflegen, vertiefen und dauerhaft stärken.

Solche 3D-Welten lassen sich gerade beim Onlineshopping gut einsetzen:

▶ Shops mit visualisierten Produkten und neuartigen Services – etwa durch Kommunikationsmöglichkeiten mit virtuellen Beratern und Verkäufern – liefern neuartige Präsentationsmöglichkeiten und Einkaufserlebnisse.

▶ Onlineausstellungsräume mit integrierter Kundenbetreuung und interaktiven Kundenclubs machen das Einkaufen attraktiv und schaffen langfristig zufriedene Kunden, die durch emotional packende Produktpräsentationen und intelligente Interaktionsmöglichkeiten an das Angebot gebunden werden.

Erste Schritte in Richtung 3D-Welten im Shop-Bereich gibt es mit virtuellen Einkaufsberatern, wie sie den Kunden des Onlineeinkaufszentrums Shopping24 angeboten wird: Die virtuelle Beraterin Atira beantwortet alle Kundenfragen, unterstützt den Besucher bei der Suche nach einem Produkt und ist freundliche Entscheidungshilfe für Unentschlossene.

Mit Atira bieten wir unseren Kunden noch mehr Service und Interaktivität als jemals zuvor. Shopping24.de stellt mit seinem Shopping-Avatar sicher, dass keine Kundenanfragen ins Leere laufen.
(Dr. Thomas Schnieders, Geschäftsführer, Shopping24)

Hinter Atira arbeitet ein reales Callcenter, sodass keine Frage mehr unbeantwortet bleiben muss: Kommt das automatisierte Beratungsangebot an einer Stelle nicht weiter, erfolgt die Weitervermittlung an das Callcenter. Holprige, unverständliche Antworten sowie lange Wartezeiten bei der virtuellen Beratung sollen damit der Vergangenheit angehören. Abbildung 8.29 zeigt Atira vor dem Hintergrund des »Eingangsbereichs« von shopping24.de.

Abbildung 8.28 Die virtuelle Beraterin Atira vor dem Hintergrund des »Eingangsbereichs« der Shoppingmall.[15]

Nehmen Sie Meinungsführer ernst!

Früher hatte ein Meinungsführer Einfluss auf zwei weitere Konsumenten, in der New Economy sind es gleich acht [...]. Unternehmen, soziale Gruppen und die Verwaltung müssen Meinungsmacher im Web verstehen und konkret ansprechen – das ist die Herausforderung hier und heute.

In der analogen und der digitalen Welt verlassen sich Interessenten und Kunden auf das Urteil von Meinungsführern. Oft sind (potenzielle) Kunden für Empfehlungen von Meinungsmachern zugänglicher, als sie es der Print-, TV- und Onlinewerbung sind.

In den 40er-Jahren führte Roper Starch Worldwide eine Studie über die Influential Americans – die Meinungsführer in der amerikanischen Gesellschaft, die überproportional hohen Einfluss auf die Öffentlichkeit haben – durch. Roper Starch kam zu dem Ergebnis, dass 10–12% der US-Bevölkerung dieser Gruppe angehören.

Influential Americans™ und ...

---

15 www.shopping24.de

Influentials are strictly defined as people who have done three ore more items from a list of political or social activities in the past year (...) They have been leaders in many of the country's key social and political issues and have set cultural and consumer trends.
(Chris Komisarjevsky, Geschäftsführer Roper Starch Worldwide)

... e-fluentials™ Eine aktuelle Studie von Burson-Marsteller und Roper Starch[16] beschäftigt sich mit dem Versuch, Antworten auf folgende Fragen zu finden:

▶ Wer sind die Meinungsmacher im Netz?

▶ Wie viele Meinungsbildner gibt es überhaupt?

▶ Wie unterscheiden sich die e-fluentials von den »traditionellen« Meinungsbildnern?

▶ Auf welchen Wegen und nach welchen Mustern werden Meinungen und Botschaften weitergegeben?

▶ Wo kann man diese Meinungsmacher aufspüren?

Die Studie beziffert die Zahl der e-fluentials – der Meinungsmacher im Internet – auf etwa 8 Prozent oder ca. 9 Millionen von über 100 Millionen Onlineanwendern in den USA. Diese Personen sind aktiver als andere Internetnutzer, sie versenden häufiger E-Mails, nehmen in erhöhtem Maß an Chats teil, suchen Newsgroups öfter auf und sie beeinflussen mehr Menschen zu mehr Themen, als dies Meinungsführer der Old Economy tun.

E-fluentials are an elite yet highly engaged subgroup of the Internet population. They communicate with more people online, regularly e-mailing twice as many people as general Internet users. By definition, they are significantly more likely to provide feedback to Web sites, post to bulletin boards or actively participate in newsgroups.[17]

5 Gründe, warum Sie Meinungsführer ernst nehmen sollten Meinungsführer im Netz sind für Sie interessant:

▶ Sie haben tatsächlich Einfluss und sind durch die virtuelle in der realen Welt meinungsbildend: Die Wahrscheinlichkeit, dass sie um Rat gebeten werden, ist dreimal so hoch wie bei herkömmlichen Anwendern. Meinungsbildner werden in Themenbereichen wie Berufsleben, Karriere oder neue Technologien zweimal so häufig um ihre Meinung gebeten.

▶ Sie sind Multiplikatoren: Die Reichweite der Ansichten und Standpunkte ist durch das Internet überproportional hoch. Sie werden nicht

16 Burson-Marsteller: The e-fluentials, 2000
17 Quelle: Burson-Marsteller

nur öfter um Rat gefragt, auch die Anzahl der Personen, die sich an sie wendet, ist um Einiges größer.

▶ Sie sind online und offline aktiv: Der Einfluss von Meinungsbildnern ist nicht auf das Internet begrenzt. Auch in der realen Welt setzen sie Zeichen. Mehr als 40 % der e-fluentials – und damit schließt sich der Kreis zur Untersuchung von Roper Starch – sind auch offline meinungsbildend. Sie verlassen sich nicht nur auf das Internet als Informationsquelle, sondern sind auch aktive Konsumenten von TV, Radio und Printmedien.

▶ Sie sind hochkommunikativ: Sie wissen, dass ein Dialog aus Geben und Nehmen besteht und Weitergabe von Wissen und gleichzeitig Lernen von anderen bedeutet. Mehr als 80 % der Meinungsbildner sind gerne bereit, ihre Meinung in der Öffentlichkeit kund zu tun. Ebenfalls mehr als 80 % sind in der Lage und gerne bereit, aktiv zuzuhören und die Ansichten anderer aufzunehmen, zu filtern und einzuordnen.

▶ Sie sind Informationsdrehscheiben: Meinungsbildner sind begierig darauf, Wissen zu sammeln und zu verteilen. Ein deutlich größerer Anteil – verglichen mit normalen Anwendern – besucht Webauftritte und Portale von Unternehmen, Seiten von Non-Profit-Organisationen und von Behörden. Sie sind offener für neue Informationen und dafür, unbekanntes Terrain im Netz zu betreten.

▶ Versuchen Sie, über Marktforschungsmaßnahmen den Anteil an Meinungsführern in Ihrem Interessenten- und Kundenstamm zu filtern, diese direkt anzusprechen und gezielt zu bewerben: One-to-One-Marketingansätze haben gerade in diesem Szenario eine sehr große Chance, erfolgreich zu sein.

Starten Sie den Dialog!

▶ Sprechen Sie Meinungsführer selektiv an, auch um die Verbreitung von Gerüchten zu verhindern. Minimieren Sie fehlgesteuerte Informationen, Gerede und Gemunkel rund um Ihr Unternehmen, Ihre Dienstleistungen und Ihre Produkte.

▶ Jim Hamill, Direktor des SEVC, spricht in diesem Zusammenhang von »Murphy's Three Web Laws«:

If you are not willing to talk about an issue, your customers will take it up as a crusade.

The more you ignore them, the stronger they get.

If you have something to hide, you are in trouble whether you put it online or not.

Die dritte dieser Regeln bezeichnet er liebevoll als »Clinton's Web Law« – ohne dem ehemaligen US-Präsidenten nahe treten zu wollen.

8.6 Beginnen Sie, auch im Internet von davongelaufenen Kunden zu lernen!

Durchschnittlich alle fünf bis sieben Jahre verlieren Unternehmen rund die Hälfte ihrer Kunden. Die Gründe für Untreue und Abwanderung werden für die betroffenen Unternehmen allerdings erst dann interessant, wenn das Unternehmen Schlagseite bekommt. Warum?

▶ Die Untersuchung von Fehlleistungen wird selten als angenehm empfunden.

▶ Realistisch betrachtet ist es nicht einfach, diejenigen Fehler und Versäumnisse in der Unternehmenspolitik und im operativen Bereich herauszufinden, die die Kunden vertrieben haben.

Einfache Grundsätze

Die Party ist vorüber

Wenn Sie sich jedoch die Mühe machen, die Ursachen für die Untreue Ihrer Kunden ernsthaft zu erforschen, werden sie eine ganze Menge lernen. Sie beherzigen damit zwei Grundsätze, die auch in der New Economy nicht aufgehoben werden:

▶ Je länger Kunden einem Unternehmen treu bleiben, desto wertvoller sind sie.

▶ Der Schlüssel zu loyalen Kunden ist die Generierung von Wert für den Kunden.

Die – oft späte – Erkenntnis, dass Kunden abtrünnig werden, ist meist schockierend und paralysierend für viele Unternehmen. Sehr oft haben die Verantwortlichen kaum einen Begriff davon, worin die Gründe dafür liegen könnten. Zielgerichtete Gegenmaßnahmen sind in diesen Situationen selten zu bemerken.

Woran kann das liegen? Die »Wanderbewegungen« der Kunden werden nicht gemessen, Schritte gegen vereinzelte Fluchtbewegungen werden kaum unternommen, der Zusammenhang zwischen der Abwanderung von Kunden und der Ansatz für mögliche Verbesserungen wird nicht gesehen.

Kundenabwanderung als Maßstab

Bedauerlich, denn Kundenbewegungen gehören im Geschäftsleben zu den aufschlussreichsten – wenn auch nicht leicht messbaren -Erfolgsmaßstäben. An diesen Bewegungen lässt sich unmissverständlich ablesen, ob die Kunden am Unternehmen oder der Dienstleistung eine sich verschlechternde Wertschöpfung wahrnehmen. Auch wenn verloren gegangene Kunden durch neue ersetzt werden, bedeutet die Abwanderung sinkende Erträge, einen versiegenden »Cashflow-Strom« vom Kunden zum Dienstleister.

Die entstehenden Kosten der Gewinnung von Neukunden kommt hier noch erschwerend dazu. Warum, wenn tatsächlich durch Beschäftigung mit dem Phänomen der Wanderbewegungen Kunden zurückgewonnen und Kundenbeziehungen verbessert werden können, nutzen viele Unternehmen diesen – zweifellos oft schmerzhaften – Weg nicht?

Vier der nach Meinung der Autoren maßgeblichen Ursachen und geeignete Lösungsansätze werden in den folgenden Abschnitten behandelt:

▶ der Umstand, dass der nicht wegzudiskutierende Zusammenhang von Kundentreue einerseits und dem Unternehmensergebnis »auf der Gegenseite« nicht oder nicht rechtzeitig wahrgenommen wird

▶ die oft vernachlässigte Frage nach wirklich wertvollen und wichtigen Kunden und die Bedeutung von Wanderbewegungen für ein Unternehmen

▶ die Suche nach Fehlern und Versäumnissen im eigenen Unternehmen und die Frage »Wie finde ich Mitstreiter, denen ich die Pflege von Kundenbeziehungen anvertrauen kann?«

▶ die Entwicklung, Kommunikation und Umsetzung von Maßnahmen, mit denen die in der Analyse des Kundenverhaltens gewonnenen Ergebnisse in eine erfolgreiche Unternehmensstrategie übertragen werden

Der Zusammenhang von Kundenzufriedenheit, -treue und Erfolg

Langsam, viel zu langsam, setzt sich das Verständnis durch, dass treue Kunden tatsächlich Gewicht haben. Eine penible Rechnung mit der Fragestellung, welchen Wert ein Kunde – über die gesamte Geschäftsbeziehung betrachtet – darstellt, ist hier notwendig, will man auch den Kapitalwert des Kundenstammes eines Unternehmens berücksichtigen.

Cashflow und EBIT alleine sind keine besonders aussagekräftigen Indikatoren, wollen Sie die Leistungsfähigkeit Ihres Unternehmens in Sachen Kundenbindung und -zufriedenheit messen und kommunizieren. Die einzig wirklich aussagekräftige Statistik ist eine Gegenüberstellung der »treuen« und »abtrünnigen« Kunden.

Je länger ein Kunde einem Unternehmen treu bleibt, desto mehr ist er wert. Warum?

▶ Langjährige Kunden geben mehr Geld aus und sind meist weniger preissensibel.

In vielen Branchen steigert sich nicht nur die Anzahl der Käufe und Frequenz der Inanspruchnahme von Dienstleistungen, sondern auch der durchschnittliche Umsatz pro Kauf. Lock- und Einführungsangebote können meist von langjährigen Kunden nicht in Ansruch genommen werden. Positive Cross-Selling-Effekte durch die Inanspruchnahme zusätzlicher Leistungen treten meist erst nach einigen Käufen und längerer Geschäftsbeziehung auf.

▶ Treue Kunden bringen neue Kunden mit.

Oft geben zufriedene Kunden positive Erfahrungen mit ihren Lieferanten und Dienstleitern weiter, werden zu guten »Verkäufern« und motivieren Interessenten, die meist von Beginn der Geschäftsbeziehung an ein realistischeres Bild von Angebot, Stärken und Schwächen der Anbieter haben. So fallen keine oder geringe Anwerbekosten für diese Neukunden an. Auch im Servicebereich ist mit erheblich niedrigeren Kosten zu rechnen, da Kunden, die auf Empfehlung kommen, oft diejenigen um Rat und Unterstützung fragen, die ihnen den Lieferanten empfohlen haben.

▶ Treue Kunden nehmen weniger Zeit in Anspruch.

Auch die Nutzung des Internets hebt die Gebote der Kundenbindung nicht auf – langjährige Kunden finden sich »online und offline« besser zurecht und werden mit dem Angebot ihrer Lieferanten und Dienstleister vertrauter. Im Gegenzug lernen die Anbieter die Wünsche und Ansprüche ihrer Kunden besser kennen.

Die Summe dieser Faktoren legt den Schluss nahe, dass der Wert einer Kundenbeziehung in der »digitalen Welt« oft weit größer ist als in der realen Welt.

Das fehlende Bewusstsein, zwischen »Gewinn pro Kunde« und »Wertschöpfung pro Kunde« unterscheiden zu können, ist ein maßgeblicher Grund für Misserfolge im Unternehmen: Kunden orientieren sich am Wert, den sie erhalten – nicht unbedingt an der Dienstleistung oder am Produkt selbst, das sie erwerben oder in Anspruch nehmen. Maßstäbe wie Gewinn und Cashflow sind hier nur bedingt anzulegen.

Unsere eigenen täglichen Erfahrungen als Kunden lehren uns immer wieder die schmerzhafte Erkenntnis, dass sehr viele Unternehmenslenker

Probleme mit Kunden als nachrangig und bestenfalls mittelmäßig interessante Herausforderung für den Marketingbereich sehen. Aber keine noch so raffiniert gestaltete Marketingaktion, Werbekampagne und Preisgestaltung kann Neukunden anlocken, wenn sich die Meinung unzufriedener Kunden, ein Unternehmen biete wenig Wert, flächendeckend durchgesetzt hat.

Untreue ist nicht gleich Untreue und: Wer sind nun Ihre wichtigsten Kunden?

Die Frage nach Kundenzufriedenheit und -abwanderung wird nach unseren Beobachtungen schnell zu einem strategischen Thema. Mehrere Fragen müssen geklärt werden:

▶ **Wer sind eigentlich die Stammkunden des Unternehmens?** Stammkunden ...
Hier stellte sich heraus, dass die Kunden mit geringen bis mittleren, aber sehr regelmäßigen Umsätzen in der Tat oft wichtige Kunden sind. Ihnen gute Gründe zu liefern, einem Lieferanten treu zu bleiben, sollte sich auf lange Sicht als der entscheidende Wettbewerbsunterschied zwischen den auf engem Raum und mit überschaubaren Spannen konkurrierenden Händlern erweisen.

Unglücklicherweise ist die Identifikation der Hauptkunden nicht immer ganz so einfach, besonders in einer Branche, wo sich der Wettbewerb genauso schnell wandelt wie das Interesse der Kunden für neue Trends, Produktlinien oder gar Produkte. Die Bestimmung der wichtigsten Kunden ist gewiss eine der elementarsten Maßnahmen, die ein Dienstleister zeit seiner Tätigkeit initiieren wird, auch auf die Gefahr von Unsicherheiten und Ungereimtheiten, was Datengewinnung und Interpretation betrifft.

▶ **Welche Kunden sind die profitabelsten und treuesten?**
Hier gilt es, die Kunden zu identifizieren, die mehr Geld für Produkte und Dienstleistungen eines Herstellers oder Lieferanten ausgeben als andere, ihre Rechnungen schneller und bar begleichen, Beratung weniger in Anspruch nehmen und die selbst Wert auf eine längerfristige Geschäftsbeziehung legen.

▶ **Welche Kunden schätzen den von Ihrem Unternehmen generierten Wert am meisten und sind für Sie »wertvoller« als für den Mitbewerb?**
Zu manchen Kundengruppen und -bedürfnissen passen die angebotenen Produkte, Dienstleistungen und die Beratung vor und nach dem

Kauf besonders gut, andere legen weniger Wert auf ausführliche Beratung, sind jedoch besonders preissensibel.

Manche Kunden erfordern mehr Mühe und höheren Aufwand bei Beratung und Service. Sind sie für einen Mitbewerber wertvoller, werden sie mittel- bis langfristig »verloren gehen«.

Eine Zusammenstellung der offensichtlichen Hauptkunden ergibt sich aus der Beantwortung der oben gestellten Fragen. Darüber hinaus leistet diese Liste wertvolle Hilfe bei der Aufgabe, den Kreis der Hauptkunden kontinuierlich zu erweitern, was zu einer Klassifizierung und Gruppierung der Kunden führt.

Hier lautet die Aufgabe, einen Eindruck vom Ergebnis der mittel- und langfristigen Geschäftsbeziehung zu einer Kundengruppe zu bekommen, das heißt u. a.:

▶ vom Kapitalwert der Kundenbeziehung

▶ vom Anteil am Einkaufsbudget des Kunden

▶ vom »Grad« der Kundenbindung, d. h. der Gruppenzugehörigkeit, Herkunft und Dauer der Kundenbeziehung

»Gleichbehandlung« aller Kunden?

Viele Dienstleister und Anbieter, gerade im Bereich der Konsumgüter, sind häufig der Meinung, sie müssten alle Kunden gleich behandeln und gleich zufrieden stellen.

Im Falle der Abwanderung wird jedem Kunden die gleiche Aufmerksamkeit gewidmet, unabhängig davon, ob es sich um wirklich wichtige Kunden handelt oder um »Laufkundschaft«. Wenig Sinn macht es allerdings, eigentlich unprofitable Kunden mit viel finanziellem und personellem Aufwand zurückgewinnen zu wollen.

Unternehmen, die in der Kundengewinnung und -bindung erfolgreich sind, wissen, dass nicht jeder Kunde ein guter Kunde ist und widmen sich vorrangig den Kunden, denen sie auch tatsächlich mit gewisser Kontinuität einen zufrieden stellenden Wert »liefern« können.

Gewinnung von Neukunden

Alle Anstrengungen, die Sie unternehmen, um die Gründe für Abwanderungen zu finden, dienen nicht nur der Rückgewinnung abtrünniger Kunden, sondern auch der Gewinnung von Neukunden, die ja zwangsläufig vormals Kunden eines anderen Unternehmens waren. Interviews mit Neukunden mit Fragen nach den Gründen ihres Wechsels sind zu diesem Stadium der Kundenbeziehung sehr wertvoll.

Sie lernen unter anderem aus den Antworten:

▶ Ob Sie tatsächlich die Kunden gewonnen haben, die sich mit entsprechender Pflege der Beziehung zu wertvollen Dauerkunden entwickeln können.

▶ Ob Ihre Neukunden denen Ihrer Mitbewerber oder denen gleichen, die Ihrem Unternehmen abtrünnig wurden.

▶ Welche Verbesserungspotenziale Sie bei der Gewinnung von Neukunden noch nicht entdeckt oder realisiert haben.

▶ Ob neue und bestehende Kunden auch die Stärken Ihres Angebots und Ihrer Dienstleistungen kennen.

Manchmal sind Motive und Formen der Abwanderung sehr einfach zu erkennen. Verlagern beispielsweise Bankkunden ihre Konten und ihren Geldverkehr zu einem Mitbewerber, stellt sich diese Form der Untreue sehr eindeutig dar.

Analyse der Untreue

Bei Kunden, die nur für einen Teil ihrer Geschäfte zur Konkurrenz ausweichen, gestaltet sich die Analyse schon schwieriger, ebenso bei Kunden, die die Leistungen eines Unternehmens zwar kontinuierlich in Anspruch nehmen, aber nur einen Bruchteils dessen ausgeben, was sie insgesamt für Einkäufe aufzuwenden bereit sind oder tatsächlich aufwenden.

Kompakt

Das Kapitel zeigt Ihnen, wie eine intelligente Strategie die klassischen Ansätze des Marketings und Electronic-Relationship-Management verbindet. Auch die Frage nach der Wichtigkeit der Kundenprozesse wird hier diskutiert. Wir beleuchten den für den Erfolg Ihres Unternehmens sehr wesentlichen Unterschied zwischen Kundenzufriedenheit und Kundentreue und gehen den fundamentalen Elementen einer Segmentierung und Bewertung des Kundenstamms auf den Grund.

Auch auf die brisante Thematik des Lernens von positiven und negativen Erfahrungen mit Kunden am Beispiel Kundenbewegungen – an denen sich unmissverständlich ablesen lässt, ob die Kunden am Unternehmen oder an der Dienstleistung eine sich verschlechternde Wertschöpfung wahrnehmen – wird in diesem Abschnitt eingegangen.

Betrachten wir die zahlreichen verlassenen virtuellen Einkaufskörbe im Netz, wird die Bedeutung einer unkomplizierten und seriösen Kundenbetreuung schnell offensichtlich. Bei einer Anfang 2001 durchgeführten Untersuchung[18] kam man zu dem Ergebnis, dass innerhalb von 90 Tagen jeder Besucher durchschnittlich zwei- bis dreimal seinen Einkaufskorb abstellte, ohne die Kasse aufzusuchen: An die 175 € an Umsatz gingen bei jedem Warenkorb verloren.

Kundenbindung entwickelt sich zu einer Triebfeder, das eigene Geschäftskonzept und die Wertschöpfungskette zu überdenken, die mit dem Onlineauftritt verfolgt werden soll. Nicht die Masse der Kunden wird zum Maß der Dinge, sondern die Klasse – Exzellenz im Service gegenüber dem Individuum. Im Einklang mit den Unternehmenszielen müssen eigene Wege gefunden werden, die die besonderen Stärken des Anbieters, wie beispielsweise seine Kompetenz und langjährige Erfahrung, auch online vermitteln. [Stolpmann]

Die für eine erfolgreiche Kundenbindung wirklich wesentlichen Dinge laufen nicht im Datawarehouse oder im Unternehmensportal ab – sie passieren im buchstäblichen wie im übertragenen Sinn unter der Oberfläche. Der Verkauf von Produkten war gestern.

Heute und morgen wird Ihr Unternehmen nur dann erfolgreich sein, wenn es Ihnen gelingt, Ihren Kunden – erwarteten oder unerwarteten – echten Mehrwert zu bieten, denn:

▶ Ihre Kunden sind Könige – zumindest sollten sie dieses Gefühl bekommen, wenn sie online und offline mit Ihnen kommunizieren: Keine Probleme und möglichst wenige unbeantwortete Fragen, denn begeisterte Kunden, die ihre Zufriedenheit weiterkommunizieren, sind immer noch die beste Werbung für Ihr Produkt oder Ihre Dienstleistung.

▶ Ihre Kunden haben Vieles zu sagen: Selten genug haben Sie in der realen Welt die Gelegenheit, die Meinung Ihrer Interessenten und Kunden so direkt zu hören. Die Kunst liegt darin, Kunden zu Partnern zu machen.

---

18 Quelle: BizRate

9 Usability – wenn Kunden sich wohl fühlen

Jede Website ist immer so gut wie ihre Bedienbarkeit. Das Web bietet dem Anbieter eine einzigartige Möglichkeit zur Kommunikation mit dem Kunden. Allerdings muss diese Kommunikation auch funktionieren, sonst beendet der Benutzer die Interaktion und ist mit der Kommunikation und letztlich auch mit dem dahinter stehenden Unternehmen unzufrieden.

Dieses letzte Kapitel beschäftigt sich mit den »Wohlfühlkriterien« für Webseiten. Es erklärt, warum es wichtig ist, dass Kunden auch im Web eine ergonomische Benutzerschnittstelle haben, wieso die meisten Webseiten darauf nicht vorbereitet sind, welche Fehler dabei gemacht werden und wie man es besser machen kann.

9.1 Usability als Erfolgsfaktor

Was ist Usability? Usability steht für die Bedienbarkeit eines Systems. Lange Zeit war im deutschen Sprachraum von Bedienungsfreundlichkeit die Rede, aber Computer sollen ja nicht freundlich sein, sondern benutzbar, der englische Begriff »Usability« trifft es also besser. Usability steht aber nicht nur für die Eigenschaft »benutzbar«, sondern auch für das Forschungsgebiet, dessen Ziel es ist, die Usability zu erreichen, für die Human Computer Interaction, kurz HCI. Dieses Forschungsgebiet existiert seit Jahrzehnten, und ist heute eines der wachstumsstärksten Gebiete innerhalb der Informatik. HCI ist aber auch interdisziplinär, vor allem Wissen aus der kognitiven Psychologie und über psychologische Verfahren tragen zum Erkenntnisstand bei.

Human Computer Interaction

Die schlechten Beispiele

Schlechte Beispiele im Web zu finden ist nicht sehr schwierig. Angesichts der sich ständig weiterentwickelnden Anforderungen und Technologien ist es für viele Betreiber auch nicht einfach, hier Schritt zu halten, besonders, wenn das Budget nicht für häufige Änderungen ausgelegt ist. Wenn aber Sites größerer Unternehmen schwerwiegende Usability-Probleme aufweisen, dann gilt es zu untersuchen, wie solche Probleme entstehen und wie Abhilfe geschaffen werden kann.

Meist stecken die Usability-Störfaktoren ja im Detail. Eine Site hat allerdings ein Problem, wenn schon der Einstieg für den Benutzer schwer möglich ist. Die Site www.bransch.net (Abbildung 9.1) z. B. verwehrt dem Benutzer, der zufällig nicht das richtige Plug-in installiert hat nicht nur den Zutritt, da die HTML-Version nicht funktioniert, sie bietet ihm nicht einmal den geringsten Hinweis darauf, worum es auf dieser Webseite geht. Wenn dem Benutzer nicht klar ist, was die Site bieten wird, wird er das nötige Plug-in auch kaum herunterladen.

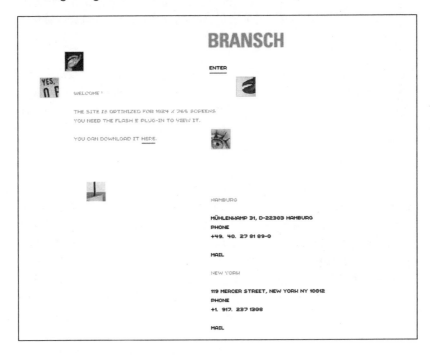

Abbildung 9.1 Kein Hinweis, worum es auf dieser Seite geht

Verständnisprobleme können vor allem dann entstehen, wenn das Wording, also die Bezeichnung von Links, Menüs und anderen Interaktionstechniken nicht benutzerorientiert ist, wie im Beispiel in Abbildung 9.2 (www.twdesign.de). Welche Inhalte soll ein Benutzer hinter der Linkbezeichnung »Stand«, »Bitte lächeln« oder »hirnoperierte Hunde« erwarten? Die meisten Internetbenutzer nehmen sich auch nicht die Zeit, das herauszufinden, sondern wenden sich eher einer anderen Webseite zu.

Etwas erschwert wird die Verständlichkeit der Begriffe noch dadurch, dass die vollständigen Begriffe (»Standort«) erst bei Rollover mit der Maus erscheinen. Der Benutzer kann also nicht auf einen Blick alle Seiteninhalte lesen und vergleichen, sondern er muss die Maus bewegen, um das vollständige Wort lesen zu können. Auch Menüeinträge sind hinter Rollovers »versteckt«, sie erwecken beim Benutzer den Eindruck, klickbar zu sein, verschwinden aber wieder, wenn die Maus darüberbewegt wird, und enttäuschen damit ebenfalls eine Erwartung des Benutzers.

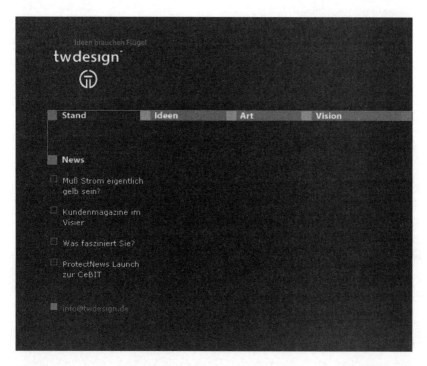

Abbildung 9.2 Hier führen das Wording und die hinter Rollovers versteckten Untermenüs zu einem Usability-Problem.

Die Informationsarchitektur ist ein entscheidender Usability-Faktor und muss mittels Navigationselementen verständlich kommuniziert werden. Im Beispiel in Abbildung 9.3 wird eine an sich recht verständliche Informationsstruktur durch die Navigation unverständlich: Eine Gesamtnavigation befindet sich rechts, allerdings wird der Zusammenhang zur Überschrift und zur linken Navigation nicht verständlich. Ein Grundprinzip der Usability-Disziplin wird verletzt, denn der Benutzer sollte sich immer im Klaren darüber sein, wo er sich gerade befindet und wie er weiter navigieren kann. In den Bereich der Informationsarchitektur fällt auch die Verlinkung zwischen den Seiten. Der Link »zusätzliche Informationen« im genannten Beispiel gibt wenig Auskunft darüber, was dahinter zu erwarten ist. Ob sich ein weiterer Teilbereich der Seite öffnet oder ob dort Informationen angefordert werden können, bleibt offen.

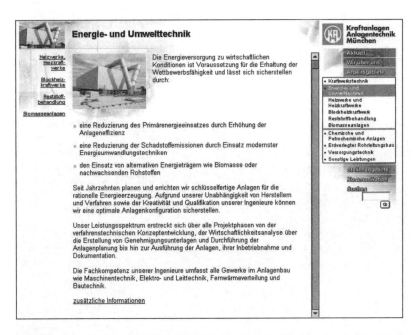

Abbildung 9.3 Verwirrende Navigation: Die Struktur der Site ist anhand dieser Navigation nur schwer ersichtlich.

Websites sind ein Muss

Bei jedem etwas größeren Unternehmen erwarten die Kunden, dass zumindest eine Website existiert. Die Erwartungen an den Inhalt sind eng an die Unternehmensgröße gekoppelt. Es ist klar, dass ein kleines Unternehmen nicht eine Website mit allem erdenklichen Software-Schnickschnack betreiben kann. Aber die User erwarten zumindest, dass eine Webseite da ist und sei es nur, weil sie auf diesem Weg die Telefonnummer suchen möchten. Je größer das Unternehmen, desto eher erwarten die User, dass sie möglichst die gesamte Kommunikation mit der Firma online abwickeln können. Das Internet zu nutzen ist bequem und wenn es ein Konkurrenzunternehmen im Netz gibt, dann ist die Wahrscheinlichkeit hoch, dass der User lieber beim Konkurrenzunternehmen kauft, wenn er sich dazu nicht aus dem Sessel erheben muss. Oft ist es dann ja gar nicht so, dass man auf der Site das findet, was man sucht, eher sogar das Gegenteil – man ist überrascht, wenn man schnell die Info in der Hand hat, die man braucht. Trotzdem, die meisten Menschen sind stark visuell orientiert. Findet man zu einem Unternehmen eine Website, dann ist da ein visueller Eindruck, als könne man das Firmengebäude sehen, und das Unternehmen bekommt die Chance im Geiste des Benutzers Gestalt anzunehmen.

Ebenso wie ein Repräsentant des Unternehmens oder der Firmensitz repräsentiert die Website dann aber auch tatsächlich das Unternehmen. Ärgert sich der Benutzer über die Site, dann ärgert er sich über die Firma, die dahinter steht – und nicht über die Firma, die die Site gemacht hat. Und das gilt genauso für Verbraucher in Internetshops wie für Nutzer von Einkaufsplattformen für Partner oder Mitarbeiter im Intranet einer großen Organisation. (Der Einfachheit halber fokussieren wir auf den ersten Typus; die Ergebnisse dieses Kapitels lassen sich aber ohne weiteres auf die anderen Gruppen übertragen.)

Website als
»erster Eindruck«

Usability und Zugriffszahlen

Websites sind keine Plakatwände. Damit die Zielsetzung einer Website erreicht werden kann, genügt es nicht, wenn Benutzer die Homepage kurz betrachten und dann nie wieder kommen. Die Site muss auch genutzt werden und das wird sie nur, wenn alle ihre Inhalte leicht verständlich sind und die Bedienung problemlos funktioniert.

Benutzer, die nur bis zur Homepage oder einen Klick weiterkommen, tragen nicht zum Erfolg der Site bei, im Gegenteil, sie verursachen nur (Übertragungs-)Kosten. Die Konversionsrate gibt an, welcher Prozentsatz der Besucher zu Kunden wird, also tatsächlich kauft. Nur die Konversionsrate kann Auskunft darüber geben, ob die Site tatsächlich funktioniert, denn keine Site wird dazu entwickelt, dass Benutzer kurz auf der Homepage vorbeischauen und dann auf den »Zurück«-Button klicken.

Konversionsrate

Eine gute Website erkennt man daran, dass Benutzer auf der Site wirklich aktiv sind und auch wiederkehren, also daran, dass die Site »funktioniert«: dass User Produkte bestellen oder Artikel lesen. Diese Daten sind aus den Zugriffsstatistiken der Webserver herauslesbar, können also analysiert werden, wenn die Site bereits online ist. Was nicht aus der Statistik ablesbar ist, sind die Ursachen dafür, dass eine Site nicht wie geplant funktioniert.

»Von außen«, d.h., ohne detaillierte Analyse der Statistik, oder aber präventiv, d.h., bevor die Site online ist, zeigt sich der Umgang der Benutzer mit einer Site am besten dadurch, dass die Benutzer dabei beobachtet werden. Dann zeigt sich nämlich nicht nur, ob die Site verständlich ist, sondern auch, ob die User die Utility, also den Inhalt und die Funktionen, für brauchbar halten.

Der Usability-Boom

Mensch-
Maschine-
Kommunikation

Wissenschaftlicher Hintergrund und Ursprung des Usability-Gedankens war das Forschungsgebiet der Mensch-Maschine-Kommunikation. Viele Jahre lang lag das Hauptbetätigungsfeld in der Bedienungsfreundlichkeit von Software. Zielsetzung dabei ist es in erster Linie, Akzeptanz bei den Benutzern zu erreichen und auch Personalkosten zu reduzieren, indem Zeit eingespart wird, die jeder Benutzer für das Erlernen, Wiedererlernen – nach Urlaub oder Krankheit – oder Fehlerkorrektur im Zusammenhang mit der Software aufwenden muss. Häufig wird jene Software, die Benutzer für ihre tägliche Arbeit verwenden sollen, von einigen wenigen Einkäufern ausgewählt, die mit der tatsächlichen Tätigkeit und dem Workflow wenig oder keine Erfahrung haben. Dass Bedienungsfreundlichkeit oder Usability auch ein Verkaufsargument für die Software sein kann, wird im Rahmen von Softwareprodukten selten erkannt oder genutzt. Software wird oft nach der Anzahl der Funktionen oder dem Preis ausgewählt. Ist sie dann angeschafft, bleibt dem Mitarbeiter meist nur die Alternative, sich in die Situation einzufügen, auch wenn es bedeutet, sich täglich über umständlich bedienbare Systeme zu ärgern. Der einzelne Mitarbeiter hat nicht die Wahl.

Im World Wide Web ist das anders. Dort *haben* die Nutzer die Wahl. Sie haben die Wahl zwischen Millionen von Websites. Natürlich besteht die eigentliche Auswahl in den meisten Fällen nur zwischen wenigen Sites, die der Anforderung entsprechen. Möchte der Benutzer beispielsweise einen Kosmetikartikel kaufen, so stehen hierfür eine Reihe von Drogerie-Sites zur Verfügung. Allerdings möchte der Benutzer eventuell nicht im Ausland einkaufen und findet auch nicht alle existierenden Shops innerhalb eines akzeptablen Zeitrahmens, sondern trifft seine Wahl zwischen jenen, die er nach etwa einer halben Stunde Suche mit Suchmaschinen finden konnte. Ärgert er sich über die Usability einer Site, so kann er leicht zur nächsten wechseln. Wenn eine Site also verkaufen soll, dann muss es für den Benutzer auch einfach sein zu kaufen, sonst wird der Verkauf nicht stattfinden. Das bedeutet, dass für den Benutzer auf den ersten Blick klar sein muss, ob das gesuchte Produkt hier zu finden sein wird, dass es einfach sein muss, das Produkt auf der Site zu finden, und dass der Bestellvorgang einfach und problemlos ablaufen muss. Werden dem Benutzer Usability-Probleme in den Weg gelegt, dann wird er nicht bestellen und es gibt auch keinen Umsatz. Usability hat direkten Einfluss auf den Kapitalfluss. Dies sollten Sie bei der Umsetzung Ihrer E-Business-Projekte unbedingt im Auge behalten.

In letzter Zeit gibt es auch vermehrt die Tendenz, für sehr gute Informationsservices bei den Benutzern Gebühren zu erheben, da die Finanzierung über Bannerwerbung oft nicht funktioniert. In den Fällen, in denen der Benutzer für die Bedienung der Site zahlen muss, wird Usability erst recht relevant, denn für eine schlecht bedienbare Site wird niemand bezahlen wollen.

Usability ist damit die Grundlage für erfolgreichen Verkauf im Web. Da Usability im Web vermehrt auch etwas mit Geld zu tun hat, das der Betreiber verdient oder eben nicht, entstand auch ein regelrechter Boom für Web-Usability. Während im Bereich der Software-Usability die Usability-Experten weltweit mühsam für die Benutzer in den Kampf ziehen, ist im Webbereich zumindest der Begriff mittlerweile weit verbreitet. Was nicht heißt, dass man sich nicht auch hier mit Budgetknappheit und zu engen zeitlichen Deadlines auseinander setzen muss.

Dem Benutzer ermöglichen, sein Ziel zu erreichen

Hohe Click-Raten reichen aus Usability-Sicht für den Erfolg eines E-Business-Projekts nicht aus. Die Zugriffsstatistik für die Homepage mag – für einen bestimmten Zeitraum – erfreulich sein, weil viele neue Benutzer aufgrund von Werbemaßnahmen die Site besucht haben. Letztlich zählt aber nur, ob die Benutzer die Ziele erreichen, die sie sich selbst gesteckt haben. Und Benutzer haben immer Ziele, sie surfen nicht zum Zeitvertreib im Web. Sie möchten ein Buch kaufen, zum Thema elektrische Zahnbürsten beraten werden oder die Kosten für ein Handy erfahren. Sich mit dem Lieblingsspiel die Zeit zu vertreiben, kann ebenfalls ein Ziel sein. Und auch wenn ein Benutzer mehr oder weniger zufällig über eine Suchmaschine auf einer Site landet, wird er dort im Rahmen der angebotenen Links Ideen dazu entwickeln, was auf der Site für ihn persönlich interessant sein könnte. Scheint aus dem Angebot nichts ansprechend genug, dann wird der Benutzer nicht weiterblättern, sondern die Site sofort verlassen.

Benutzer haben also immer ein Ziel. Diesem Ziel gilt es entgegenzukommen. Je leichter ein Benutzer sein Ziel mit einer bestimmten Site erreicht, desto erfolgreicher wird die Site sein. Hohe Click-Raten durch Benutzer, die gerade auf der Homepage landen, aber nicht weiterblättern und nicht wiederkommen, tragen nicht zum Erfolg einer Site bei, sondern jene Benutzer, die auf der Site das finden, was sie gesucht haben, ein Geschäft tätigen und schließlich so zufrieden sind, dass sie auch wiederkehren. Aufgabe des Usability-Experten ist es, den Benutzer auf der Site zu seinem Ziel zu führen.

Die Website ist oft die einzige Chance, um zu kommunizieren

Die Website ist ein Kommunikationsmittel zwischen Unternehmen und Kunden. Für die meisten Unternehmen ist das Web nur ein Kommunikationsmedium unter mehreren, ihre Kunden können sie meist auch anrufen, in eine Filiale kommen oder ein Fax schicken. Dennoch wird es viele Situationen geben, in denen die Website gerade das *einzige* Kommunikationsmittel darstellt, weil der Benutzer sich entschlossen hat, diesen Kommunikationskanal zu verwenden.

Internetbenutzer verwenden das Web, weil es bequem ist. Stellen Sie sich doch selbst einmal die Frage nach dem Grund für viele Ihrer Internetaktivitäten. Wir sind davon überzeugt, dass 90 % der Szenarien direkt oder indirekt mit Bequemlichkeit zu tun haben. Der Benutzer möchte die Website des Unternehmens statt anderer Kommunikationskanäle verwenden, weil er sich z.B. zu einer Uhrzeit über ein Produkt informieren möchte, zu der die Geschäfte geschlossen haben und im Unternehmen niemand mehr ans Telefon geht, oder weil er keine Lust hat, in der Filiale vorbeizuschauen, weil er sich rasch einen Überblick über eine Produktsparte verschaffen möchte oder weil er sich für ein Produkt interessiert, das im Geschäft in der Nähe nicht lagernd ist etc. In all diesen Fällen muss die Website die Aufgabe übernehmen, alleine das gesamte Unternehmen zu repräsentieren, sie ist gerade die einzige Chance des Unternehmens, mit dem Kunden zu kommunizieren.

Findet sich der Benutzer nicht zurecht, dann ist diese Chance vielleicht vertan. Der Benutzer mag sich zu einem Anruf oder dem Absenden einer E-Mail entschließen, wenn die Website seine Frage nicht beantwortet, vielleicht aber auch nicht. Vielleicht möchte er nicht auf die Beantwortung per E-Mail warten oder auf den Zeitpunkt, zu dem die Filiale öffnet oder im Unternehmen wieder die Telefone abgehoben werden. Wenn der Benutzer die Wahl hat, entscheidet er sich dann vielleicht nicht für eine andere Kommunikationsmöglichkeit, sondern für die Website eines anderen Unternehmens.

Content und Usability gehen Hand in Hand

Content is King. Das ist ein Web-Leitspruch, der auch in Studien (z.B. vom amerikanischen Marktforschungsunternehmen Forrester[1]) belegt wurde. Eine Website kann ein noch so gelungenes Design haben, Benutzer hat sie nur, wenn auch der entsprechende Inhalt und/oder Funktionen zu finden sind, die einen Wert für den Benutzer darstellen. Der Brauchbarkeitsfaktor einer Website wird auch als »Utility« bezeichnet. Es geht dabei nicht nur darum, viel zu bieten, sondern – und das gilt vor allem für Funktionalität – solche Features zur Verfügung zu stellen, die ein Benutzer auch nutzen kann.

Content is King

Jeder Projektleiter wird zu Beginn eines E-Business-Projekts vor der Entscheidung stehen, welcher Anteil des Projektbudgets für die Gestaltung investiert wird und welcher Anteil für den Inhalt und die Funktionalität. In vielen Projekten fällt diese Entscheidung dann eher zugunsten des Erscheinungsbildes der Site. Häufig finden langwierige Geschmacksdiskussionen zur Farbe der Site statt, während der eigentliche Inhalt wenig Beachtung findet. Die Benutzer werden es nicht danken. Sie erwarten von gut gestalteten Seiten umso mehr, dass auch der Inhalt und Nutzen entsprechende Qualität aufweist. Tut er das nicht, dann sind die Benutzer enttäuscht.

Content ist also das Qualitätskriterium Nummer Eins. Content wird aber von Benutzern nur dann erfahren und wahrgenommen, wenn es für den Benutzer auch einfach ist, darauf zuzugreifen. Ohne Usability nützt auch Content der Site nichts. Im schlimmsten Fall enthält eine Site wertvollen Content, den der Benutzer gut brauchen könnte, da er ihn aber nicht findet, nimmt er an, dass er nicht vorhanden ist und bewertet daher die Site als nutzlos und besucht sie auch nicht mehr.

Auf manchen Sites wird guter Content geradezu vor den Benutzern versteckt. Ein sehr drastisches Beispiel hierzu findet sich unter www.publicis.at (siehe Abbildung 9.4): Es finden sich keinerlei Links, die darauf schließen lassen, dass es nach der Startseite auch Inhaltsseiten gibt.

---

1   www.forrester.com

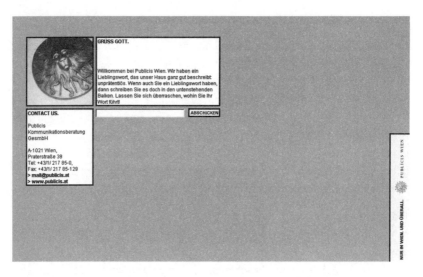

Abbildung 9.4 Versuchen Sie, zu erraten, wo es auf dieser Seite weitergeht ...

Als besonders neugieriger User versucht man noch das Eingabefeld in der Mitte, obwohl ausdrücklich darauf hingewiesen wird, dass es *keine* Such-funktion aufruft. Das Ergebnis ist, dass die Seite in einer neuen Farbe, aber wieder mit dem gleichen Inhalt nochmals erscheint. Hier gibt auch der sehr neugierige User auf. Die Lösung des Rätsels sei verraten: Wenn man »nichts« in das Textfeld eingibt und dann auf »Abschicken« klickt, öffnen sich die Tore und es folgen weitere Webseiten – nur für Einge-weihte. Die Site mag zwar die Visitenkarte eines Unternehmens sein, das durch Kreativität glänzen muss, aber auch solche Unternehmen haben Kunden, die neben dem Kreativitätsbeweis auch wissen möchten, welche Referenzen das Unternehmen aufweisen kann, welche Produkte angebo-ten werden und was sie kosten.

Ein weniger offensichtliches Beispiel (siehe Abbildung 9.5) zeigte sich bei Benutzertests von www.wecarelife.at, und zwar in mehrfacher Hinsicht. Zum einen ist auf den ersten Blick schon nicht klar, was diese Site eigent-lich bietet. Der Benutzer muss sich durch mehrere Schichten von Mar-kenbezeichnungen und Marketingjargon hindurchklicken, um schließlich bei den eigentlichen Funktionen und Inhalten der Seite anzukommen. Auf den ersten Blick bleibt verborgen, dass die Site umfangreiche Informationen zu den Themen Ernährung, Gesundheit, Fitness und Rei-sen bietet und diverse hilfreiche Werkzeuge, wie z.B. Ernährungscheck und Impfcheck. Das heißt, dass viele Benutzer schon auf der Homepage umkehren werden, noch bevor sie den tatsächlich wertvollen Nutzen für sie erfahren.

Abbildung 9.5 Fast nur Markenbezeichnungen und wenig lesbarer Text verbergen mehr, als dass sie zum Weiterklicken einladen.

Ein zusätzliches Problem ist die Verlinkung der Haupteinstiegspunkte der Site: Um in den Bereich »food« einzusteigen, klickten beim Usability-Test viele Benutzer auf den dunkelrot hinterlegten Balken »wecarefood«. Dieser Link führte aber nicht zu einer Startseite für den Bereich »food«, sondern in eine Art Sackgasse – ein Editorial mit nur wenig textbezogenem Inhalt (siehe Abbildung 9.6).

Der Benutzer bekommt den Eindruck, dass das alles ist, was zum Thema Ernährung vorhanden ist und kehrt enttäuscht um. Die »tatsächliche« Inhaltsseite zum Thema Ernährung eröffnet sich nur, wenn der Benutzer auf den Text über dem Bild oder den Pfeil unter dem Text klickt. Durch das Strukturproblem entsteht für den Benutzer der falsche Eindruck, dass wenig Inhalt vorhanden ist – ein fataler Eindruck für eine Website. Allein durch die unaufwändige Behebung dieses Störfaktors konnte die Usability der Site wesentlich verbessert werden.

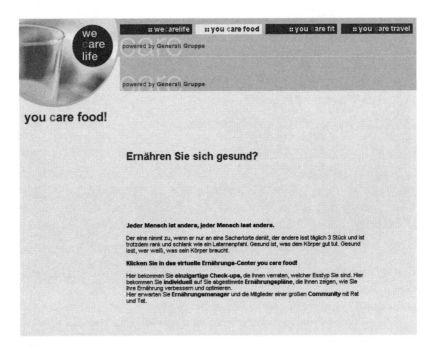

Abbildung 9.6 Die Testpersonen hätten hier eine Übersichtsseite zum Bereich Ernährung erwartet und waren entsprechend enttäuscht über den Inhalt.

9.2 Hürden und Mängel

Vielen Websites sieht man auf den ersten Blick an, wo es im Zuge des Projekts an Usability-Unterstützung gemangelt hat. Webprojekte, besonders umfangreiche Websites, sind interdisziplinäre Projekte: Marketing, Grafiker, EDV, Redakteure, Vorstände etc. ziehen an einem Strang. Wenn eine Abteilung den Strang zu sehr in die eigene Richtung zieht, dann ist das im Allgemeinen eine Richtung, die der Usability nicht gut tut und man merkt der Site an, wer sich hier stärker als die anderen durchgesetzt hat.

Technologie um der Technologie Willen

Frames — Ein typisches Phänomen des Internets ist, dass technologische Neuerungen oft völlig kritiklos zur Anwendung kommen. Ein Paradebeispiel dafür sind Frames, jenes Konzept, das es erlaubt, eine Webseite in mehrere scrollbare Seiten aufzuteilen. Kaum wurden Frames von den Browsern akzeptiert und dargestellt, wurden sie auch für einen Großteil neu entwickelter Webseiten eingesetzt, ohne ihre Vor- und Nachteile abzuwägen. Denn Frames haben nicht nur Vorteile. Sie erlauben es zwar, Teile der Seite leicht »wiederzuverwenden« und verhindern, dass diese Teile auf einer Folgeseite neu geladen werden müssen. Durch die Möglichkeiten, einen Teil der Seite scrollen zu lassen, lösen sie viele Präsentationsprobleme, die durch zu wenig Platz am Bildschirm entstehen.

Andererseits haben sie aber auch eine Reihe von Nachteilen. Besonders in ihren Anfängen verursachten sie Probleme im Zusammenhang mit dem »Zurück«-Button. Sie verhindern, dass Favoriten der Benutzer und Links anderer Seiten auf Subseiten gesetzt werden können, ein Manko, das sich nachteilig auf die Verbreitung der Site auswirkt. Frames sind auch wenig behindertenfreundlich. Denn sehbehinderte Personen lassen sich Webseiten durch spezielle Browser vorlesen. In Frames zerteilte Seiten verursachen dabei große Schwierigkeiten, denn diese Browser verfügen über keine Möglichkeit, die Reihenfolge nach logischen, inhaltlichen Kriterien zusammenzusetzen.

Und nicht zuletzt verursachen Frames beim Benutzer Verständnisprobleme. Die Benutzer verstehen das Web als eine Sammlung von Seiten mit Links zwischen diesen Seiten. Dieses konzeptionelle Modell ist einfach zu verstehen und hat so zum Erfolg des Internets beigetragen. Dieses Modell wird von Frames durchbrochen, denn wenn Frames zum Einsatz kommen, dann besteht eine Internetseite aus mehreren, prinzipiell eigenständigen Internetseiten. Die Nachteile der Frames wurden bei ihrer Einführung kaum untersucht, stattdessen wurde die neue Technologie sofort eingesetzt. Es bedurfte einer ganzen Generation von Sites, bis man begann, diese Technologie auch kritisch zu betrachten und nur noch dort einzusetzen, wo sie sinnvoll verwendet werden kann. Sogar Mitarbeiter von Netscape – wo Frames ursprünglich einmal erfunden wurden – sprachen sich schließlich gegen den wahllosen Einsatz aus.

Allerdings hat die Webgemeinde aus solchen Beispielen des Einsatzes unausgegorener Konzepte nichts gelernt. Weiterhin werden neue Technologien kritiklos zur Anwendung gebracht.

Oft ist die Begeisterung für eine Technik so groß, dass nicht einmal Sorge dafür getragen wird, dass alle interessierten Benutzer Zugang zu der Site erhalten. Immer wieder trifft man auf Sites, die dem Benutzer vorschreiben möchten, welche Plug-ins und Voraussetzungen er erfüllen soll, damit er die Site verwenden darf (www.publicis.at, siehe Abbildung 9.7).

Erforderliche Plug-ins

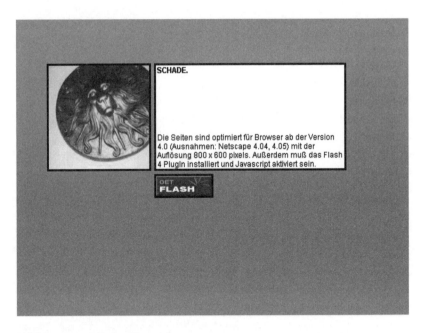

Abbildung 9.7 Schade – für wen?

Web Content
Accessibility
Guidelines
Die Betreiber vergessen dabei, dass Websites nicht Holschulden, sondern Bringschulden sind. Schließlich liegt es im Interesse des Betreibers, dass der Benutzer ohne Barrieren Zugriff auf die Site erhält. Als Verallgemeinerung der Anforderung, jedem Benutzer Zugriff auf eine Site zu geben, vor allem auch behinderten Personen den Zugriff zu ermöglichen, hat sich der Begriff »Accessibility« entwickelt. Richtlinien, die Sitebetreiber dabei unterstützen sollen, ihre Site behindertenfreundlich zu machen wurden von der WAI (Web Access Initiative) entwickelt. Die Web Content Accessibility Guidelines[2] einzuhalten, stellt für jede moderne Site eine enorme Herausforderung dar, denn sie stehen meist im Widerspruch zu modernen Technologien. Browser für Sehbehinderte z. B. können Text vorlesen, haben aber schon mit Tabellen und erst recht mit Frames Probleme und sind für Plug-in-fordernde Software völlig ungeeignet.

Oft werden als Begründung für die Wahl einer Technologie Statistiken über Verteilung eines Plug-ins oder eines Browsers angeführt, frei nach dem Motto: Benutzer, die diese Technologie nicht haben, sind ohnehin in der absoluten Minderheit. Im Web gibt es verschiedene Stellen, die die aktuelle Verteilung der eingesetzten Browser, Betriebsysteme, Program-

---

2   www.w3.org/TR/1999/WAI-WEBCONTENT-19990505/

miersprachen und Plug-ins verfolgen, z.B. www.webhits.de/deutsch/webstats.html.

Aber kann es sich ein Unternehmen wirklich leisten, einen gewissen Prozentsatz an Benutzern, z.B. alle Netscape-, Opera- und Konqueror-Benutzer, von vornherein abzulehnen? Welcher Eindruck wird beim verbleibenden Rest vom Unternehmen entstehen, das den Zugang verweigert? Der Benutzer sieht sich in der Position eines Konsumenten, der, um Eingang in ein Geschäftslokal zu erhalten, vorweisen muss, dass er den Richtlinien des Geschäftslokals entspricht. Viele Betreiber meinen, es sei mit einem Hinweis getan, welche Technik oder welches Plug-in zusätzlich installiert werden muss, um die Site bedienen zu können. Diese Ansicht widerspricht allerdings dem typischen Verhalten der Internetbenutzer. Benutzer sind bequem. Sie verwenden das Internet, weil es bequem zu benutzen ist, und sie verwenden eine Site, wenn sie bequem zu benutzen ist. Ist sie das nicht, dann unterlassen sie die Interaktion mit der Site lieber. Die Annahme, dass ein Benutzer ein Plug-in installieren wird, nur um eine Website benutzen zu können, ist reine Anmaßung.

Benutzer aussperren?

Und auch für den weniger wahrscheinlichen Fall, dass ein Benutzer tatsächlich bereit ist, ein vorgeschlagenes Plug-in oder eine neue Browserversion herunterzuladen und zu installieren, heißt das noch nicht, dass er auch dazu in der Lage ist. Laienbenutzer oder Durchschnittsbenutzer verwenden ihren Computer so, wie er ihnen zur Verfügung gestellt und für sie eingerichtet wurde. Sie installieren keine Programme, konfigurieren ihre PC nicht neu und stellen nichts um, weil sie es sich nicht zutrauen oder nicht die Zeit dazu haben, sich damit zu beschäftigen. Anderen Benutzern, die das Web in ihrer Arbeitsumgebung verwenden, ist es wiederum gar nicht gestattet, Veränderungen an der Konfiguration vorzunehmen. Die Angestellten einer großen österreichischen Tageszeitung z.B. können Websites nur ohne Javascript nutzen, da dieses in der Standardkonfiguration aus Sicherheitsgründen nicht enthalten ist. Das ist durchaus legitim (siehe dazu auch das Kapitel 3, »Sicherheit – nur ein ›gutes Gefühl‹?«).

Für Laien optimiert

Anders ist die Situation dann, wenn ein Plug-in dazu verwendet wird, um Funktionalität und Interaktivität anzubieten, die in reinem HTML nicht möglich sind und die für den Benutzer einen Nutzen bringen, z.B. in einem virtuellen Zimmer virtuelle Möbel eines Möbelhauses direkt manipulativ anordnen zu können.

Die allerneuesten Gimmicks größerer Websites waren Anfang 2002 Personalisierung und Agenten. Agenten werden heute in der Gemeinde der

Avatare und Agenten

Webprofessionals häufig als Avatare bezeichnet, obwohl die ursprüngliche Bedeutung eines Avatars die der Repräsentation des Benutzers selbst in einer virtuellen Welt ist, während ein Agent ein (zumindest halbwegs) intelligenter, virtueller Berater ist, der den Benutzer unterstützen soll. Am Konzept anthropomorpher Agenten wird im Forschungsgebiet der Mensch-Maschine-Kommunikation schon lange gearbeitet, da man sich dadurch für die Zukunft eine intuitivere Nutzung interaktiver Systeme verspricht, wenn die Kommunikation immer mehr der Mensch-Mensch-Kommunikation ähnelt, die dem Menschen ja schließlich am leichtesten fällt. Während die Forschungsergebnisse noch lange nicht ausgegoren sind, werden sie nun am Web bereits in einer verniedlichten Form umgesetzt.

Die Idee der Agenten klingt natürlich ansprechend; die Benutzer haben Unterstützung meistens auch dringend nötig. Der Anspruch an den Agenten ist allerdings extrem hoch. Es soll ein intelligenter Berater entwickelt werden, der nicht nur als Expertensystem den Inhalt der gesamten Website leicht zugänglich machen soll, sondern der auch noch – und das ist die größere Herausforderung – bei der Kommunikation mit dem Benutzer eine Mensch-Mensch-Kommunikation simulieren soll. Diese Anforderungen können Softwaresysteme heute kaum erfüllen. Und die Anforderungen von Seiten der Benutzer sind ebenfalls hoch. Je realistischer der Agent wirkt, desto höher sind die Erwartungen der Benutzer.

Eine Site, die über einen Agenten verfügt, ist beispielsweise www.finanzen.net (siehe Abbildung 9.8). Die Hilfe tritt hierbei als Agent auf. Webbenutzer klicken zwar nicht auf »Hilfe«, wenn sie mit einer Site nicht zurechtkommen, sondern eher auf den »Zurück«-Button, in diesem Fall werden es aber vielleicht doch einige tun, weil die Dame recht ansprechend wirkt (und die Site die Hilfe vielleicht auch nötig hat?).

Leider hat die Gute keinen Namen und auch die Kommunikation mit ihr ist durch mehr Tiefen als Höhen gekennzeichnet (siehe die Abbildungen 9.9 bis 9.11). Für einige wenige Fragen sind die Antworten recht brauchbar, meist lautet die Antwort aber leider »Ich habe dich nicht verstanden« oder sie liefert einen Link auf einen Bereich der Website, der zwar damit zu tun hat, aber die Frage nicht direkt beantwortet. Der Benutzer muss sich also doch wieder selbst auf die Suche begeben.

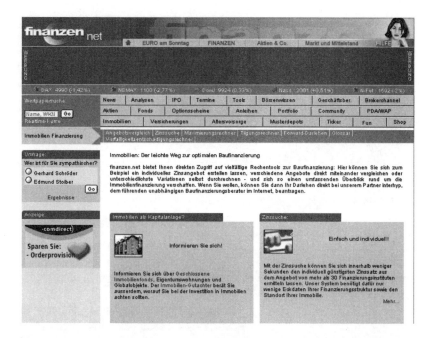

Abbildung 9.8 Die Hilfe wird durch den Agenten (die Dame rechts oben im Bild) stark hervorgehoben. Besser für die Usability wäre es allerdings, wenn gar keine Hilfe nötig wäre, denn der Agent kann den Benutzer auch nicht wirklich gut unterstützen.

Abbildung 9.9 Die Anfrage »Ich möchte Immobilien kaufen« lässt den Agenten an einen Directbroker denken – E-Business schön und gut, aber Immobilien über das Internet zu kaufen, wäre vielleicht doch etwas gewagt ;-).

Abbildung 9.10 Was ist, wenn der Benutzer gar keinen Satz eingeben möchte?

Abbildung 9.11 Diese Anfrage führt ebenfalls immer wieder zu einer nichts sagenden Antwort. Wenn die Frage dagegen »Wer?« (statt »Was?«) lautet, dann ergibt das einen guten Tipp. Die Frage ist nur, ob der Benutzer so lange herumprobiert, bis er eine gefällige Frage formuliert hat.

Nach ein paar unproduktiven Antworten wendet man sich in der Verzweiflung eher schon der Website selbst zu, als seine wertvolle Zeit in einer sinnlosen Unterhaltung zu vertrödeln. Fazit: Der Agent wirkt zwar auf den ersten Blick ansprechend, den Benutzer aber tatsächlich zu unterstützen ist eine extrem hohe Herausforderung, der er kaum – und das gilt für die meisten Agenten im Web – gerecht werden kann. Der Benutzer ist mit der selbstständigen Informationsbeschaffung auf der Website letztlich noch besser bedient und wird damit für die meisten Anfragen schneller zum Ziel kommen.

Der Agent ist aus der Perspektive der Usability heraus auf vielen Sites vergleichbar mit einer Suchfunktion. Die Benutzer nutzen Agenten, wenn das Klicken auf Links nicht zum Erfolg geführt hat. Sie wählen die Suchfunktion in den wenigsten Fällen als ersten Einstieg, auch, weil sie immer wieder schlechte Erfahrungen mit Suchanfragen gemacht hatten. Die Konsequenz, die Jared Spool, einer der Web-Usability-Gurus der ersten Stunde, für Suchfunktionen daher sieht, besteht darin, sie so gut wie möglich zu »verstecken«, damit dem Benutzer erfolglose Anfragen auch gleich erspart bleiben [Ojakaar].

In Bezug auf Agenten besteht momentan einfach noch Forschungsbedarf. Investitionen in einen Agenten – und es werden zumeist hohe Investitionen sein – sind daher eher als riskant einzustufen. »Funktionieren« im Sinne intuitiver Interaktion wird der Agent nur dann, wenn er für den heutigen Stand der Entwicklung perfekt aufbereitet ist, was die Investition umso mehr erhöht. Eine ganze Website kann der Agent jedenfalls nicht ersetzen und von solchem Ansinnen ist auch dringend abzuraten.

Im günstigen Fall ist für den Benutzer die Interaktion mit dem Agenten erfolgreicher als die Verwendung einer Suchfunktion (die meist wenig Erfolg bringt). Optimal ist immer noch und wird es noch für lange Zeit sein, wenn dem Benutzer Text in Form eines Links präsentiert wird. Entspricht der Text dem Suchbedürfnis des Benutzers, dann ist die Situation optimal. Hat der Benutzer noch kein gesuchtes Wort im Kopf, z. B., weil er noch kein Experte für den fachlichen Bereich ist und im betreffenden Fachjargon noch nicht bewandert ist, dann kann er sich durch den auf der Site präsentierten Text in das Gebiet einlesen. Diese Möglichkeit kann ein Agent der heutigen Generation kaum bieten. Kennt ein Benutzer den Fachbereich zu wenig, dann weiß er auch nicht, welche Fragen er stellen soll.

Eine Website-Funktionalität, die im Moment ebenfalls hoch im Kurs steht, ist die Personalisierung. Auch diese Funktion scheint auf den ersten Blick sehr benutzerorientiert. Der Benutzer soll sich eine Website nach seinen Bedürfnissen einrichten können. Die Möglichkeiten sind vielfältig und ebenso die Aspekte von Personalisierungskonzepten. Die Personalisierungsmöglichkeiten, die im Moment angeboten werden, werden von den Benutzern allerdings selten wahrgenommen. Das hängt damit zusammen, dass typische Benutzer auch bei anderen Computersystemen

Personalisierung

wenig ändern. Sie stellen auch ihre Browsereinstellungen kaum um. Ein Großteil der Internetbenutzer ist froh, das Internet überhaupt bedienen zu können und gibt sich auch damit zufrieden, anstatt das Risiko einzugehen, »etwas kaputt zu machen«. Nur erfahrene Benutzer nehmen die angebotenen Features auch in Anspruch. Im News-Reading-Bereich z. B. verwenden die Benutzer Personalisierung so gut wie gar nicht, weil sie Angst haben, dass sie etwas Wichtiges verpassen könnten.

Personalisierung hängt immer auch mit der Notwendigkeit einer Registrierung zusammen und viele Sites nutzen die Personalisierungsschiene, um einen Vorwand dafür zu haben, die Daten der Benutzer zu erheben. Der Nutzen der Formulare für den Betreiber bleibt dabei z.T. auf der Strecke. Denn mit der Freigabe persönlicher Daten sind die Internetbenutzer sehr vorsichtig. Wenn möglich, geben viele nur Dummy-Daten in die Registrierungsformulare ein. Zahlreiche Benutzertests zeigten, dass Formulare oft sogar so abschreckend wirken, dass die Benutzer die Site lieber wieder verlassen. Typisch sind Aussagen wie »Das würde ich in der Realität nicht ausfüllen«. Sie durchschauen die Intention des Betreibers und der Effekt kann sein, dass sie das Vertrauen in die Site verlieren. Erinnern Sie sich: Vertrauen ist der Grundstein für geschäftlichen Erfolg.

Anwendung herkömmlicher Marketingstrategien

Eine Website ist kein Plakat und dient nicht dazu, Kunden mit markigen Sprüchen Werbebotschaften zu vermitteln. Benutzer gehen an Websites nicht zufällig vorbei und eine Website kann auch viel mehr als nur einen Markennamen vermitteln (siehe auch das Kapitel 8. »Marketing – halten Sie den Kontakt«). Damit eine Website funktioniert und zum Erfolg wird, ist es notwendig, das Verhalten von Internetbenutzern zu verstehen. Benutzer haben im Web immer ein Ziel und versuchen, dieses so rasch als möglich zu erreichen. Je besser die Benutzerziele und die Angebote einer Website zusammenpassen, desto erfolgreicher wird die Site.

Wenn Benutzer z. B. die Adresse des großen Bekleidungshauses Hennes & Mauritz (H&M) aufrufen, dann deshalb, weil sie sich einen Überblick über das Angebot verschaffen und online bestellen möchten. Gut, die letztere Anforderung bietet die Site nicht, dann möchte man zumindest Fotos der Kleidungsstücke ansehen können, um zu entscheiden, ob es sich lohnt, den Laden in der Realität tatsächlich aufzusuchen. Ungeahnte Möglichkeiten für Teenies – man stelle sich vor, wie sie sich per E-Mail und SMS über eine besonders coole Hose austauschen oder sich gegenseitig Kleidungsstücke empfehlen und anhand einer URL virtuell zeigen, was sie kaufen möchten. Das wäre das Potenzial, das in einem solchen Angebot stecken könnte.

Bevor Benutzer auf die Site kommen, entwickeln sie bereits ein Erwartungsmodell, und zwar nicht nur darüber, was der Inhalt sein wird, sondern auch, wie er aufgebaut und strukturiert sein wird. Im Falle von H&M werden die meisten Benutzer erwarten, dass sie Kategorien für Bekleidung vorfinden – für »Damen«, »Herren«, »Kinder«., Dies setzt voraus, dass sie bereits wissen, dass es sich um einen Bekleidungsretailer handelt, was bei den meisten Benutzern der Fall sein wird, da die Kette weit verbreitet ist. Vermutlich wünscht sich der Benutzer als nächsten Schritt, dass er innerhalb der Kategorie weiter verzweigen kann, z.B. nach Stil – leger, sportlich oder elegant – oder nach Art der Kleidung wie Hose, Jacke, Pullover.

Erwartung an Inhalt und Struktur

Das ist die wahrscheinliche Intention des Benutzers, der leider auf der Site www.hm.com (siehe Abbildung 9.12) nicht besonders gut entsprochen wird. Ganz offensichtlich geht man davon aus, dass der Benutzer sich für die Hintergründe und Begründungen interessiert, warum H&M eine bestimmte Stilrichtung eingeschlagen hat.

Abbildung 9.12 Die meisten Benutzer werden auf »spring 2002« klicken, in Erwartung, dass sie zu einer Produktauswahl gelangen.

Die Homepage präsentiert in der Mitte einen Hauptlink, auf den fast alle Benutzer klicken werden, da es jener Bereich ist, auf den die meisten Benutzer den Blick zuerst richten. Sie werden zu einer weiteren Seite geführt (siehe Abbildung 9.13), die, ähnlich der Startseite, ebenfalls wie ein herkömmliches Werbeplakat wirkt.

In der Mitte der Seite findet sich hier ein Text philosophischerer Natur über die Modetrends des Jahres. Ferner weist eine kurze Erklärung darauf hin, dass die Blätter der darunter angebrachten Blume als Navigationselement verwendet werden können.

Abbildung 9.13 Statt einer Produktauswahl finden sich nur allgemeine Plakate mit Texten über die Trends der Saison.

Klickt sich der Benutzer durch die Blätter, dann erscheinen weitere Texte zum Modetrend, jeweils auch für Frauen und Kinder, aber ebenfalls nur mit je einem Foto und ohne weitere Details zu den angebotenen Produkten.

Zu diesem Zeitpunkt gibt der Durchschnittsbenutzer bereits auf. Nur den ganz besonders Neugierigen fällt auf, dass sich hinter dem Link »Inspiration« (dazu benötigt man wirklich sehr viel Inspiration) weitere Produktseiten (siehe Abbildung 9.14) verstecken.

Abbildung 9.14 Die hinter »Inspiration« gut versteckte Seite lässt den Benutzer nochmals auf Produktfotos hoffen.

Ein Klick auf »Ladieswear« lässt dann noch hoffen, dass sich dahinter nun die Modeträume erfüllen, aber hier endet auch schon der Traum (Abbildung 9.15); es geht wiederum nur um Hinweise zu den Trends, eine konkrete Auswahl ist nicht zu finden.

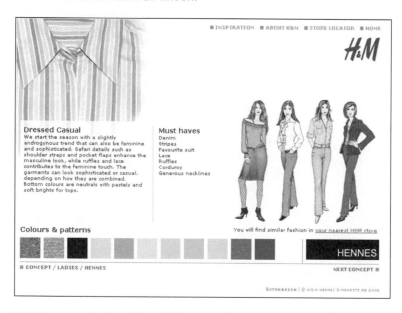

Abbildung 9.15 Auch auf den Inhaltsseiten geht es wieder nur um Trendbeschreibungen.

Übrigens gab es leider auch keine Möglichkeit für deutschsprachige Screenshots, denn trotz Sprachauswahl am Anfang sind alle Folgeseiten in englischer Sprache verfasst.

Fazit: Das grafische Design mag wohl der Zielgruppe entsprechen, verkaufsfördernd wird diese Site aber kaum wirken, denn das Konzept entspricht nicht dem Verhalten und den Erwartungen der Internetbenutzer.

Cool ist nicht gleich usable

Natürlich muss ein Internetauftritt auch trendy sein, schließlich gilt es, topaktuell zu wirken, und nicht zuletzt wollen Werbeagenturen auch etwas verdienen. Coolness als Haupteigenschaft einer Website kann aber für die Usability recht leicht zu einem Widerspruch werden. Von den ausgefeilten Marketingkonzepten, mit deren Hilfe man beim Benutzer die gewünschten Assoziationen wecken will, weiß der Benutzer ja nichts. Vergessen wird bei vielen Projekten einfach, dass der Benutzer meist völlig unbedarft an die Seite herangeht und einfach nur das wahrnimmt, was er hier vorfindet, und nur das auch nutzen kann, um zu seinem Ziel zu gelangen.

Trendy-Faktor Der Trendy-Faktor vieler Sites lässt sich im Verhältnis von englischem zu deutschem Text messen. Deutsch ist langweilig, kennen wir alle, Englisch ist cool. Und die meisten Benutzer sollten ja Englisch können. Denkt man wohl, aber in der Realität sieht es meist nicht so rosig mit den Sprachkenntnissen aus und selbst, wenn ein Benutzer die englischen Wörter an sich versteht, so braucht es doch länger und muss im Kopf erst übersetzt werden, bevor es auch einen Sinn ergibt. Bequem ist es, in der eigenen Muttersprache zu lesen, jede andere Sprache zu lesen ist einfach unbequemer und die Site dadurch weniger komfortabel. Bequemlichkeit ist im Bereich Usability ein wichtiger Erfolgsfaktor.

Abbildung 9.16 Bis auf »Magazin« sind in beiden oberen Navigationsleisten alle Begriffe englisch – ein unnötiges Erschwernis für den Benutzer (www.wecarelife.at).

Auch der Internetjargon, der bei den Web-Professionals zum Sprachgebrauch gehört, ist für den Benutzer nicht immer selbstverständlich. Überraschenderweise geben z. B. viele Testpersonen bei Benutzertests an, dass sie den Begriff »Sitemap« nicht kennen, obwohl er doch mittlerweile weit verbreitet scheint. Auch »Guided Tour«, »FAQ« und »Glossar«, Begriffe, die ja nicht einmal internetspezifisch sind, sind nicht unproblematisch. Natürlich ist der Sprachgebrauch abhängig von der Benutzergruppe. Jüngere Benutzer, die viel im Internet surfen verstehen z. B. sofort, was ein »Chat« ist. Es gilt, eines der grundlegenden Prinzipien für Usability auch auf Websites zu verfolgen: Sprechen Sie die Sprache der Benutzer Ihrer Webseiten. Nur wer weiß, wer die Zielgruppe seiner Site ist und weiß, welche Sprache die Zielgruppe versteht, kann eine Website entwickeln, die eine optimale Kommunikation zwischen System und Benutzer ermöglicht. Das funktioniert nicht anders als in der Mensch-Mensch-Kommunikation: Wer verstanden werden will, muss die Sprache seiner Zuhörer sprechen.

Unverständlicher Internetjargon

Zu wenig Information über die Anforderungen der Kunden

Dass viele Websites nicht den Anforderungen und Erwartungen ihrer Kunden entsprechen, liegt meist daran, dass im Rahmen von E-Business-Projekten der Blick nicht über den Tellerrand hinaus gerichtet wird. Dies liegt häufig an einer überstürzten Vorgehensweise. Deadlines sind in vie-

Usability-Feind Zeit

len E-Business-Projekten das Einzige, was zählt. Dabei fällt eine gezielte Vorgehensweise oft ebenso unter den Tisch wie die eine oder andere Projektphase. Eine Phase, die aus Zeitdruck manchmal einfach ausgelassen wird, ist die Analysephase, die zu Beginn jedes Projekts stehen sollte.

In diese Phase fällt zunächst die Grundsatzentscheidung, das Projekt durchzuführen und es müssen Entscheidungen getroffen werden, welche Funktionen und welchen Inhalt die Site bieten soll. Auch für diese Entscheidungen sind bereits Usability-Untersuchungen notwendig. Ansonsten läuft das Projekt Gefahr, dass viel Aufwand in Inhalt und Funktionen gesteckt wird, der letztlich vom Benutzer gar nicht gebraucht und nicht angenommen wird. An dieser Erkenntnis fehlt es vielen E-Business-Projekten und es wird realisiert, was technisch machbar und moderner scheint, statt das, was dem Benutzer dienlich ist. Nutzen für den Endverbraucher – die Bezeichnung »Nutzer« ist kein Zufall – ist aber das oberste Qualitätskriterium jeder Site. Wird dieses Ziel nicht ernst genommen, so läuft die Site Gefahr, wegen mangelnder Brauchbarkeit nicht akzeptiert zu werden.

Zu späte Usability

Die meisten Usability-Anfragen der letzten Monate an die Usability-Agentur Interface Consult[3] sind Anfragen nach Usability-Testing und Evaluation. Nur ein kleinerer Prozentsatz dieser E-Business-Projekte hatte den Test bereits in die Projektplanung mit einbezogen und ein noch kleinerer Prozentsatz zieht Usability-Know-how zur Konzeption, Strukturierung und Gestaltung in frühen Projektphasen hinzu. Usability ist zwar heute im Bereich der Webprofessionals ein verbreiteter Begriff, es wird damit aber hauptsächlich ein Qualitätssicherungsansatz verknüpft.

Usability-Evaluationen
Wenn eine Usability-Evaluation zu einem Zeitpunkt erfolgt, zu dem bis zum Go-live-Termin nur noch zwei Wochen Zeit sind, dann kann damit auch nicht mehr viel bewirkt werden. Werden grobe Fehler gefunden, bleibt keine Zeit mehr, diese Fehler zu beheben. Viele der schwerwiegenderen Usability-Probleme hängen mit der Struktur und Konzeptionierung zusammen. Solche Fehler können nicht innerhalb einer Woche behoben werden.

Das späte Aufdecken von Designfehlern beispielsweise führt auch dazu, dass die Korrektur immer teurer wird. Wird beispielsweise festgestellt, dass ein Button anders beschriftet sein sollte als bereits vorgesehen, so

---

3   Mehr Infos unter www.usability.at

muss der Grafiker im Regelfall den Button neu gestalten, vielleicht durch die geänderte Wortlänge am Ende auch noch in der Nähe befindliche Elemente neu anordnen; der Webentwickler muss den Button in die HTML-Seite einfügen und der Programmierer das Template an sein Content-Managementsystem anbinden.

Wenn sich auch noch zeigt, dass ein Strukturkonzept nicht »usable« ist, dann muss sogar die Struktur der ganzen Internetpräsenz überarbeitet werden, vielleicht sogar die Gestaltung, jedenfalls wahrscheinlich die Navigation und was als Rattenschwanz noch so alles dazugehört, bis der Programmierer schließlich wieder an der Reihe ist. Das scheint fast unvorstellbar und wird daher auch meist nicht durchgeführt. Wenn aber aufgedeckte Usability-Störfaktoren nicht mehr behoben werden können, dann hatte auch der Usability-Test keinen Sinn.

Zu wenig Wissen über Usability

Vielfach ist zwar mittlerweile der Begriff »Usability« bekannt und es wird damit ganz richtig die Bedienbarkeit assoziiert. Meist ist allerdings wenig bekannt, woher das Know-how kommen soll, um diese Usability zu erreichen. Wie schon im Software-Usability-Bereich entstehen häufig Missverständnisse, wie z. B., dass Usability dem grafischen Design zuzuordnen ist. Wenn Usability mit Design verwechselt wird, dann kann es aber keine Usability geben. Denn Usability betrifft nicht nur visuelle Aspekte, sondern auch den Projektablauf und die Konzeption und muss daher von Projektmanagern eingeplant werden, die auch die Kompetenz haben, Ressourcen dafür freizugeben.

Usability ist auch nicht gleich Marktforschung. Die Meinungen der Benutzer zu einer Website anhand von Fragebögen im Internet zu erheben ist zwar löblich, bringt aber wenig Erkenntnisse zu Usability-Fragen, denn Benutzer können selbst die möglichen Usability-Störfaktoren nur schwer erkennen und merken sich häufig nicht, wodurch ein spezifisches Problem entstanden ist.

Nichtbeachtung von Webdesign-Richtlinien

Während spezialisierteres Know-how zu den Methoden des Usability-Engineerings noch nicht weit verbreitet zu sein scheint, haben grundlegende Webdesign-Richtlinien aus der Usability sehr wohl Einzug in allgemeinere Richtlinienwerke, Webdesign-Bücher und Grafik-Styleguides gehalten. Dazu zählen z. B. viele Richtlinien im Zusammenhang mit Farbwahl, wie etwa die Anforderung, dass Links eine eigene Farbe aufweisen sollten oder Hintergrundmuster nur spärlich und wenn überhaupt, dann abgesoftet verwendet werden sollten. In Bezug auf Bilder sind viele bereits vorsichtiger geworden. Heute ist jedem Entwickler klar, dass lange Ladezeiten die Akzeptanz empfindlich stören und die Designer wissen wiederum, dass Bilder viel mehr Speicherplatz verbrauchen als Text.

Dass diese Richtlinien weiter verbreitet sind als allgemeine Usability Richtlinien liegt auch daran, dass Richtlinien für das Web viel konkreter sind, als allgemeine Richtlinien der Software-Ergonomie. Diese sind meist so abstrakt, dass sie wenig Praxisbezug haben. Da wird gefordert, dass die Benutzeroberfläche »erwartungskonform« und »konsistent« sein soll, aber was helfen diese Eigenschaftenlisten dem Designer, der sich gerade zwischen Menüs und Buttons entscheiden soll?

Richtlinien für Usability ... In Richtliniensammlungen für das World Wide Web[4] finden sich deshalb sehr konkrete Handlungsempfehlungen, weil die Webtechnik die möglichen Ausprägungen für die Benutzeroberfläche stark einschränkt. Die meisten Websites sind bisher Informationssysteme, die dadurch gekennzeichnet sind, dass der Benutzer auf einen Link klickt und auf der nächsten Seite landet. Software ist wesentlich komplexer. Hier gilt es, Abläufe zu gestalten, Workflows abzubilden, Funktionalität zu repräsentieren. Das Web wird sich in diese Richtung weiterentwickeln und damit werden auch die Anforderungen an die Benutzeroberfläche wesentlich komplexer; Richtlinien werden komplizierter werden müssen und nur noch als Basisanforderung bestehen bleiben.

Natürlich sollte auch eine Website den allgemeinen und grundlegenden Richtlinien für Software-Usability entsprechen. Solche Richtlinien stammen aus der psychologischen Theorie und praktischen Erfahrung, z.B. beim Usability-Testing. Einige der Richtlinien sind grundlegendes Handwerkszeug, zu finden z.B. bei [Mayhew] oder [Shneiderman]. Für das Design von Funktionalität im Web können auch GUI (Graphical User Interface, also z.B. Windows)-Design-Richtlinien [Fowler] wertvolle Hinweise liefern. Besonders dann, wenn mit dem Microsoft .NET-Framework nicht mehr zwischen GUIs für Webanwendungen (die also im Browser laufen) und »klassischen« GUIs unterschieden wird; alleine durch eine Compiler-Direktive wird dann entweder eine .EXE-Datei oder ein Webservice generiert.

---

4 Z.B. Lynch/Horton: Erfolgreiches Web-Design, Koch Media Verlag, und viele weiterführende Links finden sich auf www.usability-forum.com.

Richtlinien sind einerseits hilfreich und unterstützen den Usability-Engi-
neer auch bei der Argumentation, wenn bei einer Evaluation Usability-
Probleme aufgedeckt werden. Bei heuristischen Evaluationen, also solchen, die nur auf Richtlinien basieren, ist man ja überhaupt nur auf
Design-Richtlinien und die eigene praktische Erfahrung angewiesen.
Andererseits bergen Richtlinien auch ein wenig die Gefahr in sich, dass
auf qualitative Methoden verzichtet wird, weil man ja ohnehin die Richtlinien eingehalten hat.

Für das Design der Benutzeroberfläche beispielsweise reicht aber eine
Richtliniensammlung nicht aus. Stattdessen müssen genau die Anforde-
rungen der jeweiligen Zielgruppe erhoben und benutzerorientierte
Methoden der Strukturierung und Gestaltung durchgeführt werden.
Auch als Evaluationsmethode kann ein Usability-Test keine Richtlinien-
Evaluation ersetzen, denn zumindest die grundlegenden Webdesign-
Richtlinien wünscht man sich für jede Internetpräsenz, mit dem Ziel, dass
das gesamte Web in sich konsistent bleibt und der Benutzer nicht auf
jeder neuen Website »Neues« erlernen muss.

Obwohl diese Anforderungen relativ simpel und die Richtlinien bekannt
sind, stolpert man doch immer wieder über Webseiten, die diese Richtlinien nicht einhalten, wie z.B. www.allesreise.com (siehe Abbildung 9.17)
mit unleserlichem rotem Text auf blauem Hintergrund.

Abbildung 9.17 Rote Schrift auf blauem Hintergrund, hier als Linkfarbe verwendet, ist
unleserlich und widerspricht der Webdesign-Richtlinie, die besagt, dass bestimmte
Kombinationen von Farben, wie Rot und Blau, nicht für Schrift und Hintergrund
gewählt werden sollten.

Gründe für die Nichteinhaltung von Richtlinien sind häufig wieder in der Projektkonstellation, ambitionierten Designideen und Technikaffinität zu finden. Eine Agentur wollte dem Auftraggeber eben das Allerneueste unterbreiten und sich dadurch von der Masse abheben.

9.3 Der Weg zur Usability: Usability-Engineering

Die Sichtweise ändern Viele E-Business-Projekte vergessen den Benutzer einfach. Jeder Projektbeteiligte ist so sehr mit den Herausforderungen seiner Aufgabe beschäftigt, beispielsweise den nächsten Termin, das Budget einzuhalten, im interdisziplinären Team zu arbeiten, Erfahrungen mit neuen Technologien zu machen und den aktuellen Trends entsprechen zu müssen, dass der künftige Benutzer, ohne den diese Website nicht funktionieren wird, dabei unter den berühmten Tisch fällt.

Noch weniger interessant ist der Benutzer oft, wenn ein E-Business-Projekt im Auftrag ausgeführt wird und es also gar nicht die eigenen Kunden sind, für die es konzipiert wird. Der Kunde ist dann ein künftiger Site-Betreiber, dem der neueste Schnickschnack an Webtechnologie deshalb verkauft wird, weil dabei am meisten Cash zu holen ist. Usability ist da manchmal ein Widerspruch. Die meisten Usability-Experten warnen vor Technologien, die noch nicht den aktuellen Bandbreiten entsprechen, die den Benutzer dazu zwingen wollen, neue Plug-ins zu installieren oder gänzlich Neues zu erlernen. Bei der Präsentation im internen Netzwerk des Unternehmens funktioniert natürlich alles klaglos: Die Anbindung ist schnell, die Daten im Cache, die Bildschirme groß, der richtige Browser installiert und bedient wird das Wunderwerk durch jemanden, der es bereits in- und auswendig kennt.

Da es wenig beliebt ist, zugeben zu müssen, dass man etwas nicht verstanden hat, werden auch konzeptionelle Probleme von Internetseiten abgenommen, ohne zu hinterfragen, ob die Verständnisschwierigkeiten nicht auch bei anderen Personen, am Ende gar Personen aus der Zielgruppe, auftreten werden. Jakob Nielsen hat uns dazu erzählt, dass er beim ersten Benutzertest einer Testreihe häufig gefragt wird, wo er nur diese besonders dumme Testperson gefunden hat. Dann kommt die zweite Testperson und dann die dritte, und dann nehmen die Testbeobachter die Frage wieder zurück.

Beliebt: Der Kunde ist doof Weit verbreitet ist auch die Sichtweise, dass bei Bedienungsproblemen die »Schuld« bei den Benutzern zu suchen ist. Auch die Benutzer selbst sind Anhänger dieser Auffassung. Dies erlebt man auch immer wieder bei

Usability-Tests. Der Benutzer kommt in eine Problemsituation, kennt sich nicht aus und kann eine Aufgabe nicht lösen. Er wird nervös und es rutschen ihm Bemerkungen heraus wie »das tut mir Leid« und »das schaffe ich nicht«. Und das, obwohl sie freiwillig teilnehmen und ihnen vor dem Test gesagt wird, dass es darum geht, dass eine Website getestet wird und nicht sie getestet werden. Im Nachhinein, zum Gesamteindruck der Website gefragt, bewerten sie Sites fast immer als gut, auch, wenn sie selbst größte Probleme bei der Bedienung hatten. Aus diesem Grund empfiehlt sich nicht mit Fragebögen nach einem Usability-Test zu arbeiten, weil die Antworten immer verzerrt sind. Die Benutzer suchen die Schuld an einem Bedienungsproblem bei sich selbst und selten bei der Website.

In der Software-Ergonomie konnte der Forderung nach einer neuen Sichtweise noch das Argument entgegengehalten werden, dass die Benutzer ja geschult werden können. Webbenutzer können nicht geschult werden. Wenn Ihre Webagentur Ihnen erklären muss, warum die Website so und nicht anders funktioniert, dann haben Sie ein Problem. Dann werden mit hoher Wahrscheinlichkeit auch viele Benutzer einen Bedienungsnotstand erleiden und es gibt keine Möglichkeit, jedem Benutzer einen Trainer an die Seite zu stellen, um ihm die Website zu erklären.

Usability ist eine Managementaufgabe

Usability ist nicht nur eine Informatikdisziplin oder eine Glaubensfrage, sondern stellt auch ein Instrumentarium zur Verfügung, mit dessen Hilfe Webprojekte gezielter gesteuert werden können.

Der momentan verbreitete Zugang zu Usability ist meist nur evaluationsorientiert. D.h., die Projekte werden wie bisher abgewickelt und früher oder später, meist aber später, einem Usability-Test unterzogen, der eine Qualitätssicherungsaufgabe übernehmen soll. Oder die Usability-Experten werden als Feuerwehr hinzugezogen, wenn deutlich wird, dass die Site nicht die geplante Akzeptanz erreichen wird.

Usability ist »nur« ein Requirement

Auch für den Fall, dass der Test bereits in den Projektablauf eingeplant worden war, so ist diese Vorgangsweise dennoch nicht die Lösung des Problems. Es reicht auch nicht, jemanden anzustellen, der für Usability verantwortlich ist, wenn nicht auch die Prozesse entsprechend adaptiert werden, sodass Usability schon früh im Entwicklungszyklus angewandt werden kann und nicht erst dann, wenn es bereits zu spät ist.

Um die Prozesse (siehe auch Kapitel 5, »Prozesse – auf der Jagd nach dem Optimum«) zu ändern, bedarf es aber auch der entsprechenden Kompetenz. Usability ist daher eine Aufgabe für Projektleiter und Manager. Nur wenn von oberer Instanz eine Lanze für Usability gebrochen wird, wird es auch möglich, Usability umzusetzen.

Usability ist Prozess

Im Rahmen des Usability-Engineerings wird ein Lebenszyklusmodell vorgeschlagen, das zunächst für das Software Engineering konzipiert wurde und den Benutzer ins Zentrum der Softwareentwicklung stellt. Während frühere Lebenszyklusmodelle wie das traditionelle Wasserfallmodell [Royce] beispielsweise eine lineare Vorgehensweise mit wenigen Evaluationsschritten verfolgten und die Anforderungen an das Produkt funktions- und datenorientiert erhoben wurden, geht der Usability-Engineering-Ansatz [Nielsen] davon aus, dass zusätzlich dazu die Benutzer und ihre Aufgaben im Detail analysiert werden. Sie bilden die Grundlage für die Anforderungsbeschreibung der Software und können starken Einfluss auf Datenmodell und Funktionsumfang haben, wenn sich z. B. herausstellt, dass die Benutzer eine bestimmte Funktion gar nicht benötigen, eine bisher nicht eingeplante aber für die Benutzer wesentlich ist.

Möglichst frühe Evaluationsschritte mit Endbenutzern sollen garantieren, dass E-Business-Projekte in die richtige Richtung steuern und späte Änderungen, die meist teuer oder wegen des hohen Zeitdrucks unmöglich sind, vermieden werden. Die Evaluation von Designentwürfen erfolgt anhand von Prototypen, die rasch und kostengünstig erstellt werden können. Die Implementierung der Benutzerschnittstelle sollte schließlich erst dann starten, wenn das Design der Benutzerschnittstelle festgelegt wurde.

Durch diese Vorgangsweise kann verhindert werden, dass Usability-Probleme erst zu einem späten Zeitpunkt im Entwicklungsprozess aufgedeckt werden und dann schwer korrigiert werden können bzw. ihre Korrektur hohen Aufwand und Zeitverlust bedeutet.

Web-Usability-Engineering Eine Vorgehensweise [Manhartsberger] für das Web-Usability-Engineering zeigt Abbildung 9.18 im Überblick. Interessant ist auch zu beobachten, dass .Net von Microsoft und mySAP Technology von SAP vorsehen, dass die Anwendungsprogrammierer das Design des Web-GUI organisatorisch entkoppeln, was einerseits wünschenswert ist, andererseits aber die Flexibilität einschränkt.

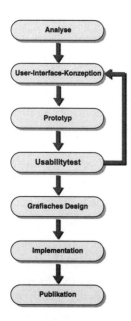

Abbildung 9.18 Lebenszyklus des Webprojekts mit integriertem Usability-Engineering

Unternehmensprozesse müssen adäquat funktionieren

Website und Unternehmen müssen zusammenpassen, damit das Vertrauen, das der Benutzer in die Website gesetzt hat, nicht zerstört wird. Wenn ein Benutzer im Web innerhalb von Minuten in einem Shop eine CD bestellen kann, dann möchte er nicht zwei Wochen lang auf die Lieferung warten. Je nachdem, welche Unternehmensprozesse die Website einbindet, es werden auf jeden Fall bestehende Abläufe verändert. Im einfachsten Fall ist das Unternehmen mit E-Mail-Anfragen konfrontiert, die auch schnellstens beantwortet werden wollen – in E-Speed eben. Im komplexeren Fall wirkt sich die Website bis zum Produktionsprozess aus und bewirkt, dass Workflows neu gestaltet werden müssen, weil mehr und mehr Aktivitäten durch den Kunden selbst ausgeführt werden: Der Kunde gibt seine Daten direkt in die Unternehmensdatenbank ein, er trifft Produktentscheidungen selbst und führt Überweisungen selbsttätig durch. In jedem Fall haben E-Business-Projekte Auswirkungen auf die Prozesse, die dahinter liegen.

Usability-Engineering senkt Kosten

Manager und Projektleiter trachten natürlich danach, dass ihre E-Business-Projekte zeitgerecht abgeschlossen werden und dabei nicht mehr als die geplanten Ressourcen aufgewendet werden. Der Web-Usability-Engineering-Lebenszyklus scheint diesem Ziel entgegenzuwirken, da zusätzlich zum gewohnten Ablauf weitere Projektphasen geplant werden und weitere Mitarbeiter rekrutiert oder Usability-Dienstleistungen hinzugekauft werden müssen. Das ist aber nur scheinbar der Fall. Denn zum einen sollten Usability-Experten Aufgaben übernehmen, die in jedem Fall durchgeführt werden müssen, wie die Konzeption, das Strukturdesign und das Gestaltungskonzept. Der Aufwand für diese Aufgaben mag bei Usability-orientierter Ausrichtung höher sein, da die Entscheidungen nicht einfach »aus dem Bauch heraus« gefällt werden, sondern Testpersonen einbezogen werden. Dafür erhält der Sitebetreiber aber auch ein Konzept, das Hand und Fuß hat und auf dessen steinernen Mauern eine Website aufgebaut werden kann, die ein paar Jahre Gültigkeit haben sollte.

Frühe Klärung von Anforderungen Wenn Anforderungen früh geklärt werden, dann kann von Beginn an in die richtige Richtung gearbeitet werden; späte Änderungen, die sehr teuer sind, können vermieden werden. Wenn späte Änderungen kaum notwendig sind, dann kann auch eher garantiert werden, dass das E-Business-Projekt im Zeitrahmen bleibt.

Usability-Richtlinien tragen nicht nur zur Usability bei, sie ersparen auch vielerorts die eine oder andere Geschmacksdiskussion, die meist durch mangelndes Usability-Fachwissen entsteht. Bei sehr vielen Design-Entscheidungen kann Usability-Wissen dabei helfen, dass diese Entscheidungen schnell getroffen werden können. Beim Design eines Buttons z.B. gibt es Unmengen von Variationen. Für die Usability entscheidend ist, dass der Button auch auf den Benutzer wirklich wie ein klickbarer Button wirkt. Für den Usability-Experten ist die Auswahl zwischen mehreren Möglichkeiten meist schnell getroffen. Rasche Entscheidungen, die nicht nur auf Geschmack basieren, sondern auf Benutzerorientierung, und die daher auch nicht bis zur höchsten Unternehmensinstanz eskaliert werden müssen, tragen stark zur Verkürzung des Projektablaufs bei.

Website-Konzeption

Auch die Konzeption der Website ist eine Usability-Aufgabe. Denn Usability entsteht hauptsächlich aufgrund der Konzepte, auf denen ein System, z.B. eine Website, basiert. Wenn Benutzer eine neue Website besuchen, dann entwickeln sie schon vorher ein Erwartungsmodell, das aus der Summe aller Erwartungen an Inhalte und Funktionen zu dieser Site besteht. Während der Interaktion mit der Site wird dieses Modell weiterentwickelt; man spricht vom mentalen Modell des Benutzers der Website. Ein mentales Modell vom gesamten Web beispielsweise ist die Vorstellung, dass es sich um eine (große) Menge von Seiten handelt, die durch Hyperlinks verbunden sind. Ein User-Interface-Design wird dann am bedienungsfreundlichsten, wenn der User-Interface-Designer erreicht, dass das Konzept, das sich im Kopf des Benutzers bildet, möglichst genau dem tatsächlichen Konzept der Website entspricht.

Benutzerorientierte Konzeptionierung und Strukturierung von E-Business-Projekten sind daher bereits ein großer Teil des Prozesses von Usability, denn die Struktur hat einen entscheidenden Einfluss auf die Bedienbarkeit der Site. Sie sollte dem mentalen Modell der Site entsprechen und am Inhalt ausgerichtet werden. Schon in dieser Phase werden beim Usability-Engineering Endbenutzer einbezogen, um eine Site-Struktur zu konzipieren, die dem durchschnittlichen Modell der Benutzer aus der Zielgruppe entspricht. Gemeinsam mit Testpersonen werden z.B. anhand von Kärtchen-Sortiermethoden (»Card-Sorting«, siehe Abbildung 9.19) Strukturen erarbeitet.

Benutzerorientierte Konzeptionierung

Abbildung 9.19 Eine Testperson beim Card-Sorting.

Bei einer anschließenden Cluster-Analyse, einem statistischen Verfahren, bei dem die »Nähe« der einzelnen Begriffe zueinander errechnet wird (siehe Abbildung 9.20), wird die durchschnittliche Idealstruktur bestimmt. Natürlich müssen auch hier Erfahrungswerte eingebracht werden und das geplante Navigationsdesign spielt ebenfalls bereits zu diesem Zeitpunkt eine Rolle, sodass das statistische Verfahren alleine nicht ausreicht, die letzte Entscheidung hat nicht die Software, sondern ein Usability-Experte.

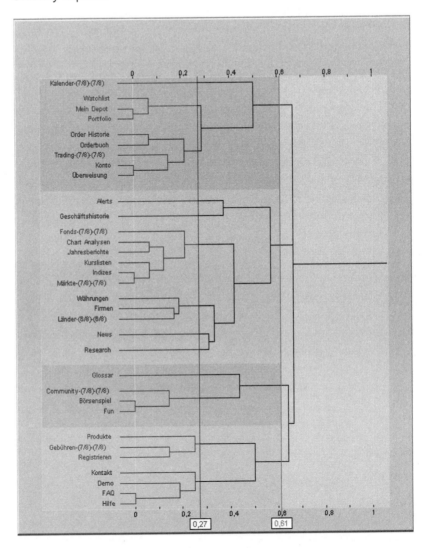

Abbildung 9.20 Cluster-Analyse eines Card-Sortings (IBM EZSort).

Rechtzeitige Evaluation anhand von Prototypen

Wird die Site erst evaluiert, wenn bereits viel Aufwand in ihre Entwicklung gesteckt wurde, dann bringt auch die Evaluierung wenig. Sie muss also früher vorgenommen werden, und zwar so früh wie möglich. Zu einem frühen Zeitpunkt existiert natürlich noch keine lauffähige Website, die evaluiert werden könnte; man muss sich mit Prototypen begnügen. Das ist für die Evaluation kein Problem, denn auch aus Prototypen kann bereits sehr viel Erkenntnis gewonnen werden. Expertenevaluationen, also die Begutachtung eines Designkonzepts, z.B. eines Storyboards, durch Usability-Experten können ohnehin in jeder Phase vorgenommen werden; und sogar Usability-Tests mit Endbenutzern sind mit Prototypen möglich, es reichen sogar Prototypen in Papierform.

Natürlich können interaktive Komponenten nicht immer im Detail getestet werden, z.B. wie ein Benutzer auf Rollovers reagiert. Wenn sich die Maus über einem Navigationselement befindet und damit Animationen gestartet werden, stellt sich die Frage, ob der Benutzer diesen schnellen Ablauf wahrnimmt und versteht. Alle anderen Situationen kann man auch mittels Papierprototypen abtesten. Bei solchen Tests werden dem Benutzer Bildschirmausdrucke vorgelegt, er zeigt, wo er klicken würde, und es wird ihm ein neuer Bildschirm vorgelegt. Wie bei einem Usability-Test mit laufender Website wird er zu seinen Wahrnehmungen und Erwartungen befragt und das Verständnis für die Begriffe wird abgetestet.

Usability-Tests durch Experten

Da die Prototypen häufig ohnehin auf einem Computer erstellt werden, z.B. mit PowerPoint, können solche Prototypen der Testperson auch am Bildschirm gezeigt werden. Der Effekt ist bei jedem etwas ästhetischeren Prototyp, dass die Testpersonen glauben, dass es sich um eine reale Website handelt. Bei einem kürzlich durchgeführten Usability-Test durch die Interface Consult[5], bei dem die Usability von fünf Bildschirmen getestet wurde, die bei Klick – egal auf welche Stelle man klickte – immer hintereinander in der gleichen Reihenfolge angezeigt wurden, wusste nicht einmal der Projektleiter, dass es keine Verlinkungen gibt. Der Mensch glaubt, was er glauben will, und das kann man sich auch beim Usability-Testing zunutze machen.

Sobald das Konzept und das Strukturdesign entwickelt wurden, kann ein Test mit einem Strukturprototypen vorgenommen werden. Dieser Evaluationsschritt dient dazu, das Konzept und die Struktur abzutesten, bevor Aufwand in ein grafisches Design gesteckt wird. Ein solcher Strukturprototyp enthält nur das notwendige Layout und muss nicht schön sein, um als Testgrundlage dienen zu können. Für die Benutzer selbst ist es ohnehin wichtiger, dass eine Site Inhalt und Utility hat und die Funktionen

Strukturprototyp

---

5   Siehe www.usability.at

benutzt werden können, als dass die Site cool aussieht. Coole Sites werden kurz angesehen, wiederkehren werden die Benutzer aber wegen des Inhalts, und nicht wegen des grafischen Designs und des Flash-Intros. Anhand eines einfachen Strukturprototypen kann ein typischer Benutzertest durchgeführt werden, bei dem die Benutzer Aufgaben erhalten, die sie mit dem Prototyp lösen sollen. Das Beispiel in Abbildung 9.21 zeigt, dass beim Strukturprototyp vor allem die Bildschirmaufteilung und das Wording zählen.

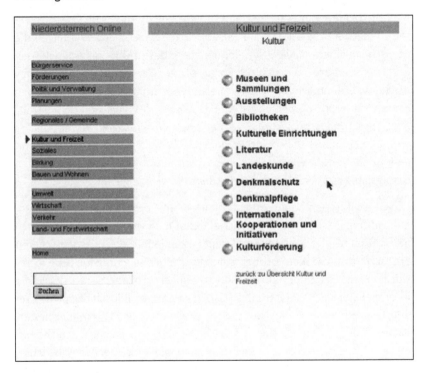

Abbildung 9.21 Ein Strukturprototyp enthält nur das notwendige Layout und dient dazu, die Usability der Struktur und Konzeption der Site abzutesten, bevor am detailreichen und aufwändigen grafischen Design gearbeitet wird.

In Abbildung 9.22 ist schließlich die Endversion der Site zu sehen, nachdem der Struktur ein grafisches Design verliehen wurde.

Abbildung 9.22 Die fertige Site (www.noel.gv.at): Grafisches Design sorgt für Ästhetik – die Informationsarchitektur ist die Gleiche (natürlich bis auf die Korrekturen, die nach dem Usability-Test vorgenommen wurden).

Usability-Testing

Die beste Methode, die Usability einer Site zu evaluieren, ist das Usability-Testing mit Testpersonen. Ein solcher Test mit Personen, die am Projekt mitarbeiten, ist dabei jedoch keine Alternative, da jeder Projektbeteiligte bereits zu viel über das E-Business-Projekt weiß, um den typischen Benutzer repräsentieren zu können. Es sollten auch keine anderen Personen aus dem Unternehmen, für das das Projekt entwickelt wurde, oder aus dem Unternehmen, das die Website entwickelt hat, herangezogen werden. Denn in jedem Unternehmen existiert ein Firmenjargon, eine Sprache oder einzelne Wörter, die innerhalb der Firma verstanden werden, für einen Außenstehenden aber unklar sein können. Ebenso wie es für Mitarbeiter unmöglich ist, eine Website nicht betriebsblind aufzubauen, ist es für ihn als Tester unmöglich, so zu agieren wie ein Benutzer, der die Site noch nie gesehen hat.

Beim Usability-Testing werden Testpersonen mit einer Website oder einem Prototypen konfrontiert. Sie erhalten Aufgaben, die sie anhand der Website lösen sollen, und werden dabei von (mindestens) einem Testleiter beobachtet. Der Testleiter stellt zusätzlich Fragen zur Wahrnehmung, zu den Erwartungen von Links und dem Verständnis von Begriffen.

Tests mit Außenstehenden

Usability-Testing wird in der Praxis meist mit dem Ziel durchgeführt, möglichst viele Usability-Probleme aufzudecken, um diese bis zum Launch oder bei einer Überarbeitung der Website lösen zu können. Für dieses Ziel ist es nicht notwendig, anhand von sehr vielen Testpersonen statistische Relevanz für die Testergebnisse zu erreichen oder detaillierte und teure Erhebungen über Blickfixationen oder Verweildauer auf einzelnen Seiten durchzuführen. Vielmehr interessiert es den Betreiber, ob die Informationsarchitektur verstanden wird, ob die Seiteninhalte den Erwartungen der Benutzer entsprechen, ob das Wording der Sprache des Benutzers entspricht, ob der Benutzer wahrnimmt, was kommuniziert werden sollte, und ob er es schafft, ein Produkt zu bestellen.

Thinking Aloud Ziel eines praxisorientierten Usability-Tests ist es, möglichst viel über das mentale Modell zu erfahren, das ein Benutzer von der Website hat und während der Interaktion mit der Site weiterentwickelt. Bei der Methode des Thinking Aloud werden Benutzer dazu eingeladen, sich während des Tests laut zu äußern. Ein ergänzender Fragenkatalog im Sinne eines Interviews im Kontext ist zu empfehlen, um gezielt Antworten zu erhalten und den Redefluss nicht abreißen zu lassen.

Keine Fragebögen! Fragebögen, die Testpersonen nach erfolgtem Test ausfüllen sollen, haben sich in der Praxis nicht bewährt. Denn Benutzer sind im Allgemeinen nicht in der Lage zu beschreiben, wodurch ihr Usability-Problem entstanden ist. Auch bewirken verschiedene Effekte, wie z.B. Antworten im Sinne der »sozialen Erwünschtheit«, dass die Testpersonen die Site zu gut bewerten. Und im Übrigen bringen solche allgemeinen Bewertungen für prozessorientiertes Vorgehen wenig, denn der Betreiber möchte nicht nur wissen, wie die Site bewertet wird, sondern vor allem, was daran verbessert werden soll.

Es wird angestrebt, die Gewichtung der aufgedeckten Usability-Probleme auch in Relation zum Korrekturaufwand zu analysieren. Die meisten Usability-Probleme zeigen sich bereits nach Tests mit einer Hand voll Testpersonen und es werden auch Häufigkeiten und damit deutliche Gewichtungen erkennbar. Die aufgedeckten Usability-Probleme werden anhand eines Klassifikationsschemas[6] bewertet (siehe Abbildung 9.23).

---

6 In Anlehnung an Nielsen: Usability-Engineering, Morgan Kaufmann, 1994

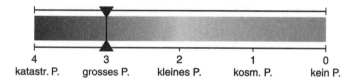

Abbildung 9.23 Klassifikation von Usability-Problemen

Ziel des Tests ist auch immer die Suche nach Verbesserungsmöglichkeiten. Oft liegen Lösungsansätze nach den Usability-Tests geradezu auf der Hand, wenn erkannt wird, dass die Testpersonen ein anderes Konzept erwartet hätten oder einen bestimmten Begriff nicht verstehen. Manchmal kommen Verbesserungsvorschläge auch direkt von den Testpersonen während des Tests, weil ihnen ein Satz herausrutscht wie z.B. »Warum heißt das nicht ...?«.

Expertenevaluation

Cognitive Walkthrough

Die Expertenevaluation hingegen wird gewählt, wenn Budget oder Deadlines keinen Spielraum für einen Usability-Test lassen. Dabei wird eine Website von Usability-Experten evaluiert. Die Methode wird auch als heuristische Evaluation bezeichnet, da Heuristiken, also angenommene durchschnittliche Verhaltensweisen, die Grundlage für die Evaluation bilden. Für praxisorientierte Ergebnisse sollte die Evaluation in jedem Fall auch qualitative Komponenten, wie z.B. »Cognitive Walkthrough«, d.h. typische Site-Interaktionen durch Usability-Experten, enthalten. Denn es genügt nicht, für eine Reihe von Richtlinien anzugeben, ob sie eingehalten wurden oder nicht, der Site-Betreiber benötigt auch konkrete Empfehlungen zur Korrektur der Usability Probleme. Bei einer reinen Richtlinien-Evaluation kann es sogar passieren, dass ein schwerwiegendes Usability-Problem nicht aufgedeckt wird, da es von keiner Richtlinie betroffen ist. Richtlinien decken sehr gut Designaspekte und Details ab, weniger gut allerdings Site-Struktur und Konzeption.

Dadurch, dass keine Testpersonen einbezogen werden, ist die Expertenevaluation schnell und kostengünstig möglich. Die Expertenevaluation sollte von mehreren Usability-Experten unabhängig voneinander durchgeführt werden. Bei kritischen Punkten kann ein kurzer Usability-Test mit einem Experten als Testperson herangezogen werden, um sich Gewissheit zu verschaffen.

Zusammenarbeit von Marketing und Usability-Experten

Marketing und Usability sind scheinbar ein Widerspruch, denn nicht immer scheint die Zielsetzung des Benutzers so ganz genau der Intention des Betreibers zu entsprechen, der ja in erster Linie verkaufen will. Die Benutzer möchten meist den größtmöglichen Nutzen aus einer Site ziehen, die Betreiber möchten möglichst viel verkaufen, was nicht immer das Gleiche ist – eher selten sogar. Man denke nur an die dramatisch gesunkenen Click-Raten auf Werbebanner.

Die Benutzer kommen auf die Webseite, weil sie sich einen Nutzen von der Site erwarten. Sie sind enttäuscht, wenn beim ersten Blick auf die Site deutlich wird, dass »nur« etwas verkauft werden soll. Das Verhalten der Internetbenutzer beim Surfen oder Onlineshopping ist ganz anders als das von Konsumenten in einem realen Kaufhaus. Durch die Anonymität des Internets werden Menschen mutig und kritischer. Sie vergleichen mehr, bilden sich ihre Meinung selbst und lassen sich kaum etwas einreden. Sie fragen aktiv andere Benutzer um deren Einschätzung, holen mehrere Angebote ein – das ist ja ohne viel Aufwand möglich – und versuchen so viele Information wie möglich einzusammeln, die sie zum Treffen ihrer (Kauf-)Entscheidung brauchen. Viele der üblichen Verkaufs- und Marketingtricks ziehen im Internet nicht mehr. Die Benutzer haben die Macht, denn sie können jederzeit den »Zurück«-Button drücken. Herkömmliche Verkaufsmethoden funktioniert im Web daher nicht.

Der Usability-Experte, der über das Verhalten der Internetbenutzer gut Bescheid weiß, kann dazu beitragen, den Benutzer sein Ziel erreichen zu lassen und ihm gleichzeitig dabei etwas zu verkaufen, ohne dass bei ihm der Eindruck entsteht, es würde ihm etwas aufgedrängt.

Sehr gut gelöst ist die Kombination von Verkauf und Usability beispielsweise bei Amazon (siehe Abbildung 9.24, www.amazon.de): Das System versucht den Benutzer bei seiner Wahl zu unterstützen und wirkt als Berater, dessen Dienste die Internetbenutzer sehr gerne in Anspruch nehmen. Die Unterstützung bei der Kaufentscheidung z.B. eines Buches erfolgt dadurch, dass Leserrezensionen und Bewertungen zur Verfügung stehen. Ob das gewählte Buch das richtige für ihn ist, erfährt der Benutzer auch durch die Rubrik »Kunden, die dieses Buch gekauft haben, haben auch diese Bücher gekauft« oder auch durch Klick auf »Verwandte Produkte anzeigen« (siehe Abbildung 9.25). Diese Funktion ist ganz besonders hilfreich, wenn der Benutzer für das gewählte Fachgebiet (noch) kein Experte ist, zeigt es doch die Expertenauswahl für Bücher in diesem

Bereich. Mit dieser Funktion kann auch kein Berater in der realen Buch-
handlung mithalten.

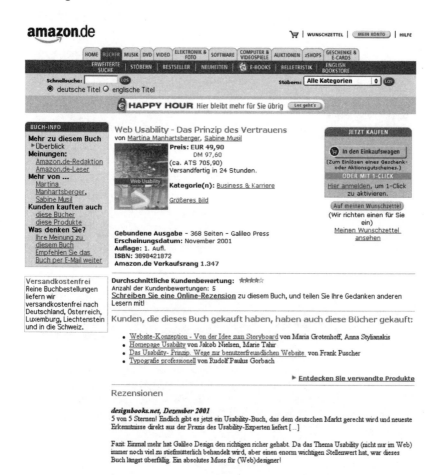

Abbildung 9.24 Verschiedene Funktionalitäten ersetzen den realen Berater im Buchla-
den: Anhand von Kundenrezensionen beraten sich Kunden gegenseitig, das System
schlägt verwandte Bücher anhand von Verkaufskorrelationen vor.

Abbildung 9.25 Eine weitere Möglichkeit der Beratung: Verwandte Produkte werden empfohlen.

Durch die Wunschzettelfunktion (Abbildung 9.26) fördert der Benutzer den Verkauf: Wenn er schon nicht selbst zum Käufer wird, so regt er dadurch seine Freunde an, ihm die Produkte auf dem Wunschzettel zu schenken. Der Wunschzettel dient ihm aber auch selbst als Erinnerung, dass er sich für ein Produkt interessiert hat und bewirkt vielleicht einen späteren Kauf.

Abbildung 9.26 Die Wunschzettelfunktion: Unterstützung des Benutzers auf der einen Seite und Verkaufsförderung auf der anderen

Amazon hat die Gratwanderung zwischen Verkaufsförderung und Usability damit hervorragend absolviert. Dem Benutzer werden Funktionen zur Verfügung gestellt, die Beratungscharakter haben und durch ihre hohe Utility gerne akzeptiert werden. Gleichzeitig wirken diese Funktionen verkaufsfördernd, denn sie verhindern, dass der Benutzer die Produkte auf dem Wunschzettel vergisst und sie bringen ihn durch Vorschläge auf weitere Einkaufsideen. Und das, ohne dass der Kunde sich dabei als Goldesel fühlen muss.

Neue Rolle »Usability-Experte«

Mit der Forderung für Usability entsteht auch die neue Rolle des Usability-Experten. Seine Aufgabe ist die Konzeption der Site, die Strukturierung, die Gestaltung der Abläufe und des grundsätzlichen Aufbaus der Benutzerschnittstelle, die Benennung der einzelnen Funktionen sowie Evaluation und Feedback anhand von Benutzertests.

Entscheidend für das Endergebnis ist, dass die Rolle des Usability-Experten unabhängig von den anderen Disziplinen des Projekts geschaffen wird, Usability also nicht einfach einem Mitarbeiter »umgehängt« wird, der auch noch eine andere Aufgabe erfüllen soll.

Rollentrennung Besonders wichtig ist die Trennung in Usability-Experten und Programmierer, Webdesigner und Marketingexperten. Derjenige, der die Site programmieren soll, wird sich gedanklich kaum von den Konzepten seiner Programmierwerkzeuge trennen können. Wenn der Programmierer auch gleichzeitig Gestaltungsaufgaben übernimmt, dann befindet er sich einerseits immer wieder in einem Trade-off zwischen der Anforderung, effizient und schnell zu programmieren, und den Usability-Anforderungen. Und mit dem Hintergrundwissen, wie eine Site technisch realisiert ist, z. B. wie die Datenbank aufgebaut ist, wird es fast unmöglich, auch die Sichtweise des Benutzers einzunehmen, der von diesen Dingen wenig versteht. Eines der größten Probleme beim Design der Benutzeroberfläche ist nämlich jenes, dass es für Experten unmöglich ist, sich in den Zustand eines Anfängers zurückzuversetzen. Je mehr man über ein System bereits weiß, desto schwieriger ist es somit, einen neuen Benutzer zu verstehen. Für den Usability-Experten ist es meist von Nachteil, allzu viel über die technischen Hintergründe (z. B. Programmiersprachen, Tools und Frameworks) zu wissen, auch wenn es einem oft nicht erspart bleibt, weil damit auch Designeinschränkungen verbunden sind, über die man Bescheid wissen muss.

Die Zusammenarbeit mit dem grafischen Designer sollte so ablaufen, dass der Usability-Experte einen Gestaltungsentwurf und eine Anforderungsbeschreibung für den Grafikdesigner entwickelt. Dies sind Vorgaben zur Position von Text, Navigation und Grafik, die Texte selbst sowie Größenangaben zu den verschiedenen Elementen, Positiv- oder Negativdarstellung für Text, Textgröße etc. Beim Grafikdesigner liegt es dann, innerhalb des vorgegebenen Rahmens die passende Tonalität, Stimmigkeit und Ästhetik zu vermitteln.

Vertrauen schaffen

Die Grundlage für jeden funktionierenden Geschäftsfall und für erfolgreiche Geschäftsabschlüsse ist Vertrauen. Der Anbieter muss vertrauen, dass der Kunde die Ware bezahlen wird; der Kunde muss vertrauen, dass er für sein Geld auch etwas bekommt. Auch in der realen Welt ist Vertrauen mehr wert als der ausgeklügeltste Vertrag. Und Vertrauen ist auch die Grundlage für jeden erfolgreichen E-Business-Geschäftsfall. Im Falle von E-Business-Projekten ist die Website verantwortlich dafür, dass Vertrauen hergestellt wird. Bevor der Benutzer seine Kreditkartendaten irgendwo eintippt, will er absolut sicher sein können, dass er für seine Auslage zur rechten Zeit einen entsprechenden Gegenwert in Form eines Produkts erhält, wie hoch die Lieferkosten sind und ob er auch im Falle von

Abwicklungsproblemen nicht allein gelassen wird. Er muss also darauf vertrauen, dass das Unternehmen ihm tatsächlich etwas sendet, die Sendung intakt ist, er möchte wissen, wie es mit Rücksendungen aussieht, und schließlich vielleicht doch mit einer realen Person sprechen.

Um dem Benutzer eine positive Antwort auf diese Fragen geben zu können, reicht es nicht, wenn auf der Website beteuert wird, dass schon alles funktionieren wird. Vertrauen im Internet basiert auf sehr vielen einzelnen Komponenten, die alle meist auch mit Usability zu tun haben. Was nützen dem Benutzer für ihn günstige Geschäftsbedingungen, wenn er sie nicht im richtigen Moment findet oder nicht durchliest, weil sie viel zu lang sind. Es gilt, die häufigsten Fragen der Benutzer dort zu beantworten, wo sie auch mit hoher Wahrscheinlichkeit gelesen werden. So gesehen z. B. beim Onlineshop »Blue Tomato« (siehe Abbildung 9.27): An prominentester Stelle findet sich der Hinweis, dass der Versand gratis ist, es ist von Rückgaberecht und Bestpreisgarantie die Rede, und es finden sich Telefonnummern, wenn der Benutzer doch lieber mal anrufen möchte.

Abbildung 9.27 Vertrauen schaffen in diesem Webshop die Hinweise auf Gratisversand, Rückgaberecht etc., die an prominenter Stelle – links oben – angebracht sind (www.blue-tomato.at).

Der angezeigte Preis sollte möglichst genau dem Endpreis entsprechen, also bereits Umsatzsteuer und sonstige Gebühren enthalten. Die Benutzer schätzen es nicht, bei der Endabrechnung Überraschungen zu erleben. Dies gilt natürlich auch im Hinblick auf gesetzliche Vorgaben wie beispielsweise die Preisangabenverordnung (PreisAngVO, dazu mehr im Kapitel 2, »Der rechtliche Rahmen – solides Fundament«).

Und das Eintippen der Kreditkartendaten sollte beim Verkaufsvorgang dann auch wirklich einer der letzten Schritte sein, die dem Benutzer abverlangt werden. Wenn die Kreditkarteninformation eingefordert wird, bevor der Benutzer den Gesamtbetrag eingesehen hat, beenden viele Benutzer die Interaktion und brechen den Kaufvorgang an dieser Stelle ab. Mit dem richtigen Ablauf wird durch höhere Usability daher auch der Umsatz erhöht.

Web für kleine Unternehmen

Viele kleine und mittlere Unternehmen sind jetzt seit ca. zwei bis drei Jahren mit einer eigenen Webseite im Netz. Ihre Erwartungen, die durch nicht-einhaltbare Versprechungen viel zu hoch angesetzt waren, wurden aber zumeist nicht erfüllt. Ein häufiges Problem dabei war, dass den kleinen Betrieben verschiedenster Schnickschnack, vor allem cooles Design, verkauft wurde, aber wenig Aufwand in den Inhalt und in die Verbreitung der Site im Netz gesteckt wurde. Für Erfolg im Internet ist es jedoch besser, eine weniger ästhetische, aber bekannte Webseite zu betreiben als eine wunderschöne Site, die keiner kennt.

Dennoch sollte die Situation heute kein Grund dafür sein, die Flinte ins Korn zu werfen. Die laufenden Kosten einer kleinen Website sind gering und stehen in keinem Verhältnis zu den Anschaffungskosten. Das Gefundenwerden im Web funktioniert immer noch am besten über Suchmaschinen, und Webpromotion auf den Suchmaschinen durchzuführen ist nicht allzu kostspielig. Und wenn das Budget für Webpromotion durch eine Agentur nicht reicht, dann kann man auch versuchen, die Site durch eigene Aktionen im Netz, z.B. durch Eintragung bei den Suchmaschinen, besser bekannt zu machen.

Application Service Providing Auch im Hinblick auf Anforderungen in Richtung Usability ist das Application-Service-Provider-Modell durchaus eine sinnvolle Alternative. Analog zu Sicherheit ist auch Usability eine Qualität einer Lösung und Synergien können gebündelt werden, wenn gleichartige Prozesse mehrerer Kunden in gleicher oder ähnlicher Weise zur Verfügung gestellt werden. Der ASP kann damit seine Usability-Kompetenz den kleinen und mittelständischen Unternehmen Gewinn bringend zur Verfügung stellen.

Kompakt

Natürlich kostet Usability auch Geld, andererseits wird durch einen an Usability orientierten Prozess dafür an anderen Positionen gespart, denn Konzept und Gestaltungsgrundlagen werden von Usability-Experten erstellt und der Usability-Engineering-Prozess senkt die Projektdauer und daher auch die generellen Projektkosten. Kann ein E-Business-Projekt umfangreichere Usability-Maßnahmen aber dennoch nicht tragen, so können Usability-Leistungen auch leicht an ein bestehendes Budget angepasst werden. Im Usability-Bereich hieß es schon immer »besser wenig als gar nicht«. Besser z. B. eine einzige Beratungsstunde als gar kein benutzerorientiertes Konzept und besser eine einzige Testperson als gar keine Evaluation.

In den kommenden Jahren wird man immer mehr Aufgaben im Internet erledigen können, und je mehr möglich ist, desto höher steigen auch die Erwartungen der Benutzer. Schon jetzt sind die User enttäuscht, wenn der Onlineweg irgendwo in die Sackgasse führt, z. B.: »Mehr Produkte dieser Kategorie findest du in deinem Einrichtungshaus in deiner Nähe.« Stattdessen erwarten sie, dass *alle* Produkte des Einrichtungshauses online vorhanden sind und auch, dass sie sie online kaufen können. Und das gilt nicht auch über das Kaufen hinaus für immer mehr Wege und Aktivitäten, die erledigt werden wollen. Die Websysteme werden immer komplexer. Das wird auch für die Usability-Experten neue Herausforderungen mit sich bringen, denn für immer komplexere Abläufe und Interaktionen werden einfache Gestaltungskonzepte an der Benutzeroberfläche notwendig werden.

Zusammenfassend kann man sagen, dass Usability eine Qualität ist, die sich durch den gesamten Prozess der Herstellung einer Applikation durchziehen muss, wenn sie sich denn tatsächlich erfolgreich am Ende im Produkt zeigen soll. Damit ist Usability – wie vieles in diesem Buch – keine Frage der Technologie oder der Spezialisten, sondern es ist eine Managementaufgabe, darauf zu achten, dass Usability ein Qualitätsmerkmal der Lösung wird.

Anhang

Glossar

AdClick Anzahl der Klicks auf eine Werbeeinblendung.

Adimpressions Anzahl der Sichtkontakte von Werbeeinblendungen.

Aktive Inhalte Webseiten bestehen eigentlich aus reinem HTML-Code. Damit kann man aber keine schönen Effekte erzeugen, Dateien hoch- und herunterladen, etc. Deswegen gibt es »aktive Inhalte«; technisch bestehen diese meist aus JAVA-Applets, Flash-Komponenten, Active-X-Controls u.v.m.

Application Service Providing (ASP) Geschäftsmodell für die Dienstleistung von IT-Services, bei dem der Provider gleichartige Standardapplikationen (HR, CRM, Officeanwendungen oder ERP-Systeme) vielen ähnlich strukturierten Kunden online zur Verfügung stellt. Umfasst Installation, Hosting, Wartung und Zugriffsverwaltung der Software.

Applikation Software, die betriebswirtschaftliche Abläufe abbildet. Asset Deal: Verkauf eines Unternehmens, indem man nicht die Anteile verkauft, sondern die gesamten Wirtschaftsgüter aus dem Unternehmen herausverkauft.

Attribut-Zertifikat Zertifikat, das eine spezielle Berechtigung, z.B. »darf im Namen von Fa. XXX Rechnungen signieren«, enthält.

Audit Untersuchung einer Organisation (einschließlich IT) auf die Erfüllung bestimmter Vorgaben, hier speziell: der ordnungsgemäßen Buchführung.

Average Frequency Anzahl der Sichtkontakte mit einer Werbemaßnahme (z.B. Banner) pro Konsument.

Backoffice Anwendungen für das Tagesgeschäft im Unternehmen, wie z.B. Rechnungswesen, Logistik, Personalwirtschaft. Diese Anwendungen stellen die nötigen Daten für Frontoffice-Anwendungen bereit bzw. nehmen die neuen Daten aus den Frontoffice-Anwendungen auf. Im Backoffice kann sich beispielsweise ein ERP-System wie SAP R/3 befinden, im Frontoffice ein anderes System für den mobilen Außendienst.

Banner Reach Anzahl der Konsumenten mit mindestens einem Sichtkontakt.

Banner Werbefläche auf einer Internetseite mit einem Link zur Homepage des jeweiligen Werbenden.

BAPI-Framework SAP bietet für sein R/3 eine Reihe von Schnittstellen (»BAPIs«) an, mit denen »von außen« automatisch R/3-Funktionalitäten aufgerufen werden können.

Benutzerschnittstelle Gesamtheit der visuellen Darstellungen am Bildschirm, Interaktionsmöglichkeiten und Abläufe.

Best-of-Breed-Modell Bei der Entscheidung für den Kauf von IT-Komponenten wird jeweils pro Komponente die beste Lösung gewählt (Nachteil: in der Regel wird bei diesem Modell die Integration der Komponenten aufwändig).

Beweiswürdigung Beweiswürdigung ist die Bildung der Überzeugung von der Wahrheit oder Unwahrheit einer Tatsache. Es gilt der Grundsatz der freien Beweiswürdigung. Danach entscheidet das Gericht nach seiner freien, aus dem Gesamtergebnis des Verfahrens gewonnenen Überzeugung.

Boolesche Verknüpfung von Suchbegriffen Eine Suche (in den Seiten einer Website oder im Internet) kann durch mehr als einen Suchbegriff erfolgen. Einzelne Suchbegriffe können mithilfe von logischen (booleschen) Operatoren wie beispielsweise »UND« (beide Suchbegriffe müssen auf der gefundenen Seite vorkommen), »ODER« (einer der Suchbegriffe muss vorkommen) oder »NICHT« (der nachfolgende Suchbegriff darf nicht vorkommen) zu komplexen Suchanfragen kombiniert werden.

Börsenzulassungsverfahren Zulassungsverfahren von Aktien, sodass diese an der Börse gehandelt werden können.

Bridge CA Initiative Um E-Mail sicher austauschen zu können, haben Deutsche Bank und Deutsche Telekom ihre beiden internen CAs von einer gemeinsamen Top-Level-CA signieren lassen, der »Bridge-CA«. Inzwischen können beliebige Unternehmen in Europa beitreten.

Buttons Interaktive Felder auf einer Internetseite.

Call-back Automatischer Rückruf auf Kosten des Unternehmens. Ein Kunde meldet sich mit seiner Logon-ID und seinem Passwort an. Der Computer des Unternehmens unterbricht daraufhin die Verbindung und ruft den Kunden automatisch zurück. Call-back wird z. B. auf einer Website verwendet, um einem Kunden kostenlos Support, Informationen oder Verkaufshinweise geben zu können. Für den Kunden entstehen, abgesehen von den Einwahlgebühren, keine Kosten.

Callcenter Anwendung, mit deren Hilfe der telefonische Kundenkontakt abgewickelt wird. Ein Mitarbeiter im Callcenter wird als Callcenter-Agent bezeichnet. Das Callcenter ist meist die erste Anlaufstelle für einen Kunden,

der Informationen benötigt oder der sich beschweren will. Vom Callcenter aus werden aber auch Telemarketing-Aktionen durchgeführt.

Call-Management System, das die Fachabteilung Service&Support dabei unterstützt, Kundenanfragen und Kundenbeschwerden, so genannte Calls, zu bearbeiten. Call-Managementsysteme werden auch als Call-Logging-, Call-Tracking- oder Helpdesk-Management-Systeme bezeichnet.

Card-Sorting Benutzerorientierte Methode, bei der anhand von Kärtchen gemeinsam mit Endbenutzern eine Struktur geschaffen wird.

Chat Kommunikationsmöglichkeit im Internet, bei der die Teilnehmer ihre Kommunikationsbotschaften auf der Tastatur des Computers eintippen und die Botschaften der anderen Teilnehmer am Bildschirm lesen können. Im Gegensatz zur E-Mail läuft im Chat die (Text-) Kommunikation gleichzeitig (synchron) ab.

Closed-Loop-Marketing Geschlossene Reaktionskette von Einsatz eines Marketing-Instruments über Messung der Kundenreaktion und damit verbundener Erfolgskontrolle.

Cluster-Analyse Statistische Methode zur Ermittlung des Naheverhältnisses von Begriffen.

Cognitive Walkthrough Ein Usability Experte interagiert mit einer Website anhand vorbereiteter Aufgaben.

Computer-aided-Selling Siehe Sales Force Automation (SFA)

Content-Screening Durchsuchen von beliebigem Content (z. B. E-Mail – dort vorrangig auf Viren, dann nennt man das Virenscanning) auf bösartigen Code oder Rechtmäßigkeit der Verwendung des Mediums (z. B. Verbot von Kinderpornografie, Verbot von privaten E-Mails in einer Firma etc.). Nachteil von Content-Screening: Es gibt keine Ende-zu-Ende-Sicherheit, da eine dem eigentlichen System vorgelagerte Instanz den Inhalt prüfen können muss. Neuerdings auch »Application Firewalls« genannt.

Cookies Cookies sind Textdateien, die der Webserver auf dem Rechner des Benutzers anlegt. Sie dienen der Identifikation des Benutzers bei einem erneuten Zugriff und der Speicherung von Informationen über den Benutzer.

Corporate Venture etablierte Unternehmen investieren selbst oder über eigene Tochtergesellschaften Venture Capital.

Cross-Selling Verkauf von weiteren Produkten oder Leistungen des Unternehmensangebots, die ein bestehender Kunden bisher noch nicht gekauft hat (z. B. der Verkauf von Mercedes-Jacken an einen Mercedes-Fahrer). Erweitert das Kundenportfolio und fördert die Kundenloyalität.

Customer-Lifetime-Value (Kundenwert) Stellt den Nutzen dar, den ein Anbieter aus der Geschäftsbeziehung mit einem Kunden während der Dauer der Kundenbeziehung erhält.

Database-Marketing Verfahren, das mittels einer Kundendatenbank dabei hilft, Kundenkontakte herzustellen, zu pflegen und auszuwerten. Jeder Kundenstammsatz enthält hierbei Informationen über die Merkmale des Kunden und alle Transaktionen und Kontakte mit dem eigenen Unternehmen. Database-Marketing dient dazu, im Rahmen einer CRM-Strategie die Kundenbeziehung zu analysieren, auszubauen und die Kundenloyalität zu stärken.

Datamining Methode zur Auswertung von Kundendaten. Aufgrund dieser Kundendaten können dem Kunden gezielte Verkaufsangebote gemacht werden. Datamining ist eine der Grundlagen für Cross-Selling und Up-Selling.

Datawarehouse Hauptbestandteil von Datawarehouse ist eine Datenbank, die alle Unternehmensdaten enthält. Darüber hinaus sind aber auch Daten enthalten, wie das Datawarehouse organisiert ist, wo die Informationen gefunden werden können und welche Verbindungen es zwischen den Daten gibt. Ein Datawarehouse bietet sowohl dem Management als auch den Fachabteilungen fundierte Entscheidungsunterstützung durch Berichte und Auswertungen.

DAX Deutscher Aktienindex

Demographie Beschäftigt sich mit der Struktur und der Entwicklung der Bevölkerung. Beschreibende Kennwerte (»demografische Merkmale«) sind z. B. das Alter, das Geschlecht, das Einkommen, der Bildungsstand oder der Wohnort der untersuchten Personen.

Denial-of-Service-Attacke Angriff auf die Verfügbarkeit von Web-Applikationen. Der Webserver wird mit einer Unzahl von sinnlosen Anfragen bombardiert, so dass er keine vernünftigen Anfragen mehr beantworten kann.

Direktmarketing Alle Aktionen in der direkten Kommunikation mit Kunden und Interessenten.

Downtime Zeit, die ein Produktivsystem nicht betriebsfähig ist. Meist mit hohen Ausfallkosten verbunden.

E-Business-Interfaces Webfähige Schnittstellen zu Software-Programmen.

E-Commerce-Richtlinie (ECRL) Richtlinie 2000/31/EG des Europaparlaments und des Europarates vom 8. Juni

2000 über bestimmte rechtliche
Aspekte der Dienste der Informationsgesellschaft, insbesondere des elektronischen Geschäftsverkehrs, im Binnenmarkt (»Richtlinie über den elektronischen Geschäftsverkehr«)

E-CRM Customer-Relationship-
Management mit Unterstützung durch
Internettechnologien. Hierbei kann die
Kommunikation mit dem Kunden (z. B.
über das WWW),die Kommunikation
mit Partnern und Lieferanten (z. B. über
Extranet)und auch die Kommunikation innerhalb des Unternehmens (z. B.
über Intranet)gemeint sein.

Efficient Consumer Response (ECR)
Strategie zur Optimierung der Beziehungen zu Partnern und Lieferanten
zum Zweck der Kostensenkung und
der Fokussierung auf den Kunden. Zur
Optimierung der Lieferkette werden
auch so genannte Supply-Chain-
Managementsysteme eingesetzt.

**Electronic Bill Payment and Present-
ment (EBPP)** Darstellen und Bezahlen
von Rechnungen mittels elektronischer
Medien.

Elektronische Unterschrift Mit diesem Begriff wird die digitale Signatur
im Signaturgesetz bezeichnet. Elektronische Signaturen sind laut Signaturgesetz Daten, die anderen elektronischen
Daten beigefügt oder logisch mit ihnen
verknüpft sind und zur Authentifizierung dienen.

Emoticons Da es bei der textbasierten
Kommunikation im Internet (E-Mail,
Chat) keine Möglichkeit zur Übertragung des nonverbalen Kanals (Mimik,
Gestik) gibt und dadurch Missverständnisse und »Flaming« gefördert
werden, wurden Emoticons entwickelt, die aus Zeichen der Computerta-
statur zusammengesetzt sind und ein
auf der Seite liegendes Gesicht mit
einem mimischen Emotionsausdruck
darstellen. Die beiden bekanntesten

Emoticon sind :-) (Lächeln) und ;-)
(Augenzwinkern).

**Enterprise Application Integration
(EAI)** Konzept bzw. Software, die die
automatische Interaktion von unterschiedlichen Applikationen erlaubt,
und darüber sogar betriebswirtschaftliche Abläufe steuern kann. Der Begriff
wird meist nur beim organisationsin-
ternen Einsatz verwendet.

Enterprise Resource Planning (ERP)
Betriebswirtschaftliche Standardsoftware, wie z. B. SAP R/3, zur Unterstützung aller betriebswirtschaftlich notwendigen Prozesse im Unternehmen.
Schließt Produktionsplanung, Buchhaltung, Rechnungswesen/Controlling,
Logistik, Personalwirtschaft und Marketing ein. Eine vollständige CRM-
Lösung besteht aus einem ERP-System
als Backoffice, einem Datawarehouse
und verschiedenen Frontoffice-
Anwendungen wie z. B. Software zur
Unterstützung von Callcenter, Außendienst, Vertrieb und Marketing.

Evaluation Psychologische Methode
zur Bewertung von Webauftritten. Evaluationen erfolgen u. a. mithilfe von
Checklisten, durch Experteneinschät-
zungen oder durch die Beobachtung
der Wirkungen bei den Nutzern eines
Webangebotes. Eine Evaluation dient
der Gewinnung von Hinweisen für eine
Überarbeitung und Optimierung der
Website vor einem »Relaunch«.

Exchange-Komponenten Analoger
Begriff zu EAI für den unternehmensübergreifenden Einsatz.

Exit Ausstieg aus einem Investment,
sei es durch Asset Deal, IPO, MBO
oder Trade Sale.

**Extranet Access Management Soft-
ware** Den eigentlichen Web-Applikationen vorgelagerte Software, die eine
zentrale Authentifizierung vornimmt.
Zusätzlich können einige Produkte
auch Berechtigungen auf URLs verge-

ben sowie Content-Screening durchführen.

Feed-forward Proaktive Einfluss-
nahme auf Prozesse und Mitarbeiter,
im Gegensatz zu Feedback, das eine
reaktive Natur hat.

Fernabsatzgesetz Mittlerweile vollständig in das Bürgerliche Gesetzbuch
integrierte Gesetz zum Schutz der Verbraucher bei so genannten Distanzgeschäften.

**Field-Sales and -Support, Field-Ser-
vice and -Support (FSS)** Anbindung
der Außendienstmitarbeiter der Abteilungen Vertrieb bzw. Service &Support
an die Unternehmenssoftware. Mit
einem FSS-System erhalten Außendienstmitarbeiter Zugang zu den aktuellen Daten aus dem Unternehmen
und können selbst Daten eingeben.
Der unterschiedliche Stand der Daten
erfordert eine Synchronisation. FSS-
Systeme sind meistens auch auf Hand-
helds, Palmtops und Laptops lauffähig.

Firewall-Software Software-Kompo-
nente, die auf Netzwerkebene (nicht
auf Applikationsebene, siehe Content-
Screening) Netzwerkverbindungen in
die Organisation erlauben oder verbie-
ten kann, teilweise auch auf bösartige
Angriffe prüfen kann.

Flaming Zunehmend direkter und
rüder Ton bei der Kommunikation im
Internet; führt bis zu Beschimpfungen
und Verwünschungen. Das Flaming ist
in der Hauptsache auf das Fehlen des
nonverbalen Kanals (Mimik, Gestik)
bei der textbasierten Kommunikation
zurückzuführen, der bei der direkten
(Face-to-Face-)Kommunikation im Allgemeinen wenigstens ein Mindestmaß
an Höflichkeit garantiert. In Diskussionsforen und Newsgroups wird »Flaming« häufig durch vorgegebene
Regeln unterdrückt (»Netiquette«);
rüde und unhöfliche Personen werden
von der Kommunikation ausgeschlossen.

Flash Werkzeuge der Firma Macrome-
dia, mit denen sich multimediale Webanwendungen entwickeln lassen.
Durch Flash-Plug-Ins lassen sich diese
Anwendungen als Teil einer Webseite
einsetzen.

Forecast Vorhersage, Schätzung.

Foren Websites, die einen Austausch
zu ausgewählten Themen ermöglichen.
Am bekanntesten sind die vielzähligen
Newsgroups zu allen möglichen Themen aus dem beruflichen und dem privaten Bereich. Die Kommunikation in
einem Forum erfolgt textbasiert;
jemand kann eine Frage oder einen
Diskussionsbeitrag einstellen (»posten«) oder zu einem Beitrag eine Antwort oder einen Kommentar schreiben. Im Unterschied zum Chat erfolgt
im Forum die Kommunikation zeitver-
setzt (asynchron).

Formfreiheit ist ein im bürgerlichen
Recht herrschender Grundsatz. Wenn
das Gesetz nicht ausdrücklich eine
bestimmte Form vorschreibt, kann
eine Willenserklärung in jeder beliebigen Form abgegeben werden. Voraussetzung ist aber, dass der Empfänger
die Willenserklärung zweifelsfrei deuten kann.

Freie richterliche Beweiswürdigung
Die freie richterliche Beweiswürdigung
ist ein Grundsatz, nach dem sich das
Gericht die Überzeugung von der
Wahrheit oder Unwahrheit einer Tatsa-
che bildet.

Frontoffice Anwendungen für den
direkten Kundenkontakt in den Fachabteilungen Vertrieb, Marketing und
Service&Support. Frontoffice-Anwendungen sind z. B. Callcenter-Systeme,
Call-Managementsysteme oder SFA-
Systeme. Daten aus Frontoffice und
Backoffice müssen regelmäßig synchronisiert werden.

Gebotsvariable Variable der Gebotsabgabe bei Auktionen (i.d.R. Preis).

Geldwerter Vorteil Wert, der einem Arbeitnehmer zufließt und der Lohn darstellt, jedoch nicht in bar, sondern in Wirtschaftsgütern oder vergleichbaren Werten.

Genussschein Beteiligung an dem Gewinn eines Unternehmens.

Gerichtsstand Der Gerichtsstand bezeichnet in einem Gerichtsverfahren die örtliche Zuständigkeit des Gerichts. Man unterscheidet zwischen dem allgemeinen, dem besonderen, dem ausschließlichen Gerichtsstand und den sonstigen Gerichtsständen.

Gratifikationen Bedürfnisbefriedigungen, die Menschen aus der Nutzung von Medienangeboten (Rundfunk, Fernsehen, Internet) ziehen. Gratifikationen können entweder nur für die Dauer der Mediennutzung (kurzfristige Gratifikationen = Belohnungen) oder über die Zeit der Mediennutzung hinaus (langfristige Gratifikationen = Nutzen) wirksam sein.

Handheld Computer (HPC) Auch Palmtop oder Personal Digital Assistant (PDA) genannt. Computer, die klein genug sind, um in einer Hand gehalten zu werden. HPC-Geräte werden im CRM-Umfeld meist von Außendienstmitarbeitern verwendet. Über webfähige HPC-Geräte können Kunden auch die Website des Unternehmens aufrufen, was meist eine besondere Formatierung der Inhalte voraussetzt.

Helpdesk Abteilung, die Kundenbeschwerden und Anfragen entgegennimmt (Call-Logging), bearbeitet und verfolgt (Call-Tracking). Der Helpdesk wird unterstützt durch ein Helpdeskoder Call-Managementsystem.

Herkunftslandprinzip Das Herkunftslandprinzip stellt klar, dass sich Onlineanbieter grundsätzlich nur an den Gesetzen des Staates zu orientieren haben, in dem sie niedergelassen sind.

Es wurde mit der ECRL bzw. mit dem EGG eingeführt.

Heuristische Evaluation Beurteilung einer Website anhand von Richtlinien (Heuristiken).

Hits Reale Zugriffe auf eine Website. Von den eigentlichen Hits werden Fehlermeldungen, verweigerte Zugriffe, Um- oder Weiterleitungen auf andere Webseiten abgezogen.

IAS Internationaler Bilanzierungsstandard, der (wahlweise zu US-GAAP) für am Neuen Markt notierte Unternehmen gilt.

Informationsretrieval Abruf gesuchter Informationen aus Datenbanken oder aus dem Internet; zumeist mithilfe von Suchfunktionen bzw. Suchmaschinen.

Interaktive Schaltflächen Felder einer Internetseite, die eine Kommunikation mit dem Nutzer ermöglichen.

Interaktivitätsmaße Maße zur Messung der Aktivität von Nutzern und somit Attraktivität des Angebots (z.B. AdClicks).

Intermediär Zwischenhändler (z.B. Börse, Bank, Handel).

Internes Changemanagement Unternehmen sind ständigem Wandel unterworfen. Um die notwendigen Prozessveränderungen besser vorantreiben zu können, ist eine dedizierte Projektgruppe innerhalb des Unternehmens hilfreich.

Interstitials Werbeform, wobei die aktuelle Nutzung durch ganzseitige Werbeeinblendungen unterbrochen wird.

Interview im Kontext Testpersonen werden zu einem bestimmten Kontext, z.B. einer Website befragt.

IP-Nummern Dauerhaft oder temporär vergebene Nummern zur Identifikation eines im Internet befindlichen Computers.

IPO Initial privat offer = Börsengang.

IP-Targeting Erkennung und zielgerichtetes Versenden von ggf. personalisierten Werbebotschaften an einzelne Computer.

J2EE »JAVA 2 Enterprise Edition«, Java-Applikations-Framework von SUN, das es erlauben soll, betriebswirtschaftliche Software portabel (herstellerunabhängig) zu machen. J2EE-Server gibt es z.B. von IBM, BEA oder SAP.

Key Player für den Erfolg entscheidende Personen in einem Unternehmen oder in einem Projekt.

Knowledgemanagement Software zur Verwaltung von Wissen.

Kognitionen Prozesse menschlicher Informationsverarbeitung; z.B. das Erkennen eines bekannten Gesichtes oder das Fällen einer Kaufentscheidung.

Konsortialabteilung Abteilung in Banken, die sich mit Kapitalmaßnahmen und auch IPOs beschäftigt.

Kontaktmaße Maße zur Messung des Kontakts zum Nutzer (z.B. Hits, Pageimpressions oder Visits).

KonTraG Gesetz zur Verbesserung der Kontrolle und Transparenz bei Unternehmen.

Konversionsrate Prozentsatz der Besucher einer Site, der zum Kunden wird, also kauft.

Kurspflege Maßnahmen einer Aktiengesellschaft oder einer Bank, um den Kurs einer Aktie zu stützen.

Lifetime Value (LTV) Geschätzter Wert eines Kunden für ein Unternehmen, wie z.B. der erwartete Profit. Kundenbeziehungen können vier Zustände annehmen: inaktiv, Durchschnittskunde, guter Kunde, sehr guter Kunde. Die Kundenbeziehung wird über die gesamte Lebensdauer hinweg betrachtet, gepflegt und entwickelt. Ziel ist es, möglichst viele sehr gute Kunden zu haben.

Lightweight Directory Access Protocoll (LDAP) Einfaches Zugriffsprotokoll auf hierarchische Informationsspeicher. Wird meist genutzt für die applikationsübergreifende Administration von Benutzern in einer Organisation.

Logging-Mechanismen Aufzeichnung von betriebswirtschaftlich relevanten Daten.

Marketing-Automation Anwendungen, die die Marketingabteilung bei Lead-Management und Kampagnenmanagement unterstützen, die Datamining ermöglichen und Intelligent Marketing Assistance.

Marketing-Information-Database Kundendatenbank, auch Customer-Knowledge-Base genannt. In den meisten Fällen extrahierte Daten aus dem Datawarehouse.

Marketingmix Verschiedene Marketingstrategien, basierend auf den vier Ps: Product, Price, Place (physische Distribution; wie das Produkt zum Kunden kommt), Promotion.

Mass-Customization (kundenindividuelle Massenfertigung) Produktion für einen großen Absatzmarkt, wobei die Bedürfnisse des einzelnen Nachfragers zu massenproduktionsähnlichen Kosten bedient werden.

MBO Management buy out = das Management kauft das eigene Unternehmen.

Medienbruch 1. Übergang von einem auf ein anderes Medium beim Austausch von Daten (z.B. Ausdruck der im Computer erstellten Lohnsteuererklärung und Versand ans Finanzamt anstatt elektronischer Versendung). 2. Wechsel eines Mediums während einer Aktivität. Wenn z.B. während der Interaktion mit einer kommerziellen Website der Anbieter nach Betätigen eines »CallMe«-Buttons den Kunden am Telefon zurückruft, um diesen zu beraten, handelt es sich um einen Medienbruch (zwischen Internet- und Telefonkommunikation).

Mehrjährige Einkünfte Im Einkommenssteuergesetz niedergelegte Regelung, wonach der entstehende Progressionsnachteil gemindert wird, wenn Einkünfte aus mehreren Jahren kumuliert in einem einzigen Jahr zufließen.

Mentales Erwartungsmodell Endbenutzer verknüpfen mit einer Website Erwartungen, darüber, was der Inhalt sein wird und wie sie aufgebaut sein wird.

Middleware Software, die Prozessabläufe zwischen zwei inkompatiblen Software-Installationen automatisiert und für die Integration zwischen verschiedenen Systemen sorgt, wie z.B. zwischen Frontoffice- und Backoffice-Systemen oder zwischen Datawarehouse und Außendienstanwendungen. Middleware kann im technischen Sinne Daten »übersetzen«, kann aber auch eigene Logik und eigene Geschäftsprozesse enthalten (intelligente Middleware).

Motivanalysen Verfahren zum Aufdecken von Bedürfnissen und Motiven, die bei Benutzern während des Umgangs mit Internetangeboten wirksam sind. Motivanalysen beruhen zumeist auf der Beobachtung oder Befragung von Internetnutzern. Die Unterstellung von Motiven ist dann problematisch, wenn die Motive aus den Handlungen von Personen abgeleitet werden, die wiederum durch die Motive erklärt und vorhergesagt werden sollen.

Münchner Modell Ausgestaltung eines Stock-Option-Plans, bei welchem die Besteuerung des geldwerten Vorteils nicht bei Einlösung der Stock Options, sondern schon bei Ausgabe erfolgt

Naked Warrants englischer Begriff für reine Stock-Options, vor allem in Abgrenzung zu Wandelschuldverschreibungen, welche nicht als »naked« bezeichnet werden

One-to-One-Marketing,1-to-1-Marketing Strategie der Autoren Peppers &Rogers, auch Relatio al Marketing genannt. Kernaussage ist, dass verschiedene Kunden auch verschieden behandelt werden müssen. In der höchste Stufe erhält jeder Kunde individuell auf ihn zugeschnittene Angebote.

Page Impressions Anzahl der Sichtkontakte beliebiger Nutzer mit einzelnen Seiten der Website.

Patches Update-Pakete für Software.

Pay-per-use Abrechnung einer Dienstleistung auf Basis ihrer Nutzung, z.B. pro Kilobyte Datenübertragung.

PDA (Personal Digital Assistant) Taschencomputer, der auf bestimmte Aufgaben (z.B. Adressverwaltung und Kalenderfunktion) zugeschnitten ist.

Peer-to-Peer-Netzwerke Neuartige Technologie, die es erlaubt, Daten in einem dynamischen Netzwerk von Rechnern verteilt zu halten, typischerweise direkt auf dem System des Benutzers, der die Daten benötigt. Beispiel: Napster, Gnutella, Morpheus.

Penetration Durchdringung eines Marktes oder einer Zielgruppe.

Perimeter-Sicherheit Sicherheit, die darauf beruht, dass es einen (i.d.R. organisationsweiten) Bereich gibt, der als sicher betrachtet wird und an der Grenze alles Bösartige herausgehalten wird.

Personas-Verfahren Von Alan Cooper (www.cooper.com) entwickeltes Verfahren, bei dem in der Phase der Konzeption eines Webangebotes typische Nutzer in Form einer »Persona« beschrieben werden. Einer solchen »Persona« wird ein Bild zugeordnet, sie erhält einen Namen, hat einen Beruf und Hobbys etc. Auf der Grundlage der Rolle, die der konzipierte Webauftritt im Leben der »Persona« spielt, lassen sich Bedürfnisse und Nutzungsweisen ableiten, deren Kenntnis für eine nutzerorientierte Gestaltung des Webauftrittes wichtig ist.

Plain Old Telephone Service (POTS) Branchenübliche Abkürzung für eine einfache Telefonverbindung zwischen einem Endgerät und einem öffentlichen Telefonnetz ohne Systemunterstützung.

Plug-In Erweiterungssoftware für einen Webbrowser.

Pop-up-Interstitials wie Interstitials, wobei die Werbung nicht mehr ganzseitig, sondern lediglich in einem neuen Fenster eingeblendet wird.

Powershopping Zusammenschluss von Käufern, um durch die Realisierung von Mengenrabatten günstigere Preise zu erhalten.

Pretty Good Privacy (PGP) Freie Software von Phil Zimmermann zum Signieren und Verschlüsseln vorrangig von E-Mails. Basiert auf PKI-Technologie, allerdings ohne zentrale Vertrauens-

stelle. Die Sicherheit beruht auf gegenseitigem Vertrauen.

Prototyp Einfache Abbildung einer geplanten Website, z.B. als Papierprototyp, Powerpointprototyp, einzelne Screens, HTML-Prototyp.

Prozess-Audit Audit, das Gesamtprozesse im Fokus hat, im Gegensatz zu »klassischem« Audit, das meist punktuell und stichprobenartig Daten erhebt und untersucht.

Recall Erinnerung an eine Werbebotschaft.

Recognition Wiedererkennung einer Werbebotschaft.

Relationship-Marketing Prozess, bei dem existierende Kundenbeziehungen über den gesamten Lebenszyklus hinentwickelt und ausgeschöpft werden. Basierend auf den sieben Ps: Product, Price, Place, Promotion, People, Process, Provision. Erwartetes Ergebnis ist die Steigerung der Loyalität.

Relaunch Nach der Entwicklung und der Online-Stellung (»Launch«) eines kommerziellen Webauftrittes wäre es verfehlt, diesen nicht immer wieder im Hinblick auf seine Wirksamkeit zu beurteilen. Eine Evaluation erbringt im Allgemeinen Hinweise auf Verbesserungsmöglichkeiten. Nach einer Überarbeitung kann der optimierte Webauftritt online gehen (»Relaunch«).

Replikation In einer verteilten CRM-Infrastruktur müssen Daten unverändert weitergegeben, d.h. repliziert, werden. Beispielsweise repliziert das Datawarehouse Daten für die Systeme und Geräte der Fachabteilungen. Im Unterschied zur Synchronisation werden die Daten hier nur an andere Systeme im Netzwerk übergeben, nicht miteinander abgeglichen.

Restricted Stock Plan Mitarbeiterbeteiligungsprogramm, bei dem die Mitarbeiter bereits zu Beginn Aktien des Unternehmens erwerben, diese aber bei einem Ausscheiden innerhalb der Vesting Period oder bei dem Verfehlen von Erfolgzeilen wieder abgeben müssen.

Reverse-Auction Auktionsform, bei der ein Käufer Nachfrage einstellt und die Verkäufer dynamisch die Preise festlegen. Dabei erhält der Verkäufer mit dem niedrigsten Preisgebot den Zuschlag.

Sales Force Automation (SFA) SFA-bzw. CAS-Systeme unterstützen die Vertriebsmitarbeiter bei der Abwicklung aller vertriebsrelevanten Aufgaben innerhalb des so genannten Sales Cycle. Beispielsweise werden Adressinformationen, Preislisten, Produktinformationen, Produktkonfigurationsinstrumente sowie Verfügbarkeits- und Lieferdaten aus dem ERP-System angeboten.

Seats Branchenübliche Bezeichnung für die Anwender einer CRM-Lösung.

Security Audit Log Spezielle Logfunktionalität von SAP-Systemen, die sicherheitskritische Aktionen aufzeichnen.

Sicherheitsaudit Spezielles Audit, um die Sicherheit eines Prozesses, einer Organisation, eines Systems nachzuweisen.

Single Sign-On Mit einmaliger Anmeldung an alle benötigten Systeme herankommen, häufig Teil eines Portals.

Skripts Programmabschnitte, die Informationen vom Benutzer einer Website entgegennehmen können und auf diese Eingaben angepasste Ausgaben über den Browser des Nutzers tätigen. Beispielsweise kann ein Skript die Eingabe eines gesuchten Begriffes erfassen und die Website nach entsprechenden Inhalten durchsuchen. Der Nutzer erhält als Ausgabe eine Liste von Webseiten, auf denen der gesuchte Begriff vorkommt. Skripts können sowohl auf dem Rechners des Nutzers (clientseitig; z. B. JAVA, JAVASkript) als auch auf dem Webserver (serverseitig; z. B. Active Server Pages, PHP, Perl) ausgeführt werden.

Smartcards Chipkarten, die besonders leistungsfähige Prozessoren auf dem Chip haben und daher in der Lage sind, Krypto-Funktionalität auf dem Chip abzuwickeln, sodass der geheime Schlüssel des Karteninhabers nie die Karte verlassen muss.

SMS (Short Message Service) Kurznachrichten, die über Mobiltelefone übermittelt werden können.

SOAP »Simple Object Access Protocol«, Befehlsprache auf HTML-Basis, die es erlaubt, über http Remote-Aufrufe in ferne Systeme durchzuführen.

Sperrfrist/Vestingperiode Frist nach der Ausgabe von Stock-Options, in der es nicht möglich ist, die Stock-Options in Aktien umzutauschen; nach Ablauf der Frist bezeichnet man die Stock-Options als gevested (wobei mitunter der Begriff Vesting Period auch für den Zeitraum verwendet wird, in dem Stock-Options bei Ausscheiden aus dem Unternehmen verfallen).

Sponsoring Fester, in Webseite eingebundener Werbepartner.

Start-up Unternehmen, das neu gegründet wurde.

Stille Gesellschaft Beteiligungsart an einem Unternehmen, die nach außen nicht erscheint.

Stock-Options Versprechen, dass Aktien des Unternehmens erworben werden können, wobei das Versprechen später eingelöst werden kann, der Preis jedoch dem bei Hingabe des Versprechens aktuellen Unternehmenswert entspricht.

Synchronisation Wichtiges Kriterium einer CRM-Lösung. Da CRM-Anwender meistens in verteilter Systemlandschaft mit unterschiedlichen Systemen arbeiten, entstehen vor allem durch Eingaben im Frontoffice asynchrone Daten, die regelmäßig mit dem Backoffice synchronisiert werden müssen. Im Unterschied zur Replikation ist die Synchronisation ein echter Abgleich verschiedener Versionen mit dem Ziel, eine einheitliche Version zu erhalten. Geordnete Synchronisationsprozesse sind die Voraussetzung für aktuelle Datenhaltung im Frontoffice.

Tantieme Vergütungsbestandteil, welcher in bar ausbezahlt wird und dessen Höhe sich nach der Erreichung gesetzter Ziele orientiert, wobei die Zielerreichung im Einflussbereich des Mitarbeiters oder auch außerhalb seiner Einflussmöglichkeiten liegen kann.

Technology Enabled Selling (TES) Überbegriff für computergestützte Verkaufsprozesse, wie z. B. mithilfe eines SFA-Systems.

Telesales Abwicklung von Vertriebsprozessen mithilfe eines Callcenters.

Thinking aloud Testpersonen werden dazu angehalten »laut zu denken«.

Track-und-Trace-System System zur Verfolgung und Ortung eines Warenflusses.

Trade Sale »Ausstieg« aus einem Investment über einen Verkauf

Trade-Off Gratwanderung zwischen Gegensätzen.

Trojaner Bösartiges Software-Fragment, welches sich z. B. über E-Mail verbreitet und unbemerkt Hintertüren im befallenen System für einen Angreifer aufmacht.

Trustcenter Organisationsinterner oder externer Dienstleister, der für eine Vertrauensinfrastruktur mittels einer oder mehrerer PKI sorgt. Typische Aufgaben sind: sichere Erzeugung von Schüsseln, sicheres Aufbringen der Schlüssel auf Smartcards, sichere Registrierung der Teilnehmer und Überprüfung deren Identität.

UDDI (»Universal Description, Discovery, and Integration«) Protokoll, das es erlaubt, Webservices, die per SOAP ansprechbar sind, zu finden. Dafür gibt es spezielle UDDI-Server.

Unique User Anzahl der Nutzer, die eine Website mindestens einmal besuchen.

Urheberrechtsrichtlinie Richtlinie 2001/29/EG der Europäischen Union zur »Harmonisierung bestimmter Aspekte des Urheberrechtes und der verwandten Schutzrechte in der Informationsgesellschaft«. Die Richtlinie soll zur Harmonisierung des Verbreitungs-, Vervielfältigungs- und Wiedergaberechtes dienen und den Rechtsschutz für Kopierschutzvorrichtungen und die Rechteverwertung regeln.

Urkunden Urkunden sind verkörperte Gedankenerklärungen, die geeignet und bestimmt sind, eine Tatsache im Rechtsverkehr zu beweisen und die einen bestimmten Aussteller benennen oder doch wenigstens für die Beteiligten erkennen lassen.

Usability Labor Laborumgebung, in der ein realer Arbeitsplatz simuliert wird mit technischem Equipment, das die Aufzeichnung von Testsituationen ermöglicht.

US-GAAP Bilanzierungsstandard, der vor allem in den USA und (wahlweise zu IAS) für am Neuen Markt notierte Unternehmen gilt.

Venture Capital Risikokapital, welches üblicherweise in so genannten Fonds eingeworben wird und dann in junge zukunftsträchtige Unternehmen investiert wird.

Verwässerungseffekt Verringerung der Beteiligungsquote eines Gesellschafters, wenn er an einer Kapitalerhöhung nicht teilnimmt.

Vickrey-Auktion Auktionsform, bei der verdeckt Gebote abgegeben werden. Den Zuschlag erhält der Bieter des höchsten Gebots, jedoch zum Preis des zweithöchsten Gebots.

Viren Bösartiges Software-Fragment, das sich z. B. über E-Mail verbreitet und zerstörerische Auswirkungen auf die befallenen Rechner haben kann.

Virtual Private Networks (VPN) Netzwerke, die »on top« auf dem normalen Internet liegen und für Vertraulichkeit und Authentizität der Teilnehmer sorgen.

Virtuelle Community Zu Gemeinschaften zusammengeschlossene Internetnutzer.

Virtueller Agent Bezeichnung für benutzergesteuerte Software-Routinen zur Informationsbeschaffung, -auswertung und -zusammenfassung.

Visits Anzahl der Besuche auf einer Website, gemessen durch die Anzahl aufeinander folgender Seitenaufrufe durch einen Nutzer.

Wandelschuldverschreibungen Darlehen an das Unternehmen, bei welchem üblicherweise ein Zins unter dem Marktzins vereinbart wird und bei welchem der Darlehensgeber anstelle der Rückzahlung den Darlehensbetrag nach einem Modus, wie bei Stock-Options in Aktien des Unternehmens, »tauschen« kann.

Web Application Server Applikationsserver, der Webanfragen (http, SOAP) beantworten kann.

Willenserklärung Eine auf einen rechtlichen Erfolg gerichtete Willensäußerung. Sie ist unverzichtbarer Bestandteil eines Rechtsgeschäfts. Vollendet ist die Willenserklärung mit der Abgabe, vielfach wird sie aber erst mit dem Zugang an den Adressaten wirksam.

Worst Case schlechteste aller denkbaren Möglichkeiten bei Betrachtung verschiedener Möglichkeiten, wie sich eine Angelegenheit entwickeln kann.

WSDL »Web Service Description Language«; Standardisierung, wie SOAP-Aufrufe inhaltlich aussehen sollen.

X.500 Standard für die hierarchische Datenablage, meist für Benutzermanagement verwendet. Siehe auch LDAP.

Literatur zum Weiterlesen

[Aaker] D.A. Aaker, R. Batra, J.G. Myers: Advertising Management. Prentice Hall, 1996

[Achleitner] Ann-Kristin Achleitner, Peter Wollmert: Stock Options. Schäffer-Poeschel, 2000

[Albers 2000] Sönke Albers, Michel Clement, Bernd Skiera: Wie sollen die Produkte vertrieben werden? Distributionspolitik. In: Sönke Albers, Michel Clement, Kay Peters, Bernd Skiera (Hrsg.): eCommerce. Einstieg, Strategie und Umsetzung im Unternehmen. F.A.Z.-Institut, 2000, 79–94

[Albers 2001] Sönke Albers, Michel Clement, Kay Peters: Produkte und Inhalte. In: Sönke Albers, Michel Clement, Kay Peters, Bernd Skiera (Hrsg.): Marketing mit Interaktiven Medien. Strategien zum Markterfolg. F.A.Z.-Institut, 2001, 273–290

[Ansoff] Igor Ansoff: Die Bewältigung von Überraschungen – Strategische Reaktionen auf schwache Signale. In: zfbf 28/1976, 129 ff.

[Ansorge] Peter Ansorge, Uwe Haupt et al.: Internetshopping Report 2001. Symposion Publishing, 2001

[Applegate] Lynda M. Applegate et al.: Corporate Information Systems Management: The Challenges of Managing in an Information Age. McGraw-Hill, 1999

[Arndt] Hans W. Arndt, Markus Köhler: Recht des Internet. C.F.Müller, 2001

[Baetge] Jörg Baetge, Andreas Jerschensky: Frühwarnsysteme als Instrumente eines effizienten Risikomanagement und -controlling. In: Controlling 4/1999, 171–176

[Bange] Jörg Bange, Stefan Maas, Julia Wasert: Recht im E-Business. Internetprojekte juristisch absichern. Galileo Business, 2001

[Baum] Heinz-Georg Baum, Adolf G. Coenenberg, Thomas Günther: Strategisches Controlling. Schäffer-Poeschel, 1999

[Bea] Franz Xaver Bea, Steffen Scheurer: Die Kontrollfunktion des Aufsichtsrats. In: DB 43/1994, 2145

[Benyon] D. Benyon, T. Carey, S. Holland, J. Preece, Y. Rogers, H. Sharp: Human-Computer Interaction. Addison-Wesley, 1994

[BGB1] BGBl I 1998, 786–794

[Birkhofer] B. Birkhofer, M. Jazbec, M. Schlögel, T. Tomczak: Roadm@p to E-Business – Eine Methode für den erfolgreichen Umgang mit Technologien in der marktorientierten Unternehmensführung. In: Christian Belz, Marcus Schögel, Torsten Tomczak (Hrsg.): Roadm@p to E-Business – Wie Unternehmen das Internet erfolgreich nutzen. Verlag Moderne Industrie, 2002, 16–67

[Bitz] Horst Bitz: Risikomanagement nach KonTraG. Schäffer-Poeschel, 2000

[Bohn] R. Bohn, M. Caramanis, F. Schweppe: Optimal Pricing in Electrical Networks over Space and Time. In: Rand Journal of Economics, 15/1984, 360–376

[Bundesrat] Bundesrats-Drucksache 872/97, Allgemeine Begründung

[Chan] Sally Chan, Albert J. Marcella Jr.: Edi Security, Control, and Audit. Artech House Publishers, 1993

[Clemons] E.K. Clemons, I.-H. Hann, L.M. Hitt: The Nature of Competition among Online Travel Agents: An Empirical Investigation. The Wharton School, University of Pennsylvania, 2000

[Committee] Committee on Payment and Settlement Systems: Statistics on Payment Systems in the Group of Ten Countries, 2000

[Cooper] A. Cooper: The inmates are running the asylum. Why high-tech products drive us crazy and how to restore the sanity. Sams Publishing, 1999

[Council] Council for Electronic Billing and Payment: An Overview of Electronic Bill Presentment and Payment Operating Models, 1999

[Deneckere] R. Deneckere, R.P. McAfee: Damaged Goods. In: Journal of Economics and Management Strategy, 5/1996, 149–174

[Diller] Hermann Diller: Preispolitik. Kohlhammer, 2000

[Döring] Ulrich Döring, Günter Wöhe: Einführung in die Allgemeine Betriebswirtschaftslehre. Vahlen, 1981

[Ematinger] Reinhard Ematinger, Renate Sommer, Britta Stengl: CRM mit Methode. Intelligente Kundenbindung in Projekt und Praxis mit iCRM. Galileo Business, 2001

[Fischer] Lutz Fischer, Guenther Strunk (Hrsg.): Steuerliche Aspekte des Electronic Commerce. O. Schmidt, 1998

[Fleming] J. Fleming: Web Navigation. Designing the User Experience. O'Reilly, 1998

[Füser] Karsten Füser, Werner Gleißner, Günter Meier: Risikomanagement (KonTraG) – Erfahrungen aus der Praxis. In: DB 15/1999, 758

[Gawlik] Tom Gawlik, Joachim Kellner, Dirk Seifert: Effiziente Kundenbindung mit CRM. Galileo Business, 2002

[Geis] Ivo Geis: Recht im eCommerce. Luchterhand, 2001

[Gimmy] Marc A. Gimmy, Detlef Kröger: Handbuch zum Internetrecht. Springer, 2000

[Godin] Seth Godin: Permission Marketing: Kunden wollen wählen können. FinanzBuch, 1999

[Gottschalck] Gottschalck, Hug ((Vornamen)) : Controllinginstrumente zur Früherkennung von Unternehmensrisiken. IDW-Vortrag am 22. Mai 2001, Stuttgart

[Greenstein] Marilyn Greenstein, Todd M. Feinman: Electronic Commerce: Security, Risk Management and Control. McGraw Hill College Div., 1999

[Haase] K. Haase, F. Salewski, B. Skiera: Preisdifferenzierung bei Dienstleistungen am Beispiel von 'Call-by-Call'-Tarifen. In: Zeitschrift für Betriebswirtschaft, 68/1998, 1053–1072

[Haberkorn] Kurt Haberkorn: Praxis der Mitarbeiterführung. Expert Verlag, 1999

[Harrer] Herbert Harrer: Mitarbeiterbeteiligungen und Stock-Option-Pläne. C.H. Beck, 2000

[Hartson] D. Hix, H.R. Hartson: Developing User Interfaces: Ensuring Usability through Product and Process. Wiley, 1993

[Heber] Harald Heber: Erfolgsprinzip Mitunternehmer – Wie Mitarbeiter unternehmerisch handeln. F.A.Z.-Institut, 2000

[Henssler] Thomas Henssler, Bert Kaminski, Helge Kolaschnik, Anastasia Papathoma-Baetge: Rechtshandbuch E-Business. Rechtliche Rahmenbedingungen für Geschäfte im Internet. Luchterhand, 2001

[Hoeren] Thomas Hoeren: Grundzüge des Internetrechts. E-Commerce, Domains, Urheberrecht. C.H. Beck, 2001

[Hornberger] Werner Hornberger, Jürgen Schneider: Sicherheit und Datenschutz mit SAP-Systemen. SAP Press, 2000

[Hörschgen] Hans Hörschgen: Grundbegriffe der Betriebswirtschafts-lehre. Schäffer-Poeschel, 1992

[Horton] S. Horton, P.J. Lynch: Web Style Guide. Basic Design Principles for Creating Web Sites. Yale Univ. Press, 1999

[Horváth] Péter Horváth: Controlling. Vahlen, 1998

[Hummelt] Roman Hummelt: Wirtschaftsspionage auf dem Datenhigh-way. Strategische Risiken und Spionageabwehr. Carl Hanser, 1997

[Ibing] Hans-Peter Ibing: Sicherheitsmanagement. Ein Instrument der Ergebnissteuerung. Moderne Industrie, 1996

[Jonske] A. Jonske : Werbung. In: S. Albers, M. Clement, K. Peters, B. Skiera (Hrsg.): Marketing mit Interaktiven Medien. Strategien zum Mark-terfolg. F.A.Z.-Institut, 1999, 311–328.

[Kellersmann] Detlef Kröger, Dietrich Kellersmann (Hrsg.): Internet für Steuerberater und Wirtschaftsprüfer. Neue Beratungsfelder und Dienst-leistungen. C.H. Beck, 2001

[Kless] Thomas Kless: Beherrschung der Unternehmensrisiken. Aufgaben und Prozesse eines Risikomanagements. In: Deutsches Steuerrecht 3/ 1998, 93

[Koch] Frank A. Koch: Internet-Recht. Oldenbourg, 1998

[Krause] Jörg Krause, Felix Somm: Online-Marketing. Die perfekte Strate-gie für Ihren Internet-Auftritt. Hanser, 1998

[Krug] S. Krug: Dont make me think: A Common Sense Approach to Web Usability. Que Publishing, 2000

[Lawrence] David B. Lawrence: The Economic Value of Information. Springer-Verlag Telos, 1999

[Loewenheim] Ulrich von Loewenheim, Frank A. Koch et al.: Praxis des Online-Rechts. C.H. Beck, 1998

[Mangold] Roland Mangold: E-Psychologie des E-Commerce: Strategien für einen erfolgreichen Webauftritt. In: S. Kurz, M. Reinhardt, N. Strömsdörfer (Hrsg.): E-Commerce: Wettbewerbsvorteile realisieren (pp. 147–167). Deutscher Sparkassen-Verlag, 2001, 147–167

[Manhartsberger] Martina Manhartsberger, Sabine Musil: Web Usability. Das Prinzip des Vertrauens. Galileo Design, 2002

[McGraw] Gary McGraw, John Viega: Building Secure Software. How to Avoid Security Problems the Right Way. Addison-Wesley, 2002

[Morville] L. Rosenfeld, P. Morville: Information Architecture for the World Wide Web. O'Reilly, 1998

[Neumann] Peter G. Neumann: Computer-Related Risks. ACM Press, 1994

[Nichols] Randall K. Nichols et al.: Defending Your Digital Assets Against Hackers, Crackers, Spies, and Thieves. McGraw-Hill, 1999

[Nielsen 1994] J. Nielsen: Usability Engineering. Academic Press, 1994

[Nielsen 1999] J. Nielsen: Designing Web Usability: The Practice of Simplicity. New Riders, 1999

[Novak] T.P. Novak, D.L. Hoffman: New Metrics for New Media: Toward the Development of Web Measurement Standards. In: World Wide Web Journal, 2/1997, 213–246

[Ouren] J. Ouren, M. Singer, J. Stephenson, A.L. Weinberg: Electronic Bill Presentment and Payment. The Options for Banks are Becoming Clear. In: The McKinsey Quarterly, 1998, 98–106

[Pearrow] Mark Pearrow: Web Site Usability Handbook. River, 2000

[Penfold] R. R. C. Penfold: Computer Security: Businesses at Risk. Robert Hale & Company Inc, 1999

[Pfaff] D. Pfaff, M. Spann: Electronic Bill Presentment and Payment (EBPP). In: Die Betrtiebswirtschaft (DBW), 61/2001, 509–512

[Piller] Frank T. Piller: Kundenindividuelle Massenproduktion. Die Wettbewerbsstrategie der Zukunft. Hanser, 1998

[Ploss] Dirk Ploss: Das Loyalitäts-Netzwerk. Galileo Business, 2001

[Raab] Gerhard Raab, Fritz Unger: Marktpsychologie. Grundlagen und Anwendung. Gabler, 2001

[Raepple] Martin Raepple: Sicherheitskonzepte für das Internet. Grundlagen, Technologien und Lösungskonzepte für die kommerzielle Nutzung. dpunkt, 2001

[Rayport] Jeffrey F. Rayport, Bernard J. Jaworski: e-Commerce. McGraw-Hill, 2001

[Sano] D. Sano: Designing Large-Scale Web Sites: A Visual Design Methodology. Wiley, 1996

[Schmeh] Klaus Schmeh: Kryptografie und Public-Key-Infrastrukturen im Internet. dpunkt, 2001

[Schneier] Bruce Schneier: Secrets & Lies. IT-Sicherheit in einer vernetzten Welt. Wiley, 2001

[Schwartz] Evan I. Schwartz: Digital Darwinism: 7 Breakthrough Business Strategies for Surviving in the Cutthroat Web Economy. Broadway Books, 1999

[Skiera 1998/1] Bernd Skiera: TACO: Eine neue Möglichkeit zum Vergleich von Mobilfunktarifen. In: Schmalenbachs Zeitschrift für betriebswirtschaftliche Forschung, 50/1998, 1029–1047

[Skiera 1998/2] B. Skiera, M. Spann: Gewinnmaximale zeitliche Preisdifferenzierung für Dienstleistungen. In: Zeitschrift für Betriebswirtschaft, 68/1998, 703–718

[Skiera 1999] Bernd Skiera: Mengenbezogene Preisdifferenzierung bei Dienstleistungen. Deutscher Universitäts-Verlag, 1999

[Skiera 2000] B. Skiera, M. Spann: Flexible Preisgestaltung im Electronic Business. In: R. Weiber (Hrsg.): Handbuch Electronic Business. Gabler, 2000, 539–557

[Skiera 2001] B. Skiera, M. Spann, M. Schultheiß: Messung der Werbewirkung im Internet. In: S. Albers, M. Clement, K. Peters, B. Skiera (Hrsg.): Marketing mit Interaktiven Medien. Strategien zum Markterfolg. F.A.Z.-Institut, 2001, 223–236

[Spatscheck] Rainer Spatscheck: Steuern im Internet. Steuerprobleme des E- Commerce. O. Schmidt, 2000

[Spindler] Gerald Spindler: Vertragsrecht der Internet-Provider. O. Schmidt, 2000

[Spool] J. Spool et al.: Web Site Usability. Morgan Kaufmann, 1988

[Stephenson] Neal Stephenson: Cryptonomicon. Goldmann, 2001

[Stolpmann] Markus Stolpmann: Online-Marketingmix – Kunden finden, Kunden binden im E-Business. Galileo Business, 2001

[Strunk] Günther Strunk: Steuergestaltungen bei Electronic Commerce. Möglichkeiten und Grenzen der Steuergestaltung. Luchterhand, 2000

[Tellis] G.J. Tellis: Beyond the Many Faces of Price: An Integration of Pricing Strategies. In: Journal of Marketing, 50/1986, 146–160

[Uetscher] Tanja Utescher: Internet und Steuern. Electronic Commerce und Telearbeit. IDW Verlag, 1999

[Underhill] V. Underhill: Warum kaufen wir? Die Psychologie des Konsums. Econ, 2000

[Universität] Institut für Wirtschaftspolitik und Wirtschaftsforschung, Universität Karlsruhe: 5. Umfrage: Internet-Zahlungssysteme aus Sicht der Verbraucher. 2001

[Weiner] S. Weiner: Electronic Payment in the U.S. Economy: An Overview. Federal Reserve Bank of Kansas: Economic Review, 84/1999, 53–64

Die Autoren

Dr. Sachar Paulus ist Leiter des Product Managements Security bei der SAP AG und verantwortlich für die Umsetzung der sicherheitsrelevanten Teile der SAP-Applikationen. Er promovierte in Zahlentheorie und ist seit 1990 im Bereich der Kryptographie aktiv. Als wissenschaftlicher Assistent arbeitete er am Institut für Experimentelle Mathematik in Essen und am Institut für Theoretische Informatik an der TU Darmstadt. Bevor er zur SAP kam, war er als Consultant für die SECUDE GmbH and KOBIL Systems GmbH tätig. Er veröffentlichte zahlreiche Beiträge in internationalen Magazinen und auf Konferenzen zu den Themen Kryptographie und Datensicherheit. Seine Hauptinteressen liegen in den Bereichen PKI, Smart Cards und Geschäftsmodelle für IT-Sicherheit und IT-Risikomanagement.

Florian Zwerger ist Jurist und Global Account Manager in den Financial Services der SAP Deutschland. Zuvor war er Senior Consultant bei der SAP Portals Europe. Er verfügt über mehrjährige internationale Projekterfahrung im E-Commerce-Umfeld und in der Unternehmensberatung. Seine Tätigkeitsschwerpunkte sind seit 1997 Internet-Recht und IT-Sicherheit. Er ist Co-Autor der bei SAP Press erschienen Bücher »Internet-Selling« und »Sichere Unternehmensportale mit SAP«, sowie Autor zahlreicher Artikel in Fachmagazinen, Zeitschriften und Zeitungen. Zahlreiche Beratungsprojekte, Vorträge und Beiträge als Referent im Themenbereich E-Business weisen ihn als gefragten Experten aus.

Die Gastautoren

Sven Fritsche ist Rechtsanwalt und Steuerberater und Partner der interdisziplinären Kanzlei Peters, Schönberger & Partner. Er hat dort das so genannte IT-Team aufgebaut und berät Start-ups, mittelständische und börsennotierte Unternehmen im Gesellschafts- und Steuerrecht. Bereits seit sieben Jahren berät Herr Fritsche Unternehmen und leitende Angestellte bei der Installierung und Einlösung von Mitarbeiterbeteiligungsprogrammen, wobei er bei dieser Beratung neben den Bereichen Recht, Steuern und Bilanzierung auch den Bereichen strategische Beratung und verwaltungstechnische Abwicklung viel Beachtung schenkt.

Stefan Groß, Diplom-Kaufmann und Steuerberater, ist seit 1998 Mitglied des IT-Teams bei Peters, Schönberger & Partner. Zu seinen Arbeitsschwerpunkten gehören Steuern und E-Commerce, Wissensmanagement und Research-Strategien. Stefan Groß ist als Referent in zahlreichen Veranstaltungen tätig. Als Autor hat er zu den Themen »Verfahrensrechtliche und Umsatzsteuerliche Aspekte der Besteuerung von Geschäftsvorfällen im Internet« publiziert. Stefan Groß ist zudem Betreiber des Internetportals zu allen Steuerrechtsfragen unter www.taxlinks.de.

Prof. Dr. Roland Mangold studierte Elektrotechnik und Psychologie in Darmstadt, Erlangen und Mannheim. Nach der Habilitation an der Universität Mannheim baute er an der Universität Saarbrücken ein medienpsychologisches Forschungslabor auf und entwickelte u.a. ein Online-Präsentationstraining. Er ist gegenwärtig als Professor für Informations- und Kommunikationspsychologie an der Hochschule der Medien in Stuttgart im Studiengang Informationsdesign tätig. Seine Forschungsinteressen betreffen psychologische Erfolgsfaktoren des E-Commerce, nutzerorientierte Websitegestaltung und sozial-kommunikative Prozesse beim E-Learning.

Reinhard Ematinger, MSc. hat sich nie auf nur ein Gebiet festlegen wollen. Nach Abschluss als Maschinenbau-Ingenieur studierte er Metallurgie, industriellen Umweltschutz und Markscheidekunde an der Montanuniversität Leoben. Danach graduierte er in der Fachrichtung Engineering Management an der TU Wien und an der Oakland University. Er war mehrere Jahre im In- und Ausland als zertifizierter SAP-Berater in den Gebieten R/3 Materialwirtschaft und Instandhaltung, in den Global Services der IBM Österreich und der Beratung Prozessindustrie der SAP AG, tätig. Danach hat Reinhard Ematinger sich dem Themenbereich Business Development und der Auseinandersetzung mit kritischen Erfolgsfaktoren der Integration von ERP-Systemen in Internet-Szenarien zugewendet. Zahlreiche internationale Kunden hat er zu diesen Themen als Berater, Moderator und Projektleiter begleitet. Als Presales Consultant im Bereich Public Sector beschäftigt er sich bei der SAP AG mit den Themen CRM und Enterprise Application Integration. Reinhard Ematinger ist Co-Autor der bei Galileo Business und SAP PRESS erschienenen Bücher »CRM mit Methode«, »Internet Selling« und »Instandhaltung mit SAP«, lehrt als

Dozent an mehreren deutschen und österreichischen Hochschulen und betreut Diplomarbeiten zu E-Business- und M-Commerce-Themen.

Martina Manhartsberger gründete 1995 die Usability Agentur Interface Consult in Wien. Als Geschäftsführerin ist sie verantwortlich für Evaluations- und Beratungsprojekte. Sie konzentrierte sich bereits während des Studiums der Betriebsinformatik auf das Fachgebiet Human Computer Interaction und war einige Jahre als User Interface Designerin tätig, bevor sie an die Universität Wien wechselte und sich dort der Lehre und Forschung zum Thema Usability widmete. Sie ist Lektorin an der Universität Krems, gerichtlich beeidete Sachverständige und Autorin zahlreicher Fachpublikationen, zuletzt »Web Usability – Das Prinzip des Vertrauens«, Galileo Design, 2001.

Michael Anders ist Geschäftsführer der INNOVENTURE Consulting, einer Beratungsgesellschaft, die Dienstleistungen mit dem Schwerpunkt Geschäftsprozess-Modellierung und Reengineering in den Bereichen Beschaffungs- und Bereitstellungsprozesse, CRM und SCM anbietet. Nach seinem Studium der Elektrotechnik an der RWTH Aachen war er zunächst als Berater und Systementwickler, anschließend als Koordinator von europäischen Forschungsprojekten tätig. Die Schwerpunkte seiner internationalen Tätigkeit als E-Business-Consultant sind das Asset-Lifecycle-Management (ALM), die Optimierung von E-Commerce-Prozessen und der optimale Einsatz von Mobile Computing.

Donovan Pfaff ist wissenschaftlicher Mitarbeiter am Lehrstuhl für Electronic Commerce an der Johann Wolfgang Goethe Universität in Frankfurt am Main. Er promoviert in Kooperation mit der SAP AG zum Thema »Financial Supply Chain Management«. Er studierte Betriebswirtschaftslehre mit den Schwerpunkten E-Commerce, Wirtschaftsinformatik und Marketing in Frankfurt.

Prof. Dr. Bernd Skiera hat seit Frühjahr 1999 den ersten Lehrstuhl für Electronic Commerce in Deutschland an der Johann Wolfgang Goethe-Universität in Frankfurt am Main inne. Dort widmet er sich insbesondere den im Bereich des E-Business vorliegenden ökonomischen Prinzipien. Professor Skiera hat neben einer Reihe an wissenschaftlichen Beiträgen Bücher zum Thema Electronic-Commerce, Marketing mit Interaktiven Medien, Preispolitik und Außendienststeuerung publiziert. Im Sommer 2001 ist er mit dem E-Business Germany Award ausgezeichnet worden.

Martin Spann ist wissenschaftlicher Mitarbeiter am Lehrstuhl für Electronic Commerce an der Johann Wolfgang Goethe-Universität Frankfurt am

Main. Er promoviert zum Thema »Virtuelle Börsen als Instrument zur Marktforschung«. Zuvor arbeitete er als Berater bei McKinsey & Company in Hamburg. Er studierte Volkswirtschaftslehre und Marketing in Kiel.

Prof. Dr.-Ing. Jürgen K.A. Gottschalck war fünf Jahre als Organisationsberater bei den Michelin Reifenwerken tätig. Im Anschluss daran war er fast zehn Jahre bei der KPMG Deutsche Treuhand AG im Consulting als Prokurist des Bereichs Produktion und Logistik verantwortlich für anspruchsvolle Reorganisationsprojekte. Als Mitglied der Führungsgruppe war er in den letzten Jahren mitverantwortlich für den Aufbau und die Geschäftstätigkeiten eines Sonderbereiches der KPMG, der sich auf die Aufdeckung und Vermeidung von Wirtschaftskriminalität spezialisiert hat. Fachlich war sein Schwerpunkt u.a. die Entwicklung von Methoden der Prozessanalyse und des Risikomanagements. Er ist Inhaber des Lehrstuhls für logistisches Prozessmanagement der Fachhochschule Pforzheim. Neben zahlreichen Fachgutachten bei internationalen Rechtsstreitigkeiten hat er die Fachpublikation »Die Steuerung der Großserienfertigung mit reduzierten Kapazitätsreserven – Das Kanban-B System« veröffentlicht.

Index

M. Manhartsberger, S. Musil

Web Usability

Das Prinzip des Vertrauens

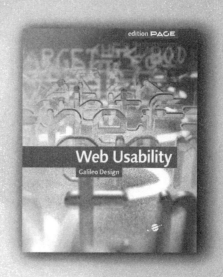

Endlich gibt es jetzt ein Usability-Buch, das dem deutschen Markt gerecht wird und neueste Erkenntnisse direkt aus der Praxis des Usability-Experten liefert. Nur bequeme, bedienbare und daher vertrauenswürdige Sites werden auch Benutzer haben und damit erfolgreich sein. Wie man das schafft, erklären die Autorinnen anhand vieler praxisorientierter Beispiele, nützlicher Tipps und konkreter Handlungsempfehlungen. Im Stile eines Leitfadens werden das Design betreffende Aspekte eines Webprojekts – wie Farben, Layout, Siteinhalte oder Ablaufgestaltung – betrachtet und der Projektablauf durchgesprochen: angefangen von der Site-Konzeption über die Marketingseite bis hin zum Usability Testing.

Galileo Design
368 S., 2002, vierfarbig, geb.,
49,90 €
ISBN 3-89842-187-2